Caro aluno, seja bem-vindo à plataforma educamos.sm

A partir de agora, você tem à sua disposição uma plataforma que reúne, em um só lugar, recursos educacionais digitais que complementam seus livros impressos e são desenvolvidos especialmente para auxiliar seus estudos. Veja como é fácil e rápido acessar os recursos deste projeto.

1. Faça a ativação dos códigos dos seus livros.

Quero fazer a ativação e ainda NÃO tenho cadastro:

- Para acessar os recursos digitais, você precisa estar cadastrado na **plataforma educamos.sm**. Em seu computador, acesse o endereço <br.educamos.sm>.
- No canto superior direito, clique em "Não é usuário? Registre-se!". Para iniciar o cadastro, insira o código indicado abaixo.

DRKB2-4Q4BR-ASTWP

- Depois de incluir todos os códigos, clique em "Fazer meu cadastro" e, em seguida, preencha o formulário para concluir esta etapa.

Quero fazer a ativação e JÁ tenho cadastro:

- Em seu computador, acesse a plataforma e faça o *login* no canto superior direito.
- Em seguida, você visualizará os livros que já estão ativados em seu perfil. Clique no botão "Incluir livro" e insira o código acima.

2. Acesse os recursos.

Usando um computador

Usando um dispositivo móvel

Acesse o endereço <br.educamos.sm> e faça o *login* no canto superior direito. Nesta página, você visualizará todos os seus livros cadastrados. Para acessar o livro desejado, basta clicar na sua capa.

Instale o **aplicativo educamos.sm**, que está disponível gratuitamente na loja de aplicativos do dispositivo. Utilize o mesmo *login* e a mesma senha da plataforma para acessar o aplicativo.

Importante! Não se esqueça de sempre cadastrar seus livros da SM em seu perfil. Assim, você garante a visualização dos seus conteúdos, seja no computador, seja no dispositivo móvel. Em caso de dúvida, entre em contato com nosso **Atendimento** pelo telefone **0800 72 54876** ou pelo *e-mail* **atendimento@grupo-sm.com**.

GERAÇÃO
ALPHA

Matemática 7

Carlos N. C. de Oliveira
Licenciado em Matemática pela Universidade de São Paulo (USP).
Especialista em Educação Matemática pelo Centro Universitário Fundação Santo André (FSA).
Mestre em Educação Matemática pela Pontifícia Universidade Católica de São Paulo (PUC-SP).
Professor e Coordenador de ensino de Matemática.

Felipe Fugita
Licenciado em Matemática pela USP.
Professor de Matemática.

1ª edição, São Paulo, 2017

Geração Alpha Matemática – Volume 7
© Edições SM Ltda.
Todos os direitos reservados

Direção editorial	M. Esther Nejm
Gerência editorial	Cláudia Carvalho Neves
Gerência de *design* e produção	André Monteiro
Edição executiva	Ana Paula Souza Nani
	Edição: Adriana Soares Netto, Cármen Matricardi, Eliane Cabariti Casagrande Lourenço, Isabella Semaan, Marcelo Augusto Barbosa Medeiros, Polyanna Costa, Tomas Masatsugui Hirayama, Carla Naíra Milhossi, Fernanda Festa, Larissa Calazans, Maitê Nanni Fracassi, Paulo Roberto de Jesus Silva, Roberto Paulo de Jesus Silva, Rodolfo da Silva Campos
	Colaboração técnico-pedagógica: Carlos Alberto Sassi Junior, Ivail Muniz Junior, Millyane M. Moura Moreira, Patricia Scognamiglio, Paulo Cezar Pinto Carvalho
Coordenação de controle editorial	Camila Cunha
	Suporte editorial: Alzira Bertholim, Fernanda D'Angelo, Fernanda Fortunato, Giselle Marangon, Mônica Rocha, Silvana Siqueira, Talita Vieira
Coordenação de preparação e revisão	Cláudia Rodrigues do Espírito Santo
	Preparação: Izilda de Oliveira Pereira, Maíra Cammarano, Maria Angélica Lau P. Soares, Rosinei Aparecida Rodrigues Araujo
	Revisão: Beatriz Nascimento, Berenice Baeder, Camila Durães Torres, Eliana Vila Nova de Souza, Fátima V. Cezare Pasculli, Fernanda Oliveira Souza, Izilda de Oliveira Pereira, Márcio Medrado, Mariana Masotti, Valéria Cristina Borsanelli
Coordenação de *design*	Rafael Vianna Leal
	Design: Juliana Medeiros de Albuquerque, Tiago Stéfano
Coordenação de arte	Ulisses Pires
	Edição de arte: Vitor Trevelin
	Assistência de arte: Elizabeth Kamazuka Santos
Coordenação de iconografia	Josiane Laurentino
	Pesquisa iconográfica: Camila D'Angelo
	Tratamento de imagem: Marcelo Casaro
Capa	Fernanda Fencz
	Ilustração de capa: Estevan Silveira
Projeto gráfico	Rafael Vianna Leal, Juliana Medeiros de Albuquerque, Victor Malta (Interação)
Editoração eletrônica	Setup Bureau Editoração Eletrônica
Ilustrações	Bruno Nunes, Cassio Bittencourt, Danillo Souza, Gil Tokio, Homeplanet, João Picoli, Leandro Lassmar, Natanael Gomes, Nelson Provazi
Infografia	William H. Taciro, Mauro César Brosso, Diego Rezende, Alan Dainovskas Dourado, Wagner Nogueira
Cartografia	João Miguel A. Moreira
Fabricação	Alexander Maeda
Impressão	Corprint

Dados Internacionais de Catalogação na Publicação (CIP)
(Câmara Brasileira do Livro, SP, Brasil)

Oliveira, Carlos N. C. de
 Geração Alpha matemática, 7 / Carlos N. C. de Oliveira, Felipe Fugita ; organizadora Edições SM ; obra coletiva concebida, desenvolvida e produzida por Edições SM ; editora responsável Ana Paula Souza Nani. — 1. ed. — São Paulo : Edições SM, 2017.

 Suplementado pelo manual do professor
 Bibliografia
 ISBN 978-85-418-1761-5 (aluno)
 ISBN 978-85-418-1762-2 (professor)

 1. Matemática (Ensino fundamental) I. Fugita, Felipe.
II. Nani, Ana Paula Souza. IV. Título.

17-04093 CDD-372.7

Índices para catálogo sistemático:
1. Matemática: Ensino fundamental   372.7

1ª edição, 2017

Edições SM Ltda.
Rua Tenente Lycurgo Lopes da Cruz, 55
Água Branca 05036-120 São Paulo SP Brasil
Tel. 11 2111-7400
edicoessm@grupo-sm.com
www.edicoessm.com.br

Apresentação

Caro aluno,

Ser jovem no século XXI significa estar em contato constante com múltiplas formas de linguagem, uma imensa quantidade de informações e inúmeras ferramentas tecnológicas. Isso ocorre em um cenário mundial que apresenta grandes desafios sociais, econômicos e ambientais.

Diante dessa realidade, esta coleção foi cuidadosamente pensada tendo como principal objetivo ajudar você a enfrentar esses desafios com autonomia e espírito crítico.

Atendendo a esse propósito, os textos, as imagens e as atividades nela propostos oferecem oportunidades para que você reflita sobre o que aprende, expresse suas ideias e desenvolva habilidades de comunicação para as mais diversas situações de interação em sociedade.

Vinculados aos conhecimentos próprios de cada disciplina, são apresentados, em situações e atividades reflexivas, aspectos sobre valores universais como justiça, respeito, solidariedade, responsabilidade, honestidade e criatividade. Esperamos, assim, contribuir para que você compartilhe dos conhecimentos construídos pela **Matemática** e os utilize para fazer escolhas de forma consciente em sua vida.

Desejamos, também, que esta coleção contribua para que você se torne um jovem atuante da sociedade do século XXI, que seja capaz de questionar o mundo à sua volta e de buscar respostas e soluções para os desafios presentes e para os que estão por vir.

Equipe editorial

Conheça seu livro

ABERTURA DE UNIDADE

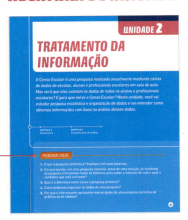

No início de cada unidade, você é apresentado ao tema que vai estudar.

Primeiras ideias
Algumas questões vão estimular você a contar o que sabe sobre o assunto.

Leitura da imagem
As questões orientam a leitura da imagem e permitem estabelecer relações entre o que é mostrado e o que você conhece do assunto.

Geração Alpha Digital
O livro digital oferece diversos recursos e atividades interativas para desenvolver habilidades e aprofundar os conteúdos.

Questão de valor
Uma questão para refletir sobre valores como respeito, solidariedade, honestidade, entre outros.

CAPÍTULOS

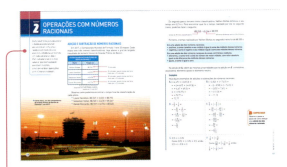

Abertura de capítulo
Logo abaixo do título, um texto resume o tema do capítulo. Textos, imagens e esquemas apresentam o conteúdo a ser estudado.
Além disso, trazemos o boxe **Matemática tem história** e o boxe **+Interessante** com curiosidades relacionadas à Matemática no dia a dia.

Atividades
As atividades vão ajudá-lo a desenvolver diferentes habilidades e competências. Após a apresentação dos conteúdos, vêm a seção **Atividades**. E no final de cada capítulo, há a seção **Mais atividades**. Elas estão agrupadas em dois conjuntos: *Retomar e compreender* e *Aplicar*.

Ampliando horizontes
Essa seção consta no final de alguns capítulos e, com base em temas relacionados à educação financeira, convida você a refletir sobre como nossos valores influenciam nossa vida.

Fazendo matemática
Nessa seção, você vai realizar atividades práticas para aprender mais sobre o assunto que está sendo estudado. Também vai trabalhar com os colegas o levantamento de hipóteses, a busca de resultados e a elaboração de conclusões.

Boxes

O RESPEITO NA CONVIVÊNCIA EM GRUPO
A convivência em grupo requer que respeitemos várias normas.
Quando moramos em um prédio, devemos respeitar algumas regras. Por exemplo, jogar o lixo no local...

Valor
Apresenta alguns temas e questões relacionados a valores humanos para você refletir e se posicionar.

GRANDEZAS DIRETAMENTE PROPORCIONAIS
Quando duas grandezas são diretamente proporcionais, ao dobrarmos o valor de uma, a outra também dobra, quando quadruplicamos o valor de uma, a outra também quadruplica, e assim...

Ampliação
Alguns quadros retomam, complementam e ampliam o assunto exposto.

LIVRO ABERTO
Equação: o idioma da Álgebra, de Oscar Guelli. São Paulo: Ática, 1999 (Coleção Contando a História da Matemática).
Para resolver problemas de Matemática, o melhor caminho é traduzi-los para o idioma da...

Indicação
Livro aberto e **Passaporte digital** oferecem indicações de livros e *sites* relacionados ao assunto.

Caractere: algarismo, letra do alfabeto, sinal de pontuação ou símbolo de qualquer natureza.

Glossário
Expressões e palavras que talvez você não conheça são explicadas nesses quadros.

FECHAMENTO DE UNIDADE

Investigar
Em dois momentos do livro, você vai entrar em contato com diferentes metodologias de pesquisa, como entrevistas, observação de campo, etc. Também vai desenvolver sua habilidade de comunicação ao compartilhar os resultados da investigação.

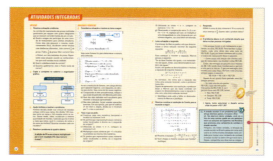

Atividades integradas
Essas atividades integram os assuntos da unidade e estão organizadas de acordo com as habilidades que desenvolvem. Além das atividades de *Aplicar*, são propostas atividades de *Analisar e verificar* e *Criar*. Para finalizar, uma **questão de valor** para que você reflita e se posicione.

Em resumo
Apresenta uma síntese das ideias principais da unidade, organizadas em tópicos de acordo com o capítulo.

NO FINAL DO LIVRO VOCÊ TAMBÉM VAI ENCONTRAR:

Interação
A seção propõe um projeto coletivo. Além de gerar um produto que será destinado à comunidade escolar, a turma vai desenvolver a competência do trabalho em equipe.

De olho no Enem
Dois blocos de questões com formato semelhante ao do Enem para você testar seus conhecimentos.

Respostas das atividades
No final, apresentamos as respostas das atividades.

GERAÇÃO ALPHA DIGITAL

O livro digital oferece uma série de recursos para interação e aprendizagem. São imagens, atividades interativas, animações, vídeos, entre outros. Eles estão classificados de acordo com a habilidade que você vai desenvolver.

Sumário

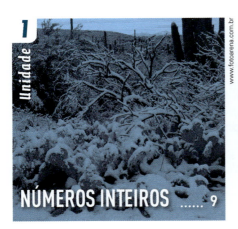

Unidade 1 — NÚMEROS INTEIROS 9

1. Os números inteiros 12
- Números positivos e números negativos 12
- Conjunto dos números inteiros 14
- Localização dos números inteiros na reta numérica 14
- Valor absoluto ou módulo de um número inteiro 16
- Números opostos ou simétricos 17
- Comparação de números inteiros 18
- Localização de pontos 20
- Mais atividades 23

2. Operações com números inteiros 24
- Adição de números inteiros 24
- Subtração de números inteiros 28
- Adição algébrica 29
- Fazendo Matemática: A lata que calcula! 31
- Multiplicação de números inteiros 32
- Divisão de números inteiros não nulos 35
- Potenciação de números inteiros 37
- Raiz quadrada exata de números inteiros 40
- Expressões numéricas 40
- Mais atividades 42
- Ampliando horizontes: As letras miúdas dos anúncios 44

ATIVIDADES INTEGRADAS 46
EM RESUMO 48

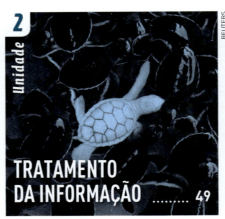

Unidade 2 — TRATAMENTO DA INFORMAÇÃO 49

1. Estatística 52
- Pesquisa estatística 52
- População 53
- Amostra 53
- Variáveis 54
- Mais atividades 57

2. Organização de dados 58
- Tabelas e gráficos de barras 58
- Gráficos de linhas 61
- Gráficos de setores 62
- Gráfico de barras com números negativos 64
- Mais atividades 66

INVESTIGAR: ESCOLHENDO A MELHOR AMOSTRA 68
ATIVIDADES INTEGRADAS 70
EM RESUMO 72

Unidade 3 — SÓLIDOS GEOMÉTRICOS 73

1. Poliedros e não poliedros 76
- Sólidos geométricos 76
- Poliedros 78
- Relação de Euler 80
- Prismas 80
- Pirâmides 82
- Não poliedros 84
- Cilindro 84
- Cone 84
- Esfera 85
- Fazendo Matemática: As muitas planificações do cubo 86
- Mais atividades 87

2. Vistas 88
- Representação de vistas 88
- Mais atividades 91
- Ampliando horizontes: Na ponta do lápis! 92

ATIVIDADES INTEGRADAS 94
EM RESUMO 96

Unidade 4 — NÚMEROS RACIONAIS 97

1. **Os números racionais** 100
   - Números racionais no dia a dia 100
   - Conjunto dos números racionais 102
   - Localização dos números racionais na reta numérica 103
   - Módulo de um número racional 105
   - Números opostos ou números simétricos 105
   - Comparação de números racionais 107
   - Mais atividades 109
2. **Operações com números racionais** 110
   - Adição e subtração de números racionais 110
   - Adição algébrica 112
   - Adição de números racionais usando a calculadora 112
   - Multiplicação de números racionais 114
   - Números inversos 116
   - Propriedades da multiplicação 116
   - Divisão de números racionais 117
   - Multiplicação e divisão de números racionais usando a calculadora 118
   - Potenciação de números racionais 119
   - Propriedades da potenciação 120
   - Raiz quadrada de números racionais 122
   - Expressões numéricas 123
   - Mais atividades 124

ATIVIDADES INTEGRADAS 126
EM RESUMO 128

Unidade 5 — EQUAÇÕES E INEQUAÇÕES 129

1. **Equações** 132
   - Expressões algébricas 132
   - Equações 138
   - Equações do 1º grau com uma incógnita 143
   - Resolvendo equações do 1º grau com uma incógnita 144
   - Equações com duas incógnitas 152
   - Equações do 1º grau com duas incógnitas 154
   - Sistemas de duas equações do 1º grau com duas incógnitas 157
   - Resolução de um sistema de equações do 1º grau com duas incógnitas 158
   - Mais atividades 162
2. **Inequações** 164
   - Desigualdades e inequações 164
   - Inequações do 1º grau com uma incógnita 168
   - Mais atividades 171
   - Ampliando horizontes: Vivendo na corda bamba? 172

ATIVIDADES INTEGRADAS 174
EM RESUMO 176

Unidade 6 — PROPORCIONALIDADE E MATEMÁTICA FINANCEIRA 177

1. **Razão e proporção** 180
   - Razões 180
   - Razões com nomes especiais 182
   - Proporções 186
   - Propriedade fundamental das proporções 187
   - Outras propriedades das proporções 189
   - Mais atividades 191
2. **Grandezas e regra de três** 192
   - Números e grandezas diretamente proporcionais 192
   - Números e grandezas inversamente proporcionais 195
   - Situações que não envolvem grandezas proporcionais 197
   - Regras de três 199
   - Mais atividades 205
3. **Matemática financeira** 206
   - Porcentagem nas relações comerciais 206
   - Juros 208
   - Mais atividades 211

INVESTIGAR: ARQUITETURA E MATEMÁTICA 212
ATIVIDADES INTEGRADAS 214
EM RESUMO 216

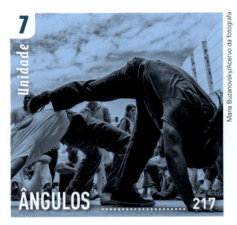

Unidade 7
ÂNGULOS 217

1. Operações com ângulos — 220
- Ângulo — 220
- Medida de um ângulo - O grau — 221
- Transformações das unidades de medida de ângulos — 224
- Operações com medidas de ângulos — 226
  - Mais atividades — 231

2. Um pouco mais de ângulos — 232
- Ângulos congruentes — 232
- Ângulos consecutivos — 233
- Ângulos adjacentes — 233
- Bissetriz de um ângulo — 235
- Classificação de ângulos — 237
- Ângulos complementares — 238
- Ângulos suplementares — 238
- Ângulos opostos pelo vértice (o. p. v.) — 240
  - Mais atividades — 242
  - Ampliando horizontes: Juros vorazes — 244

ATIVIDADES INTEGRADAS — 246
EM RESUMO — 248

Unidade 8
MÉDIAS E PROBABILIDADES 249

1. Médias — 252
- Média aritmética — 252
- Média aritmética ponderada — 255
  - Mais atividades — 258

2. Noções de probabilidade — 260
- Árvore de possibilidades — 260
- Cálculo de probabilidades — 264
  - Fazendo Matemática: Calcular a probabilidade de sair um número primo na soma de dois dados — 267
  - Mais atividades — 268

ATIVIDADES INTEGRADAS — 270
EM RESUMO — 272

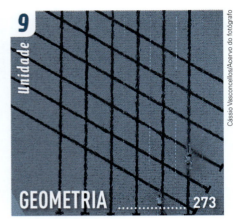

Unidade 9
GEOMETRIA 273

1. Triângulos — 276
- Elementos dos triângulos — 276
- Classificação dos triângulos — 277
- Construção de triângulos com régua e compasso — 278
- Condição de existência ou desigualdade triangular — 279
- Soma das medidas dos ângulos internos de um triângulo — 279
  - Mais atividades — 281

2. Quadriláteros — 282
- Elementos dos quadriláteros — 282
- Classificação dos quadriláteros — 283
- Trapézios — 284
- Paralelogramos — 285
- Soma das medidas dos ângulos internos de um quadrilátero convexo — 286
- Construção de um quadrado usando régua e compasso — 288
  - Mais atividades — 291

3. Simetria — 292
- Reconhecendo a simetria — 292
- Figuras com mais de um eixo de simetria — 294
- Simétrica de uma figura — 296
  - Mais atividades — 298
  - Ampliando horizontes: Propagandas encan(ten)tadoras! — 300

ATIVIDADES INTEGRADAS — 302
EM RESUMO — 304

Interação: Vamos reciclar
De olho no Enem — 305
Respostas das atividades — 321
Lista de siglas — 335
Bibliografia — 336

UNIDADE 1

NÚMEROS INTEIROS

É possível subtrair 10 de 5? Nesta unidade, você vai aprender sobre números negativos e como realizar operações com esses números, resolvendo situações como essa.

CAPÍTULO 1
Os números inteiros

CAPÍTULO 2
Operações com números inteiros

PRIMEIRAS IDEIAS

1. Você sabe o que é um número negativo? Explique com suas palavras.
2. Em quais situações do dia a dia usamos os números negativos?
3. Qual dos números é maior: −50 ou −2?
4. Qual é o resultado de $(-2)^3$?

LEITURA DA IMAGEM

1. Observe a imagem. Que interesse ela desperta em você? Por quê?

2. No Arizona (Estados Unidos), a temperatura mais alta já registrada foi 53 °C, em 1994, e a mais baixa registrada foi −40 °C, em 1971. O que significa dizer que a temperatura foi de −40 °C? Qual é a diferença entre as temperaturas registradas?

3. De acordo com o Painel Intergovernamental sobre Mudanças Climáticas (IPCC) da Organização das Nações Unidas (ONU), o aumento da temperatura no planeta é, em grande medida, consequência de ações humanas, em especial, após a Revolução Industrial, no século XVIII. Que atitudes podemos tomar para mudar essa situação?

4. **COMPREENDER** Veja outras situações em que usamos **números negativos**.

Capítulo 1
OS NÚMEROS INTEIROS

Nos icebergs, uma porção do gelo fica acima do nível da água, e outra fica abaixo do nível da água.
Como você faria para representar a altura máxima aproximada da parte do iceberg que está acima do nível da água usando um número? E da parte que está abaixo do nível da água?

NÚMEROS POSITIVOS E NÚMEROS NEGATIVOS

Icebergs são blocos de gelo que se desprenderam de geleiras e flutuam nos mares. Uma pequena parte do gelo pode ser vista acima do nível da água.

Para indicar a altura máxima aproximada de gelo que vemos acima do nível da água, utilizamos os números naturais que você já conhece: 0, 1, 2, 3, 4, 5, ... Imagine que, no *iceberg* mostrado na foto, essa altura seja de aproximadamente 10 m. Dizemos que esse número é **positivo** e pode ser representado por +10.

Podemos também indicar a altura máxima aproximada de gelo que está abaixo do nível da água. Imagine também que, nesse *iceberg*, ela meça aproximadamente 20 m e, portanto, pode ser representada pelo número **negativo** −20.

Observe que utilizamos como referencial o nível do mar, ou seja, a altura é considerada positiva quando está acima do nível da água do mar e negativa quando está abaixo do nível da água do mar. Assim, o nível da água é o **zero**, ou seja, não é positivo nem negativo.

Os números positivos podem ser representados sem o sinal +. Assim, o número +10 pode ser escrito apenas como 10. Por convenção, qualquer número escrito sem sinal é positivo, com exceção do zero, que é nulo.

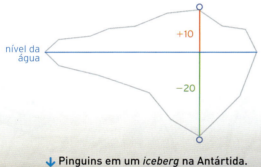

↓ **Pinguins em um *iceberg* na Antártida.**

Veja a seguir outras situações em que usamos números positivos, números negativos e o número nulo.

Exemplos

A. Temperatura

Na maioria das cidades brasileiras, as temperaturas são positivas, mas, no inverno, algumas cidades da Região Sul registram temperaturas negativas. Até 2016, as temperaturas aproximadas mais baixas e as mais altas registradas no Brasil foram:

- +45 °C, na cidade de Bom Jesus do Piauí, no Piauí, em 2005;
- −11 °C, na cidade de Xanxerê, em Santa Catarina, em 1953.

B. Transações bancárias

Um extrato bancário é um resumo de todas as movimentações financeiras feitas em uma conta bancária durante um período. Os valores indicados com números positivos representam as entradas de dinheiro na conta. Já os valores negativos indicam as retiradas de dinheiro da conta.

C. Fuso horário

Os fusos horários são cada uma das 24 áreas em que se divide a Terra por linhas imaginárias baseadas no movimento de rotação e que seguem uma escala de tempo de 1 hora cada.

Desse modo, se em Brasília são 8 horas da manhã e em Bogotá, na Colômbia, são 6 horas, dizemos que o fuso horário de Bogotá em relação ao de Brasília é de −2 (menos duas horas). Da mesma maneira, se em Brasília são 8 horas da manhã e em Argel, na Argélia, são 12 horas, dizemos que o fuso horário de Argel em relação ao de Brasília é de +4 (mais quatro horas).

13

CONJUNTO DOS NÚMEROS INTEIROS

O conjunto dos números naturais pode ser representado por **N**:

$$\mathbb{N} = \{0, 1, 2, 3, 4, 5, ...\}$$

Dizemos que o conjunto dos números naturais é formado pelos números inteiros positivos e pelo zero ($\mathbb{Z}_+ = \mathbb{N}$).

Agora, veja a representação dos números inteiros negativos:

$$\{..., -5, -4, -3, -2, -1\}$$

Reunindo o conjunto dos números naturais com o conjunto dos números inteiros negativos, obtemos o **conjunto dos números inteiros**, representado por **Z**:

$$\mathbb{Z} = \{..., -5, -4, -3, -2, -1, 0, 1, 2, 3, 4, 5, ...\}$$

Observe que todo número natural é um número inteiro, mas nem todo número inteiro é um número natural.

SUBCONJUNTOS DE ℤ

Números inteiros não nulos:
$\mathbb{Z}^* = \{..., -2, -1, +1, +2, ...\}$

O asterisco (*) que acompanha **Z** indica que o zero não pertence ao conjunto.

Números inteiros não negativos:
$\mathbb{Z}_+ = \{0, +1, +2, +3, ...\}$

Números inteiros não positivos:
$\mathbb{Z}_- = \{..., -3, -2, -1, 0\}$

Números inteiros positivos:
$\mathbb{Z}_+^* = \{+1, +2, +3, ...\}$

Números inteiros negativos:
$\mathbb{Z}_-^* = \{..., -3, -2, -1\}$

COMPREENDER

Veja a relação entre **o conjunto dos números naturais e o conjunto dos números inteiros**.

LOCALIZAÇÃO DOS NÚMEROS INTEIROS NA RETA NUMÉRICA

Acompanhe a seguir como podemos representar os números inteiros em uma reta numérica.

- Traçamos uma reta horizontal e escolhemos um ponto para representar a origem (ponto *O*). Vamos associar a esse ponto o número 0 (zero).

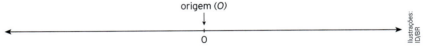

- Escolhemos outro ponto à direita da origem para representar o número 1. A distância entre a origem (ponto *O*) e o ponto que representa o número 1 determina a unidade de comprimento da reta numérica.

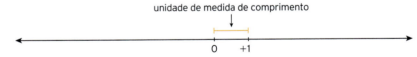

- Ao representar a unidade de comprimento repetidas vezes, da esquerda para a direita, começando pela origem, determinamos a posição dos pontos associados aos números 2, 3, 4, etc.

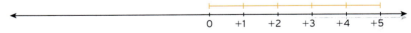

- Ao representar a unidade de comprimento repetidas vezes, da direita para a esquerda, começando pela origem, determinamos a posição dos pontos associados aos números −1, −2, −3, −4, etc.

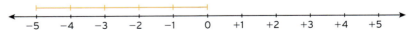

Observe que todo número inteiro está associado a um ponto da reta numérica, mas nem todo ponto da reta numérica corresponde a um número inteiro.

SUCESSOR E ANTECESSOR DE UM NÚMERO INTEIRO

O **sucessor** de um número inteiro é o número inteiro representado imediatamente à sua direita em uma reta numérica horizontal, ou seja, é uma unidade maior.

O **antecessor** de um número inteiro é o número inteiro representado imediatamente à sua esquerda em uma reta numérica horizontal, ou seja, é uma unidade menor.

Exemplos
Considere a reta numérica abaixo:

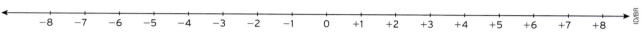

A. O sucessor de 3 é 4.
B. O sucessor de −8 é −7.
C. O antecessor de 0 é −1.
D. O antecessor de 8 é 7.

ATIVIDADES

RETOMAR E COMPREENDER

1. Considere os números do quadro abaixo e responda ao que se pede.

27	−42	+2	0	−28
35	51	−27	26	1

   a) Quais números são naturais?
   b) Quais números são inteiros?
   c) Quais números são inteiros negativos?
   d) Quais números são inteiros positivos?

2. Classifique as afirmações de cada item em verdadeira ou falsa. Depois, corrija as afirmações falsas de modo que se tornem verdadeiras.

   a) O número zero pertence ao conjunto dos números inteiros, mas não pertence ao conjunto dos números naturais.
   b) O número −1 não pertence ao conjunto dos números naturais.
   c) O número +1 não pertence ao conjunto dos números naturais.
   d) O número −5 pertence ao conjunto dos números inteiros.
   e) O número 5 pertence ao conjunto dos números inteiros.

3. No caderno, desenhe uma reta numérica e localize os pontos correspondentes aos seguintes números:
   0, −6, 2, −4, −2 e 5

4. Determine o antecessor e o sucessor de cada número.
   a) 3
   b) 0
   c) 99
   d) −100
   e) 1 000
   f) −1 001

APLICAR

5. Observe o mapa e responda ao que se pede.

   O mapa abaixo mostra a previsão do tempo para algumas capitais brasileiras:

   Previsão do tempo para algumas capitais brasileiras em 9 de fevereiro de 2017

   Fontes de pesquisa: *Atlas geográfico escolar*. Rio de Janeiro: IBGE, 2012. p. 94; Climatempo. Disponível em: <http://linkte.me/h8572>. Acessos em: 8 fev. 2017.

   a) Em qual cidade a temperatura mínima prevista é a mais baixa?
   b) Em qual cidade a temperatura máxima prevista é a mais alta?

VALOR ABSOLUTO OU MÓDULO DE UM NÚMERO INTEIRO

Valor absoluto ou **módulo** de um número inteiro é a distância entre a origem e o ponto que representa esse número.

Exemplos

A. A distância do ponto A ao ponto O é de 3 unidades.

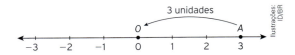

Dizemos que o valor absoluto ou módulo do número +3 é 3 (distância do ponto A à origem). Indicamos por:

$$|+3| = 3 \text{ ou } |3| = 3$$

B. A distância do ponto B ao ponto O é de 4 unidades.

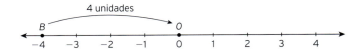

Dizemos que o valor absoluto ou módulo do número −4 é 4 (distância do ponto B à origem). Indicamos por:

$$|-4| = 4$$

C. O esquema a seguir representa a linha norte-sul do metrô de uma cidade. As estações estão associadas a pontos de uma reta numérica.

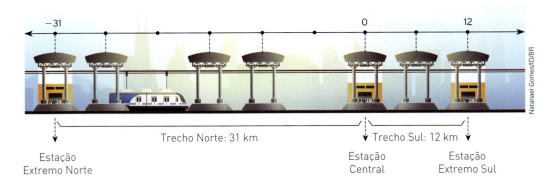

A distância entre a origem, representada pela Estação Central, e um ponto dado, representado por uma estação qualquer, é um número positivo ou nulo. Assim, a distância entre a Estação Extremo Norte e a Estação Central pode ser representada por $|-31| = 31$, e a distância entre a Estação Extremo Sul e a Estação Central pode ser representada por $|+12| = 12$.

Observe que a distância entre a Estação Central e a própria Estação Central é representada por $|0|$, que é igual a 0.

NÚMEROS OPOSTOS OU SIMÉTRICOS

Os números com valores absolutos (ou módulos) iguais e sinais diferentes são chamados de **números opostos** ou **simétricos**.

Exemplos

A. Os pontos B e B' estão à mesma distância do ponto O (origem).

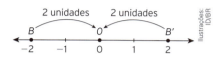

Dizemos que os números 2 e −2 são opostos ou simétricos, pois estão à mesma distância da origem. Ou seja, |−2| = 2 e |2| = 2.

Observe que os números −2 e 2 estão em lados opostos na reta numérica em relação à origem (O).

B. Os pontos A e A' estão à mesma distância do ponto O (origem).

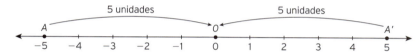

Dizemos que os números 5 e −5 são opostos ou simétricos, pois estão à mesma distância da origem. Ou seja, |−5| = 5 e |5| = 5.

Observação

O número 0 (zero) é simétrico dele mesmo.

ATIVIDADES

RETOMAR E COMPREENDER

6. Entre os números a seguir, qual tem o maior módulo?

−35	25	35	−55

7. Considere os números representados pelos pontos A, B, C e D.

```
    B   C       A   D
 ───●───●───┼───●───●──
   −2  −1   0   1   2   3
```

a) Qual é o módulo de cada número representado?

b) Qual par de pontos representa dois números simétricos?

8. No caderno, construa uma reta numérica que vai de −8 até +8. Em seguida, dê a distância entre:

a) +6 e 0

b) +7 e +1

c) −4 e +4

d) −2 e +6

e) −1 e +2

f) −6 e +6

g) −4 e 0

h) 0 e +3

APLICAR

9. Reescreva cada frase no caderno, substituindo o termo destacado por outro de sentido oposto. Indique o número que representa a nova situação.

a) O **lucro** na venda de uma calça foi de 12 reais.

b) Cinco andares **acima** do térreo.

c) Temperatura de 7 °C **abaixo** de zero.

d) **Perdi** 2 pontos em um jogo.

e) O ponto de partida fica 13 metros à **esquerda** do zero.

COMPARAÇÃO DE NÚMEROS INTEIROS

Comparar dois números inteiros é o mesmo que verificar qual deles é o maior (>), o menor (<) ou se eles são iguais (=).

> Dados dois números inteiros localizados em uma reta numérica horizontal para a direita, o maior deles é o que está à direita do outro.

Exemplos

Vamos comparar os seguintes números:

A. 4 e 6

O número 6 está à direita do número 4, portanto, dizemos que 6 é maior do que 4. Indicamos essa comparação por 6 > 4. Também podemos dizer que 4 é menor do que 6. Indicamos essa comparação por 4 < 6.

B. 0 e 2

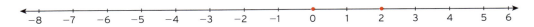

O número 2 está à direita do número 0, portanto, dizemos que 2 é maior do que 0. Indicamos essa comparação por 2 > 0. Também podemos dizer que 0 é menor do que 2. Indicamos essa comparação por 0 < 2.

C. −3 e 0

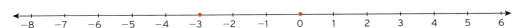

O número 0 está à direita do número −3, portanto, dizemos que 0 é maior do que −3. Indicamos essa comparação por 0 > −3. Também podemos dizer que −3 é menor do que 0. Indicamos essa comparação por −3 < 0.

D. −8 e −3

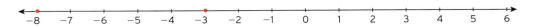

O número −3 está à direita do número −8, portanto, dizemos que −3 é maior do que −8. Indicamos essa comparação por −3 > −8. Também podemos dizer que −8 é menor do que −3. Indicamos essa comparação por −8 < −3.

E. −5 e 6

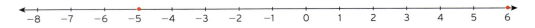

O número 6 está à direita do número −5, portanto, dizemos que 6 é maior do que −5. Indicamos essa comparação por 6 > −5. Também podemos dizer que −5 é menor do que 6. Indicamos essa comparação por −5 < 6.

Observando as representações na reta numérica, podemos tirar algumas conclusões:
- Todo número inteiro negativo é menor do que zero.
- Todo número inteiro positivo é maior do que zero e maior do que qualquer número inteiro negativo.
- Dados dois números inteiros positivos, o maior deles é o que tem maior módulo.
- Dados dois números inteiros negativos, o maior deles é o que tem menor módulo.

ATIVIDADES

RETOMAR E COMPREENDER

10. Copie as afirmações a seguir no caderno e substitua os ■ pelos símbolos > ou <, de modo que as sentenças sejam verdadeiras.

a) Dados dois números inteiros positivos, o ■ é aquele que está mais à direita na reta numérica.

b) Qualquer número inteiro positivo é ■ que o zero.

c) Qualquer número inteiro negativo é ■ que o zero.

d) Dados dois números inteiros negativos, o ■ é aquele que está mais à esquerda na reta numérica.

APLICAR

11. João pensou em um número, adicionou uma unidade e representou o resultado em uma reta numérica com um ponto azul. Veja:

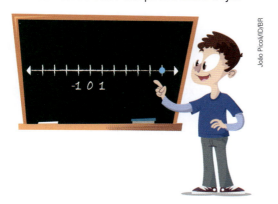

a) Qual número João representou com um ponto azul na reta numérica?
b) Em qual número João pensou?
c) Indique em uma reta numérica o número simétrico do número pensado por João.

12. Observe a tabela abaixo e faça o que se pede.

Continente	Altitude	
	Ponto mais alto	Ponto mais baixo
África	5 895 m Kilimanjaro (Tanzânia)	−152 m Lago Assal (Djibuti)
América	6 959 m Aconcágua (Argentina)	−105 m Laguna del Carbón (Argentina)
Antártica	4 897 m Maciço Vinson	−50 m Deep Lake
Ásia	8 850 m Monte Everest (Nepal)	−418 m Margens do mar Morto (Israel/Jordânia)
Europa	5 642 m Monte Elbrus (Rússia)	−28 m Margens do mar Cáspio (Rússia-Irã/Turcomenistão/Azerbaijão)
Oceania	4 884 m Pirâmide Carstensz (Indonésia)	−15 m Lago Eyre (Austrália)

Disponível em: <http://linkte.me/p7j51>. Acesso em: 2 maio 2017.

a) Utilizando os sinais de < e >, compare os pontos mais altos dos seguintes continentes:
  I. África e Antártica;
  II. América e Ásia;
  III. Antártica e Europa;
  IV. Ásia e Oceania.

b) Agora, utilizando os mesmos sinais, compare os pontos mais baixos dos seguintes continentes:
  I. Oceania e África;
  II. América e Antártica;
  III. Ásia e Europa;
  IV. Europa e Oceania.

LOCALIZAÇÃO DE PONTOS

Imagine que uma empresa de saneamento básico precisa fazer reparos no sistema de esgoto, pois há problemas de vazamento em alguns quarteirões.

Para localizar esses quarteirões, um técnico fez um esquema em que P representa a praça central da cidade e X indica em quais quarteirões há vazamento. Depois, com o objetivo de facilitar a localização dos quarteirões em que há vazamento, ele traçou retas perpendiculares, uma horizontal e outra vertical, passando pelo centro da praça, e indicou os quarteirões com letras.

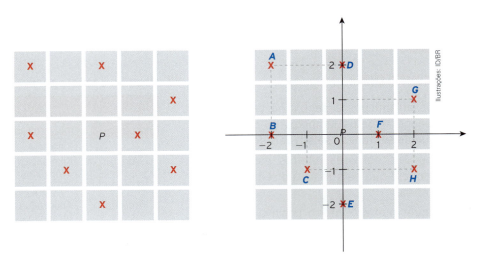

Observe que a praça é o marco zero ou a **origem**. Agora, veja como podemos localizar os quarteirões com problema de vazamento usando pares de números inteiros.

- Quarteirão A: −2 no eixo horizontal e +2 no eixo vertical. O par (−2, +2) determina a localização da quadra A.

- Quarteirão B: −2 no eixo horizontal e 0 no eixo vertical. O par (−2, 0) determina a localização da quadra B.

- Quarteirão C: −1 no eixo horizontal e −1 no eixo vertical. O par (−1, −1) determina a localização da quadra C.

- Quarteirão D: 0 no eixo horizontal e +2 no eixo vertical. O par (0, +2) determina a localização da quadra D.

- Quarteirão E: 0 no eixo horizontal e −2 no eixo vertical. O par (0, −2) determina a localização da quadra E.

- Quarteirão F: +1 no eixo horizontal e 0 no eixo vertical. O par (+1, 0) determina a localização da quadra F.

- Quarteirão G: +2 no eixo horizontal e +1 no eixo vertical. O par (+2, +1) determina a localização da quadra G.

- Quarteirão H: +2 no eixo horizontal e −1 no eixo vertical. O par (+2, −1) determina a localização da quadra H.

Perceba que a ordem dos números no par é importante. Por isso, dizemos que esses pares são **ordenados**. Por exemplo, os pares (1, 2) e (2, 1) indicam a localização de quadras diferentes.

PARES ORDENADOS

Em Matemática, assim como no exemplo da localização dos quarteirões com vazamento mencionados anteriormente, a localização de pontos em um plano é feita com o auxílio de duas retas numéricas perpendiculares, chamadas de **eixos**. O eixo horizontal é chamado de **abscissa** ou **eixo x**, e o eixo vertical é chamado de **ordenada** ou **eixo y**.

A cada par de números inteiros corresponde um ponto no plano.

O primeiro número é usado para a localização no eixo horizontal, e o segundo número é usado para a localização no eixo vertical. Esses dois números formam um **par ordenado**.

Na malha quadriculada abaixo, o ponto P pode ser localizado pelo par ordenado (−3, 3). Os números −3 (eixo horizontal) e 3 (eixo vertical) são as **coordenadas** do ponto P. Da mesma maneira, o ponto M pode ser localizado pelo par ordenado (2, −1) e 2 e −1 são as coordenadas do ponto M.

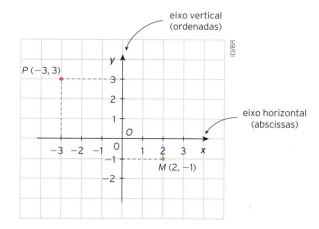

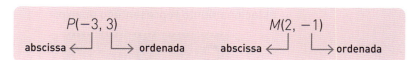

Observe que o par ordenado (−1, 2) e o par ordenado (2, −1) são diferentes. Use o plano cartesiano desta página para verificar isso.

Observe que o ponto O é a origem e que, no eixo das abscissas, à esquerda do O, estão os números inteiros negativos, e à direita do O estão os números inteiros positivos.

De maneira análoga, no eixo das ordenadas, abaixo do O, estão os números inteiros negativos, e acima do O estão os números inteiros positivos.

Os eixos x e y determinam um sistema de eixos perpendiculares em um plano. Esse plano passa a ser chamado de **plano cartesiano**.

ATIVIDADES

RETOMAR E COMPREENDER

13. Quais são as coordenadas dos pontos representados no plano cartesiano a seguir?

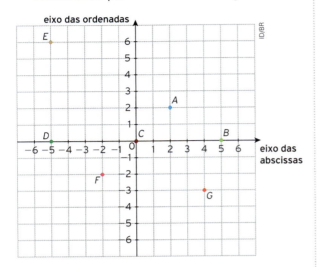

14. Trace um plano cartesiano no caderno e localize os seguintes pontos:

a) $A(5, 2)$ d) $D(6, 3)$ g) $G(5, -9)$
b) $B(-1, 2)$ e) $E(-5, 2)$ h) $H(-6, 3)$
c) $C(-5, -9)$ f) $F(-1, -2)$ i) $I(0, 5)$

15. Considere o plano cartesiano e os pontos representados a seguir.

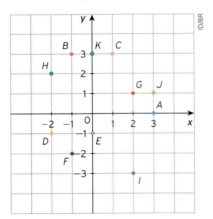

a) Escreva os pares ordenados que localizam os pontos representados.

b) O ponto C pode ser localizado pelo par ordenado $(1, 3)$. Invertendo a ordem dos números que o representam, temos o par ordenado $(3, 1)$, que representa o ponto J. Há outros pares de pontos representados em que isso ocorre?

16. Para cada item abaixo, construa um plano cartesiano e localize os pontos. Em seguida, no item:
- **a**, trace os segmentos $\overline{EF}$, $\overline{FG}$ e $\overline{GH}$ e escreva o nome da figura geométrica formada;
- **b**, trace os segmentos $\overline{AB}$, $\overline{BC}$, $\overline{CD}$ e $\overline{DA}$ e escreva o nome da figura geométrica formada.

a) $E(1, 2)$; $F(-2, 4)$; $G(-1, -5)$
b) $A(-5, 3)$; $B(0, 3)$; $C(0, 0)$; $D(-5, 0)$

APLICAR

17. Leia e faça o que se pede.

Outro modo de localizar pontos em um plano é utilizando letras como coordenadas do eixo horizontal e números como coordenadas do eixo vertical.

Veja um modelo no tabuleiro de xadrez abaixo:

Suponha que cada "casa" seja um ponto do tabuleiro. Assim, por exemplo, um dos cavalos pretos está localizado em (B, 8).

Escolha algumas peças do tabuleiro representado acima e indique o par ordenado que localiza cada uma delas.

18. Utilizando a mesma representação das coordenadas do exercício anterior, escreva os pares ordenados referentes às vagas livres do estacionamento representado abaixo.

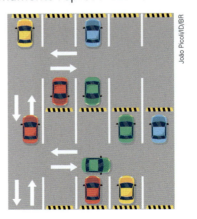

MAIS ATIVIDADES

COMPREENDER E RESOLVER

19. Indique outras situações, além da temperatura, do fuso horário e das transações bancárias, em que utilizamos números positivos, números negativos e o número nulo.

20. Copie e complete o quadro abaixo no caderno.

Número	Antecessor	Sucessor	Oposto	Módulo
−7				7
13			−13	13
127	126	128		
0				
−25				

21. Considere a reta numérica a seguir. Cada letra está associada a um número inteiro.

a) Indique as letras que representam números inteiros positivos e as letras que indicam números inteiros negativos.

b) Qual é o sinal do número representado pela letra C?

c) Escreva três pares de números representados por letras nessa reta. Depois, utilize os sinais > e < para comparar os números de cada par.

APLICAR

22. Faça uma pesquisa sobre as temperaturas máximas e mínimas registradas nos últimos cinco dias em sua cidade.

a) Registre em uma reta numérica as temperaturas obtidas. Marque o dia em que cada temperatura foi registrada e utilize cores diferentes para a máxima e para a mínima dentro desse período.

b) Qual foi a maior temperatura obtida?

c) Qual foi a menor temperatura obtida?

d) Houve algum registro de temperatura negativa?

e) Qualquer temperatura negativa seria menor que as temperaturas que você encontrou? Explique.

23. Observe a afirmação que Tatiana fez sobre a reta numérica abaixo.

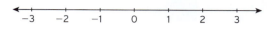

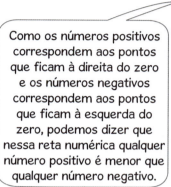

Como os números positivos correspondem aos pontos que ficam à direita do zero e os números negativos correspondem aos pontos que ficam à esquerda do zero, podemos dizer que nessa reta numérica qualquer número positivo é menor que qualquer número negativo.

A afirmação é verdadeira ou falsa? Justifique.

24. Quais são os possíveis valores inteiros para ★ em cada caso a seguir?

a) |★| = 15

b) |★| = −15

25. Na escala de um termômetro, qual temperatura está mais próxima de 0 °C: −8 °C ou +12 °C?

26. Amanda e Bia estavam paradas no mesmo lugar brincando de lançar pedrinhas em sentidos opostos, conforme a representação abaixo. Elas lançaram várias pedrinhas.

a) Na situação representada na ilustração, qual delas jogou a pedrinha mais longe?

b) Em quais situações os números que representam a posição das pedrinhas de Amanda e de Bia seriam opostos?

27. **APLICAR** Use os conceitos apresentados até aqui para resolver as **atividades interativas**.

Capítulo 2
OPERAÇÕES COM NÚMEROS INTEIROS

Como você faria para desempatar dois times de futebol com a mesma quantidade de pontos? Um dos critérios é o saldo de gols. Para calcular esse saldo, consideramos como números positivos os gols a favor (gols pró) e como números negativos os gols contra. Em seguida, efetuamos a soma desses números.

ADIÇÃO DE NÚMEROS INTEIROS

Ao observar a tabela do grupo 4 da primeira fase do Campeonato Brasileiro de Futebol Feminino de 2014, notamos que Caucaia-CE, Viana-MA e Iranduba-AM têm a mesma pontuação (P), o mesmo número de vitórias (V), o mesmo número de derrotas (D) e o mesmo número de empates (E). Nesse caso, o critério de desempate é o saldo de gols (SG).

O Caucaia-CE ficou em 2º lugar no grupo porque é um dos três times empatados com a maior pontuação (4 pontos) e tem o maior saldo de gols, que é igual a 1 (6 gols a favor (GP) e 5 gols contra (GC)).

Os saldos de gols dos times Viana-MA e Iranduba-AM são valores negativos. Isso acontece quando o número de gols sofridos é maior que o número de gols a favor. Por exemplo, o time Viana-MA fez 9 gols a favor (gols pró) e levou 11 gols, portanto, o saldo de gols é −2.

	P	J	V	E	D	GP	GC	SG
1º Pinheirense-PA	12	4	4	0	0	14	4	10
2º Caucaia-CE	4	4	1	1	2	6	5	1
3º Viana-MA	4	4	1	1	2	9	11	−2
4º Iranduba-AM	4	4	1	1	2	7	13	−6
5º Náutico-PE	3	4	0	3	1	6	9	−3

Fonte de pesquisa: Confederação Brasileira de Futebol. Disponível em: <http://linkte.me/lcr98>. Acesso em: 5 jun. 2017.

ADIÇÃO DE DOIS NÚMEROS INTEIROS POSITIVOS

Como os números inteiros positivos e o zero são números naturais, então a adição de dois números inteiros positivos se dá da mesma forma que a adição de dois números naturais.

Exemplos

A. $(+10) + (+31) =$
$= 10 + 31 =$
$= 41$

B. $(+51) + (+19) =$
$= 51 + 19 =$
$= 70$

C. $(+150) + (+85) =$
$= 150 + 85 =$
$= 235$

D. $(+450) + (+223) =$
$= 450 + 223 =$
$= 673$

ADIÇÃO DE DOIS NÚMEROS INTEIROS NEGATIVOS

Na adição de dois números inteiros negativos, a soma é negativa e seu módulo é igual à soma dos módulos desses números.

Exemplos

A. $(-15) + (-4) =$
$= - (|-15| + |-4|) =$
$= -(15 + 4) =$
$= -19$

B. $(-68) + (-32) =$
$= - (|-68| + |-32|) =$
$= -(68 + 32) =$
$= -100$

C. $(-174) + (-322) =$
$= - (|-174| + |-322|) =$
$= -(174 + 322) =$
$= -496$

D. $(-606) + (-69) =$
$= - (|-606| + |-69|) =$
$= -(606 + 69) =$
$= -675$

ADIÇÃO DE DOIS NÚMEROS INTEIROS COM SINAIS DIFERENTES

Na adição de dois números inteiros com sinais diferentes, a soma terá o sinal do número de maior módulo, com valor absoluto igual ao da diferença dos módulos desses números.

Exemplos

A. $(+7) + (-5) =$
$= + ||+7| - |-5|| =$
$= + |7 - 5| =$
$= +2$

B. $(-27) + (+44) =$
$= + ||-27| - |+44|| =$
$= + |27 - 44| =$
$= + |-17|$
$= +17$

C. $(-74) + (+62) =$
$= - ||-74| - |+62|| =$
$= - |74 - 62| =$
$= -12$

D. $(-116) + (+77) =$
$= - ||-116| - |+77|| =$
$= - |116 - 77| =$
$= -39$

PROPRIEDADES DA ADIÇÃO EM $\mathbb{Z}$

Vamos estudar as propriedades da adição de números inteiros.

Propriedade comutativa da adição

Em uma adição, a ordem das parcelas não altera a soma. Assim, se a e b são números inteiros, temos:

$$a + b = b + a$$

Exemplos

A. $5 + (-2) =$
$= (-2) + 5 =$
$= 3$

B. $18 + (-7) =$
$= (-7) + 18 =$
$= 11$

Propriedade associativa da adição

Em uma adição de três ou mais números, podemos associar as parcelas de diferentes maneiras, pois a soma não se altera. Assim, se a, b e c são números inteiros, temos:

$$(a + b) + c = a + (b + c)$$

Exemplos

A. $[5 + 2] + (-1) =$
$= 5 + [2 + (-1)] =$
$= 5 + [1] =$
$= 5 + 1 =$
$= 6$

B. $[-5 + (-1)] + (-8) =$
$= -5 + [(-1) + (-8)] =$
$= -5 + [-1 - 8] =$
$= -5 - 9 =$
$= -14$

Propriedade do elemento oposto

Para cada número inteiro, existe um oposto. Em uma adição de um número inteiro e seu oposto, a soma é zero. Assim, se a é um número inteiro, temos:

$$a + (-a) = 0$$

Exemplos

A. $5 + (-5) =$
$= 5 - 5 =$
$= 0$

B. $(-9) + 9 = 0$
$= -9 + 9 =$
$= 0$

Propriedade do elemento neutro

Em uma adição de um número inteiro com zero, a soma é igual ao número inteiro. O zero é o elemento neutro da adição. Se a é um número inteiro, então:

$$a + 0 = a$$

Exemplos

A. $-9 + 0 = -9$

B. $0 + 6 = 6$

ATIVIDADES

RETOMAR E COMPREENDER

1. Determine o valor de cada adição.
   a) $(+7) + (+5)$
   b) $+13 + 4$
   c) $(-8) + (-12)$
   d) $(+3) + (-5)$
   e) $(+5) + (-2)$
   f) $0 + (-20)$
   g) $(+30) + 0$
   h) $-52 + 41$

2. Copie e complete a tabela abaixo no caderno.

+	+2	+1	0	−1	−2
+2					
+1					
0					
−1					
−2					

3. No caderno, construa uma reta numérica de -8 a $+8$ e marque os pontos a seguir.
   a) $A: +3$
   b) B: simétrico de A
   c) $C: +5$
   d) D: simétrico de C
   e) $E: A + B$
   f) $F: A + D$
   g) $G: C + D$
   h) $H: B + D$
   i) $I: A + C$
   j) $J: B + C$

4. Calcule $x + y$, sabendo que:
   a) $x = -7$ e $y = +6$
   b) $x = +6$ e $y = +2$
   c) $x = -8$ e $y = -4$
   d) $x = 0$ e $y = -9$
   e) $x = +8$ e $y = +7$
   f) $x = 0$ e $y = 0$

5. Descubra o valor de ■ em cada item.
   a) $■ + (-9) = 0$
   b) $(+4) + ■ = -12$
   c) $■ + (-4) = 16$
   d) $0 + ■ = 34$
   e) $(-2) + (-■) = +26$
   f) $(-1) + (+9) = ■$

6. Copie o quadro a seguir no caderno e complete-o. Depois, responda ao que se pede em cada item.

a	−4	+6	0	−2
b	+3	−7	+1	−5
$a + b$				
$b + a$				
Oposto de a + oposto de b				
Oposto de $(a + b)$				
Oposto de $(b + a)$				

a) Os resultados obtidos em $a + b$ e em $b + a$ são iguais? Que propriedade justifica sua resposta?

b) Explique por que os resultados obtidos nas duas últimas linhas da tabela são iguais. Justifique algebricamente.

APLICAR

7. Considere um número inteiro. Adicionando-o ao seu sucessor, obtém-se um resultado cujo módulo é 13. Qual é o número inteiro considerado?

8. Escreva uma sentença matemática e resolva cada situação abaixo.

   a) Na segunda-feira, o saldo bancário de Paula era negativo em R$ 167,00. Na terça-feira, ela fez um depósito de R$ 570,00. Qual é o novo saldo bancário de Paula?

   b) Na cidade de Urupema, Santa Catarina, a temperatura às 0h do dia 3 de maio de 2017 era de 10 °C. Às 8h, a temperatura subiu 1 °C, e às 13h, a temperatura subiu mais 7 °C. Qual foi a temperatura às 13h desse dia?

9. Leia o texto abaixo.

O quadrado mágico é um tipo de tabela quadrada de números em que a soma de cada coluna, de cada linha e das duas diagonais deve ser sempre igual.
Veja alguns exemplos de quadrados mágicos em que a soma de cada coluna, de cada linha e das duas diagonais é igual a 15:

2	7	6
9	5	1
4	3	8

6	7	2
1	5	9
8	3	4

4	9	2
3	5	7
8	1	6

2	9	4
7	5	3
6	1	8

4	3	8
9	5	1
2	7	6

8	3	4
1	5	9
6	7	2

8	1	6
3	5	7
4	9	2

6	1	8
7	5	3
2	9	4

Copie os quadrados mágicos abaixo no caderno e complete-os com números inteiros.

a)

0		−8
	−2	
4		

b)

−3		
2	0	
1		

UNIDADE 1 – NÚMEROS INTEIROS

27

SUBTRAÇÃO DE NÚMEROS INTEIROS

Subtrair um número inteiro de outro número inteiro equivale a adicionar o primeiro número ao oposto do segundo.

Exemplos

A. 15 − 2 =
= 15 + (−2) =
= +13

B. 5 − 37 =
= 5 + (−37) =
= −32

C. 22 − (−5) =
= 22 + (+5) =
= 22 + 5 =
= +27

D. −13 − 18 =
= −13 + (−18) =
= −31

E. −35 − (−7) =
= −35 + (+7) =
= −35 + 7 =
= −28

F. −2 − (−55) =
= −2 + (+55) =
= −2 + 55 =
= +53

ATIVIDADES

RETOMAR E COMPREENDER

10. Copie e complete o quadro abaixo no caderno.

x	y	x − y	y − x
+4	+2		
+9	+5		
−1	−4		
−4	−2		
−2	0		

APLICAR

11. Às 6 horas da manhã de determinado dia, nas cidades A e B, foram registradas as seguintes temperaturas:

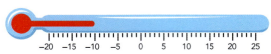

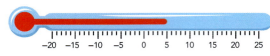

Indique a temperatura que esses termômetros marcarão nas situações a seguir.

a) A temperatura aumentou 7 °C.
b) A temperatura diminuiu 5 °C.
c) A temperatura diminuiu 8 °C.

12. Em cada uma das caixas representadas a seguir, há bolas marcadas com números inteiros.

Um aluno foi desafiado a retirar a menor quantidade possível de bolas das caixas, de modo que a soma dos números marcados nas bolas retiradas fosse −18.

Uma aluna também foi desafiada a retirar a menor quantidade possível de bolas, mas dessa vez a soma dos números marcados nas bolas retiradas deveria ser 23.

Quais bolas devem ser retiradas em cada caso para se atingir os objetivos esperados?

ADIÇÃO ALGÉBRICA

A adição e a subtração de números inteiros podem ser consideradas e calculadas como uma única operação, denominada **adição algébrica**.

Exemplos

A. Vamos resolver a adição algébrica abaixo.

$-7 + 15 + 0 - 15 + 37 - 10 =$
$= +15 - 15 + 0 - 7 + 37 - 10 =$
$= 0 + 30 - 10 =$
$= +30 - 10 =$
$= 20$

B. Vamos resolver a adição algébrica abaixo.

$62 - 12 - 9 - 18 + 37 - 10 - 23 =$
$= 50 - 27 + 37 - 10 - 23 =$
$= 50 + 10 - 10 - 23 =$
$= 50 + 0 - 23 =$
$= +27$

C. Para se exercitar, Andressa prefere subir e descer pela escada do prédio onde mora em vez de utilizar o elevador. Ela mora no 5º andar (+5) e precisa levar o lixo ao 3º subsolo (−3). Quantos andares ela tem de descer para levar o lixo?

Para resolver essa questão, podemos calcular a diferença:

$(-3) - (+5)$

Observe que $-(+5)$ é o oposto de $+5$, que é igual a -5.
Então:

$(-3) - (+5) = -3 - 5 = -8$

Portanto, Andressa tem de descer 8 andares.

O RESPEITO NA CONVIVÊNCIA EM GRUPO

A convivência em grupo requer que respeitemos várias normas.

Quando moramos em um prédio, devemos respeitar algumas regras. Por exemplo, jogar o lixo no local adequado. Caso contrário, se o lixo for abandonado em qualquer lugar, insetos e outros animais, como ratos, podem ser atraídos e transmitir doenças.

- Com os colegas, discuta que outros tipos de regra devemos seguir para que a convivência em grupo seja saudável. Que regras vocês consideram mais importantes para o convívio social?

ATIVIDADES

RETOMAR E COMPREENDER

13. Calcule o valor de cada expressão numérica e indique a propriedade aplicada.
   a) $37 - 22 + 13 - 22 - 0 + 13$
   b) $(-2) + (-6) + (-11) + (+8) + 10$
   c) $-13 + (27 - 12) - 5 + 76 - (7 + 14)$
   d) $[(52 - 13) + 26] + 2$
   e) $-3 - \{[0 + (127 - 127) - 32] + 5 + 32\}$

14. Calcule o valor das expressões numéricas abaixo e, em seguida, responda:
   $A = -10 + 4 - 5 - 3 + 10$
   $B = -3 - 4 + 3 - 19 + 7 + 0$
   $C = -15 + 17 - 1$
   $D = -10 - 8 - 4 + 4 - 1$
   $E = 2 - [5 + (6 - 9 + 12) - (-8 + 3)]$
   $F = 3 - [7 - (12 + 7 - 3 + 19) - 17]$
   a) Qual dos resultados acima é o maior?
   b) Qual é o oposto do resultado de D? E de E?
   c) Qual é o resultado de A + C?
   d) Quanto vale o número E? E o número F?

15. Classifique as afirmações abaixo em verdadeiras (V) ou falsas (F).
   a) $|6| + |+6| = 12$
   b) $(-3 + 9 - 2) > (-6 + 13)$
   c) $|(-7 + 3 - 10)| < |(+3 - 5 + 4)|$
   d) A soma de um número inteiro com o seu oposto é sempre igual a zero.

APLICAR

16. Acompanhe a seguir a movimentação bancária de uma conta-corrente.

Sabendo que não houve outra movimentação nessa conta, qual é o saldo final?

17. Em um jogo de dardos entre três jogadores (I, II e III), cada jogador lança 5 dardos por rodada.

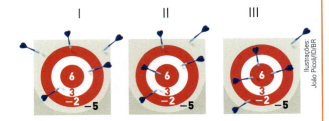

Os pontos da rodada são determinados pela adição dos pontos obtidos nos lançamentos, que correspondem ao número indicado na região do alvo acertada pelo dardo.
   a) Quantos pontos cada um dos jogadores fez na rodada representada?
   b) Qual dos três jogadores obteve maior pontuação?
   c) Em uma rodada, quais são os possíveis totais parciais de pontos que um jogador pode obter depois de lançar dois dardos?

18. O balanço de uma indústria apresentou, durante três anos consecutivos, os seguintes resultados:
   - 1º ano: lucro de R$ 21 356 000,00
   - 2º ano: prejuízo de R$ 2 513 318,00
   - 3º ano: prejuízo de R$ 920 002,00

Qual o saldo dessa indústria ao final do terceiro ano?

19. Na tabela abaixo, estão registradas as temperaturas máximas e mínimas, referentes ao dia 23 de março de 2017, das capitais de alguns países.

Capital	Temperatura máxima (°C)	Temperatura mínima (°C)
Brasília (Brasil)	29	19
Estocolmo (Suécia)	7	−2
Pequim (China)	8	4
Seul (Coreia do Sul)	15	4
Washington (Estados Unidos)	9	−1

Fonte de pesquisa: AccuWeather. Disponível em: <http://linkte.me/b7c8p>. Acesso em: 4 maio 2017.

No caderno, copie a tabela acrescentando mais uma coluna com a variação de temperatura em cada capital.

FAZENDO MATEMÁTICA

A lata que calcula!

Vamos fazer uma lata que calcula adições algébricas.

COMPREENDER
Acompanhe como montar e usar uma **lata que calcula**!

Material

- uma lata com formato cilíndrico e com tampa
- fita adesiva
- tesoura de pontas arredondadas
- papel A4
- caneta
- fita métrica

Como fazer

1. Com o auxílio da fita métrica, meça o comprimento da lata e recorte duas tiras de papel com esse comprimento.
2. Numere uma das tiras de −12 a +12. Mantenha a mesma distância entre os números e não esqueça do zero.
3. Desenhe uma seta para baixo no meio da outra tira. Depois, escreva, à direta da seta, **sentido positivo**, e, à esquerda, **sentido negativo**.
4. Usando a fita adesiva, cole a tira com a seta para baixo na tampa da lata, e a tira numerada, na parte de baixo da lata.
5. Tudo pronto! Agora, veja, por exemplo, como efetuar a adição algébrica (−3) + (+4) usando a lata.

↑ Posicione a seta sobre a primeira parcela da adição algébrica (−3).

↑ Gire a tampa no sentido positivo ou negativo (dependendo da operação) o número de unidades referente à segunda parcela da adição algébrica (+4).

↑ A seta indicará a soma algébrica.

Para concluir

1. O objetivo dessa atividade é descobrir o sentido em que temos de girar a tampa da lata. Para isso, efetue as adições algébricas abaixo sem o auxílio da lata e, depois, com a lata.

    a) (+7) + (+2)
    b) (+3) − (+1)
    c) (−3) + (+5)
    d) (−5) − (+3)
    e) (−2) + (−6)
    f) (−7) − (−4)
    g) (+4) + (−1)
    h) (+3) − (−5)

2. Agora, complete as frases a seguir de modo que elas sejam corretas.

    a) Se a operação for uma adição, o sentido do giro depende do sinal da segunda parcela. Se o sinal for positivo, giramos a tampa para o sentido ■, se for negativo, giramos a tampa para o sentido ■.

    b) Se a operação for uma subtração, devemos adicionar a ■ parcela com o oposto da ■ parcela e, em seguida, procedemos da mesma maneira que na operação de adição.

MULTIPLICAÇÃO DE NÚMEROS INTEIROS

Na multiplicação de dois números inteiros não nulos, os números podem ser positivos, negativos ou ter sinais diferentes.

MULTIPLICAÇÃO DE DOIS NÚMEROS INTEIROS POSITIVOS

Como os números inteiros positivos e o zero são os números naturais, então a multiplicação de dois números inteiros positivos se dá da mesma forma que a multiplicação de dois números naturais.

Exemplos

A. $(+3) \cdot (+4) =$
$= 3 \cdot 4 =$
$= +12$

B. $(+9) \cdot (+20) =$
$= 9 \cdot 20 =$
$= 180$

MULTIPLICAÇÃO DE DOIS NÚMEROS INTEIROS COM SINAIS DIFERENTES

Na multiplicação de dois números inteiros com sinais diferentes, multiplicam-se os módulos, e o sinal do produto é negativo.

> **ZERO COMO FATOR**
>
> Na multiplicação de dois números inteiros, quando um deles ou os dois são nulos, o produto é sempre nulo.
> - $(+4) \cdot 0 = 0$
> - $(-2) \cdot 0 = 0$
> - $0 \cdot (+6) = 0$
> - $0 \cdot (-3) = 0$
> - $0 \cdot 0 = 0$

Exemplos

A. $(+3) \cdot (-4) =$
$= - (|+3| \cdot |-4|) =$
$= -(3 \cdot 4) =$
$= -12$

B. $(-4) \cdot (+11) =$
$= - (|-4| \cdot |+11|) =$
$= -(4 \cdot 11) =$
$= -44$

C. $(+7) \cdot (-5) =$
$= - (|+7| \cdot |-5|) =$
$= -(7 \cdot 5) =$
$= -35$

D. $(-5) \cdot (+20) =$
$= - (|-5| \cdot |+20|) =$
$= -(5 \cdot 20) =$
$= -100$

MULTIPLICAÇÃO DE DOIS NÚMEROS INTEIROS NEGATIVOS

Na multiplicação de dois números inteiros negativos, multiplicam-se os módulos, e o sinal do produto é positivo.

Exemplos

A. $(-3) \cdot (-6) =$
$= + (|-3| \cdot |-6|) =$
$= + (3 \cdot 6) =$
$= +18$

B. $(-12) \cdot (-9) =$
$= + (|-12| \cdot |-9|) =$
$= + (12 \cdot 9) =$
$= +108$

PROPRIEDADES DA MULTIPLICAÇÃO EM $\mathbb{Z}$

Vamos estudar as propriedades da multiplicação de números inteiros.

Propriedade comutativa da multiplicação

Em uma multiplicação, a ordem dos fatores não altera o produto. Assim, se a e b são números inteiros, temos:

$$a \cdot b = b \cdot a$$

Exemplos

A. $3 \cdot (-2) =$
$= (-2) \cdot 3 =$
$= -6$

B. $(-5) \cdot (-2) =$
$= (-2) \cdot (-5) =$
$= 10$

Propriedade associativa da multiplicação

Em uma multiplicação de três ou mais números inteiros, podemos associar os fatores de diferentes maneiras, pois o produto não se altera. Assim, se a, b e c são números inteiros, temos:

$$(a \cdot b) \cdot c = a \cdot (b \cdot c)$$

Exemplos

A. $[3 \cdot 2] \cdot (-4) =$
$= 3 \cdot [2 \cdot (-4)] =$
$= 3 \cdot [(-8)] =$
$= -24$

B. $[7 \cdot (-3)] \cdot 5 =$
$= 7 \cdot [(-3) \cdot 5] =$
$= 7 \cdot [(-15)] =$
$= -105$

Propriedade do elemento neutro da multiplicação

Em uma multiplicação de um número inteiro por 1, o produto é o próprio número inteiro. O 1 é o elemento neutro da multiplicação. Sendo a um número inteiro, então:

$$a \cdot 1 = 1 \cdot a = a$$

Exemplos

A. $(-3) \cdot 1 =$
$= 1 \cdot (-3) =$
$= -3$

B. $6 \cdot 1 =$
$= 1 \cdot 6 =$
$= 6$

Propriedade distributiva da multiplicação em relação à adição algébrica

Em uma multiplicação de um número inteiro por uma adição algébrica de duas parcelas, multiplicamos cada parcela por esse número e adicionamos os produtos obtidos. Assim, se a, b e c são números inteiros, temos:

$$(a + b) \cdot c = a \cdot c + b \cdot c$$

Exemplos

A. $(5 + 2) \cdot 3 =$
$= 5 \cdot 3 + 2 \cdot 3 =$
$= 15 + 6 =$
$= 21$

B. $(4 - 7) \cdot 5 =$
$= 4 \cdot 5 - 7 \cdot 5 =$
$= 20 - 35 =$
$= -15$

ATIVIDADES

RETOMAR E COMPREENDER

20. Copie e complete o quadro a seguir no caderno.

Primeiro fator	Segundo fator	Sinal do produto	Valor do produto
6	−4		−24
−9	12	−	
3	13		
−8	−24		
−7			−14
	−5		35

21. Qual número multiplicado por −9 tem como resultado +9?

22. Construa no caderno um quadro como o do modelo a seguir e complete-o com os possíveis sinais dos fatores e o sinal de cada produto da multiplicação de dois números inteiros não nulos.

Sinal do primeiro fator	Sinal do segundo fator	Sinal do produto

23. Qual é o número que multiplicado por −3 tem resultado 0?

24. Qual é o resultado da multiplicação de um número inteiro positivo por zero? E de um número negativo por zero?

25. Com base na regra de sinais, calcule o valor das expressões numéricas abaixo.

a) $(+3) \cdot (−5) \cdot (−1)$

b) $(−10) \cdot (−9) \cdot (+2) \cdot (−3)$

c) $(+2) \cdot (−4) \cdot (−6) \cdot (−4)$

d) $(−3) \cdot (−5) \cdot (−6)$

26. Calcule:

a) $1 \cdot (−6) \cdot (−66) \cdot (+1\,009) \cdot 0 \cdot (−999)$

b) $(−9) \cdot (−7) \cdot (+1) \cdot (−2)$

c) $(−5) \cdot (+8) \cdot (−1) \cdot (−2)$

d) $(−9) \cdot (−7) \cdot (+11) \cdot 0$

e) $(−4) \cdot (−1) \cdot (−2)$

f) $(−2) \cdot (+2) \cdot (−2)$

g) $(−7) \cdot (+1) \cdot (−2)$

h) $(−6) \cdot (−4) \cdot (−1)$

i) $\underbrace{(−1) \cdot (−1) \cdot (−1) \ldots (−1)}_{15 \text{ vezes}}$

27. Descubra o valor do produto, aplicando a propriedade distributiva.

a) $(−4) \cdot (−5 + 91)$

c) $(6 − 3) \cdot (−7)$

b) $(+5) \cdot (3 + 12)$

d) $[10 − (−5)] \cdot 2$

28. Copie e complete o quadro abaixo no caderno.

×	+4	+3	+2	+1	0	−1	−2	−3	−4
5									

Existe alguma regularidade na sequência dos números:

a) da primeira linha? Se sim, qual?

b) da segunda linha, excluindo o primeiro número? Se sim, qual?

29. Escreva no caderno os números inteiros que estão entre:

a) $+2$ e $−1$

b) $−4$ e $−7$

Agora, calcule o produto dos números que você encontrou nos itens **a** e **b**.

30. Escreva cinco números inteiros diferentes de zero que estejam entre −8 e +8. O produto desses cinco números que você escolheu é positivo ou negativo?

APLICAR

31. Leia a seguinte situação e ajude Pedro a resolvê-la.

Pedro esqueceu de pagar três prestações de R$ 135,00 e precisa pensar no que fazer para diminuir essa dívida.

a) Qual é o valor total das prestações em atraso?

b) Ao consultar seu saldo bancário, Pedro verificou que sua irmã havia feito oito depósitos de R$ 25,00. Quanto a irmã de Pedro depositou na conta dele?

c) Se Pedro usar o dinheiro dos depósitos que a irmã lhe fez para pagar as prestações em atraso, quando ele ainda precisará juntar para pagar essas prestações?

DIVISÃO DE NÚMEROS INTEIROS NÃO NULOS

Uma divisão é exata quando o dividendo (*a*) é o resultado da multiplicação do divisor (*b*) pelo quociente (*c*).

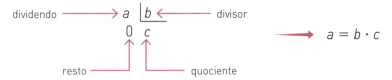

$a = b \cdot c$

Exemplos

A. $27 : 9 = 3$, pois $3 \cdot 9 = 27$.

B. $400 : 10 = 40$, pois $40 \cdot 10 = 400$.

DIVISÃO DE DOIS NÚMEROS INTEIROS COM SINAIS IGUAIS

Dividem-se os módulos dos números e o sinal do quociente é positivo.

Exemplos

A. $(+132) : (+11) =$
$= +(|+132| : |+11|) =$
$= +(132 : 11) =$
$= +12$

B. $(-75) : (-5) =$
$= +(|-75| : |-5|) =$
$= +(75 : 5) =$
$= +15$

DIVISÃO DE DOIS NÚMEROS INTEIROS COM SINAIS DIFERENTES

Dividem-se os módulos dos números e o sinal do quociente é negativo.

Exemplos

A. $(-48) : (+6) =$
$= -(|-48 : +6|) =$
$= -(48 : 6) =$
$= -8$

B. $(+18) : (-2) =$
$= -(|+18 : -2|) =$
$= -(18 : 2) =$
$= -9$

Não existe divisão por zero. O resultado da divisão de zero por qualquer número inteiro, diferente de zero, é zero.

ATIVIDADES

RETOMAR E COMPREENDER

32. Calcule o valor de cada quociente.

a) $(+64) : (+2)$

b) $(-225) : (-25)$

c) $(+96) : (-12)$

d) $(-80) : 4$

33. Copie as expressões no caderno, completando as lacunas com um número inteiro, de modo que as igualdades sejam verdadeiras.

a) $-3 \cdot \blacksquare = 12$

b) $\blacksquare \cdot 3 = -36$

c) $(-5) \cdot \blacksquare = -100$

d) $\blacksquare : (-7) = 12$

e) $-9 : \blacksquare = 9$

f) $(-65) : \blacksquare = -5$

34. Escreva três divisões exatas de números inteiros diferentes que tenham como quociente o número -5.

35. Construa um quadro no caderno, conforme o modelo abaixo, com os possíveis sinais do dividendo e do divisor e o sinal de cada quociente na divisão exata de dois números inteiros não nulos.

Sinal do dividendo	Sinal do divisor	Sinal do quociente

Que semelhanças você percebe entre esse quadro e o quadro de sinais da multiplicação?

36. Calcule mentalmente:

a) a metade do oposto de 44.

b) o dobro de $40 : (-4)$.

c) o oposto do oposto de $(-13) \cdot 1$.

d) o oposto do dobro de $(-15) \cdot (-2)$.

37. Escreva uma expressão para cada item abaixo. Em seguida, resolva cada uma delas.

a) O triplo de (-4) mais o dobro de (-6).

b) A diferença entre 2 e a quarta parte de (-8) adicionado ao quíntuplo de (-13).

c) A diferença entre (-10) e o dobro da adição de (-4) e (-9).

d) O quádruplo de (-56), aumentado de 4 e subtraído de (-20).

38. Copie e complete o quadro abaixo no caderno.

x	y	$x : y$	$x \cdot y$
-6	$+3$		
$+16$	-4		
-24	-6		
-18	$+2$		
0	-5		

39. Considere a seguinte expressão.

$$(-2) \cdot \star \cdot 7$$

a) Reproduza o quadro a seguir no caderno e complete-o com o valor da expressão para cada valor de $\star$.

$\star$	-3	-2	-1	0	1	2	3
$(-2) \cdot \star \cdot 7$							

b) Para quais valores de $\star$ a expressão é negativa?

c) Para quais valores de $\star$ a expressão é positiva?

d) Para quais valores de $\star$ a expressão é nula?

e) Explique o que acontece com o valor da expressão à medida que o valor de $\star$ aumenta.

40. Faça o que se pede em cada item.

a) Escreva três números inteiros distintos, de modo que o produto do primeiro pela soma dos outros dois seja igual ao oposto do primeiro.

b) Compare sua resposta com a de um colega. Juntos, procurem regularidades entre os números escritos.

APLICAR

41. Leia e resolva a situação a seguir.

Ao fazer um empréstimo em um banco, uma pessoa escolhe um plano em que, a cada ano em que a dívida não é paga, seu valor duplica. Sabendo que o empréstimo foi de R$ 480,00 e que a dívida só será paga após 4 anos, quanto essa pessoa vai pagar para quitá-la?

POTENCIAÇÃO DE NÚMEROS INTEIROS

Um produto de números naturais iguais pode ser representado da seguinte forma:

$$a^n = \underbrace{a \cdot a \cdot a \cdot \ldots \cdot a}_{n \text{ vezes}}$$

Exemplos

A. $3^4 = 3 \cdot 3 \cdot 3 \cdot 3$

B. $5^3 = 5 \cdot 5 \cdot 5$

C. $7^6 = 7 \cdot 7 \cdot 7 \cdot 7 \cdot 7 \cdot 7$

D. $28^8 = 28 \cdot 28 \cdot 28 \cdot 28 \cdot 28 \cdot 28 \cdot 28 \cdot 28$

TERMOS DA POTENCIAÇÃO

$2^3 = 8$ (base, expoente, potência)

Na potenciação com base em $\mathbb{Z}$ e expoente em $\mathbb{N}$, vale a mesma definição vista acima, mas devemos observar os expoentes.
- Se o expoente for um número par, a potência será um número positivo.
- Se o expoente for um número ímpar, a potência terá o mesmo sinal da base.

Exemplos

A. $(-6)^2 = (-6) \cdot (-6) = +36$

B. $(+4)^4 = (+4) \cdot (+4) \cdot (+4) \cdot (+4) = +256$

C. $(+2)^5 = (+2) \cdot (+2) \cdot (+2) \cdot (+2) \cdot (+2) = +32$

D. $(-3)^3 = (-3) \cdot (-3) \cdot (-3) = -27$

EXPOENTES 0 E 1

Para o conjunto dos números inteiros é válido que:
- $a^0 = 1$, com $a \in \mathbb{Z}^*$
- $a^1 = a$, com $a \in \mathbb{Z}$

Observação

A colocação dos parênteses é muito importante no cálculo de potências. Veja:

- $(-2)^4 = (-2) \cdot (-2) \cdot (-2) \cdot (-2) = 16$
- $-2^4 = -(2 \cdot 2 \cdot 2 \cdot 2) = -16$

PROPRIEDADES DA POTENCIAÇÃO EM $\mathbb{Z}$

Agora, vamos estudar as propriedades da potenciação de números inteiros.

1ª propriedade: Produto de potências de mesma base

O produto de potências de mesma base é a potência de base igual à base das potências dadas, e o expoente é a soma dos expoentes dos fatores.

$$a^m \cdot a^n = a^{m+n} \quad (a \in \mathbb{Z} \text{ e } m, n \in \mathbb{N})$$

SÍMBOLO $\in$

O símbolo $\in$ indica pertence.
Já o símbolo $\notin$ indica não pertence.

Exemplos

A. $(+2)^3 \cdot (+2)^4 =$
$= (+2)^{3+4} =$
$= (+2)^7$

B. $(-8)^2 \cdot (-8)^6 =$
$= (-8)^{2+6} =$
$= (-8)^8$

2ª propriedade: Quociente de potências de mesma base

O quociente de potências de mesma base (diferente de zero) é a potência de base igual à base das potências dadas, e o expoente é a diferença entre os expoentes.

$$a^m : a^n = a^{m-n} \qquad (a \in \mathbb{Z}^*; m, n \in \mathbb{N} \text{ e } m \geqslant n)$$

Exemplos

A. $(+3)^6 : (+3)^2 =$
$= (+3)^{6-2} =$
$= (+3)^4$

B. $(-7)^9 : (-7)^8 =$
$= (-7)^{9-8} =$
$= (-7)^1$

3ª propriedade: Potência de potência

Ao elevar uma potência a um novo expoente, conserva-se a base e multiplicam-se os expoentes.

$$(a^m)^n = a^{m \cdot n} \qquad (a \in \mathbb{Z} \text{ e } m, n \in \mathbb{N})$$

Exemplos

A. $[(+2)^2]^3 =$
$= [(+2)^{2 \cdot 3}] =$
$= (+2)^6$

B. $[(-5)^8]^2 =$
$= [(-5)^{8 \cdot 2}] =$
$= (-5)^{16}$

4ª propriedade: Potência de um produto

Ao elevar um produto a um expoente, elevamos cada fator a esse expoente.

$$(a \cdot b)^m = a^m \cdot b^m \qquad (a, b \in \mathbb{Z} \text{ e } m \in \mathbb{N})$$

Exemplos

A. $[(+3) \cdot (+7)]^3 =$
$= (+3)^3 \cdot (+7)^3$

B. $[(-5) \cdot (+3)]^4 =$
$= (-5)^4 \cdot (+3)^4$

C. $[(+6) \cdot (-2)]^2 =$
$= (+6)^2 \cdot (-2)^2$

D. $[(-1) \cdot (-8)]^5 =$
$= (-1)^5 \cdot (-8)^5$

5ª propriedade: Potência de um quociente

Ao elevar um quociente a um expoente, elevamos cada termo a esse expoente.

$$(a : b)^m = a^m : b^m \qquad (a \in \mathbb{Z}, b \in \mathbb{Z}^* \text{ e } m \in \mathbb{N})$$

Exemplos

A. $[(+9) : (-3)]^2 =$
$= (+9)^2 : (-3)^2$

B. $[(-10) : (+5)]^5 =$
$= (-10)^5 : (+5)^5$

C. $[(+4) : (+6)]^3 =$
$= (+4)^3 : (+6)^3$

D. $[(-3) : (-9)]^4 =$
$= (-3)^4 : (-9)^4$

ATIVIDADES

RETOMAR E COMPREENDER

42. Escreva no caderno cada situação abaixo na forma de potência.

a) $6 \cdot 6 \cdot 6 \cdot 6$

b) $(-15) \cdot (-15) \cdot (-15)$

c) $1 \cdot 1 \cdot 1 \cdot 1 \cdot 1$

d) $(-27) \cdot (-27)$

e) $(-11) \cdot (-11)$

f) O quadrado de -14.

g) O cubo de -4.

43. Conhecendo a base e o expoente, calcule a potência em cada caso.

a) base: -7; expoente: 2

b) base: $+15$; expoente: 2

c) base: -12; expoente: 0

d) base: -2; expoente: 4

e) base: 0; expoente: 1

f) base: $+10$; expoente: 3

g) base: 1; expoente: 8

h) base: $+4$; expoente: 0

44. Aplicando as propriedades da potenciação, reduza as expressões abaixo a uma única potência.

a) $(+14)^4 : (+14)^3$

b) $(-3)^3 \cdot (-3)^2 \cdot (-3)^1$

c) $[(+8)^2]^5 : (+8)^9$

d) $[(+10) : (-2)]^6 : (+10)^2 : (-2)^2$

45. Responda:

a) Quais números inteiros elevados ao quadrado resultam em 49?

b) Qual é o resultado de (-2) elevado ao cubo?

c) Qual é o resultado do quociente do cubo de (-6) pelo dobro de (-2)?

46. Substitua o ■ pelo sinal de $<$, $>$ ou $=$.

a) $(-2)^2$ ■ $(-4)^1$

b) $(-2)^4$ ■ $(+4)^2$

c) $(-1)^3$ ■ $(-1)^5$

d) $(+4)^2$ ■ $(+16)^1$

e) $(-3)^2$ ■ $(-9)^1$

f) $(-10)^2$ ■ $(+10)^3$

g) $(-6)^0$ ■ $(-1)^1$

h) $(+5)^2$ ■ $(+25)^0$

47. O quadro a seguir foi construído calculando a potência cuja base é cada um dos números da primeira coluna e cujo expoente é cada um dos números da primeira linha.

	0	1	2	3	4	5	6
+3	+1	+3	+9	+27	+81	+243	+729
+2	+1	+2	+4	+8	+16	+32	+64
+1	+1	+1	+1	+1	+1	+1	+1
0	indefinido	0	0	0	0	0	0
-1	+1	-1	+1	-1	+1	-1	+1
-2	+1	-2	+4	-8	+16	-32	+64
-3	+1	-3	+9	-27	+81	-243	+729

a) Observe a semelhança entre as potências de expoente 0. Cite outros exemplos em que regularidades podem ser observadas.

b) O que você observa de semelhante entre as potências de expoente 1?

c) No quadro, qual é o sinal das potências de base positiva?

d) No quadro, qual é o sinal das potências de base negativa? Observe os expoentes dessas potências e identifique semelhanças entre eles.

e) Sabendo que a multiplicação de dois números inteiros negativos resulta em um número inteiro positivo, qual é o sinal do produto de três números inteiros negativos? E de quatro números inteiros negativos? Identifique a relação entre o sinal desses produtos e os expoentes de potências de bases negativas.

48. Copie o quadro a seguir no caderno e complete-o.

Potência com base inteira e expoente natural			
Base	Expoente	Exemplo	Sinal da potência
Positiva	Positivo		
Negativa	Positivo par		
Negativa	Positivo ímpar		
Zero	Positivo		
Um	Positivo		
Inteira não nula	Zero		

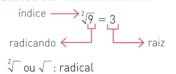

TERMOS DA RAIZ QUADRADA

RAIZ QUADRADA EXATA DE NÚMEROS INTEIROS

O cálculo da raiz quadrada de um número inteiro positivo ou nulo é igual ao cálculo da raiz quadrada de um número natural.

Sabemos que um número natural é denominado quadrado perfeito quando sua raiz quadrada é um número natural.

Exemplos

A. $\sqrt{+16} = 4$, pois $4 \cdot 4 = 16$.

Apesar de $(+4)^2 = 16$ e $(-4)^2 = 16$, para manter a correspondência com os números naturais, consideramos apenas o número $+4$ a raiz quadrada de 16.

B. $\sqrt{+121} = +11$, pois $(+11) \cdot (+11) = +121$.

C. $\sqrt{0} = 0$, pois $0^2 = 0$.

EXPRESSÕES NUMÉRICAS

Para resolver expressões que envolvem operações com números inteiros, devemos seguir a seguinte ordem:

1º) potenciação e raiz quadrada;
2º) multiplicação e divisão;
3º) adição e subtração.

Além da ordem de operações, devemos seguir outra ordem para resolver uma expressão: primeiro resolvemos as expressões que estão entre parênteses, depois, as que estão entre colchetes e, em seguida, as expressões que estão entre chaves.

> **COMPREENDER**
> Acompanhe o passo a passo para resolver uma **expressão numérica com números inteiros**.

Exemplos

A. $\{-[(\sqrt{81} - \sqrt{16}) - 10] - [5^2 \cdot 5^3]\} =$
$= \{-[(9 - 4) - 10] - [5^{2+3}]\} =$
$= \{-[5 - 10] - 5^5\} =$
$= \{-[-5] - 3\,125\} =$
$= \{5 - 3\,125\} =$
$= -3\,120$

B. $\{23 - [(3^2 - \sqrt{4})] + 5^2 \cdot 2\} =$
$= \{23 - [9 - 2] + 25 \cdot 2\} =$
$= \{23 - 7 + 50\} =$
$= \{16 + 50\} =$
$= 66$

CAPÍTULO 2 - OPERAÇÕES COM NÚMEROS INTEIROS

40

ATIVIDADES

COMPREENDER E RETOMAR

49. Calcule o valor de cada raiz quadrada. Depois, represente-as em uma única reta numérica.

a) $\sqrt{81}$
b) $\sqrt{25}$
c) $\sqrt{100}$
d) $\sqrt{64}$
e) $\sqrt{49}$
f) $\sqrt{4^2}$
g) $\sqrt{12^2}$
h) $\sqrt{9^2}$

50. Copie o quadro abaixo no caderno e complete-o.

x	x^2	$\sqrt{x}$	$\sqrt{x^2}$
4			
16			
9			
25			
100			
144			

51. Passe para a linguagem matemática e resolva.

a) O produto da raiz quadrada de 16 por (−3).
b) O quociente da raiz quadrada de 49 por (−1).
c) O oposto da raiz quadrada de 36 mais o dobro de (−5).
d) A soma da raiz quadrada de 1 com a raiz quadrada de 100, menos o triplo de (−4).

52. Efetue:

a) $2^3 + \sqrt{16} - 3^2$
b) $\sqrt{16 + 9} - 5^2$
c) $\dfrac{\sqrt{81}}{9} + 4^2$
d) $\dfrac{\sqrt{64} \cdot \sqrt{49}}{\sqrt{25}} - 5^2 + 10$
e) $\sqrt{16} : \sqrt{4} + 3^2$
f) $\sqrt{(-5)^2 + 1 + 5 \cdot (+2)} + 1^2$

53. Calcule o valor de cada expressão numérica abaixo.

a) $3 + 3^2 \cdot (\sqrt{49} + 8 : 2)$
b) $\sqrt{9 + 16} - [3^4 : (-9) + (-18) - 2^3]$
c) $-2^4 : (-1 + \sqrt{9}) + (-5)$
d) $4^2 - \sqrt{64} + [-12 - 3 \cdot (-2^3)]$
e) $(+49) + 7^2 + [20 + (6 - \sqrt{25}) \cdot 2] + (-3)^3$
f) $(\sqrt{25} - 2^2) + (-3)^2 - \sqrt{16}$

54. Considerando os resultados das expressões dos quadros abaixo, faça o que se pede.

$$A = (-3 + 9 - 2 - 6)^3 + \sqrt{25}$$

$$B = (-21) : (-\sqrt{49}) \cdot (-\sqrt{100}) + 2 \cdot \sqrt{36}$$

Calcule:

a) $B : A$
b) $A \cdot B$
c) $B \cdot A$
d) $A - B$
e) $B - A$
f) $2A + 3B$

APLICAR

55. Resolva o problema.

O terreno que Paulo comprou tem o formato de um quadrado de área 2 500 m². Quanto mede cada lado desse terreno?

56. Ajude Cristina a resolver o desafio.

Cristina estava estudando para um simulado e seu professor propôs o seguinte desafio:

Descubra o número cuja diferença entre seu dobro e 2 resulte na raiz quadrada de 144.

MAIS ATIVIDADES

RETOMAR E COMPREENDER

57. Para cada x e y dados no quadro abaixo, efetue os cálculos a seguir.

x	+400	+144	+36	+1	+16	0
y	+5	−4	−3	−1	+2	−1

a) $x + y$ c) $x \cdot y$ e) y^2
b) $x - y$ d) $x : y$ f) $\sqrt{x}$

58. Classifique as afirmações abaixo em verdadeiras (V) ou falsas (F).

a) Todo número natural é maior que um número negativo.

b) Zero é menor que (−9).

c) Os valores −7, −10, 8, 6, −5 e 4, colocados em ordem crescente, ficariam assim: −10, −7, −5, 4, 6 e 8.

d) O oposto do número (−7) é 7.

e) $|-9 + 3 - 1|$ é maior que $(-8 + 18 - 6)$.

59. Escreva os números:

a) −3, −7, 8, 0, −5, 2 e 4 em ordem crescente;

b) −9, 7, −3, 1, 0, 8, −2 e −7 em ordem decrescente.

60. Calcule:

a) A metade de (−30) mais 10.

b) A terça parte do dobro de −6.

c) A quinta parte de (−10) adicionada à metade de (−22).

d) A metade de (−30) multiplicada por 7.

e) O dobro de (−32) dividido por 8.

61. Observe as igualdades abaixo.

I. $(-7)^1 = -7$ III. $-7^2 = -49$
II. $7^0 = 0$ IV. $-7^3 = -343$

São verdadeiras:

a) II, III e IV, apenas.   d) I, III e IV, apenas.
b) I, II e III, apenas.   e) I, apenas.
c) I e II, apenas.

62. O valor numérico da expressão $-3 + 3^3 + \{(-2)^3 - [(-5)^2 - 5 \cdot (-2)^2 + \sqrt{121}]\}$ é:

a) 0   d) −16
b) −48   e) n.d.a.
c) 48

63. Leia as pistas abaixo e descubra o número.

a) Esse número é um número inteiro e seu simétrico é −8.

b) Esse número inteiro não é positivo nem negativo.

c) Esse número inteiro é maior que −10 e menor que −8.

APLICAR

64. Rafael é dono de uma rede de lojas de calçados e construiu uma tabela para representar o movimento de suas lojas nos seis primeiros meses do ano.

Mês	Resultado (em reais)	Representação numérica
Janeiro	Prejuízo de 3 milhões	
Fevereiro	Lucro de 5 milhões	
Março	Lucro de 4 milhões	
Abril	Prejuízo de 2 milhões	
Maio	Prejuízo de 1 milhão	
Junho	Lucro de 3 milhões	

a) Copie a tabela no caderno e complete-a.

b) Usando a adição de números inteiros, escreva uma expressão numérica para representar o movimento semestral da rede de lojas de Rafael.

c) Agora, responda: A rede de lojas de Rafael teve lucro ou prejuízo? De quanto?

65. Bruno e sua mãe, que moram em São Paulo, viajaram de férias para Fortaleza. O voo que eles pegaram tinha escala em Belo Horizonte e Salvador. Os números positivos indicam a quantidade de passageiros que embarcaram no avião e os negativos, a quantidade de passageiros que desembarcaram em cada cidade:

Cidade	Quantidade de passageiros
São Paulo	+230
Belo Horizonte	−174 +138
Salvador	−106 +92
Fortaleza	

Quantos passageiros chegaram a Fortaleza?

66. Maria e Natália foram mergulhar no abismo Anhumas em Bonito, Mato Grosso do Sul. Maria desceu até 6 m de profundidade, enquanto Natália foi até o triplo dessa profundidade. Considere a superfície o ponto zero. Até que ponto Natália se deslocou?

↑ Abismo de Anhumas, em Bonito, no Mato Grosso do Sul.

67. Um elevador se encontra no andar térreo de um edifício. Usando números inteiros positivos e negativos e considerando o térreo como origem, indique o andar onde o elevador se encontra quando ele:

a) subir 5 andares;

b) descer 2 andares;

c) subir 9 andares e descer 6 andares;

d) descer 4 andares e subir 2 andares.

68. Maurício acessou sua conta bancária pelo computador e consultou o extrato:

EXTRATO BANCÁRIO

Agência 0000 – Conta 32919-9 – Tipo individual
Data 08/05/2017 – Maurício – Hora 14:50

DIA	HISTÓRICO	ORIG	VALOR (R$)
03/05	SALDO ANTERIOR	02/05	369,00
04/05	CHEQUE COMPENSADO	00267	200,00
04/05	CHEQUE COMPENSADO	00268	85,00
05/05	REMUNERAÇÃO/SALÁRIO		3790,00
06/05	SAQUE		135,00
07/05	CHEQUE COMPENSADO	00269	35,00
07/05	JUROS		3,20
SALDO DISPONÍVEL			

Calcule o saldo disponível na conta de Maurício.

69. Faça o que se pede.

Para ensinar adição e subtração com números inteiros, a professora Luciana propôs um jogo de dados a seus alunos. Ela trouxe dois dados, um verde e um vermelho. No dado verde estão representados os números positivos e no dado vermelho, os números negativos. Vence o jogador que conseguir o maior saldo.

a) Copie e complete a tabela no caderno.

Jogada	Jogador	Dado verde	Dado vermelho	Operação	Pontos
1ª	Luciano	4	5		
2ª	Patrícia	3	5		
3ª	Luciano	2	1		
4ª	Patrícia	4	6		
5ª	Luciano	3	6		
6ª	Patrícia	5	6		

b) Calcule o saldo de pontos de Luciano e de Patrícia.

c) Responda: Quem venceu a partida?

70. Roberto registrou em um quadro a temperatura do lugar onde estava com uma expressão numérica. Observe-a e faça o que se pede a seguir.

Dias da semana	Expressão numérica
Segunda-feira	$(-3)^3 + (+\sqrt{25}) + 10^1$
Terça-feira	$(-\sqrt{4})^2 + (-3)^2 - (\sqrt{25})^2 - 2^3 + 3^2$
Quarta-feira	$-5^2 + 3^0 - 1000^0 + (-\sqrt{9})^2$
Quinta-feira	$-\sqrt{144} - \sqrt{169} + 2 \cdot \sqrt{49}$
Sexta-feira	$0 - 15 + \sqrt{36} - 12 + \sqrt{400} - 15 + 30 - \sqrt{625}$

a) Resolva cada expressão e descubra a temperatura que estava fazendo em cada um dos dias registrados.

b) Em que dia da semana a temperatura foi mais baixa? E em que dia foi mais alta?

71. **APLICAR** Use os conceitos apresentados até aqui para resolver as **atividades interativas**.

AMPLIANDO HORIZONTES

As letras miúdas dos anúncios

Você conhece alguém que deixou de ler o rodapé ou as letras miúdas de um anúncio e acabou se sentindo enganado? Acredite: essa situação é mais comum do que você imagina.

Leia o trecho da reportagem a seguir.

RIO — Ao receber no endereço onde mora, na Barra da Tijuca, uma carta com um anúncio nominal [...] ofertando um novo *smartphone* com preço e condições especiais, Sergio Ferraz não pensou duas vezes. Ele tem quatro linhas móveis ativas. E correu no mesmo dia a uma loja da operadora — da qual é cliente há mais de 20 anos. No entanto, para sua surpresa, foi informado que não poderia usar a promoção oferecida por estar em período de fidelização em uma das linhas. O aparelho, prometido por R$ 350, só poderia ser comprado por R$ 1,5 mil. Ao sugerir que havia sido enganado pelo anúncio, a atendente mostrou que, no verso da propaganda, em letras miúdas, constava a tal restrição, que ele não havia visto. Indignado, escreveu [...] reclamando sobre a informação estar "escondida", dificultando a leitura e compreensão real da oferta. Somente depois disso a operadora entrou em contato com Ferraz, reconheceu o problema na oferta e resolveu cumprir com o anunciado.

O Globo. Disponível em: <http://linkte.me/n5e81>. Acesso em: 6 out. 2016.

As propagandas que vemos constantemente no dia a dia usam imagens e textos impactantes para prender nossa atenção. Porém, não é todo anúncio que expõe de modo visível todas as informações sobre o produto ou sobre as condições de pagamento, por exemplo. Você já reparou nisso? Será que só os detetives devem andar com lupas por aí ou nós também devemos nos preocupar com as letras miúdas dos anúncios de produtos e serviços?

Para refletir

1. Observe as situações representadas na ilustração e responda:

    a) O que você faria se estivesse no lugar da cliente interessada em comprar um dos celulares da promoção? Em sua opinião, a promoção dos celulares foi divulgada adequadamente?

    b) Se fosse comprar 6 caixas do suco de laranja no supermercado, você aproveitaria a promoção ou compraria os sucos em embalagens unitárias? Por quê?

    c) Segundo o Instituto Brasileiro de Defesa do Consumidor (Idec), "o Código de Defesa do Consumidor é uma lei abrangente que trata das relações de consumo em todas as esferas: civil, definindo as responsabilidades e os mecanismos para a reparação de danos causados; administrativa, definindo os mecanismos para o poder público atuar nas relações de consumo; e penal, estabelecendo novos tipos de crimes e as punições para os mesmos". Além disso, o Idec afirma que os anúncios devem ser claros e precisos, apresentar letras de fácil leitura e linguagem simples. Quando um anúncio "esconde" informações, ele pode ser considerado propaganda enganosa se o desconhecimento dessas informações induzir o consumidor ao erro. As promoções divulgadas pelo supermercado apresentam alguma informação falsa? Elas podem ser consideradas propagandas enganosas? Justifique.

2. Converse com os colegas sobre o modo como a operadora de celular da qual Sergio Ferraz é cliente e o supermercado representado na ilustração divulgaram suas ofertas. Na opinião de vocês, esses estabelecimentos agiram de maneira honesta? Expliquem.

3. Pesquise, em revistas, em jornais, na internet ou em lojas e supermercados, anúncios que apresentem trechos com letras miúdas. Reúna o material coletado e discuta com os colegas a intenção desses anúncios ao "esconder" tais trechos. Depois, montem um cartaz com os anúncios, destaquem os trechos que contenham letras miúdas e reescrevam esses trechos com letras em tamanho legível.

COMPREENDER

Assista ao vídeo sobre **propagandas enganosas**. Não esqueça de deixar uma lupa do seu lado!

ATIVIDADES INTEGRADAS

APLICAR

1. Escreva os números inteiros que estão entre os números dados abaixo.
   a) 5 e 12
   b) −12 e −7, incluindo esses números
   c) −3 e 4, incluindo apenas o −3

2. Desenhe no caderno um plano cartesiano e faça o que se pede em cada item a seguir.
   a) Represente nesses eixos um segmento de reta de extremos A e B, em que A representa o par ordenado $(1, 2)$ e B, o par ordenado $(−1, 2)$.
   b) Represente nesses eixos um triângulo de vértices A, B e C, em que C represente o par ordenado $(0, 0)$.
   c) Determine os pares ordenados dos pontos D e E de modo que $ABDE$ forme um quadrado.

3. O elevador de uma mina de carvão está a 40 metros de profundidade. Determine qual será a posição do elevador se ele subir 28 metros. E se, ao invés de subir, ele descer 15 metros?

4. Determine o par de números inteiros cujo produto é −24 e a soma é 2.

5. Resolva estas expressões numéricas:
   a) $−10 − 7 − (+3) − 2 − (−4) + 10$
   b) $6 − \{−9 − [−1 + 14 − (8 + 17 − 12)]\}$
   c) $\{8 − [4 : 2 + (2 + 5) \cdot 2]\} : 4$
   d) $\left\{[(−3)^2 + (−2)^3] \cdot \sqrt{81}\right\} : (−3)$

6. Observe a descrição do extrato de uma conta bancária.

Data	Depósito	Retirada	Saldo
31/3	R$ 200,00	——	+R$ 120,00
1/4	——	R$ 150,00	
3/4	——	R$ 60,00	
5/4	R$ 50,00	——	
10/4	R$ 100,00	——	

a) Copie o quadro no caderno e complete os espaços correspondentes ao saldo.
b) Qual era o saldo dessa conta bancária antes do depósito feito no dia 31/3?

ANALISAR E VERIFICAR

7. Os registros a seguir mostram o desempenho de Felipe em um jogo de figurinhas durante dois dias.
   - Ontem

   ★ 36   ● 12 ⟶ ★ 24

   - Hoje

   ★ 24   ● 27 ⟶ ● 3

   a) O que significam os símbolos ★ e ●?
   b) Que números você registraria como números negativos? E como números positivos? Por quê?
   c) Como você registraria os pontos de uma partida do jogo em que Felipe nem ganhou nem perdeu figurinhas?

8. Responda.
   (OBM) Esmeralda comprou cinco latas de azeite a quatro reais e setenta centavos cada lata, cinco latas de leite em pó a três reais e doze centavos cada uma e três caixas de iogurte com seis iogurtes em cada caixa ao preço de oitenta centavos por iogurte. Pagou com uma nota de cinquenta reais e quer saber quanto vai receber de troco. Qual das expressões aritméticas a seguir representa a solução para esse problema?
   a) $50 − 5 \cdot (4{,}70 + 3{,}12) + 18 \cdot 0{,}80$
   b) $5 \cdot 4{,}70 + 5 \cdot 3{,}12 + 3 \cdot 6 \cdot 0{,}80 − 50$
   c) $−[5 \cdot (4{,}70 + 3{,}12) + 3 \cdot 6 \cdot 0{,}80] + 50$
   d) $50 − [5 \cdot (4{,}70 + 3{,}12) + 3 \cdot 6 + 0{,}80]$
   e) $50 − [5 \cdot (4{,}70 + 3{,}12) + 6 \cdot 0{,}80]$

9. Responda.
   Em uma prova composta de 25 testes, cada resposta certa vale $(+4)$ pontos, cada resposta errada vale $(−1)$ ponto e cada resposta em branco vale zero ponto. Um aluno que deixar 6 testes em branco e acertar 9 dos que responder ficará com quantos pontos?
   a) 36   b) 27   c) 26   d) 20

10. Um tanque com capacidade para 300 litros de água tem uma torneira. Quando aberta, a torneira despeja 20 litros para fora do tanque a cada 15 minutos. Se o tanque estava completamente cheio quando a torneira foi aberta, em quantas horas o tanque ficará vazio?

11. (Saresp) Efetuando-se as operações indicadas na expressão $[(-3)^3 \cdot (-2)^2] : (+6)^2$ obtém-se:

a) -6.　　b) -3.　　c) 3.　　d) 6.

12. Responda.

(CMS-BA) Partindo de um ponto inicial (ponto X), Luiz caminha seguindo a seguinte orientação até atingir o ponto final (ponto F):

- 3 metros para o leste
- 5 metros para o sul
- 4 metros para o leste
- 8 metros para o norte
- 9 metros para o oeste
- 3 metros para o sul

Se Luiz fizesse um caminho diferente desse, a menor distância que percorreria é:

a) 2 metros.　　c) 4 metros.　　e) 6 metros.

b) 3 metros.　　d) 5 metros.

CRIAR

13. Responda.

(OBM) Ana, Beto e Carlos inventaram um jogo em que cada um deles joga um dado e registra como ganho (pontos positivos) o dobro dos pontos obtidos no lançamento, ao mesmo tempo em que os outros dois anotam, cada um, esses pontos como dívidas (pontos negativos). O saldo é revisto a cada jogada.

Na tabela a seguir, foram anotados os lançamentos e pontos de Ana, Beto e Carlos, nessa ordem, e os saldos de seus pontos após cada lançamento, em uma partida de três jogadas. Na última linha, vê-se o saldo final de cada um. Em cada nova partida, todos começam com zero ponto.

	Saldo de A	Saldo de B	Saldo de C
A tira 5	10	-5	-5
B tira 1	9	-3	-6
C tira 3	6	-6	0

a) Copie e complete a tabela a seguir com os resultados de uma outra partida em que Beto jogou primeiro. Carlos em seguida e Ana por último.

Saldo de A	Saldo de B	Saldo de C
	6	
		5
5		

b) Na tabela a seguir, foram registradas apenas as pontuações dos dados em uma partida de seis jogadas.

A tira	B tira	C tira
		2
3		
	1	
		4
5		
	6	

Copie e complete a tabela abaixo com o saldo final de pontos de cada um.

Saldo de A	
Saldo de B	
Saldo de C	

14. Os automóveis contribuem para o efeito estufa ao lançar gases na atmosfera. Uma das consequências é o aquecimento global, que traz mudanças climáticas em diversas regiões do planeta, como vimos na abertura desta unidade.

Para diminuir a quantidade desses gases na atmosfera, os cidadãos também podem adotar algumas práticas mais sustentáveis em seu cotidiano. Que tal pesquisar como o uso compartilhado de veículos e o incentivo ao uso do transporte coletivo podem ajudar no combate ao aquecimento global?

EM RESUMO – UNIDADE 1

Os números inteiros

- Sucessor de um número inteiro: número inteiro representado imediatamente à sua direita em uma reta numérica horizontal.
- Antecessor de um número inteiro: número inteiro representado imediatamente à sua esquerda em uma reta numérica horizontal.
- Valor absoluto ou módulo de um número inteiro: distância entre a origem de uma reta numérica e o ponto que representa esse número.
- Números opostos ou simétricos: números com valores absolutos (ou módulos) iguais e sinais diferentes.

Operações com números inteiros

- Adição de dois números inteiros:
  - positivos: igual à adição de dois números naturais;
  - negativos: a soma é negativa e seu módulo é igual à soma dos módulos desses números;
  - com sinais diferentes: a soma terá o sinal do número de maior módulo, com valor absoluto igual ao da diferença dos módulos desses números.
- Subtração de dois números inteiros: soma do primeiro número com o oposto do segundo número.
- Multiplicação de dois números inteiros:
  - positivos: igual à multiplicação de dois números naturais;
  - negativos: multiplicam-se os módulos e o sinal do produto é positivo;
  - com sinais diferentes: multiplicam-se os módulos e o sinal do produto é negativo.
- Divisão de dois números inteiros com sinais:
  - iguais: dividem-se os módulos dos números e o sinal do quociente é positivo;
  - diferentes: dividem-se os módulos dos números e o sinal do quociente é negativo.
- Potenciação de números inteiros:
  - Se o expoente for um número par, a potência é um número positivo.
  - Se o expoente for um número ímpar, a potência terá o mesmo sinal da base.
- Raiz quadrada: $\sqrt{a^2} = a$, para $a \in \mathbb{Z}_+$.

VERIFICAR

Confira o **mapa de conteúdos** da unidade 1.

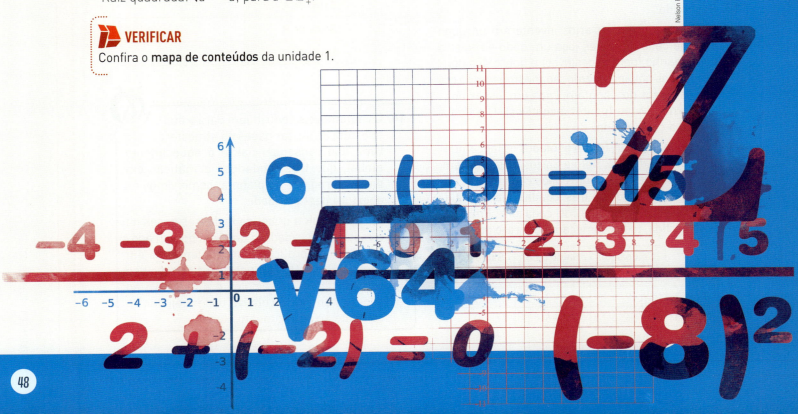

UNIDADE 2

TRATAMENTO DA INFORMAÇÃO

O Censo Escolar é uma pesquisa realizada anualmente mediante coleta de dados de escolas, alunos e profissionais escolares em sala de aula. Mas será que eles coletam os dados de todos os alunos e profissionais escolares? E para que serve o Censo Escolar? Nesta unidade, você vai estudar pesquisa estatística e organização de dados e vai entender como obtemos informações com base na análise desses dados.

CAPÍTULO 1
Estatística

CAPÍTULO 2
Organização de dados

PRIMEIRAS IDEIAS

1. O que é pesquisa estatística? Explique com suas palavras.

2. Em sua opinião, em uma pesquisa eleitoral, antes de uma votação, os institutos de pesquisa entrevistam todos os eleitores para saber a intenção de voto e qual o candidato que está na frente?

3. Qual é a diferença entre censo e pesquisa amostral?

4. Como podemos organizar os dados de uma pesquisa?

5. Por que é interessante apresentarmos os dados de uma pesquisa na forma de gráficos ou de tabelas?

LEITURA DA IMAGEM

1. O que mais chama a sua atenção na imagem? Imagine que você seja um biólogo e tenha os dados de todas as tartarugas que estão na foto, mas está fazendo uma pesquisa relacionada apenas às tartarugas albinas. Para a análise, você consideraria todos os dados da pesquisa? Explique.

2. Os animais albinos são mais propensos a serem vistos e, consequentemente, enfrentam um maior risco de serem atacados. O albinismo também ocorre em humanos. Em muitos lugares, há preconceito contra essas pessoas. Independentemente de raça, etnia, religião ou outra condição, os direitos humanos devem ser respeitados. Você sabe quais são esses direitos? O que você faz no seu cotidiano para ajudar as pessoas que sofrem preconceito?

3. **COMPREENDER** Descubra mais sobre os **animais albinos**.

Capítulo 1
ESTATÍSTICA

Estatística é o ramo da Matemática que coleta, analisa e interpreta dados. Vamos entender como são realizadas as pesquisas estatísticas e como os dados obtidos são organizados.

PESQUISA ESTATÍSTICA

Hoje em dia, a estatística é tão importante que, nos regimes democráticos como o nosso, os governos implementam as políticas públicas com base em dados oficiais confiáveis. Esses dados podem ser apresentados na forma de tabelas e gráficos.

A China, por exemplo, um país muito populoso, fez um estudo sobre a política do filho único. A partir de 1979, os casais foram proibidos de ter mais de um filho. Mas, em 2015, tudo mudou, e o governo chinês autorizou as famílias a terem dois filhos. Essa tomada de decisão baseou-se em uma pesquisa que revelou o envelhecimento da população, o que poderia acarretar na perda da força de trabalho.

A **pesquisa estatística** é usada em diversos contextos, pois pode auxiliar na tomada de decisões de uma organização, no planejamento econômico de um governo, na organização das finanças pessoais, etc.

↓ No dia 8 de junho de 2014, 505 mulheres grávidas participaram de uma aula de ioga, em Changsha, na China. Esse feito entrou para o recorde mundial do Guinness.

POPULAÇÃO

A pesquisa estatística estuda uma **população**. Essa população pode ser de diversos tipos, por exemplo: produtos fabricados pela indústria farmacêutica, animais de um bioma, pessoas de determinada classe social, entre outros.

> **População** é o conjunto que contém todos os elementos que apresentam determinada característica e que vão ser o objeto de um estudo.

> **COMPREENDER**
> Como será que se deu a **origem da estatística**? Escute!

Exemplos

A. Nas pesquisas de intenção de voto para presidente da República, a população estudada é formada por todos os eleitores brasileiros. Em 2016, segundo o Tribunal Superior Eleitoral, a população era de 144 088 912 eleitores.

B. Em uma pesquisa sobre o perfil dos alunos de determinada escola, a população estudada será formada por todos os alunos matriculados nessa escola.

AMOSTRA

Em diversas situações, a população pesquisada é muito grande, o que torna inviável consultar ou estudar todos os seus elementos. Assim, para realizar a pesquisa, apenas uma parte da população, chamada de amostra, é selecionada.

Por exemplo, em épocas de eleições, é comum a divulgação de pesquisas sobre a intenção de voto de uma população. Mas, nessa situação, é inviável consultar a opinião de todos os eleitores. Afinal, imagine o tempo necessário para buscar essas informações, por telefone ou pessoalmente, para concluir o trabalho, os gastos com os entrevistadores, entre outros. Para conseguir realizar o trabalho, os institutos de pesquisa consultam apenas uma amostra da população.

amostra: é um subconjunto representativo da população de interesse.

A escolha da amostra de uma população é muito importante na pesquisa estatística, pois, se não for escolhida de maneira adequada, as informações obtidas podem não representar corretamente a população. Dizemos que a amostra precisa ser **representativa**.

Exemplo

Para realizarmos uma pesquisa sobre a quantidade de pessoas que gostam de teatro em determinado município, será preciso selecionar uma amostra representativa dos moradores desse município. Porém, para a seleção da amostra, não seria apropriado ir a um teatro, pois é provável que todas as pessoas entrevistadas respondam que gostam de teatro. Dessa forma, para que a amostra represente a população do município, é preciso entrevistar pessoas em diferentes locais da cidade.

VARIÁVEIS

Quando definimos uma pesquisa estatística, além de determinar quem vamos pesquisar, ou seja, a população e a amostra, precisamos definir o que vamos pesquisar, isto é, as variáveis.

> **Variável** de uma pesquisa estatística é toda característica de interesse de estudo, ou seja, o que vamos pesquisar.

Para organizar grupos de treinamento de alguns esportes, por exemplo, o professor de Educação Física pediu a cada aluno que preenchesse uma ficha com a altura e o esporte favorito.

As variáveis dessa pesquisa são: altura e esporte favorito.

Dependendo do tipo de dado que será obtido na pesquisa, podemos classificar as variáveis em dois grupos com dois subgrupos cada um:

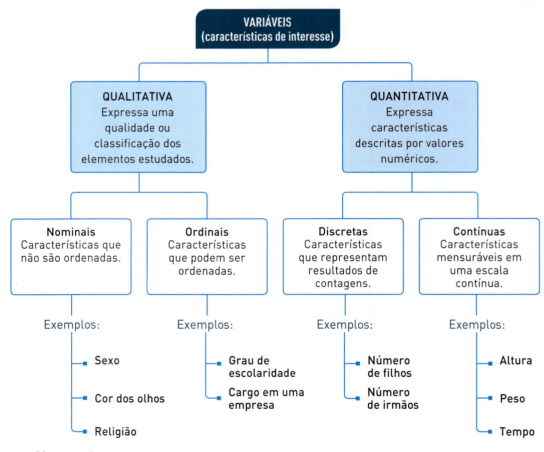

Observação

Em algumas situações, podemos atribuir valores numéricos para variáveis qualitativas. Por exemplo, é possível usar o número 1 para indicar pessoas com 60 anos ou mais e o número 2 para pessoas com menos de 60 anos. O objetivo é facilitar a representação. O acréscimo dos números, porém, não apresenta significado numérico, ou seja, a variável não passam a ser quantitativas, os números 1 e 2 são apenas rótulos.

IDENTIFICANDO A POPULAÇÃO, A AMOSTRA E A VARIÁVEL DE PESQUISAS DIVULGADAS NA MÍDIA

Veja dois exemplos de reportagens em que podemos identificar a população, a amostra e as variáveis estudadas.

Exemplo A

Pesquisa diz que mais de 50% do público *gamer* já é de meninas, mas deve ter algo errado...

Porque apenas aceitar e respeitar parece não bastar.

Videogame é coisa de meninoZzzzZ... Que preguiça de pessoas que ainda pensam dessa forma, né? Não tem mais como defender m-e-s-m-o! De acordo com uma pesquisa realizada pela Game Brasil 2016, [...] **52,6% do público *gamer* do Brasil é formado por mulheres**. O levantamento ouviu 2 848 pessoas, de diferentes estados. [...]

Isabela Otto. Pesquisa diz que mais de 50% do público *gamer* já é de meninas, mas deve ter algo errado... *Capricho*, São Paulo, Abril, 16 mar. 2016. Disponível em: <http://linkte.me/pj62g>. Acesso em: 19 abr. 2017.

↑ Meninas jogando durante a Brasil Game Show.

Na reportagem acima, a população pesquisada são os *gamers* brasileiros, a amostra foi de 2 848 *gamers* de diferentes estados do Brasil e a variável é o sexo dos *gamers*.

Exemplo B

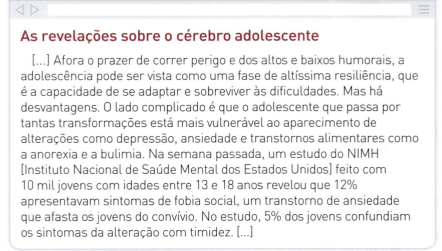

As revelações sobre o cérebro adolescente

[...] Afora o prazer de correr perigo e dos altos e baixos humorais, a adolescência pode ser vista como uma fase de altíssima resiliência, que é a capacidade de se adaptar e sobreviver às dificuldades. Mas há desvantagens. O lado complicado é que o adolescente que passa por tantas transformações está mais vulnerável ao aparecimento de alterações como depressão, ansiedade e transtornos alimentares como a anorexia e a bulimia. Na semana passada, um estudo do NIMH [Instituto Nacional de Saúde Mental dos Estados Unidos] feito com 10 mil jovens com idades entre 13 e 18 anos revelou que 12% apresentavam sintomas de fobia social, um transtorno de ansiedade que afasta os jovens do convívio. No estudo, 5% dos jovens confundiam os sintomas da alteração com timidez. [...]

Mônica Tarantino, Monique Oliveira e Luciani Gomes. As revelações sobre o cérebro adolescente. Revista *IstoÉ*, São Paulo, 21 jan. 16. Disponível em: <http://linkte.me/r7ah1>. Acesso em: 19 abr. 2017.

Nessa reportagem, a população pesquisada são jovens estadunidenses entre 13 e 18 anos. A pesquisa foi realizada com uma amostra de 10 000 jovens, e a variável é a presença de sintomas de fobia social. Essa é uma variável qualitativa nominal, pois as respostas são sim ou não.

MATEMÁTICA TEM HISTÓRIA

As origens da estatística

Em sua origem, a estatística, do latim *status* (estado), coletava e organizava informações que interessavam ao Estado. Durante muito tempo, não houve regulamentação para as informações estatísticas. Em 1746, o alemão Gottfried Achenwall (1719-1772), professor da Universidade de Göttingen, criou a palavra "estatística", cujos métodos, com o tempo, foram sistematizados e organizados por várias pessoas, principalmente na Alemanha.

Fonte de pesquisa: José Maria Pompeu Memória. *Breve história da estatística*. Brasília: Embrapa Informação Tecnológica, 2004.
Disponível em: <http://linkte.me/w04vy>. Acesso em: 1º jan. 2017.

ATIVIDADES

RETOMAR E COMPREENDER

1. Leia o texto abaixo e responda.

   A osteoporose é uma doença que atinge principalmente mulheres acima de 60 anos. Para seu diagnóstico, são realizados exames físicos, laboratoriais e de imagem. Uma comunidade com aproximadamente 900 mulheres idosas decidiu realizar um estudo sobre essa doença e, para isso, coletou a altura de 250 mulheres idosas dessa comunidade.

   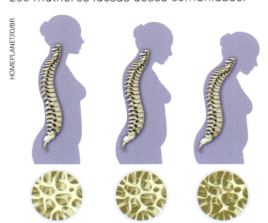

   ↑ Efeitos da osteoporose.

   a) Qual é a população pesquisada?
   b) Houve a definição de uma amostragem para a realização dessa pesquisa? Se sim, qual é a amostra?
   c) Qual é a variável pesquisada nesse estudo?
   d) Qual é o tipo da variável pesquisada?

2. Com o objetivo de realizar uma mostra de cinema na escola, a direção realizou uma pesquisa sobre o tipo de filme preferido de 95 alunos.

   Sabendo que a escola tem 350 alunos, responda:

   a) Qual é a população e a amostra dessa pesquisa?
   b) Identifique a variável pesquisada e classifique-a.

APLICAR

3. Leia a seguinte reportagem e responda às questões.

   Pesquisa do Datafolha aponta as principais fontes de informação dos jovens

   [...]

   Foram feitas [...] perguntas para 1 541 jovens em 168 cidades do país.

   A TV aberta é a principal fonte de informação dos jovens brasileiros, citada por 33% como meio de comunicação que utilizam com mais frequência para se manterem informados. Em seguida, vêm a internet (26%), jornais (19%) e o rádio (16%). Revistas (3%) e TV por assinatura (2%) completam a lista.

   [...]

   Programa Jornal e Educação. Disponível em:
   <http://linkte.me/hc0w4>. Acesso em: 19 abr. 2017.

   a) Houve a definição de uma amostragem para a realização dessa pesquisa? Se sim, qual foi a amostra?
   b) Qual é o tipo da variável pesquisada?
   c) Quantas respostas diferentes foram obtidas nessa pesquisa? Quais foram essas respostas?

MAIS ATIVIDADES

RETOMAR E COMPREENDER

4. Um condomínio decidiu fazer uma pesquisa com todos os moradores para conhecer a idade das crianças que residem no prédio e verificar a necessidade de construir um espaço com brinquedoteca e área de recreação. Veja os dados obtidos na tabela ao lado.

   a) Qual foi a população pesquisada?
   b) Houve a definição de uma amostragem para a realização dessa pesquisa? Se sim, qual foi a amostra?
   c) Qual foi a variável pesquisada nesse estudo?
   d) Qual é o tipo da variável pesquisada?

Idade das crianças do condomínio	
Idade	Quantidade de crianças
Até 2 anos	9
De 2,1 a 4 anos	15
De 4,1 a 6 anos	25
De 6,1 a 8 anos	12
De 8,1 a 10 anos	14

Dados obtidos pelo condomínio.

APLICAR

5. Leia a reportagem a seguir.

   ### 75% dos jovens infratores no Brasil são usuários de drogas, aponta CNJ

   Roubo foi causa de 36% das internações pelo país, segundo estudo.[...]

   Dos adolescentes internados em cumprimento de medidas socioeducativas no Brasil, 75% são usuários de entorpecentes. O dado foi apresentado [...] em um relatório divulgado pelo Conselho Nacional de Justiça (CNJ).

   [...] O levantamento foi realizado por uma equipe multidisciplinar que visitou, de julho de 2010 a outubro de 2011, os 320 estabelecimentos de internação existentes no Brasil, para analisar as condições de internação de 17 502 adolescentes que cumprem medidas socioeducativas de restrição de liberdade. [...]

   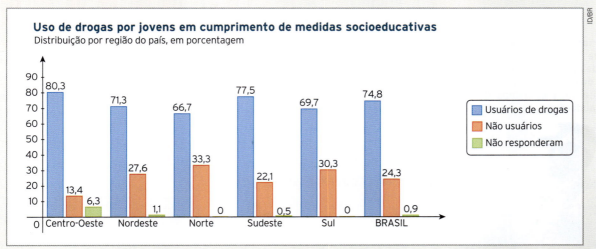

   G1, São Paulo, 10 abr. 2012. Disponível em: <http://linkte.me/tv76z>. Acesso em: 19 abr. 2017.

   a) Por meio da observação do gráfico, é possível identificar a população e a amostra dessa pesquisa?
   b) Qual foi a população pesquisada?
   c) Qual foi a amostra dessa pesquisa?
   d) Por meio da observação do gráfico, é possível identificar e classificar a variável pesquisada?
   e) Identifique e classifique a variável pesquisada.

6. **APLICAR** Use os conceitos apresentados até aqui para resolver as **atividades interativas**.

Capítulo 2
ORGANIZAÇÃO DE DADOS

Como você faria para organizar os dados de uma pesquisa sobre o crescimento do número de pessoas com excesso de "peso" no Brasil? Para solucionar essa e outras situações em que é preciso organizar dados, vamos nos aprofundar um pouco mais nos tipos de tabelas e gráficos.

TABELAS E GRÁFICOS DE BARRAS

A obesidade é um problema mundial e que afeta também o Brasil. Em 2014, foi realizada uma pesquisa sobre o excesso de "peso" e a obesidade com 40 853 adultos com mais de 18 anos, residentes nas capitais dos 26 estados brasileiros e no Distrito Federal.

Um dos dados coletados nessa pesquisa foi o percentual de mulheres com excesso de "peso" de 2009 a 2014. Veja como esse dado foi organizado em uma **tabela simples** e em um **gráfico de barras simples**.

Adultos do sexo feminino com excesso de "peso" no Brasil – 2009 a 2014	
Ano	Porcentagem (%)
2009	42
2010	45
2011	45
2012	48
2013	47
2014	49

Fonte de pesquisa: Vigitel Brasil 2014. Disponível em: <http://linkte.me/s58w8>. Acesso em: 19 abr. 2017.

Fonte de pesquisa: Vigitel Brasil 2014. Disponível em: <http://linkte.me/s58w8>. Acesso em: 19 abr. 2017.

O Dia Nacional de Prevenção à Obesidade é 11 de outubro e tem o objetivo de alertar a população sobre os riscos do excesso de "peso" e chamar atenção para a importância de hábitos saudáveis.

Além dos dados relacionados ao percentual de mulheres com excesso de "peso", a pesquisa também informou os dados relativos aos homens com excesso de "peso".

Quatro passos fundamentais para prevenção da obesidade e doenças associadas:

Alimente-se melhor!
Reduza alimentos com mais gordura, açúcar e sal. Sempre que possível, faça as refeições com a família, em casa.
Mas nada de exagerar nos ingredientes citados acima! Tenha sempre frutas, verduras e legumes na alimentação diária. Seguir uma rotina com horários para cada refeição também é importante.

 Não se esqueça de beber água!
Não espere ter sede para beber água. Quando você sente sede, quer dizer que o corpo já está se desidratando.

Para facilitar a análise dos dados de homens e mulheres, vamos organizar as informações na mesma tabela e no mesmo gráfico de barras. Para isso, usaremos uma **tabela de dupla entrada**, ou seja, uma tabela que expressa o resultado de duas variáveis e um **gráfico de barras duplas** que compara duas informações em um único gráfico. Veja.

- Tabela de dupla entrada

Adultos com excesso de "peso" no Brasil – 2009 a 2014		
Ano	Sexo	
	Feminino (%)	Masculino (%)
2009	42	50
2010	45	52
2011	45	53
2012	48	55
2013	47	55
2014	49	57

Fonte de pesquisa: Vigitel Brasil 2014.
Disponível em: <http://linkte.me/s58w8>. Acesso em: 19 abr. 2017.

- Gráfico de barras duplas

Fonte de pesquisa: Vigitel Brasil 2014.
Disponível em: <http://linkte.me/s58w8>. Acesso em: 19 abr. 2017.

Nos gráficos de barras duplas, assim como nos gráficos de barras simples, podemos representar as barras tanto na vertical como na horizontal. Todas as barras devem ter a mesma largura e manter a mesma distância entre si.

 Movimente-se!
Não precisa de grandes mudanças. Evite escadas rolantes ou elevadores, suba a pé. Desça do ônibus um ponto antes. Deixe o carro um pouco mais longe e vá caminhando. Pedale, mesmo que seja em curtas distâncias. Pense assim: em uma semana de 168 horas, você só precisa dedicar 2,5 horas para atividades físicas e terá grandes benefícios!

 Durma o suficiente
Crie um ritual, deixe o ambiente silencioso e escuro. Estudos científicos mostram que dormir bem pode prevenir sobrepeso e obesidade. Quem dorme pouco e tem uma qualidade de sono ruim tem mais chances de aumentar o "peso".

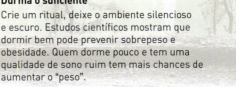

Fonte de pesquisa: Departamento de Obesidade da Sociedade Brasileira de Endocrinologia e Metabologia (Sbem), com apio da Associação Brasileira para o Estado da Obesidade e da Síndrome Metabólica (Abeso). Disponível em: <http://linkte.me/xed53>. Acesso em: 19 jan. 2017.

Exemplo

Na tabela de dupla entrada abaixo, estão registrados os dados de uma escola. Para facilitar a comparação dos dados, a diretora dessa escola construiu um gráfico de barras duplas horizontais.

Observe que para cada ano existem duas informações: quantidade de meninos e quantidade de meninas matriculados na instituição. Logo, cada ano será representado por duas barras de cores diferentes: uma para meninas e outra para meninos, com uma legenda indicando o que cada cor representa.

Quantidade de alunos matriculados de 2013 a 2017

Ano	Meninas	Meninos
2013	300	500
2014	200	500
2015	500	400
2016	700	600
2017	900	800

Dados fornecidos pela escola.

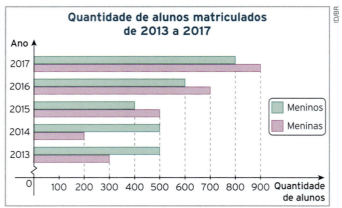

Dados fornecidos pela escola.

ATIVIDADES

RETOMAR E COMPREENDER

1. Observe os dados e faça o que se pede.

Distribuição percentual da população brasileira, por sexo — 1980 a 2010

Ano	Quantidade de homens (%)	Quantidade de mulheres (%)
1980	49,77	50,23
1991	49,37	50,63
1996	49,30	50,70
2000	49,22	50,78
2010	48,97	51,03

Fonte de pesquisa: Instituto Brasileiro de Geografia e Estatística (IBGE). Disponível em: <http://linkte.me/a6850>. Acesso em: 8 fev. 2017

a) Que tipo de tabela foi utilizado para representar os dados?

b) Quantas e quais informações estão expressas na tabela?

c) Represente as informações da tabela anterior em um gráfico de barras duplas verticais.

d) Em quais anos a quantidade de mulheres foi superior à quantidade de homens?

APLICAR

2. Observe o gráfico e responda ao que se pede.

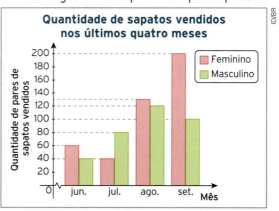

Dados obtidos pelo dono da loja de calçados.

a) Sabendo que em agosto foram vendidos 130 pares de sapatos femininos, quantos pares de sapatos femininos foram vendidos ao todo nesses quatro meses?

b) Quantos calçados femininos foram vendidos a mais que os masculinos durante esse período?

c) Represente as informações do gráfico em uma tabela de dupla entrada.

GRÁFICOS DE LINHAS

Em **gráficos de linha** ou **gráficos de segmento**, cada informação é representada por um ponto. Os pontos são unidos por segmentos de reta apenas para facilitar a análise comparativa.

Exemplos

A. A tabela abaixo mostra a relação entre o consumo de combustível (L/km) e a velocidade (km/h) de um automóvel.

Relação entre o consumo de combustível e a velocidade de um automóvel						
Velocidade (km/h)	20	40	60	80	100	120
Consumo (L/km)	0,45	0,30	0,15	0,05	0,15	0,30

Dados obtidos no manual do veículo.

O gráfico abaixo foi construído com base nas informações da tabela.

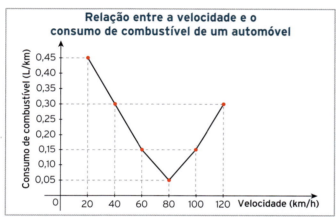

Dados obtidos no manual do veículo.

Será que podemos dizer, por exemplo, que, para uma velocidade de 70 km/h, o consumo é de aproximadamente 0,10 L/km? Esse valor é apenas uma aproximação, pois não foi feita uma medição para confirmar esse valor. Observe que esse ponto não foi indicado na tabela nem no gráfico e, por isso, não podemos fazer afirmações sobre ele.

B. O gráfico abaixo mostra a relação entre a idade, em anos, de Adriano e sua altura, em centímetros.

Dados fornecidos por Adriano.

GRÁFICOS DE SETORES

Para entender a construção do gráfico de setores, acompanhe a situação a seguir.

A tabela abaixo mostra os resultados de uma pesquisa de satisfação realizada com 300 clientes de uma padaria.

Nível de satisfação com o atendimento da padaria					
Nível de satisfação	Ótimo	Bom	Regular	Ruim	Péssimo
Quantidade de clientes	120	90	60	24	6
Porcentagem (%)	40	30	20	8	2

Dados obtidos pela dona da padaria.

Com o objetivo de facilitar a apresentação dos resultados, vamos construir um gráfico de setores com as porcentagens de cada nível de satisfação.

Para construir um gráfico de setores, é preciso encontrar quantos graus cada porcentagem representa do círculo. O círculo tem 360° e representa o todo, ou seja, 100% dos clientes. Veja como podemos determinar quantos graus correspondem ao nível de satisfação ótimo.

1º) Encontramos quantos graus correspondem a 10%.

:10 ⟨ 100% —— 360°
      10% ——

:10 ⟨ 100% —— 360° ⟩ :10
      10% —— 36°

2º) Determinamos quantos graus correspondem a 40% (nível de satisfação ótimo).

:10 ⟨ 100% —— 360° ⟩ :10
      10% —— 36°
·4 ⟨ 40% ——

:10 ⟨ 100% —— 360° ⟩ :10
      10% —— 36°
·4 ⟨ 40% —— 144° ⟩ ·4

Portanto, o setor circular correspondente ao nível de satisfação ótimo tem 144°.

De maneira análoga, podemos determinar quantos graus as demais porcentagens representam.

Porcentagem	40%	30%	20%	8%	2%
Medida do ângulo correspondente	144°	108°	72°	28,8°	7,2°

Por fim, com o auxílio do compasso, traçamos uma circunferência de raio qualquer e, com o transferidor e a régua, marcamos as medidas dos ângulos obtidos no quadro anterior. Depois, inserimos as legendas, o título e a fonte do gráfico.

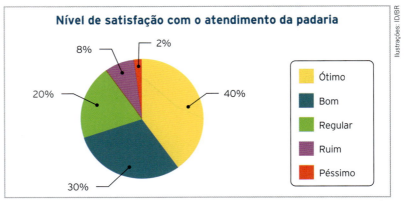

Dados obtidos pela dona da padaria.

COMPREENDER

Veja mais exemplos de **gráficos do dia a dia**.

ATIVIDADES

RETOMAR E COMPREENDER

3. Leia e faça o que se pede.

   No gráfico abaixo, é possível observar a variação das temperaturas máximas e mínimas registradas durante uma semana para a cidade de Blumenau, em Santa Catarina.

   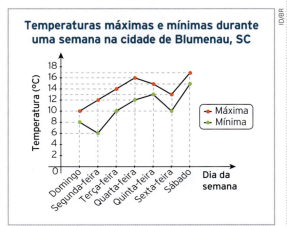

   Dados obtidos pelo Instituto Nacional de Meteorologia (Inmet).

   a) Em um dos dias, a temperatura máxima atingiu 10 °C. Que dia foi esse?

   b) Em dois dias dessa semana, a temperatura mínima registrada foi igual. Quais foram esses dias?

   c) Qual foi a diferença entre as temperaturas máximas registradas no primeiro e no último dia dessa semana?

   d) Em qual dia da semana a variação entre as temperaturas máximas e mínimas foi menor?

   e) Construa uma tabela que represente as informações apresentadas no gráfico.

4. Leia a situação abaixo e responda às questões.

   Camila e Júlia fizeram uma pesquisa com alguns alunos da escola onde estudam para saber qual é a sobremesa preferida deles. Com base nas respostas obtidas, elas construíram a tabela abaixo.

Sobremesa preferida dos alunos					
Sobremesa	Gelatina	Pudim	Frutas	Sorvete	Torta de morango
Quantidade de pessoas	18	15	24	32	11

   Dados obtidos por Camila e Júlia.

   a) Das opções de sobremesa, qual recebeu o maior número de votos? E qual recebeu o menor?

   b) Quantos alunos responderam a essa pesquisa?

   c) Com base nas informações da tabela, construa no caderno um gráfico de setores que apresente a porcentagem de alunos que preferem cada sobremesa. Não se esqueça de colocar o título e a fonte do gráfico.

   d) Em sua opinião, é mais fácil verificar qual foi a sobremesa mais votada observando a tabela ou o gráfico que você construiu? Explique.

APLICAR

5. Observe a tabela abaixo e faça o que se pede em cada item.

Taxa de extrema pobreza			
Mundo		Brasil	
Ano	Porcentagem (%)	Ano	Porcentagem (%)
1981	41,91	1981	24,32
1984	38,88	1984	29,90
1987	34,65	1987	18,13
1990	34,82	1990	20,56
1993	33,37	1993	19,92
1996	28,73	1996	14,17
1999	28,02	1999	13,36
2002	25,30	2002	12,31
2005	20,45	2005	9,55
2008	17,82	2008	6,29
2011	13,50	2011	5,50

   Fonte de pesquisa: Banco Mundial. Disponível em: <http://linkte.me/ur3s4>. Acesso em 19 abr. 2017.

   a) Com base na tabela, construa um gráfico de linhas para comparar a taxa de extrema pobreza do mundo e a do Brasil entre 1981 e 2011.

   b) Em que ano o Brasil obteve o maior índice de pessoas em extrema pobreza? E o mundo?

   c) Qual foi a diferença percentual entre os anos de 2002 e 2005 no Brasil? E no mundo?

Gráfico de barras com números negativos

Veja, nos gráficos, as temperaturas de quatro das capitais mais gélidas do mundo, bem como de uma cidade na Argentina.

Projeção azimutal polar, com polo Norte geográfico ao centro.

As barras indicam as temperaturas mínimas médias, mês a mês, em cada local.

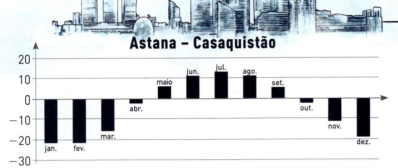

Astana – Casaquistão

Repare que os gráficos mostram temperaturas mês a mês, mas sua variação ao longo do ano tem um padrão semelhante. Isso ocorre porque todas as capitais aqui mencionadas estão localizadas no hemisfério Norte, onde o inverno começa no mês de dezembro.

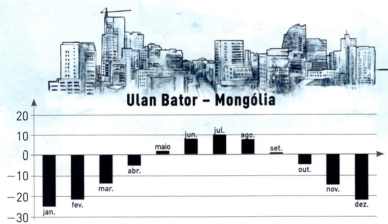

Ulan Bator – Mongólia

Em gráficos como esses, as barras abaixo do eixo horizontal representam valores negativos. O gráfico acima mostra que a capital da Mongólia tem temperaturas abaixo de zero de outubro a abril.

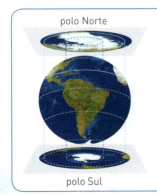

Projeção azimutal

Cartógrafos (especialistas na produção de mapas) desenvolveram formas de representar a esfera terrestre chamadas projeções cartográficas. A ilustração, ao lado, representa a projeção dos polos denominada azimutal.

COMPREENDER

Aprenda mais sobre gráfico de barras com números negativos com o infográfico interativo **Abaixo de zero**.

Temperaturas mínimas*, em °C
*Média das temperaturas mínimas mensais no período de 30 anos.

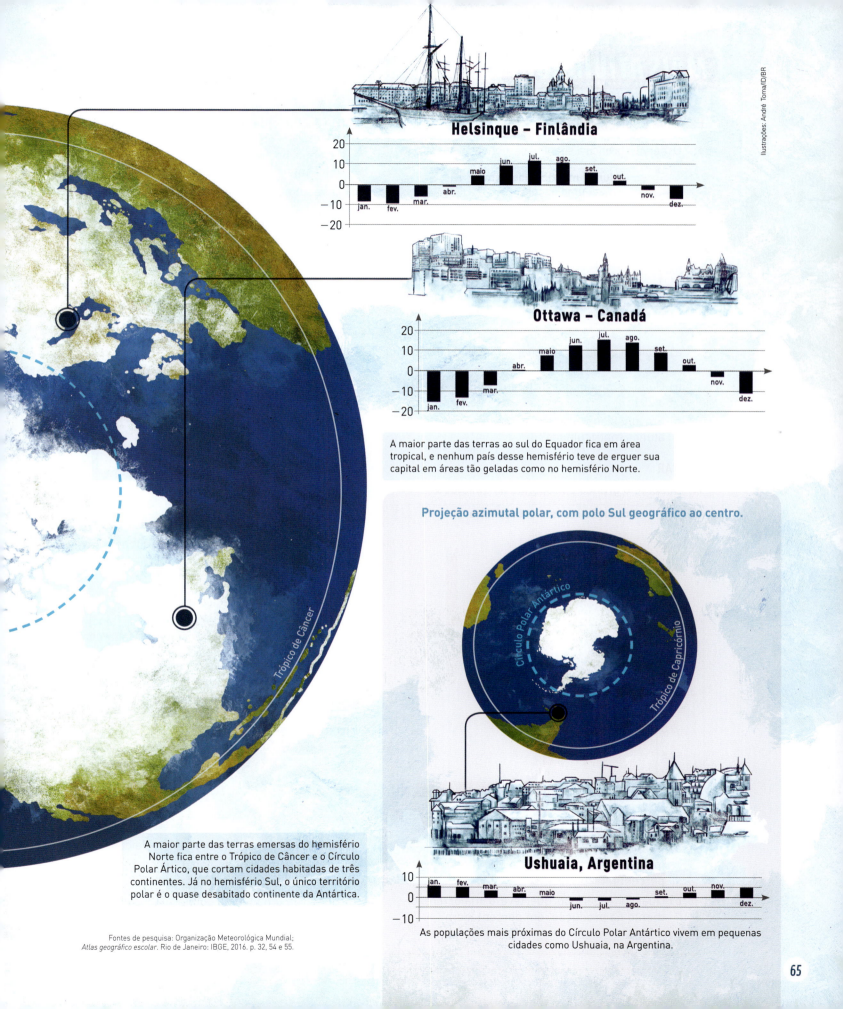

Helsinque – Finlândia

Ottawa – Canadá

A maior parte das terras ao sul do Equador fica em área tropical, e nenhum país desse hemisfério teve de erguer sua capital em áreas tão geladas como no hemisfério Norte.

Projeção azimutal polar, com polo Sul geográfico ao centro.

Ushuaia, Argentina

As populações mais próximas do Círculo Polar Antártico vivem em pequenas cidades como Ushuaia, na Argentina.

A maior parte das terras emersas do hemisfério Norte fica entre o Trópico de Câncer e o Círculo Polar Ártico, que cortam cidades habitadas de três continentes. Já no hemisfério Sul, o único território polar é o quase desabitado continente da Antártica.

Fontes de pesquisa: Organização Meteorológica Mundial; *Atlas geográfico escolar*. Rio de Janeiro: IBGE, 2016. p. 32, 54 e 55.

MAIS ATIVIDADES

RETOMAR E COMPREENDER

6. Observe o gráfico a seguir e responda às questões.

Dados fornecidos pela escola.

a) Qual foi o ano com menor quantidade de alunos matriculados?

b) Quantos alunos foram matriculados de 2010 a 2015?

c) Em qual ano ocorreu o maior aumento de alunos matriculados?

APLICAR

7. Observe o gráfico e responda às questões.

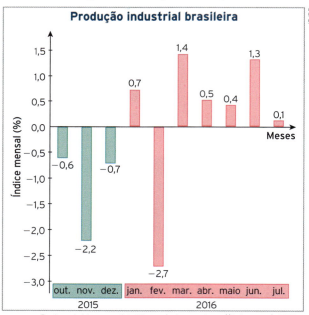

Dados obtidos em: G1. Disponível em: <http://linkte.me/c6387>. Acesso em: 1º jun. 2017.

a) Qual foi o mês e o ano em que a produção industrial brasileira teve o seu menor índice percentual?

b) Qual foi o período que teve o maior crescimento na produção, em porcentagem?

c) O resultado da produção industrial em julho de 2016 foi positivo ou negativo? Podemos dizer que houve crescimento com relação ao mês anterior? Justifique a sua resposta.

d) O resultado da produção industrial em dezembro de 2015 foi positivo ou negativo? Podemos dizer que houve crescimento com relação ao mês anterior? Justifique a sua resposta.

8. Leia a situação abaixo e faça a atividade.

Para eleger o ganhador de um concurso musical, um programa de televisão pede aos espectadores que votem em seus candidatos favoritos. Veja os resultados obtidos.

Sabendo que no total votaram 200 pessoas, construa um gráfico de setores para representar a votação.

9. Leia o texto abaixo e faça o que se pede.

Uma pesquisa sobre a procedência do lanche consumido no intervalo das aulas foi feita com 400 alunos. O resultado está apresentado no gráfico de setores a seguir.

Dados obtidos pela diretoria.

a) Quantos alunos trazem o lanche de casa?

b) Calcule a medida do ângulo correspondente a cada porcentagem do gráfico.

c) Construa uma tabela com os dados apresentados no gráfico.

10. Responda ao que se pede em cada item do problema a seguir.

Um professor de Matemática elaborou dois gráficos para comparar os resultados de seus alunos das quatro turmas (A, B, C e D) na última avaliação.

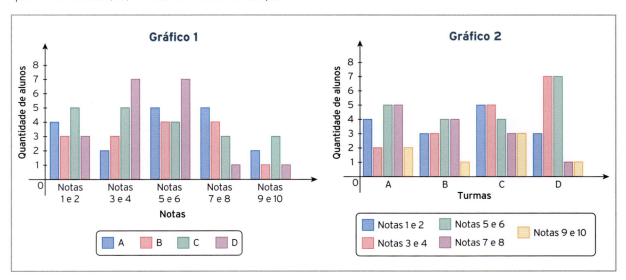

a) Qual é a quantidade de alunos em cada turma?

b) Em sua opinião, qual dos dois gráficos é melhor para estudar o resultado de cada turma? Explique.

11. Veja o gráfico de linha a seguir e, depois, responda às questões.

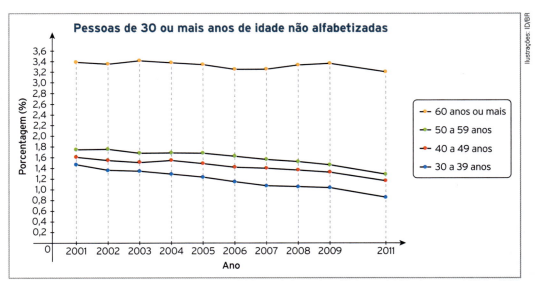

Fonte de pesquisa: IBGE. Disponível em: <http://linkte.me/o4ff6>. Acesso em: 19 abr. 2017.

a) Em que faixa de idade havia uma porcentagem maior de pessoas que não eram alfabetizadas em 2003?

b) Qual é o percentual que representa as pessoas de 40 anos a 49 anos não alfabetizadas, em 2007?

c) De 2001 a 2009, em qual faixa de idade houve maior variação na porcentagem de pessoas que não eram alfabetizadas?

12. **APLICAR** Use os conceitos apresentados até aqui para resolver as **atividades interativas**.

INVESTIGAR

Escolhendo a melhor amostra

Para começar

Como saber a opinião de uma grande quantidade de pessoas sobre um assunto?

Nesta atividade, você vai realizar uma pesquisa de campo. Mas, antes, é necessário definir quem serão os entrevistados. Ao final, você vai apresentar o relatório dos resultados obtidos em uma mostra voltada a todos os envolvidos na pesquisa.

O PROBLEMA

- O que é uma amostra e como escolher uma amostra representativa?

A INVESTIGAÇÃO

- **Procedimento:** pesquisa de campo.
- **Instrumentos de coleta:** questionário e entrevista.

Procedimentos

Parte I – Planejamento

1. A sala será organizada em seis grupos.

2. Cada grupo ficará responsável por realizar uma pesquisa sobre um tema diferente. Os temas são os seguintes:
   - Atividade preferida dos alunos da turma em seus momentos de lazer.
   - Estilo musical favorito dos professores da escola.
   - O(a) melhor cantor(a) da atualidade.
   - O melhor restaurante do bairro, segundo os pais dos alunos da turma.
   - O esporte predileto dos alunos do 7º ano.
   - A comida mais apreciada pelos funcionários da escola.

Parte II – Coleta dos dados

1. Elaborem um questionário de acordo com o tema pelo qual o grupo ficou responsável. A pergunta deve ser clara e objetiva.

2. Além da pergunta, também devem ser apresentadas as alternativas de resposta. É importante inserir a alternativa "Outro(a)" para o caso de a resposta do entrevistado não estar entre as previstas. Nesse caso, a resposta deve ser anotada separadamente.

3. Agora, escolham quem vocês vão entrevistar. Para isso, levem em conta as informações a seguir.
   - Em uma pesquisa como essa, consideramos que a população é todo o grupo ao qual a pesquisa é aplicada. Geralmente, não é possível entrevistar toda a população. Nesse caso, é necessário selecionar uma amostra.
   - A amostra da população sempre deve ser representativa. Ou seja, a escolha das pessoas que serão entrevistadas deve ser feita de modo que todos tenham as mesmas chances de participar. Caso isso não ocorra, a amostra será tendenciosa e invalidará a pesquisa. Quanto maior o número de entrevistados, melhor!

4 Com base nas informações que vocês leram, respondam às perguntas a seguir: Quantas pessoas compõem a população de sua pesquisa? Será possível entrevistar todas? Se não for possível entrevistar todas as pessoas, quantas serão entrevistadas e quem serão elas? Todas as pessoas da população têm as mesmas chances de serem escolhidas para participar da pesquisa?

5 Agora, subdividam o grupo em duplas para a realização das entrevistas.

6 No dia da entrevista, abordem educadamente o entrevistado, expliquem o objetivo da pesquisa e façam a pergunta do questionário, anotando cuidadosamente cada resposta.

Parte III – Organização dos dados

1 Reúnam todos os resultados obtidos pelo grupo e organizem os resultados em uma tabela. Lembrem-se de anotar também as respostas dadas na alternativa "Outro(a)".

2 Calculem as porcentagens de cada resposta.

3 Com base nos dados da tabela, elaborem um gráfico com os resultados obtidos.

Parte IV – Elaboração do relatório

1 O relatório deverá ser escrito coletivamente. No relatório:
- apresentem a pergunta feita durante a pesquisa e reproduzam o questionário que utilizaram;
- expliquem os critérios que o grupo usou para selecionar a amostra, quando houver;
- contem como o grupo se organizou para realizar as entrevistas e relatem como foi a experiência;
- reproduzam a tabela e o gráfico e analisem os resultados que encontraram (o maior número de respostas, o menor número de respostas, alguma unanimidade, etc.);
- concluam explicando em que os resultados encontrados ajudam a entender a população pesquisada e avaliem a experiência como um todo.

Questões para discussão

1. O que é a população em uma pesquisa? E uma amostra? Por que, muitas vezes, a amostra é necessária?
2. Como essa pesquisa poderia ter sido realizada sem a etapa das entrevistas?
3. Qual a vantagem de utilizar gráficos para a comunicação de resultados de pesquisa?

Comunicação dos resultados

Mostra dos relatórios de pesquisa

Convidem as pessoas que participaram da pesquisa para a exposição dos resultados em um dia marcado pelo professor. Além de uma breve exposição oral sobre o processo da pesquisa e seus resultados, os relatórios ficarão disponíveis para leitura.

Gil Tokio/ID/BR

ATIVIDADES INTEGRADAS

APLICAR

1. Leia a situação abaixo e faça o que se pede.

   Uma pesquisa respondida por 200 jovens tinha o intuito de verificar quais são os tipos de jogo preferidos entre eles.

   Observe o resultado na tabela abaixo.

Tipos de jogo preferidos	
Jogo preferido	Quantidade de pessoas
Tabuleiro	100
Eletrônico (*videogame*, *tablet*, etc.)	50
RPG	30
Outros	20

   Dados obtidos pelo pesquisador.

   a) Determine a população, a amostra (se houver) e a variável dessa pesquisa.

   b) Qual das representações a seguir melhor indica os dados dessa pesquisa?

   c) Após identificar o gráfico que melhor representa os dados da pesquisa, determine a porcentagem de cada setor e o ângulo correspondente.

2. Leia a reportagem e responda.

   Cresce número de jovens com conta bancária e cartão de crédito, segundo pesquisa

   [...] Pesquisa nacional da Federação do Comércio do Rio de Janeiro (Fecomércio-RJ) mostra que 41% dos jovens de 16 a 24 anos possuem conta bancária. Em 2008, essa proporção era de 26%, de acordo com a Fecomércio. A pesquisa foi feita em parceria com o instituto de pesquisa Ipsos, que entrevistou 1 mil pessoas em 70 cidades.[...]

   Vitor Abdala. EBC, 10 jul. 2013. Disponível em: <http://linkte.me/ahan7>. Acesso em: 19 abr. 2017.

   a) Qual foi a população pesquisada?

   b) Houve definição de uma amostragem para a realização dessa pesquisa? Se sim, qual foi a amostra?

   c) Qual foi a variável pesquisada nesse estudo?

   d) Qual é o tipo da variável pesquisada?

3. Observe a tabela abaixo e faça o que se pede.

   A tabela a seguir mostra o resultado de uma pesquisa realizada com um grupo de 360 pessoas sobre seu programa cultural preferido.

Programa cultural preferido			
Programa preferido	Quantidade de pessoas	Porcentagem	Medida do ângulo correspondente a cada porcentagem
Cinema	126		
Música	90		
Teatro	90		
Dança	36		
Outros	18		

   Dados fornecidos pela Secretaria da Cultura.

   a) Copie a tabela no caderno e complete-a.

   b) Usando régua, compasso e transferidor, construa no caderno um gráfico de setores usando as informações da tabela.

ANALISAR E VERIFICAR

4. Leia o artigo abaixo.

82% dos jovens e crianças que acessam internet navegam por celular todo dia

Oito em cada 10 crianças e jovens brasileiros entre 9 e 17 anos usuários de internet costumam acessar a rede pelo celular todos ou quase todos os dias. Pela primeira vez, o dispositivo móvel ultrapassou o computador de mesa como principal equipamento utilizado pela garotada para navegar. Em 2013, os celulares correspondiam a 53% dos acessos (contra 71% de *desktops*), e em 2014 o número passou para 82%. Os dados são da edição 2014 da pesquisa anual sobre o uso da internet por crianças e adolescentes no Brasil feita pelo Cetic.br (Comitê Gestor da Internet no Brasil). [...]

A pesquisa também mostra que a sala de casa é o local onde 81% dos jovens acessam a internet na maioria das vezes, seguido pelo próprio quarto ou outro cômodo privado da casa (73%). Quase metade deles (49%) costuma navegar quando está na rua ou em deslocamento. [...].

E engana-se quem acha que os jovens "não saem dos joguinhos" enquanto estão navegando. De acordo com os dados, a principal atividade feita por eles é acessar redes sociais (73%). [...]

Fazer trabalhos escolares é a segunda atividade mais feita na internet, com 68% dos jovens admitindo que usam a rede para ajudar na escola. Pesquisas em geral e uso de mensagens instantâneas ocuparam o segundo e terceiro lugar, respectivamente. Metade dos jovens disse que ouve música ou vê vídeos. Pouco mais de 40% posta fotos e vídeos em redes sociais (43%), joga sozinho (42%) ou baixa aplicativos gratuitos (41%). [...]

Para a pesquisa, foram entrevistados 2015 crianças e adolescentes usuários de internet com idades entre 9 e 17 anos em todo o território nacional, entre outubro de 2014 e fevereiro de 2015.

UOL notícias. Tecnologia. Disponível em:
<http://linkte.me/h341z>. Acesso em: 16 jun. 2017.

a) Qual foi a população pesquisada no estudo? E a amostra?

b) Qual é o objetivo da pesquisa?

c) Qual é o resultado principal dessa pesquisa?

d) Quais outros resultados essa pesquisa revelou?

CRIAR

5. Forme um grupo com mais quatro colegas para fazer uma pesquisa.

I. Elaborem um questionário com quatro perguntas. Uma que represente uma variável quantitativa discreta, uma que represente uma variável quantitativa contínua, outra que represente uma variável qualitativa nominal e uma que represente uma variável qualitativa ordinal.

II. Definam a população e a amostra (se necessário) que desejam pesquisar.

III. Definam quando e como farão a pesquisa.

IV. Organizem os dados obtidos em quatro tabelas, uma para cada variável.

V. Construa um gráfico de barras para a variável quantitativa discreta e um gráfico de setores para a variável qualitativa nominal.

VI. Com base nos dados obtidos e organizados nas tabelas e nos gráficos, tirem conclusões.

Agora, respondam: Vocês tiveram alguma dificuldade em realizar essa pesquisa e organizar os dados?

6. No início desta unidade vimos algumas informações sobre o Censo Escolar. Essa atividade tem uma importância fundamental para a gestão governamental no âmbito da educação, tendo como principais objetivos fornecer informações para a realização de análises e avaliações sobre a educação brasileira, além de orientar políticas educacionais.

Pesquise, no último Censo Escolar, quais foram as avaliações para a educação brasileira na Educação Básica e no Ensino Fundamental, em particular. A que conclusões podemos chegar?

EM RESUMO – UNIDADE 2

Estatística
- Pesquisa estatística: auxilia na tomada de decisões de uma organização, no planejamento econômico de um governo, na organização das finanças pessoais, etc.
- População: conjunto de todos os elementos que apresentam determinada característica que se quer estudar.
- Amostra: subconjunto representativo da população de interesse.
- Variável: toda característica de interesse, ou seja, o que será pesquisado.

Organização de dados
- Tabela de dupla entrada: expressa duas informações.
- Gráfico de barras duplas: representa duas informações.
- Gráfico de linha ou gráfico de segmento: cada informação é representada por um ponto, e os pontos são unidos por segmentos de reta.
- Gráfico de setores: representa os dados em porcentagem. É necessário que a informação do valor que representa 100% apareça no gráfico ou no texto que o antecede.
- Para construir o gráfico de setores, é necessário determinar os ângulos referentes a cada porcentagem.

VERIFICAR

Confira o **mapa de conteúdos** da unidade 2.

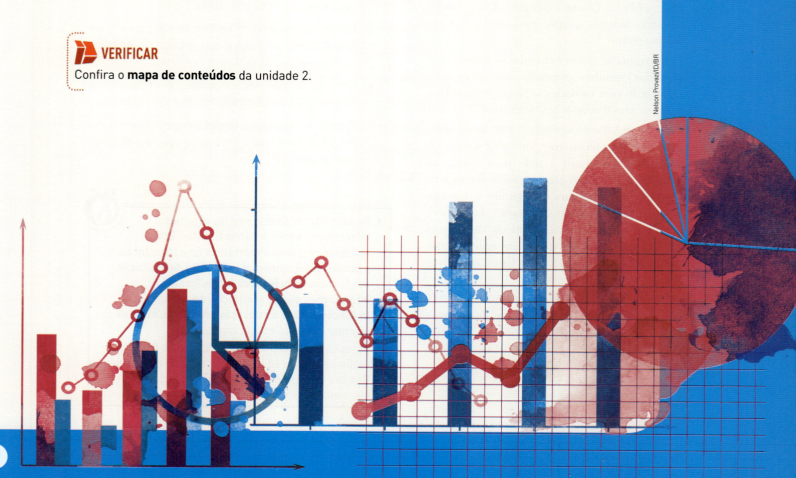

UNIDADE 3

SÓLIDOS GEOMÉTRICOS

Eu sou um não poliedro, dependendo da posição que você me olha pode ver um círculo ou um retângulo. Quem sou eu? Nesta unidade, você vai estudar sobre os sólidos geométricos, a diferença entre poliedros e não poliedros, seus elementos, suas planificações, caso existam, e sobre vistas de uma figura tridimensional, e poderá resolver situações como essa.

CAPÍTULO 1
Poliedros e não poliedros

CAPÍTULO 2
Vistas

PRIMEIRAS IDEIAS

1. Diga, com suas palavras, o que são os sólidos geométricos. Dê exemplos de objetos que lembrem sólidos geométricos.

2. Qual é a diferença entre cone e esfera?

3. Quantos lados possui o polígono que representa a base de uma pirâmide de base hexagonal?

4. Quando planificamos um cubo, obtemos quantos quadrados?

5. O que é vista de uma figura?

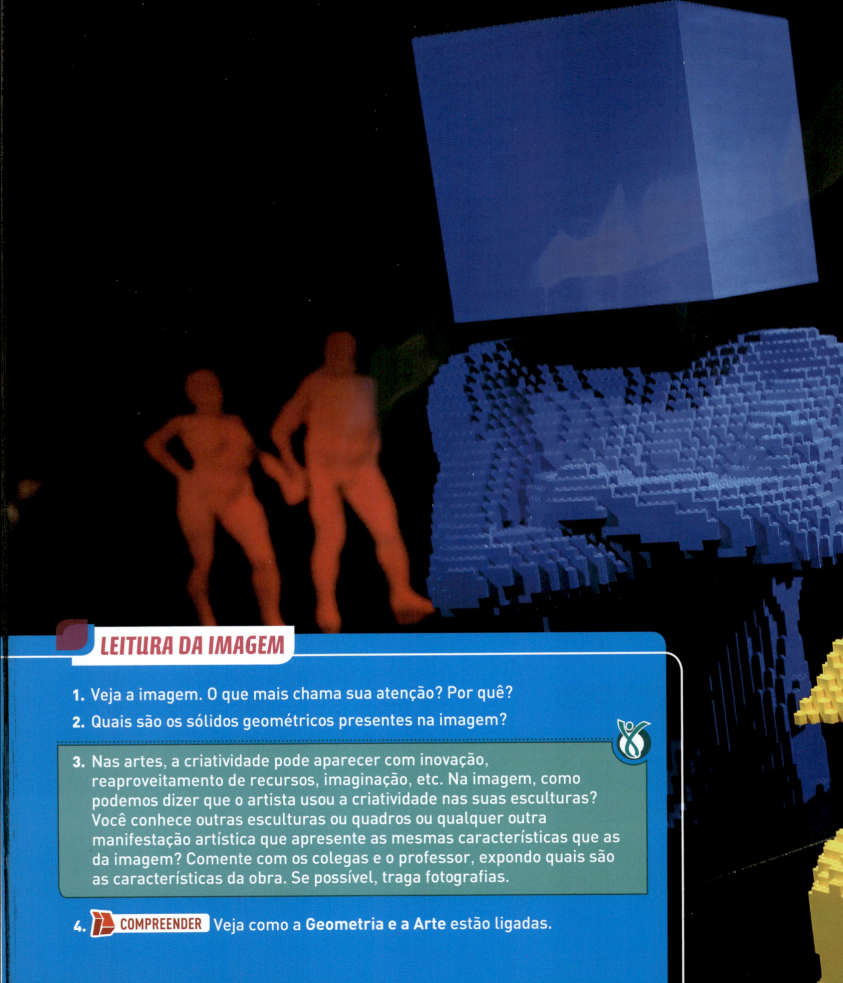

LEITURA DA IMAGEM

1. Veja a imagem. O que mais chama sua atenção? Por quê?
2. Quais são os sólidos geométricos presentes na imagem?

3. Nas artes, a criatividade pode aparecer com inovação, reaproveitamento de recursos, imaginação, etc. Na imagem, como podemos dizer que o artista usou a criatividade nas suas esculturas? Você conhece outras esculturas ou quadros ou qualquer outra manifestação artística que apresente as mesmas características que as da imagem? Comente com os colegas e o professor, expondo quais são as características da obra. Se possível, traga fotografias.

4. COMPREENDER Veja como a **Geometria e a Arte** estão ligadas.

Capítulo 1
POLIEDROS E NÃO POLIEDROS

Podemos encontrar formas que lembram os sólidos geométricos por toda parte. Por exemplo, um grande galpão de fábrica ou um pequeno vírus. Diante das inúmeras formas, como podemos classificá-las? Vamos ver algumas características que possibilitam classificar essas formas em poliedros ou não poliedros.

SÓLIDOS GEOMÉTRICOS

Provavelmente, você já ficou gripado ou conhece alguém que já ficou.

A gripe, assim como a catapora, a caxumba, a dengue e a febre amarela são exemplos de doenças causadas por vírus.

Descoberto em 1950, o adenovírus é a maior classe de agentes causadores de doenças, incluindo infecções oculares e respiratórias, além de ser usado em ensaios clínicos de terapias gênicas para o tratamento de câncer e doenças cardiovasculares.

Uma das maneiras de classificar os vírus é por sua morfologia, ou seja, pela sua forma. A forma do adenovírus lembra a de um sólido geométrico.

Em Geometria, dizemos que sólido é uma figura geométrica maciça e que apresenta três dimensões (altura, largura e comprimento).

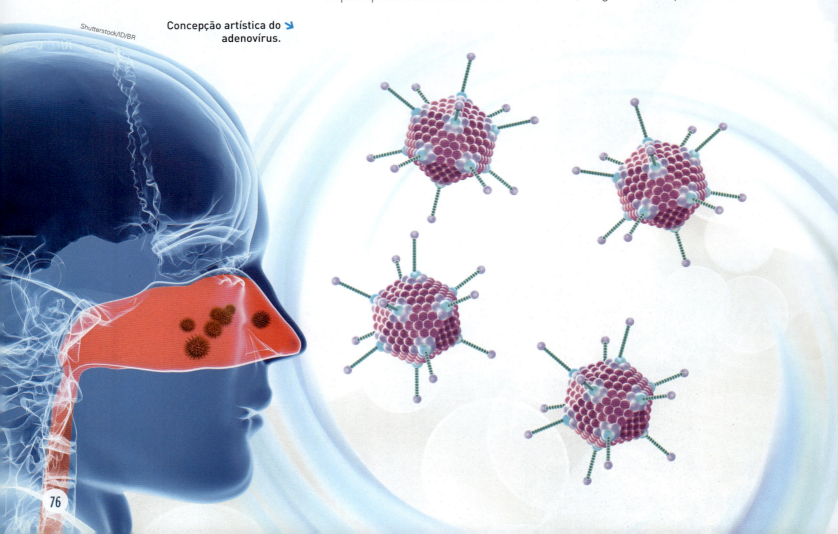

Concepção artística do adenovírus.

Veja, a seguir, alguns exemplos onde podemos encontrar, em nosso dia a dia, formas que lembram sólidos geométricos.

↑ Na arquitetura, é muito comum o uso de figuras que lembram sólidos geométricos. Centro cultural Niemeyer, na Espanha.

↑ As formas das embalagens de diversos produtos lembram sólidos geométricos.

↑ Muitos utensílios domésticos, como potes e o funil, lembram figuras geométricas.

Agora, considere os seguintes sólidos geométricos, numerados de 1 a 6.

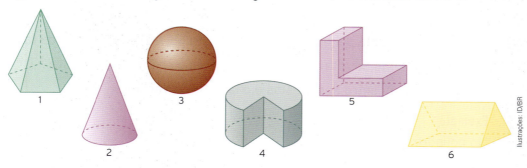

Observe a superfície dos sólidos geométricos 1, 5 e 6. As superfícies desses sólidos são compostas apenas de regiões planas poligonais (regiões planas delimitadas por um polígono). Por isso, podemos classificar essas figuras como **poliedros**.

Já os sólidos 2, 3 e 4 são compostos de pelo menos uma parte arredondada. Por isso, classificamos esses sólidos como **não poliedros**.

De maneira geral, podemos classificar os sólidos geométricos em poliedros e não poliedros. Veja.

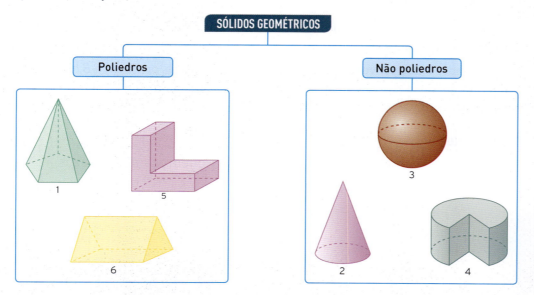

COMPREENDER
Veja mais **exemplos sobre poliedros e não poliedros**.

POLIEDROS

> **Poliedros** são sólidos geométricos cuja superfície é formada apenas por regiões planas poligonais.

ELEMENTOS DE UM POLIEDRO

Observe, a seguir, alguns elementos dos poliedros.

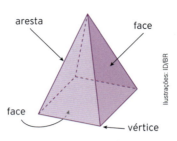

O poliedro apresenta 5 faces, 5 vértices e 8 arestas.

- Cada região plana poligonal que compõe um poliedro é chamada de **face**.
- Cada segmento de reta comum a duas faces é chamado de **aresta**.
- O ponto de encontro das arestas é chamado de **vértice**.

Exemplo

No poliedro ao lado, temos:

- 8 faces
- 18 arestas
- 12 vértices

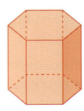

POLIEDROS CONVEXOS E NÃO CONVEXOS

Cada poliedro delimita uma região do espaço, que é chamada de **região interna** (ou interior) do poliedro.

> Um poliedro é **convexo** quando, para quaisquer dois pontos, A e B, de seu interior, o segmento de reta $\overline{AB}$ está totalmente contido na região interna desse poliedro.
>
> Um poliedro é **não convexo** quando existem quaisquer dois pontos, A e B, de seu interior, de modo que o segmento de reta $\overline{AB}$ não está totalmente contido no interior desse poliedro.

Exemplos

A. Poliedros convexos

 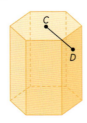

B. Poliedros não convexos

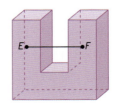 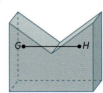

ATIVIDADES

RETOMAR E COMPREENDER

1. Classifique os sólidos representados em cada item em poliedros ou não poliedros. Depois, indique o número de faces, arestas e vértices dos itens que você classificou como poliedros.

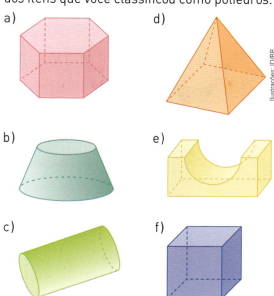

a)
b)
c)
d)
e)
f)

2. Observe os poliedros representados no quadro a seguir. Identifique-os como convexos ou não convexos, assinalando um **X** na coluna correspondente.

3. Desenhe um poliedro no caderno. Depois, escreva o número de vértices, de arestas e de faces desse poliedro.

APLICAR

4. Associe cada imagem a seguir ao tipo de sólido geométrico que ela lembra: poliedro ou não poliedro.

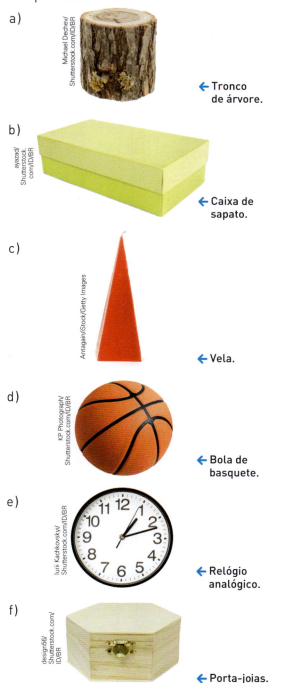

a) ← Tronco de árvore.

b) ← Caixa de sapato.

c) ← Vela.

d) ← Bola de basquete.

e) ← Relógio analógico.

f) ← Porta-joias.

↑ Leonhard Paul Euler.

E OS POLIEDROS NÃO CONVEXOS?
A relação de Euler é válida para todos os poliedros convexos. Entretanto, ela só é válida para alguns poliedros não convexos.

RELAÇÃO DE EULER

Ao estudar os poliedros convexos, o matemático suíço Leonhard Paul Euler (1707-1783) descobriu a seguinte relação:

> Em todos os poliedros convexos, a soma do número de vértices e do número de faces é igual ao número de arestas mais duas unidades.

Essa relação recebeu o nome de seu descobridor e chama-se **relação de Euler**.

Exemplo
O octaedro apresenta 6 vértices, 8 faces e 12 arestas. Verificando a relação, temos:

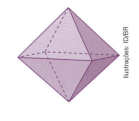

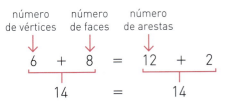

Portanto, a relação de Euler é válida para o octaedro.

PRISMAS

Os prismas são poliedros convexos que apresentam duas faces idênticas e paralelas, chamadas de **bases**, que podem ser qualquer polígono (triângulo, retângulo, hexágono, etc.). As demais faces são chamadas de **faces laterais**, que são sempre paralelogramos. Quando as faces laterais são formadas apenas por retângulos, dizemos que o prisma é reto.

ELEMENTOS DE UM PRISMA

Observe, na figura ao lado, os elementos de um prisma.

NOMENCLATURA DE UM PRISMA

Para nomear um prisma, devemos analisar o polígono que forma as suas bases.

Exemplos
A. Prisma reto de base triangular: as bases do prisma são triângulos.

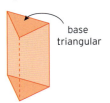

B. Prisma de base retangular: as bases do prisma são retângulos.

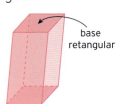

PLANIFICAÇÃO

A **planificação** da superfície de um sólido geométrico é a representação da superfície total em um plano.

Observe como podemos planificar a superfície de alguns prismas.

Exemplos

A. Planificação de um prisma reto de base retangular.

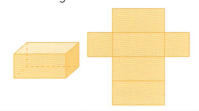

B. Planificação de um prisma reto de base triangular.

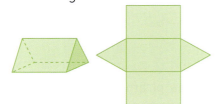

C. Planificação de um prisma reto de base pentagonal.

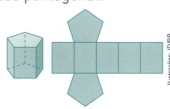

D. Planificação de um prisma reto de base hexagonal.

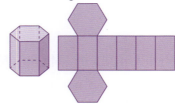

ATIVIDADES

RETOMAR E COMPREENDER

5. Responda às questões.

a) Qual é o nome do prisma que tem 6 vértices em uma de suas bases?

b) Quantas arestas há em um prisma de 6 faces?

c) A base de um prisma tem 8 arestas. Quantas faces esse prisma tem?

d) Um prisma tem 12 faces. Qual é o nome desse prisma?

6. Escreva o nome do sólido geométrico correspondente à seguinte planificação.

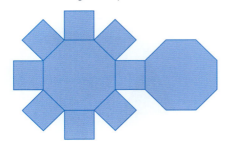

7. Verifique a relação de Euler para os prismas representados a seguir.

a) 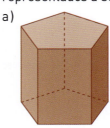   b)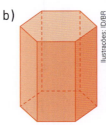

APLICAR

8. Veja como Pedro verificou a relação de Euler no poliedro ao lado.

$$V + F = A + 2$$
$$12 + 8 = 18 + 2$$
$$20 = 20$$

Pedro afirmou a um colega que como a relação de Euler é válida para o poliedro analisado, esse é um poliedro convexo. A afirmação de Pedro está correta? Explique.

PIRÂMIDES

As pirâmides são poliedros convexos que apresentam apenas uma base, que pode ser qualquer polígono. As demais faces são chamadas de faces laterais e são formadas apenas por triângulos.

Na imagem ao lado, há um exemplo de construção que lembra a forma de uma pirâmide.

↑ Museu do Louvre, em Paris, na França.

ELEMENTOS DE UMA PIRÂMIDE

Observe, na figura abaixo, os elementos de uma pirâmide.

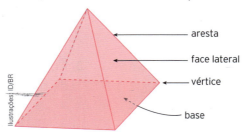

NOMENCLATURA DE UMA PIRÂMIDE

Assim como nos prismas, para nomear uma pirâmide, devemos analisar o polígono que forma sua base.

Exemplos

A. Pirâmide de base quadrada: a base é um quadrado.

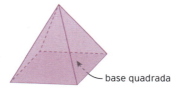

B. Pirâmide de base pentagonal: a base é um pentágono.

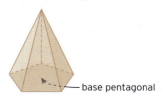

PLANIFICAÇÃO

Observe, nos exemplos, como podemos planificar a superfície de algumas pirâmides.

Exemplos

A. Planificação de uma pirâmide de base triangular.

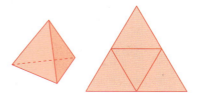

B. Planificação de uma pirâmide de base hexagonal.

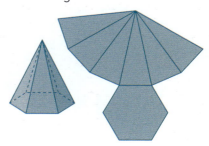

+ INTERESSANTE

Poliedros de Platão

Platão (427-347 a.C) foi um importante filósofo grego. Seus estudos contribuíram muito para o estudo dos elementos da Geometria.

Os poliedros de Platão apresentam as seguintes características:
- são regulares (as faces são polígonos regulares e idênticos);
- são convexos;
- têm o mesmo número de lados em todas as faces;
- em todos os vértices chega o mesmo número de arestas.

Platão foi o primeiro a demonstrar que só existem cinco poliedros regulares. Ele e seus seguidores estudaram esses sólidos geométricos com tanta intensidade que esses poliedros ficaram conhecidos como poliedros de Platão.

Os cinco poliedros de Platão são:

tetraedro (4 faces)   cubo (6 faces)   octaedro (8 faces)   dodecaedro (12 faces)   icosaedro (20 faces)

Acredita-se que os gregos associavam os poliedros de Platão aos elementos da natureza. O tetraedro era associado ao fogo, o cubo, à terra, o octaedro, ao ar, o dodecaedro, ao Universo, e o icosaedro, à água.

Fonte de pesquisa: Thatielle Martins; Viviane Goldoni. Descobrindo os poliedros de Platão. Disponível em: < http://linkte.me/a2i3d>. Acesso em: 15 maio 2017.

Estátua de mármore do filósofo Platão, em Atenas, na Grécia.

ATIVIDADES

RETOMAR E COMPREENDER

9. Relacione as palavras do quadro com as letras indicadas na figura.

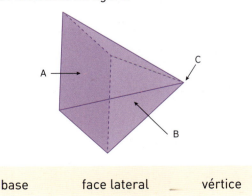

| base | face lateral | vértice |

10. Escreva o nome do sólido geométrico correspondente às seguintes planificações.

a)   c)

b)   d)

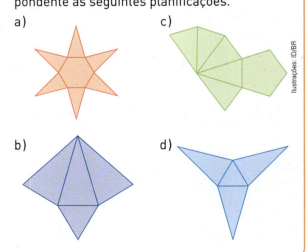

NÃO POLIEDROS

> Não poliedros são sólidos geométricos cuja superfície apresenta pelo menos uma parte arredondada.

Exemplos

   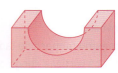

Dentre os sólidos geométricos não poliedros, vamos estudar o cilindro, o cone e a esfera.

> **CORPOS REDONDOS**
> É comum utilizar a nomenclatura corpos redondos para fazer referência aos sólidos: cone, cilindro e esfera.

CILINDRO

Os **cilindros** são não poliedros convexos que apresentam duas faces idênticas e paralelas, chamadas de bases, que são círculos.

ELEMENTOS E PLANIFICAÇÃO DE UM CILINDRO

Observe, nas figuras abaixo, os elementos e a planificação de um cilindro.

cilindro   planificação do cilindro

CONE

Os **cones** são não poliedros convexos que apresentam apenas uma base. Assim como nos cilindros, a base do cone é um círculo.

ELEMENTOS E PLANIFICAÇÃO DE UM CONE

Observe, nas figuras abaixo, os elementos e a planificação de um cone.

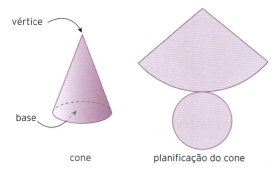

cone   planificação do cone

 RETOMAR

Vamos reconhecer os **elementos de alguns sólidos geométricos**.

ESFERA

A esfera é um sólido geométrico não poliedro convexo que não apresenta nenhuma face plana. Veja, na figura a seguir, quais são os elementos de uma esfera.

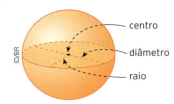

Diferentemente do cilindro e do cone, não é possível planificar uma esfera, porém existem representações aproximadas, como é o caso do mapa-múndi.

Ao fazer esse tipo de aproximação, as regiões mais próximas dos polos sofrem uma deformação muito maior, parecendo maiores do que realmente são.

↑ Groenlândia.

↑ Austrália.

↑ Por exemplo, a área da Groenlândia, que na planificação parece ser maior do que a área da Austrália, é de aproximadamente 2 166 000 km², e a área da Austrália é de aproximadamente 7 692 000 km². Ou seja, na realidade, a área da Austrália chega a ser mais que o triplo da área da Groenlândia.

ATIVIDADES

RETOMAR E COMPREENDER

11. Observe o cilindro abaixo. Qual é o nome da região plana que compõe as suas bases?

12. Escreva o nome do sólido geométrico correspondente às seguintes planificações.

a) 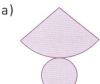   b)

13. Escreva o nome de objetos cotidianos que lembrem cada não poliedro indicado a seguir.

a) esfera   b) cone   c) cilindro

FAZENDO MATEMÁTICA

As muitas planificações do cubo

Vimos que a planificação da superfície de um sólido é uma representação de sua superfície total em um plano. Mas será que existe mais de uma maneira de fazer uma planificação do mesmo poliedro? Vamos analisar esse problema considerando as possíveis planificações de um cubo.

Material

- 2 cartolinas
- régua
- lápis
- caderno para anotações
- tesoura de pontas arredondadas

COMPREENDER
Acompanhe o passo a passo para a **construção da planificação do cubo**.

Como fazer

❶ No caderno, escreva quais das planificações abaixo você acha que são de um cubo.

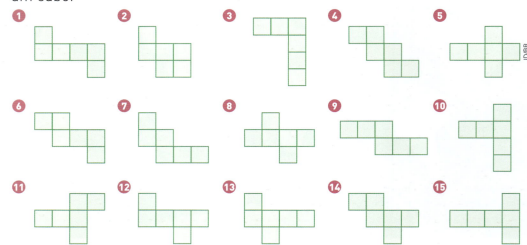

❷ Usando o lápis e a régua, reproduza, nas cartolinas, todas as planificações mostradas acima. Considere a medida de 5 cm para cada aresta.
❸ Recorte as planificações que você obteve no item 2.
❹ Tente montar as planificações que você recortou de modo a formar um cubo.

Para concluir

1. No item 1 do *Como fazer*, como você pensou para selecionar quais das planificações formariam um cubo?

2. Quais das planificações formaram um cubo? Elas coincidem com as que você indicou no item 1 do *Como fazer*?

3. Algumas planificações não se tornaram um cubo. Em sua opinião, por que isso aconteceu?

4. Depois de realizar esta atividade, como você pensaria para determinar se uma planificação corresponde a determinado poliedro? Compartilhe suas ideias com o professor e a turma.

MAIS ATIVIDADES

RETOMAR E COMPREENDER

14. Os objetos a seguir lembram sólidos geométricos. Classifique-os como poliedros ou não poliedros.

a)

e)

b)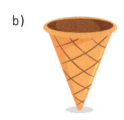

f)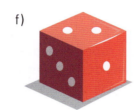

c)

g)

d)

h)

15. Em cada item, indique a semelhança e a diferença entre as figuras.

a)

b)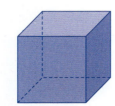

16. Copie e complete a tabela abaixo no caderno.

Poliedro	Número de vértices	Número de faces	Número de arestas

APLICAR

17. Faça o que se pede.

Observe a planificação de uma caixa cúbica.

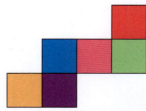

Agora, veja a caixa montada.

Observe que uma das faces está em branco. Qual deve ser a cor dessa face?

18. **APLICAR** Use os conceitos apresentados até aqui para resolver as **atividades interativas**.

Capítulo 2 VISTAS

Dependendo da posição em que uma pessoa está, ela pode olhar para um objeto e, por exemplo, ver um retângulo ou um círculo. Isso acontece com muitos outros objetos. Mudar de posição faz com que enxerguemos formas diferentes de um mesmo objeto.

REPRESENTAÇÃO DE VISTAS

Você já ouviu a expressão "depende do ponto de vista"? Essa expressão é usada em diversas situações para indicar que, de acordo com a forma que você vê ou interpreta uma situação, ela pode ser de um jeito ou de outro.

Imagine, por exemplo, que dois colegas estejam na mesma sala vendo o mesmo objeto, mas de posições diferentes. Um deles pode estar vendo uma forma parecida com um retângulo, e o outro, uma forma parecida com um círculo.

Na fotografia abaixo, foram projetadas duas sombras de um objeto que lembra um cilindro. Observe que, em uma das projeções, vemos uma imagem que lembra um retângulo, e na outra, vemos uma imagem que lembra um círculo.

Cada uma dessas projeções chamamos de vista.

> **Vista** é a representação de uma figura tridimensional de acordo com a posição do observador em relação a essa figura.

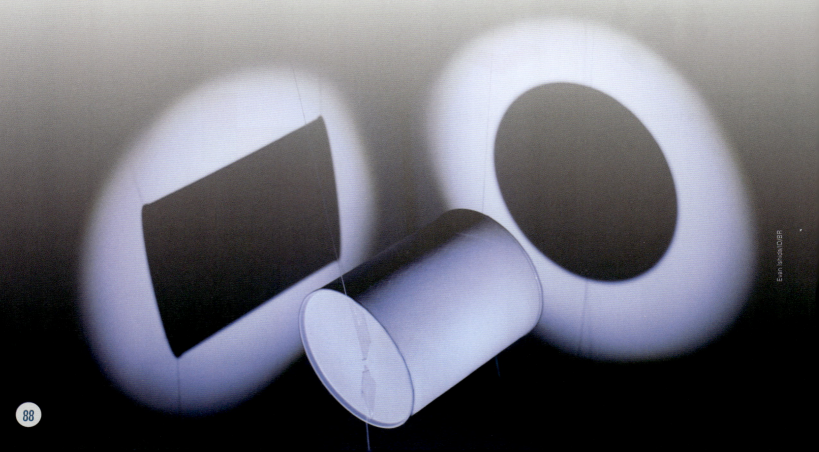

Exemplos

A. Observe como cada uma das crianças enxerga o sólido representado.

Perceba que, dependendo da posição de cada criança, as vistas do objeto são diferentes.

B. Adriana desenhou as vistas de uma pilha de blocos que está sobre a mesa de acordo com as posições indicadas.

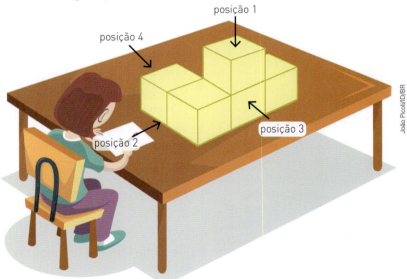

Veja como ficaram os desenhos que ela fez de cada vista.

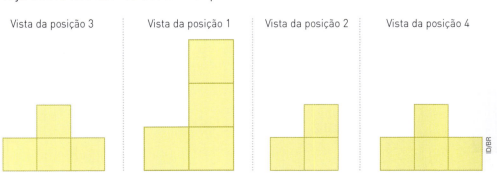

COMPREENDER
Vamos ver se você é bom de **vistas**? Jogue agora!

CRIATIVIDADE NAS FOTOGRAFIAS

Você já viu alguma fotografia tirada com a intenção de brincar com o ponto de vista do observador? Várias pessoas fazem poses em locais turísticos com a intenção de registrar uma imagem diferente da realidade.

Para conseguir uma fotografia desse tipo, o fotógrafo, ou a câmera, precisa estar posicionado no local exato. Caso contrário, a imagem não terá o efeito desejado.

Quando você vê alguém tentando tirar fotos desse tipo, mas não está na posição do fotógrafo ou da câmera, é muito difícil imaginar como a foto vai ficar.

- Com os colegas e o auxílio de uma câmera, tente fazer algumas fotografias nas quais a posição do fotógrafo ou da câmera seja essencial para o sentido da imagem.

Fotografias: Sérgio Dotta Jr./ID/BR

ATIVIDADES

RETOMAR E COMPREENDER

1. Observe o objeto a seguir e faça o que se pede.

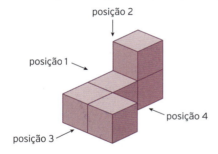

Relacione a que vista cada figura se refere.

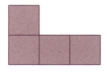 Vista da posição 4

  Vista da posição 3

  Vista da posição 1

  Vista da posição 2

APLICAR

2. Considere os sólidos geométricos a seguir e responda ao que se pede em cada item.

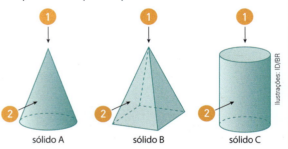

Ilustrações: ID/BR

a) As vistas a seguir foram obtidas da posição 1. Relacione-as com seus respectivos sólidos.

Vista I   Vista II   Vista III

b) Desenhe no caderno como seriam as vistas dos sólidos se você estivesse observando os sólidos na posição 2.

3. Qual dos sólidos geométricos a seguir tem a mesma representação, qualquer que seja a vista?

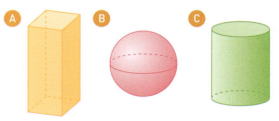

MAIS ATIVIDADES

RETOMAR E COMPREENDER

4. Sete cubos foram organizados de acordo com esta figura.

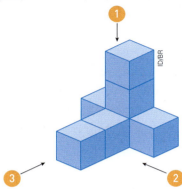

Em uma folha de papel quadriculado, desenhe as vistas de acordo com a indicação.

APLICAR

5. Leia, observe a posição dos dados e responda às questões a seguir.

A soma dos valores indicados nas faces opostas de um dado é sempre igual a sete. Um aluno empilhou dois dados sobre a mesa, como mostra a figura.

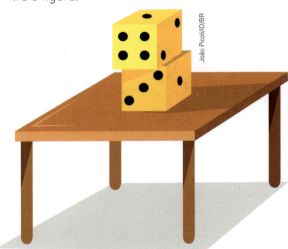

a) Qual a soma dos valores das faces opostas às faces que estão na frente?
b) Qual a soma dos valores das faces opostas às faces que estão na lateral direita?
c) Qual a soma dos valores das faces que estão uma sobre a outra, sabendo que a face apoiada na mesa não tem o número 5?

6. Leia e faça o que se pede.

Juliana, Camila e Júlio estão observando um caminhão de brinquedo que está sobre a mesa.

Indique a vista de cada criança no caderno.

a)   c)

b)

7. Indique quais dos sólidos geométricos abaixo têm, em pelo menos uma de suas vistas, um retângulo.

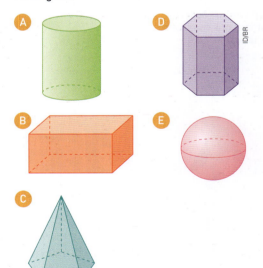

8. **APLICAR** Use os conceitos apresentados até aqui para para resolver as **atividades interativas**.

AMPLIANDO HORIZONTES

Na ponta do lápis!

João e Júlia ficaram responsáveis por organizar a compra das camisetas para os times da escola que irão participar de um torneio. Observe a cena ilustrada.

Você deve ter percebido que, para comprar as camisetas, não basta saber a quantidade de uniformes a serem comprados e ter o dinheiro. É preciso ter planejamento.

Uma ferramenta muito importante para um planejamento como o de João e Júlia é o **orçamento**. Você sabe o que é um orçamento?

Um orçamento é uma ferramenta, geralmente uma tabela em que registramos de um lado o que ganhamos (receitas) e do outro o quanto pretendemos ou precisamos gastar (despesas).

Podemos, por exemplo, dispor de 400 reais (receita) e precisamos comprar dez camisetas, uma bola de futebol e uma de handebol (despesas). Será que o dinheiro vai dar? O orçamento deve ser usado como um instrumento de reflexão para avaliarmos o que compramos e como compramos. Assim, podemos decidir como vamos usar melhor o dinheiro que temos.

Há outro tipo de orçamento também muito usado em situações como a de João e Júlia. É o orçamento que solicitamos a um vendedor quando precisamos de um produto ou serviço. Nele, estão incluídos os valores que serão cobrados e a forma e os prazos de pagamento. Para comparar preços e condições de pagamento, podemos, por exemplo, pedir o orçamento de um mesmo produto ou serviço em vários lugares. Dessa forma, podemos tomar uma decisão mais adequada às nossas condições financeiras.

> **APLICAR**
> Veja como organizar um **orçamento familiar**.

Os dois tipos de orçamento nos ajudam a refletir e a nos posicionar diante do que planejamos: Será que realmente preciso comprar esse produto? Posso comprá-lo? Devo comprá-lo agora? Essas são algumas perguntas que podem surgir quando se faz um orçamento.

Mesmo sendo difícil pensar sempre dessa forma quando precisamos comprar alguma coisa, o exercício dessas ações pode se tornar um hábito que vai nos ajudar na organização das finanças pessoais e familiares.

Para refletir

1. Qual é a diferença entre o orçamento pessoal ou doméstico e o orçamento que pedimos nas lojas quando queremos obter um produto ou serviço? De que maneira cada um deles pode nos ajudar a tomar decisões financeiras?

2. Apresente uma ou mais situações em que você fez um orçamento ou precisou dos dois tipos de orçamento que trabalhamos nesta seção.

3. Suponha que a turma de Júlia e João precise de 10 camisetas para o time de futsal e de 14 camisetas para o time de handebol. Após uma pesquisa em duas lojas, a Sportmais e a Sportshow, eles precisam decidir qual dos dois orçamentos é o melhor. Observe os orçamentos a seguir e responda às questões.

SPORT MAIS
Até 10 camisetas — R$ 30,00 cada
De 11 a 25 camisetas — R$ 25,00 cada
De 26 a 50 camisetas — R$ 20,00 cada
Acima de 50 camisetas — R$ 18,00 cada

SPORT SHOW
Até 10 camisetas — R$ 30,00 cada
De 11 a 20 camisetas — R$ 25,00 cada
Acima de 20 camisetas — R$ 21,00 cada

a) Quanto João e Júlia gastariam em cada uma das lojas se comprassem todas as camisetas de que precisam?

b) Em qual das lojas você faria a compra? Justifique.

c) Além do preço, que outros fatores devem ser considerados na escolha da loja que fará as camisetas para a turma?

d) Que outra estratégia poderia ser utilizada para garantir um bom preço e melhores condições de pagamento para eles? Explique como você pensou.

4. O que a história de Júlia e João nos ensina em termos de educação financeira? Escreva o que você aprendeu com ela.

ATIVIDADES INTEGRADAS

APLICAR

1. Observe os sólidos geométricos a seguir e faça o que se pede.

I.
III.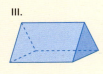
V.

II.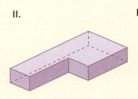
IV.
VI.

Indique quais sólidos correspondem a cada item.
a) Não poliedros.
b) Poliedros.
c) Poliedros convexos.
d) Poliedros não convexos.

2. Observe os poliedros representados abaixo e responda:

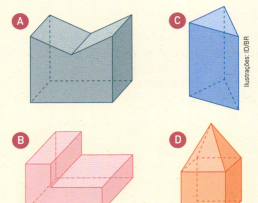

a) Quais deles são poliedros não convexos?
b) Quais deles possuem número de vértices igual ao número de faces?
c) Para quais deles a relação de Euler é válida? Apresente os cálculos que comprovam sua resposta.

3. Relacione as palavras abaixo em um organizador gráfico.
   - sólidos geométricos
   - não poliedros
   - cone
   - esfera
   - prismas
   - poliedros
   - pirâmides
   - cilindro

4. Responda.
(Saresp-SP) A foto abaixo é de uma pirâmide de base quadrada, a Grande Pirâmide de Quéops, uma das Sete Maravilhas do Mundo Antigo.

O número de faces dessa pirâmide, incluindo a base é:
a) igual ao número de arestas.
b) igual ao número de vértices.
c) a metade do número de arestas.
d) o dobro do número de vértices.

ANALISAR E VERIFICAR

5. Responda.
(Saresp-SP) Bia recortou a figura abaixo e, em seguida, fez uma colagem para obter um sólido de papelão.

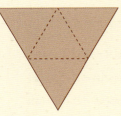

O sólido que Bia obteve foi:

a)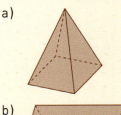
c)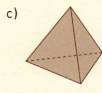
b)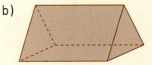
d)

6. Responda.

(OBM) Sobre uma mesa retangular de uma sala foram colocados quatro sólidos, mostrados no desenho. Uma câmera no teto da sala, bem acima da mesa, fotografou o conjunto. Qual dos esboços a seguir representa melhor essa fotografia?

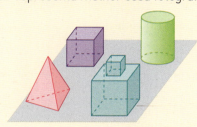

a)

b)

c)

d)

e)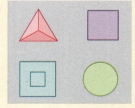

CRIAR

7. Responda.

(Obmep) Para montar um cubo, Guilherme recortou um pedaço de cartolina branca e pintou de cinza algumas partes, como na figura a seguir.

Qual das figuras abaixo representa o cubo construído por Guilherme?

a)   d)

b)   e)

c)

8. Vimos na abertura desta unidade que, muitas vezes, quase sempre, os artistas usam a inovação, o reaproveitamento de recursos e a imaginação para dar forma e vida a suas criações e obras. Em Geometria, não é diferente. Precisamos inovar e usar a imaginação para resolver os problemas, buscando as soluções. Converse com os colegas e o professor em quais momentos você percebeu isso nesta unidade. Quais recursos você usou para ajudá-lo a resolver as atividades? Você compartilhava essas descobertas com os colegas?

EM RESUMO – UNIDADE 3

Poliedros e não poliedros

- Poliedros são sólidos geométricos cuja superfície é formada apenas por regiões planas poligonais.
- Um poliedro é convexo quando, para quaisquer dois pontos, A e B, de seu interior, o segmento de reta $\overline{AB}$ está totalmente contido na região interna desse poliedro.
- Um poliedro é não convexo quando existem quaisquer dois pontos, A e B, de seu interior, de modo que o segmento de reta $\overline{AB}$ não está totalmente contido no interior desse poliedro.
- Para todos os poliedros convexos, a relação de Euler é válida.
- Na relação de Euler, a soma do número de vértices e do número de faces é igual ao número de arestas mais duas unidades.
- Prismas são poliedros convexos que apresentam duas bases idênticas e paralelas, que podem ser qualquer polígono, e cujas faces laterais são formadas apenas por paralelogramos.
- Pirâmides são poliedros convexos que apresentam apenas uma base, que pode ser qualquer polígono, e cujas faces laterais são formadas apenas por triângulos.
- O cilindro, o cone e a esfera são os não poliedros que mais se destacam. O cilindro apresenta duas bases, que são formadas por círculos; o cone apresenta uma base, que é um círculo; a esfera não possui nenhuma face plana.
- A planificação da superfície de um sólido geométrico é a representação da sua superfície total em um plano.

Vistas

- Vista é a representação de uma figura tridimensional de acordo com a posição do observador em relação a essa figura.

VERIFICAR

Confira o **mapa de conteúdos** da unidade 3.

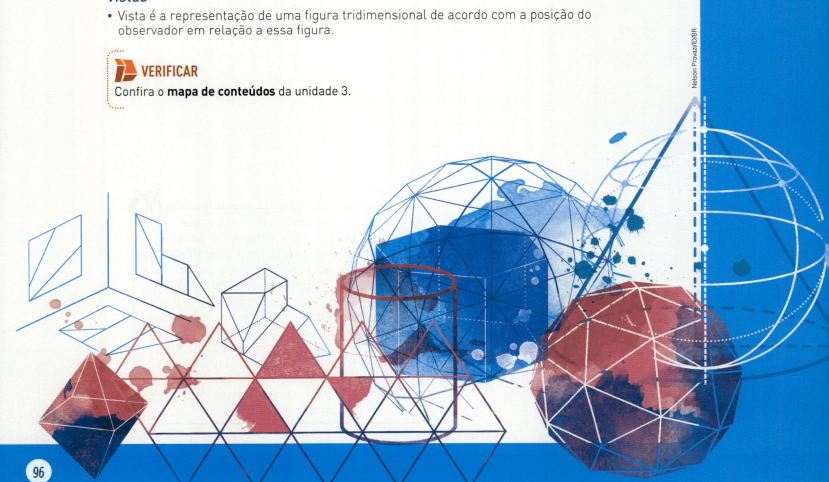

Nelson Provazi/ID/BR

UNIDADE 4

NÚMEROS RACIONAIS

É possível representar todas as situações do dia a dia usando apenas números inteiros? Como você faria para representar um número entre −1 e −2? Nesta unidade, você vai aprender sobre os números racionais, como representá-los na reta numérica, como comparar dois números e como realizar operações.

CAPÍTULO 1
Os números racionais

CAPÍTULO 2
Operações com números racionais

PRIMEIRAS IDEIAS

1. Quando e como utilizamos as frações e os números decimais?

2. Quando podemos escrever um número na forma de fração?

3. Onde localizamos o número 0,5? Entre os números 0 e 1 ou entre os números 1 e 2?

4. Qual número é maior: 0,25 ou $\frac{1}{4}$?

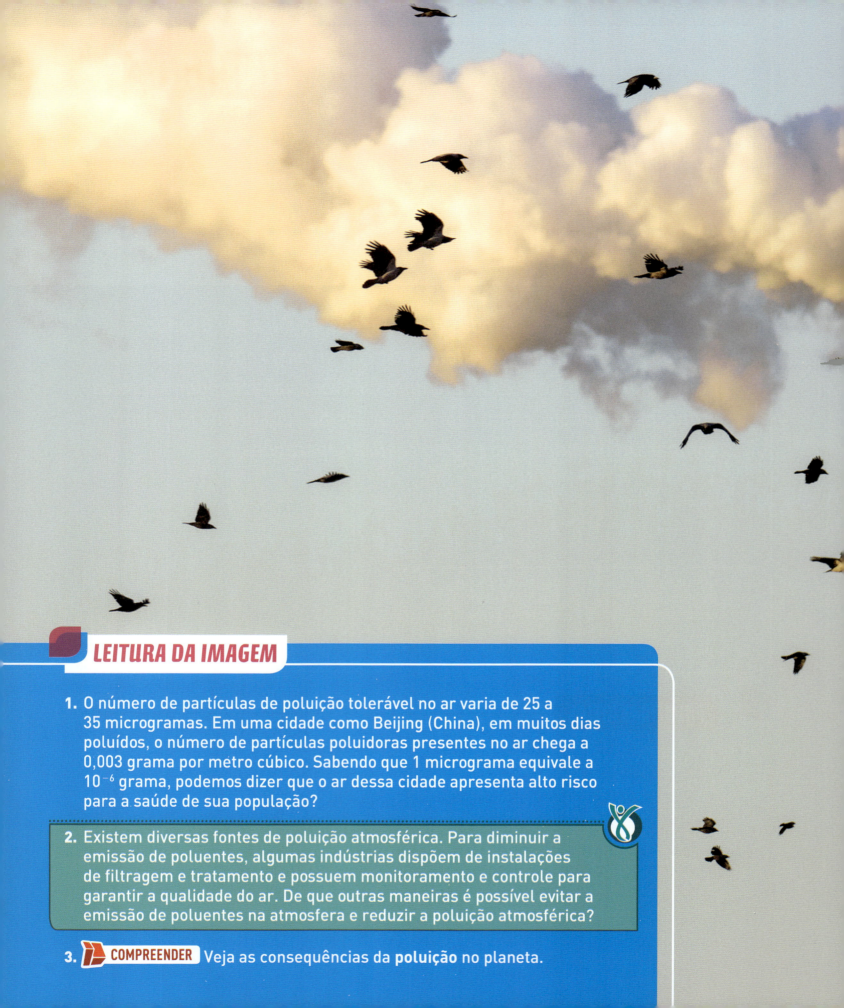

LEITURA DA IMAGEM

1. O número de partículas de poluição tolerável no ar varia de 25 a 35 microgramas. Em uma cidade como Beijing (China), em muitos dias poluídos, o número de partículas poluidoras presentes no ar chega a 0,003 grama por metro cúbico. Sabendo que 1 micrograma equivale a 10^{-6} grama, podemos dizer que o ar dessa cidade apresenta alto risco para a saúde de sua população?

2. Existem diversas fontes de poluição atmosférica. Para diminuir a emissão de poluentes, algumas indústrias dispõem de instalações de filtragem e tratamento e possuem monitoramento e controle para garantir a qualidade do ar. De que outras maneiras é possível evitar a emissão de poluentes na atmosfera e reduzir a poluição atmosférica?

3. **COMPREENDER** Veja as consequências da **poluição** no planeta.

Capítulo 1
OS NÚMEROS RACIONAIS

Como saber a posição de cada atleta em uma prova de salto em distância? Para saber essa informação, precisamos da medida exata de cada salto para depois compará-los. Para representar essas e outras medidas com precisão, utilizamos os números racionais.

NÚMEROS RACIONAIS NO DIA A DIA

A classe T11 – para atletas totalmente cegos – é classificada como a modalidade mais difícil de salto em distância das Paraolimpíadas, pois os saltadores correm sem contato físico com o treinador, usando como orientação um som feito por uma pessoa posicionada do outro lado da pista, indicando ao atleta o momento certo de saltar.

Veja a tabela a seguir.

Atletas finalistas da modalidade de salto em distância feminino T11 nos jogos Paraolímpicos Rio 2016		
Nome	Nacionalidade	Medida da distância do salto (m)
Arjola Dedaj	Itália	4,51
Chiaki Takada	Japão	4,45
Fatimata Brigitte Diasso	Costa do Marfim	4,89
Juntingxian Jia	China	4,63
Lorena Salvatini Spoladore	Brasil	4,71
Ronja Oja	Finlândia	4,30
Silvania Costa de Oliveira	Brasil	4,98
Thalita Vitoria S. da Silva	Brasil	4,54
Thi Nhan Nguyen	Vietnã	4,01
Viktoria Karlsson	Suécia	4,49

Fonte de pesquisa: International Paralympic Committee. Disponível em: <http://linkte.me/o698w>. Acesso em: 15 fev. 2017.

↓ Silvania de Oliveira, atleta da modalidade salto em distância feminino T11, nas Paraolimpíadas Rio 2016. A distância desse salto foi de 4,98 m, e, com ele, Silvania conquistou a medalha de ouro.

Observe que a medida de cada um desses saltos é maior que 4 e menor que 5, ou seja, não é um número inteiro. Desse modo, se analisássemos os saltos utilizando apenas os números inteiros, todas as atletas teriam a mesma colocação.

Para registrar com precisão essas e outras medidas, utilizamos os **números racionais**.

> Números racionais são todos os números que podem ser escritos na forma de fração, ou seja, que representam uma divisão de números inteiros em que o divisor (ou o denominador) é diferente de zero.
>
> Então, os números racionais podem ser escritos na forma:
> $$\frac{a}{b}, \text{com } a \text{ e } b \in \mathbb{Z} \text{ e } b \neq 0.$$

Veja alguns exemplos de como usamos os números racionais no nosso dia a dia e de como eles podem ser escritos na forma de fração.

Exemplos

A. Pedro foi à padaria e comeu $\frac{1}{8}$ de *pizza* de calabresa.

- $\frac{1}{8} = \frac{2}{16} = \ldots$

B. No dia 13 de junho de 2016, a cidade de Urupema, em Santa Catarina, registrou a menor temperatura do ano: $-8,5$ °C.

- $13 = \frac{13}{1} = \frac{26}{2} = \ldots$
- $2016 = \frac{2016}{1} = \frac{4032}{2} = \ldots$
- $-8,5 = -\frac{85}{10} = -\frac{17}{5} = \ldots$

C. Para preparar uma receita de *mousse* de limão, Lara usa os seguintes ingredientes: 1 lata de leite condensado, 1 lata de creme de leite e $\frac{1}{2}$ xícara de chá de suco de limão (sem água, é só espremer o limão).

- $1 = \frac{1}{1} = \frac{2}{2} = \ldots$
- $\frac{1}{2} = \frac{2}{4} = \frac{3}{6} = \ldots$

D. A população de sapos de determinada região diminuiu em 22%, o que provocou um aumento de 45,8% na população de gafanhotos.

- $22\% = \frac{22}{100} = \frac{11}{50} = \ldots$
- $45,8\% = \frac{458}{10} = \frac{229}{5} = 45\frac{4}{5} = \ldots$

E. Ana comprou um móvel e pagou em 10 parcelas de R$ 32,22.

- $10 = \frac{10}{1} = \frac{20}{2} = \ldots$
- $32,22 = \frac{3222}{100} = \frac{1611}{50} = 32\frac{11}{50} = \ldots$

CONJUNTO DOS NÚMEROS RACIONAIS

Pertencem ao conjunto dos números racionais (**Q**) todos os números naturais, todos os números inteiros e todos os números cuja representação decimal é exata ou em dízimas periódicas. Podemos representar o conjunto dos números racionais da seguinte maneira:

$$\mathbb{Q} = \left\{ \frac{a}{b} \,\middle|\, a \in \mathbb{Z} \text{ e } b \in \mathbb{Z}^* \right\}$$

SÍMBOLOS |, ⊂ E ⊄

Veja o que os símbolos |, ⊂ e ⊄ representam.
- |: tal que
- ⊂: está contido
- ⊄: não esta contido

COMPREENDER

Acompanhe como é formado **conjunto dos números racionais**.

Observe o diagrama a seguir.

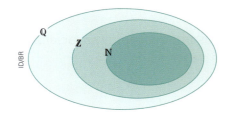

A região que representa o conjunto dos números racionais engloba a região que representa **Z** e **N**. Dizemos que: **N ⊂ Z ⊂ Q**.

Veja alguns subconjuntos de **Q**:

- $\mathbb{Q}^* = \{x \in \mathbb{Q} \mid x \neq 0\}$
- $\mathbb{Q}^+ = \{x \in \mathbb{Q} \mid x \geq 0\}$
- $\mathbb{Q}^- = \{x \in \mathbb{Q} \mid x \leq 0\}$
- $\mathbb{Q}^*_+ = \{x \in \mathbb{Q} \mid x > 0\}$
- $\mathbb{Q}^*_- = \{x \in \mathbb{Q} \mid x < 0\}$

Nas notações acima, o asterisco indica que o zero não pertence ao conjunto. O símbolo + indica que apenas os números positivos são considerados. Do mesmo modo, o símbolo − indica que apenas os números negativos são considerados.

ATIVIDADES

RETOMAR E COMPREENDER

1. Felipe escreveu alguns números em um quadro. Veja.

   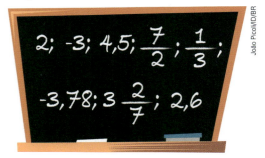

   a) Liste os números que pertencem ao conjunto dos números naturais.
   b) Liste os números que pertencem ao conjunto dos números inteiros.
   c) Quais dos números escritos por Felipe são racionais?

2. Copie a sentença a seguir no caderno, completando-a com os termos corretos.

   > 4,5 é o resultado de 9 dividido por 2, que pode ser representado por $\frac{9}{2}$. Logo, esse resultado é um número ■, pois pode ser escrito na forma de ■ entre dois números ■ e ■ diferente de zero.

3. Copie as sentenças a seguir no caderno, completando-as.

   a) O número 20,6 pertence ao conjunto dos números ■.
   b) O número 210 ■ ao conjunto dos números naturais.
   c) O número 20,333... ■ ao conjunto dos números racionais.
   d) O número $\frac{15}{6}$ ■ ao conjunto dos números inteiros.

LOCALIZAÇÃO DOS NÚMEROS RACIONAIS NA RETA NUMÉRICA

Você já estudou como localizar os números inteiros na reta numérica. Agora, você verá como localizar os números racionais.

Exemplos

A. Vamos localizar o número $\frac{1}{4}$ na reta numérica.

- Escolhemos uma distância fixa para representar a unidade.

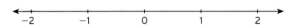

- O número $\frac{1}{4}$ (ou 0,25) está localizado entre 0 e 1. Assim, dividimos o intervalo entre 0 e 1 em 4 partes iguais.

- Localizamos o primeiro ponto à direita do zero, que corresponde ao número racional $\frac{1}{4}$.

B. Vamos localizar o número 0,7 na reta numérica.

- Escolhemos uma distância fixa para representar a unidade.

- O número 0,7 está entre 0 e 1 e $0,7 = \frac{7}{10}$. Assim, dividimos o intervalo entre 0 e 1 em 10 partes iguais.

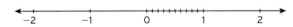

- Localizamos o sétimo ponto à direita do zero, que corresponde ao número 0,7.

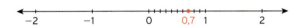

C. Vamos localizar o número $-\frac{7}{5}$ na reta numérica.

- Escolhemos uma distância fixa para representar a unidade.

- O número $-\frac{7}{5}$ pode ser escrito como um número misto: $-1\frac{2}{5}$ ou $-1,4$. Logo, $-\frac{7}{5}$ está entre -1 e -2. Assim, dividimos o intervalo entre -2 e -1 em 5 partes iguais.

- Localizamos o segundo ponto à esquerda do -1, que corresponde ao número $-\frac{7}{5}$.

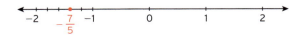

APLICAR
Localize os números racionais na **reta numérica** e divirta-se!

REPRESENTAÇÕES DIFERENTES DE UM MESMO NÚMERO RACIONAL

Representações diferentes de um mesmo número racional têm a mesma localização em uma reta. Veja, por exemplo, as representações dos números $-\frac{6}{3}$, -2, $\frac{1}{2}$ e $\frac{2}{4}$.

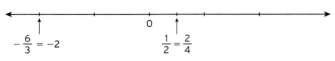

Todo número racional pode ser representado por um ponto em uma reta numérica. Entretanto, nem todos os pontos da reta numérica estão associados a um número racional.

ATIVIDADES

RETOMAR E COMPREENDER

4. Qual é a medida do lápis representado a seguir?

5. Escreva na forma de número misto os números representados pelos pontos A, B, C, D e E.

a)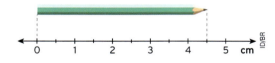

b)

c)

d)

e)

6. Escreva entre quais números inteiros estão localizados os números a seguir.

a) $-3\frac{2}{7}$ c) $\frac{14}{3}$

b) $-31,6$ d) $9,\overline{7}$

7. Localize em uma mesma reta numérica os seguintes números:

$$0,4 \quad -5,3 \quad -\frac{7}{6} \quad 2 \quad 0 \quad -2\frac{1}{2}$$

APLICAR

8. Analise a afirmação de Joaquim e descubra se o raciocínio dele está correto.

> Para localizar o número $-\frac{36}{7}$ na reta numérica, transformo esse número em uma fração imprópria: $-5\frac{1}{7}$. Agora, sei que $-\frac{36}{7}$ está entre -5 e -6. Então, divido esse intervalo em 7 partes iguais e pego a primeira delas. Esse ponto representa a fração $-\frac{36}{7}$.

9. O recipiente a seguir foi dividido em partes iguais. Nele, há 2 litros de água.

Se o nível da água estivesse no nível do ponto A, qual seria seu volume?

MÓDULO DE UM NÚMERO RACIONAL

Valor absoluto ou **módulo** de um número racional é a distância entre o ponto que representa esse número e a origem da reta numérica.

MÓDULO
Lembre-se de que o módulo de um número positivo ou de um número negativo é sempre positivo. E o módulo de zero é zero.

Veja, por exemplo, a representação dos números $-\frac{10}{7}$ e $+\frac{1}{3}$ em uma reta numérica.

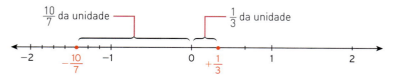

A distância entre o ponto que representa $-\frac{10}{7}$ e a origem (zero) é $\frac{10}{7}$, e a distância entre o ponto que representa $+\frac{1}{3}$ e a origem é $\frac{1}{3}$. Portanto, dizemos que o módulo de $-\frac{10}{7}$ é $+\frac{10}{7}$ e que o módulo de $+\frac{1}{3}$ é $+\frac{1}{3}$.

Exemplos

A. O módulo de $+\frac{2}{7}$ é $\frac{2}{7}$ e é indicado por $\left|+\frac{2}{7}\right| = \frac{2}{7}$.

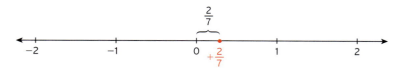

B. O módulo de $-\frac{13}{4}$ é $\frac{13}{4}$ e é indicado por $\left|-\frac{13}{4}\right| = \frac{13}{4}$.

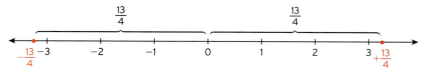

NÚMEROS OPOSTOS OU NÚMEROS SIMÉTRICOS

Números racionais com sinais diferentes e mesmo módulo são chamados **números opostos** ou **números simétricos**.

Veja a representação de $-\frac{1}{2}$ e $+\frac{1}{2}$ em uma reta numérica.

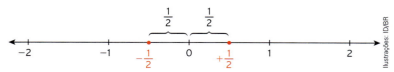

Tanto o módulo de $-\frac{1}{2}$ quanto o módulo de $+\frac{1}{2}$ são iguais a $\frac{1}{2}$, ou seja, esses dois números estão à mesma distância da origem.

Portanto, os números $-\frac{1}{2}$ e $+\frac{1}{2}$ são opostos ou simétricos.

Exemplos

A. Como $\left|+\frac{1}{8}\right| = \left|-\frac{1}{8}\right| = \frac{1}{8}$, dizemos que $\frac{1}{8}$ e $-\frac{1}{8}$ são simétricos.

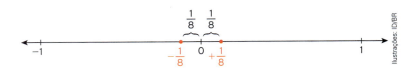

B. Como $\left|+\frac{32}{5}\right| = \left|-\frac{32}{5}\right| = \frac{32}{5}$, dizemos que $-\frac{32}{5}$ e $+\frac{32}{5}$ são simétricos.

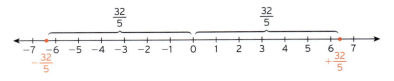

ATIVIDADES

RETOMAR E COMPREENDER

10. Represente cada situação abaixo.
   a) O módulo de -9.
   b) O valor absoluto de 0.
   c) O módulo de $0{,}8888\ldots$
   d) O valor absoluto de 9,7.
   e) O número simétrico de três inteiros e quatro nonos.

11. Classifique as afirmações abaixo em verdadeiras (V) ou falsas (F). Justifique as falsas.
   a) Todo número inteiro é racional.
   b) Todo número racional é inteiro.
   c) Nenhum número racional é natural.
   d) Existem números inteiros que são naturais.
   e) Todo número inteiro é natural.

12. Determine o módulo e o número simétrico do número representado pelo ponto A.

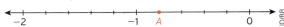

13. Expresse uma relação entre os números:
   a) $|-1{,}5|$ e $|1{,}5|$
   b) $\left|-\frac{3}{2}\right|$ e $\left|\frac{3}{2}\right|$

   Agora, compare suas respostas com as de um colega. Vocês observaram a mesma relação?

14. Na conta bancária de José houve um débito de R$ 45,20. Represente esse valor usando os números racionais.

15. Simone fez um levantamento das temperaturas durante quatro dias na cidade onde mora:

   $-5\,°C \quad -2\,°C \quad 9\,°C \quad 11\,°C$

   Escreva os valores opostos de cada temperatura.

APLICAR

16. Considerando o número 3 e seu oposto, qual deles está mais próximo da origem?

17. Dois números racionais diferentes podem ter módulos iguais? Cite um exemplo que confirme sua resposta.

18. Desenhe no caderno uma reta numérica. Em seguida, localize na reta o número $-2{,}4$. Determine a distância desse número ao dobro do valor do seu simétrico.

19. Dois números racionais opostos representados em uma reta numérica estão à distância de $\frac{6}{7}$ um do outro. Quais são esses números?

20. O oposto de um número racional qualquer sempre é um número racional negativo? Justifique.

21. Em cada caso a seguir, determine os possíveis valores para o símbolo $\star$.
   a) $|\star| = \frac{7}{2}$
   b) $|\star| = 26{,}2$
   c) $|-15{,}2| = \star$
   d) $|\star| = -\frac{4}{5}$

COMPARAÇÃO DE NÚMEROS RACIONAIS

Comparar dois números significa dizer qual é o maior, o menor ou se eles são iguais.

Exemplos

A. Vamos comparar os números $-\frac{2}{3}$ e $+\frac{4}{5}$.

Um número positivo é sempre maior do que um número negativo.

Logo, $-\frac{2}{3} < \frac{4}{5}$.

B. Vamos comparar os números $-\frac{2}{3}$ e $-\frac{3}{4}$.

Reduzimos as frações a um denominador comum (mmc (3,4) = 12):

Comparamos as frações obtidas: $-\frac{8}{12} > -\frac{9}{12}$, pois $-8 > -9$.

Logo, $-\frac{2}{3} > -\frac{3}{4}$.

C. Vamos comparar os números $+7,65$ e $+7,1$.

Como as partes inteiras dos números são iguais, comparamos as partes decimais: 65 centésimos > 10 centésimos.

Logo, $7,65 > 7,1$.

COMPARAÇÃO EM UMA RETA NUMÉRICA

Podemos também comparar os números racionais localizando-os em uma reta numérica. Como representamos a reta numérica sempre em ordem crescente, da esquerda para a direita, o maior entre dois números racionais é o que está à direita do outro.

Exemplos

A. $\frac{2}{3}$ está localizado à esquerda de 1,37 e à direita de $-\frac{3}{2}$ na reta numérica:

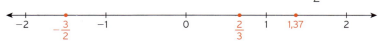

Logo, $\frac{2}{3} < 1,37$ e $\frac{2}{3} > -\frac{3}{2}$.

B. $-0,8$ está localizado à esquerda do zero, à esquerda de $\frac{2}{3}$ e à direita de $-\frac{3}{2}$ na reta numérica.

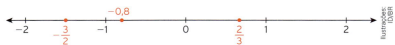

Logo, $-0,8 < 0$, $-0,8 < \frac{2}{3}$ e $-0,8 > -\frac{3}{2}$.

ATIVIDADES

RETOMAR E COMPREENDER

22. Copie os itens a seguir no caderno completando com as palavras "maior" ou "menor", de modo que as sentenças sejam verdadeiras.

a) Dados dois números racionais positivos, o ■ é aquele que tem ■ módulo.

b) Qualquer número racional positivo é ■ que o zero.

c) Qualquer número racional positivo é ■ que qualquer número racional negativo.

d) Qualquer número racional negativo é ■ que o zero.

e) Dados dois números racionais negativos, o ■ é aquele que tem ■ módulo.

23. Verifique quais das sentenças a seguir são verdadeiras e corrija as falsas.

a) $\frac{11}{2} > \frac{7}{2}$

b) $-\frac{5}{3} < -\frac{9}{4}$

c) $-\frac{13}{4} > \frac{15}{2}$

d) $-1\frac{1}{2} = \frac{3}{2}$

e) $\left|-1\frac{3}{4}\right| > 1,5$

f) $-\frac{9}{3} < -2\frac{7}{6}$

24. Identifique no caderno o maior número racional em cada item.

a) $-\frac{12}{2}$ e $-\frac{12}{3}$

b) $3,14$ e $-4,1$

c) $-6,2$ e $-6,75$

d) $\frac{7}{8}$ e $-0,25$

e) $-1\frac{3}{4}$ e $-1,80$

f) 0 e $-\frac{4}{3}$

25. Considere os números:

| 17 | −3,2 | −2 | 0 | −$\frac{1}{8}$ |

| $\frac{2}{5}$ | 4,1 | −$\frac{17}{12}$ | 0,16 |

a) Quais deles são inteiros?

b) Quais são racionais negativos?

c) Escreva os números racionais positivos.

d) Organize os números em ordem decrescente, utilizando o sinal menor que (<).

APLICAR

26. A fração $\frac{8}{\star}$, com $\star$ diferente de zero, pode ser representada pelo número decimal 0,8. Qual é o valor de $\star$?

MATEMÁTICA TEM HISTÓRIA

Origem dos números racionais

Os números racionais surgiram da necessidade de representar partes de um inteiro.

No Egito Antigo, as cheias do rio Nilo levavam, para os terrenos, nutrientes que deixavam as terras férteis e prontas para serem cultivadas. No entanto, essas inundações também apagavam as marcações dos limites de terra. Por isso, após cada período de cheia, era necessário remarcar os limites de terra de cada proprietário. Por mais hábeis que fossem os marcadores de terra, eles não conseguiam utilizar apenas números inteiros para representar essas medidas. Daí surgiram as frações.

Fonte de pesquisa: WebEduc. Disponível em:<http://linkte.me/x74o1>. Acesso em: 28 abr. 2017.

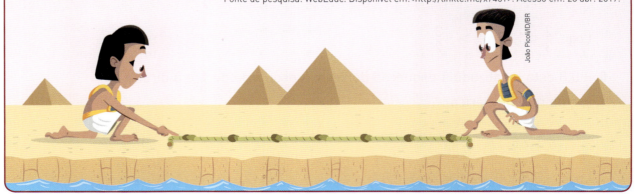

MAIS ATIVIDADES

RETOMAR E COMPREENDER

27. Explique por que os números representados a seguir são racionais.

$$0,4 \quad -6,3 \quad -\frac{7}{6} \quad 2 \quad 0 \quad -2\frac{1}{2}$$

28. Leia a notícia a seguir e responda ao que se pede no caderno.

Coração de atleta

[...] os cientistas compararam a atividade do coração de ratos e camundongos sedentários com a de roedores que praticam exercícios todos os dias. [...]

[...] Após treinar uma hora por dia durante três meses [...] O coração dos ratos e camundongos atletas batia num ritmo de 20 a 26% mais lentamente do que o dos animais sedentários. [...]

[...] Enquanto o coração de um adulto que não pratica exercícios bate, em média, 70 vezes por minuto, o de um atleta adulto pode chegar a bater 30 vezes por minuto [...]

Mariana Rocha. Coração de atleta. Ciência Hoje. Disponível em: <http://linkte.me/oo0q5>. Acesso em: 2 maio 2017.

↑ Arthur Zanetti compete nas argolas. Além de músculos mais fortes, é comum que atletas tenham um rítmo cardíaco mais lento que o normal.

a) Quais são os números citados no texto?
b) O texto apresenta algumas porcentagens. Escreva as frações que as representam.
c) Essas frações pertencem a que conjunto?

29. Qual número é maior: 5,5 ou $\frac{11}{2}$? Explique a um colega a estratégia que você utilizou para responder.

APLICAR

30. Utilizando uma régua, verifique a medida do segmento representado a seguir.

A   B

a) Expresse essa medida utilizando um número decimal e uma fração.
b) Desenhe dois segmentos: um maior e outro menor que o segmento $\overline{AB}$.
c) Peça a um colega que meça os segmentos que você desenhou.

31. A garrafa a seguir foi dividida em partes iguais, e desconsiderou-se o gargalo. Veja a quantidade de água que há nela.

Escreva um número racional que represente essa quantidade de água, em litros.

32. Leia o texto a seguir.

Um forte terremoto de 5,7 graus na escala Richter atingiu a Colômbia nesta segunda-feira (6 [de fevereiro de 2017]), informou o Serviço Geológico Colombiano. O epicentro ocorreu [...] 5 quilômetros ao sudoeste da sede do município de Huila e segundo nota oficial da entidade o tremor teve profundidade "superficial", ou seja, com menos de 30 quilômetros, e a capital mais próxima ao sismo é a cidade de Neiva, que fica a 76 km de distância. As informações são da Agência ANSA. [...]

EBC Agência Brasil. Terremoto de 5,7 graus atinge várias cidades na Colômbia. Disponível em: <http://linkte.me/s6by2>. Acesso em: 28 abr. 2017.

a) Quais números aparecem nessa notícia?
b) Quais dos números mencionados no texto são números racionais?
c) Você sabe o que é um terremoto e quais são suas causas? Em grupo, faça uma pesquisa sobre esse assunto.

33. **APLICAR** Use os conceitos apresentados até aqui para resolver as **atividades interativas**.

Capítulo 2
OPERAÇÕES COM NÚMEROS RACIONAIS

Como você faria para descobrir o deslocamento total de um ciclista em uma prova realizada durante 23 dias, sabendo a distância percorrida em cada um desses dias? Para calcular esse e outros valores, que normalmente envolvem medidas, precisamos fazer operações com números racionais.

ADIÇÃO E SUBTRAÇÃO DE NÚMEROS RACIONAIS

Em 2017, o Campeonato Mundial de Fórmula 1 teve 20 etapas. Cada etapa teve três treinos classificatórios. Veja abaixo o *grid* de largada (resultado do terceiro treino) do Grande Prêmio do Barein:

Grid de largada do Grande Prêmio do Barein de Fórmula 1

Piloto	Tempo (s)
Valtteri Bottas	88,769 ← 1º colocado
Lewis Hamilton	+0,023 ← 2º colocado: quanto tempo ele fez a mais que o 1º colocado
Sebastian Vettel	+0,478 ← 3º colocado: quanto tempo ele fez a mais que o 1º colocado
Daniel Ricciardo	+0,776 ← 4º colocado: quanto tempo ele fez a mais que o 1º colocado

Fonte de pesquisa: Fórmula 1. Disponível em:<http://linkte.me/ler7t>. Acesso em: 2 maio 2017.

Observe como podemos encontrar o tempo final de classificação de cada piloto.

- Lewis Hamilton: 88,769 + 0,023 = 88,792
- Sebastian Vettel: 88,769 + 0,478 = 89,247
- Daniel Ricciardo: 88,769 + 0,776 = 89,545

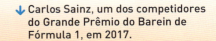

↓ Carlos Sainz, um dos competidores do Grande Prêmio do Barein de Fórmula 1, em 2017.

Do segundo para o terceiro treino classificatório, Valtteri Bottas diminuiu o seu tempo em 0,214 s. Para encontrar qual foi o tempo realizado por ele no segundo treino, podemos fazer o seguinte:

$$88{,}769 - 0{,}214 = 88{,}555$$

tempo do 3º treino classificatório ⎯⎯⎯⎯⎯⎯⎯⎯⎯⎯⎯⎯ diferença de tempo entre o 2º e 3º treino

Portanto, o tempo realizado por Valtteri Bottas no segundo treino foi de 88,555 s.

> Em uma adição de dois números racionais:
> - positivos, a soma é positiva e seu módulo é igual à soma dos módulos desses números;
> - negativos, a soma é negativa e seu módulo é igual à soma dos módulos desses números.
>
> Em uma adição de dois números racionais de sinais contrários e módulos:
> - diferentes, a soma terá o sinal do número de maior módulo, com valor absoluto igual ao da diferença dos módulos desses números;
> - iguais, a soma é igual a zero.

Na adição de $\mathbb{Q}$, valem as mesmas propriedades que na adição em $\mathbb{Z}$: comutativa, associativa, elemento oposto e elemento neutro.

Exemplos

Veja alguns exemplos de adições e subtrações de números racionais.

A. $(+4{,}47) + (+69{,}3) =$
$= +||+4{,}47| + |+69{,}3|| =$
$= +|4{,}47 + 69{,}3| =$
$= +|+73{,}77| =$
$= +73{,}77 =$
$= 73{,}77$

D. $(-3{,}52) + (-7{,}61) =$
$= -||-3{,}52| + |-7{,}61|| =$
$= -|3{,}52 + 7{,}61| =$
$= -|11{,}13| =$
$= -11{,}13$

B. $-\dfrac{2}{3} + \dfrac{1}{4} =$
$= -\dfrac{8}{12} + \dfrac{3}{12} =$
$= -\left|\dfrac{8}{12} - \dfrac{3}{12}\right| =$
$= -\left|\dfrac{5}{12}\right| =$
$= -\dfrac{5}{12}$

E. $\dfrac{5}{7} + \left(-\dfrac{9}{2}\right) =$
$= \dfrac{10}{14} + \left(-\dfrac{63}{14}\right) =$
$= -\left|\dfrac{63}{14} - \dfrac{10}{14}\right| =$
$= -\left|\dfrac{53}{14}\right| =$
$= -\dfrac{53}{14} =$
$= -3\dfrac{11}{14}$

C. $3{,}5 + (-3{,}5)$
Como $|3{,}5| = |-3{,}5| = 3{,}5$, então:
$3{,}5 + (-3{,}5) = 0$

F. $\dfrac{1}{8} + \left(-\dfrac{1}{8}\right)$
Como $\left|\dfrac{1}{8}\right| = \left|-\dfrac{1}{8}\right| = \dfrac{1}{8}$, então:
$\dfrac{1}{8} + \left(-\dfrac{1}{8}\right) = 0$

COMPREENDER

Observe o passo a passo de como efetuar uma **adição de dois números racionais**.

Em uma subtração de dois números racionais, a diferença é igual à soma do primeiro número com o oposto do segundo.

Exemplos

A. $(+4{,}47) - (+69{,}3) =$
$= 4{,}47 + (-69{,}3) =$
$= 4{,}47 - 69{,}3 =$
$= -64{,}83$

B. $\dfrac{2}{3} - \dfrac{1}{4} =$
$= \dfrac{8}{12} - \dfrac{3}{12} =$
$= \dfrac{8}{12} + \left(-\dfrac{3}{12}\right) =$
$= \dfrac{5}{12}$

C. $(-3{,}52) - (-7{,}61) =$
$= -3{,}52 + (+7{,}61) =$
$= +(7{,}61 - 3{,}52) =$
$= 4{,}09$

D. $\dfrac{5}{7} - \left(-\dfrac{9}{2}\right) =$
$= \dfrac{10}{14} - \left(-\dfrac{63}{14}\right) =$
$= \dfrac{10}{14} + \left(+\dfrac{63}{14}\right) =$
$= \dfrac{10}{14} + \dfrac{63}{14} =$
$= \dfrac{73}{14}$

ADIÇÃO ALGÉBRICA

Uma expressão que contém as operações de adição e subtração é chamada de **adição algébrica**.

Exemplos

A. $-10{,}3 + 3{,}6 + 8{,}1 - 6{,}9 = -6{,}7 + 8{,}1 - 6{,}9 = 1{,}4 - 6{,}9 = -5{,}5$

mmc(8, 5, 1) = 40

B. $\dfrac{1}{8} + \left(-\dfrac{3}{5}\right) + 1 = \dfrac{5}{40} + \left(-\dfrac{24}{40}\right) + \dfrac{40}{40} = \dfrac{5}{40} - \dfrac{24}{40} + \dfrac{40}{40} = -\dfrac{19}{40} + \dfrac{40}{40} = \dfrac{21}{40}$

ADIÇÃO DE NÚMEROS RACIONAIS USANDO A CALCULADORA

A calculadora é um instrumento muito utilizado para realizar cálculos. Vamos ver como usá-la em cálculos com números racionais.

Exemplo A

Veja como efetuar a adição $-0{,}76 + 0{,}3$ na calculadora.

- Digitamos na calculadora:

- Aparece no visor: $-0{,}46$

Essa tecla inverte o sinal do número que está no visor.

Exemplo B

Veja como efetuar a adição $\frac{3}{4} + \frac{1}{5}$ na calculadora.

Como na maioria das calculadoras só é possível representar os números racionais na forma decimal, primeiro transformamos as frações em números decimais e, então, efetuamos as operações indicadas.

- Digitamos na calculadora:

Essa tecla guarda na memória o número 0,75, resultado de 3 : 4.

Essa tecla recupera o número que estava na memória: 0,75.

- Aparece no visor:  0.95

ATIVIDADES

RETOMAR E COMPREENDER

1. Determine o resultado de cada operação a seguir.
   a) $-\frac{6}{5} + \frac{4}{3}$
   b) $\frac{7}{3} - \frac{9}{2}$
   c) $-\frac{3}{7} - \frac{6}{5}$
   d) $-3{,}21 + 6{,}5$
   e) $17{,}2 - 6{,}17$
   f) $-62{,}1 - 8{,}17$

2. Copie o quadro a seguir no caderno e complete-o com as informações que estão faltando.

a	−2,6		−7,6
b	3,8	0,5	
a + b		0,42	−13,7

3. Efetue a adição das frações correspondentes às partes pintadas de verde nas figuras a seguir. Represente o resultado na forma decimal.

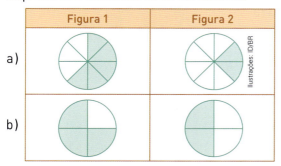

4. Dos números abaixo, qual está mais próximo do oposto de $\frac{1}{4}$?
   a) −0,24
   b) 0,23
   c) 1,4
   d) −0,27
   e) 0,17
   f) 0

5. Considere os pontos A, B e C representados a seguir.

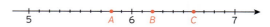

Determine, sem fazer cálculos:
   a) |B| − |A|
   b) |C| − |B|
   c) |C| − |A|

6. Escreva a sequência de teclas da calculadora que devem ser utilizadas para calcular:
   a) $32{,}4 - 12{,}35$
   b) $\frac{3}{8} + \frac{1}{10}$

APLICAR

7. Leia o problema e resolva.

   Na primeira hora em que um pintor começou seu trabalho, pintou $\frac{5}{9}$ do cômodo de uma casa.

   Na segunda hora, pintou $\frac{3}{7}$ do mesmo cômodo.

   Que fração do cômodo falta ser pintada? Se achar necessário, utilize uma calculadora.

8. Resolva o problema.

   Dois amigos decidiram preencher juntos um álbum de figurinhas. Márcio trouxe $\frac{1}{6}$ das figurinhas do álbum, e Cristina trouxe mais $\frac{3}{4}$ das figurinhas. Sabendo que não havia figurinhas repetidas, que fração das figurinhas os dois amigos juntaram?

MULTIPLICAÇÃO DE NÚMEROS RACIONAIS

Você já estudou como fazer multiplicações com frações, números decimais e números inteiros. Agora você vai estudar a multiplicação dos números racionais, que segue o mesmo raciocínio.

MULTIPLICAÇÃO DE NÚMEROS RACIONAIS COM SINAIS IGUAIS

Se os números racionais estiverem:
- na forma decimal, transformamos os números em inteiros multiplicando os módulos dos fatores por potências de 10. O produto deve ser dividido pelo produto das potências de 10;
- na forma de fração, multiplicamos os numeradores e os denominadores entre si.

Nos dois casos, o sinal do produto será positivo.

Exemplos

A. Vamos efetuar $(-23,1) \cdot (-0,45)$.

$$|-23,1| = 23,1 \qquad 23,1 \cdot 10^1 = 23,1 \cdot 10 = 231$$

1 zero
1 casa decimal

$$|-0,45| = 0,45 \qquad 0,45 \cdot 10^2 = 0,45 \cdot 100 = 45$$

2 zeros
2 casas decimais

$$
\begin{array}{r}
2\,3\,1 \\
\times \quad 4\,5 \\
\hline
1\,1\,5\,5 \\
+ \quad 9\,2\,4\,0 \\
\hline
1\,0\,3\,9\,5
\end{array}
$$

Como multiplicamos os fatores por 10^1 e por 10^2, agora dividimos o resultado (10395) pelo produto desses números:

$$10^1 \cdot 10^2 = 10^{1+2} = 10^3$$

Então:

3 zeros

$$10395 : 10^3 = 10395 : 1\,000 = 10,395$$

3 casas decimais

Logo: $(-23,1) \cdot (-0,45) = +10,395$

B. Vamos efetuar $\dfrac{3}{5} \cdot \dfrac{7}{8}$.

$$\frac{3}{5} \cdot \frac{7}{8} = \frac{3 \cdot 7}{5 \cdot 8} = \frac{21}{40}$$

Logo: $\dfrac{3}{5} \cdot \dfrac{7}{8} = \dfrac{21}{40}$

MULTIPLICAÇÃO DE NÚMEROS RACIONAIS COM SINAIS DIFERENTES

Usamos as mesmas regras apresentadas anteriormente.
O sinal do produto será:
- positivo, se a quantidade de fatores negativos for par;
- negativo, se a quantidade de fatores negativos for ímpar.

Exemplos

A. Vamos efetuar $5{,}216 \cdot (-7{,}1)$.

$|5{,}216| = 5{,}216$ $5{,}216 \cdot 10^3 = 5 \cdot 1000 = 5216$ (3 zeros / 3 casas decimais)

$|-7{,}1| = 7{,}1$ $7{,}1 \cdot 10^1 = 7{,}1 \cdot 10 = 71$ (1 zero / 1 casa decimal)

$$\begin{array}{r} 5216 \\ \times 71 \\ \hline 5216 \\ +\ 365120 \\ \hline 370336 \end{array}$$

Como multiplicamos os fatores por 10^3 e por 10^1, dividimos o resultado pelo produto desses números. Então:

$$370\,336 : 10^4 = 370\,336 : 10\,000 = 37{,}0336$$
(4 zeros / 4 casas decimais)

> **COMPREENDER**
> Acompanhe o passo a passo de como efetuar uma **multiplicação de dois números racionais**.

B. Vamos efetuar $\left(-\dfrac{2}{5}\right) \cdot \left(-\dfrac{7}{3}\right) \cdot \left(-\dfrac{1}{2}\right)$

$$\left(-\dfrac{2}{5}\right) \cdot \left(-\dfrac{7}{3}\right) \cdot \left(-\dfrac{1}{2}\right) = -\dfrac{2 \cdot 7 \cdot 1}{5 \cdot 3 \cdot 2} = -\dfrac{14}{30} = -\dfrac{7}{15}$$

MULTIPLICAÇÃO DE NÚMEROS RACIONAIS ESCRITOS DE DIFERENTES FORMAS

Vamos efetuar $0{,}3 \cdot \dfrac{3}{2}$ de duas maneiras diferentes.

1ª maneira: Transformando os números em decimais.

$$0{,}3 \cdot \dfrac{3}{2} = 0{,}3 \cdot 1{,}5 = 0{,}45$$

2ª maneira: Transformando os números em frações.

$$0{,}3 \cdot \dfrac{3}{2} = \dfrac{3}{10} \cdot \dfrac{3}{2} = \dfrac{9}{20} = 0{,}45$$

Regras de sinais
$+ \cdot + = +$
$- \cdot - = +$
$+ \cdot - = -$
$- \cdot + = -$

ATIVIDADES

RETOMAR E COMPREENDER

9. Determine o produto em cada item.

a) $\dfrac{7}{15} \cdot \left(-\dfrac{9}{21}\right)$ d) $\dfrac{27}{10} \cdot (-3{,}1)$

b) $\left(-\dfrac{5}{7}\right) \cdot \left(-\dfrac{3}{8}\right)$ e) $0{,}75 \cdot 3{,}24$

c) $(-3{,}21) \cdot 6{,}5$ f) $(-6{,}1) \cdot 6{,}5$

10. Copie o quadro a seguir no caderno e complete-o com as informações que estão faltando.

a	−2,6		
b	3,8	0,5	7,6
a · b		0,42	−14,06

11. Identifique os valores A, B e C, representados na reta numérica pelos pontos A, B e C.

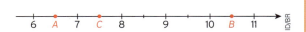

Depois, determine o valor de seus produtos, dois a dois.

APLICAR

12. Resolva o problema.

Em um restaurante, o preço da comida é R$ 23,00 por quilograma. Quanto custa nesse restaurante um prato com 0,450 kg de comida?

NÚMEROS INVERSOS

> Dois números racionais, diferentes de zero, são **inversos** um do outro quando o produto entre eles é igual a 1.

Para obter a inversa de uma fração, devemos trocar o denominador com o numerador.

Exemplos

A. $\dfrac{2}{3}$ e $\dfrac{3}{2}$ são números inversos, pois: $\dfrac{2}{3} \cdot \dfrac{3}{2} = 1$.

B. A inversa da fração $\left(-\dfrac{1}{13}\right)$ é $\left(-\dfrac{13}{1}\right)$, pois $\left(-\dfrac{1}{13}\right) \cdot \left(-\dfrac{13}{1}\right) = 1$.

$\underbrace{\phantom{-\dfrac{13}{1}}}_{-13}$

Observação

O único número racional que não tem inverso é o zero.

PROPRIEDADES DA MULTIPLICAÇÃO

Observe as propriedades da multiplicação de números racionais por meio do organizador gráfico abaixo.

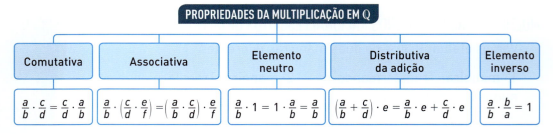

ATIVIDADES

RETOMAR E COMPREENDER

13. Considere este exemplo de números inversos e faça o que se pede.

$$-\dfrac{7}{13} \text{ e } -\dfrac{13}{7}$$

a) Que relação existe entre o numerador de uma fração e o denominador da outra?

b) Escreva os números 1,6 e 0,625 na forma de fração e simplifique-os. A relação observada no item anterior também é válida para esses números?

c) Com base na relação constatada, escreva outros pares de números inversos e mostre que seu produto é igual a 1.

14. Qual número está mais próximo do zero: o inverso de $\dfrac{4}{5}$ ou o inverso de $-\dfrac{7}{6}$?

15. Compare os números a seguir com seus respectivos inversos e responda: Qual deles é maior? Existe algum tipo de padrão para comparação?

a) $\dfrac{5}{9}$ b) $-0,8$ c) $-\dfrac{4}{3}$ d) $6,4$

16. Dê exemplos:

a) das propriedades comutativa e do elemento neutro utilizando números racionais na forma fracionária;

b) das propriedades associativa, existência do inverso e distributiva em relação à adição utilizando números racionais na forma decimal.

DIVISÃO DE NÚMEROS RACIONAIS

As regras vistas na divisão de números inteiros são válidas também para a divisão de números racionais.

Existe um método prático para dividir duas frações:

Multiplicamos a primeira fração pelo inverso da segunda.

Exemplos

A. $\dfrac{2}{5} : \dfrac{7}{10} = \dfrac{2}{\cancel{5}_1} \cdot \dfrac{\cancel{10}^2}{7} = \dfrac{4}{7}$

B. $2,7 : \dfrac{3}{7} = \dfrac{27}{10} : \dfrac{3}{7} = \dfrac{\cancel{27}^9}{10} \cdot \dfrac{7}{\cancel{3}_1} = \dfrac{63}{10} = 6,3$

SIMPLIFICAÇÃO DE FRAÇÕES

Antes de efetuar uma multiplicação de frações, verifique se algum termo pode ser simplificado.

$\dfrac{3}{5} : \dfrac{7}{20} = \dfrac{3}{\cancel{5}_1} \cdot \dfrac{\cancel{20}^4}{7} = \dfrac{12}{7}$

Agora, vamos expandir esse método de divisão para quaisquer dois números racionais.

DIVISÃO DE NÚMEROS RACIONAIS COM SINAIS IGUAIS

Dividem-se os módulos dos números, e o sinal do resultado é sempre positivo.

Exemplos

A. $(-3,57) : (-0,7) = \left|-\dfrac{357}{100}\right| : \left|-\dfrac{7}{10}\right| = +\left|\dfrac{357}{100} : \dfrac{7}{10}\right| = \dfrac{\cancel{357}^{51}}{10\cancel{0}} \cdot \dfrac{\cancel{10}}{\cancel{7}_1} =$

$= \dfrac{51}{10} = 5,1$

B. $\left(-\dfrac{3}{5}\right) : \left(-\dfrac{7}{8}\right) = +\left(\left|-\dfrac{3}{5}\right| : \left|-\dfrac{7}{8}\right|\right) = +\left(\dfrac{3}{5} : \dfrac{7}{8}\right) = +\left(\dfrac{3}{5} \cdot \dfrac{8}{7}\right) = \dfrac{24}{35}$

Zero dividido por qualquer número racional diferente de zero é igual a zero.

DIVISÃO DE NÚMEROS RACIONAIS COM SINAIS DIFERENTES

Dividem-se os módulos dos números, e o sinal do resultado é sempre negativo.

Exemplos

A. $(-6) : (2,4) = -(|-6| : |2,4|) = -\left(\dfrac{6}{1} : \dfrac{24}{10}\right) = -\left(\dfrac{\cancel{6}^1}{1} \cdot \dfrac{10}{\cancel{24}_4}\right) =$

$= -\dfrac{10}{4} = -\dfrac{5}{2} = -2,5$ (÷2)

B. $\dfrac{3}{5} : \left(-\dfrac{4}{7}\right) = -\left(\left|\dfrac{3}{5}\right| : \left|-\dfrac{4}{7}\right|\right) = -\left(\dfrac{3}{5} : \dfrac{4}{7}\right) = -\left(\dfrac{3}{5} \cdot \dfrac{7}{4}\right) = -\dfrac{21}{20} =$

$= -1\dfrac{1}{20}$

COMPREENDER

Observe o passo a passo de como efetuar uma **divisão de dois números racionais**.

MULTIPLICAÇÃO E DIVISÃO DE NÚMEROS RACIONAIS USANDO A CALCULADORA

Veja alguns exemplos de multiplicações e divisões com números racionais na calculadora.

Para multiplicar ou dividir frações na calculadora, primeiro transformamos as frações em números decimais, assim como na adição e na subtração.

Exemplos

A. Veja como efetuar $0{,}75 \cdot 2{,}4$ na calculadora.

- Digitamos na calculadora:

- Aparece no visor:

B. Veja como efetuar $-16{,}5 : 6{,}6$ na calculadora.

- Digitamos na calculadora:

- Aparece no visor:

ATIVIDADES

RETOMAR E COMPREENDER

17. Determine o valor de cada quociente.

a) $\left(-\dfrac{6}{5}\right) : \dfrac{4}{3}$

b) $\left(-5\dfrac{1}{4}\right) : \left(-\dfrac{1}{8}\right)$

c) $(-0{,}25) : (-0{,}75)$

d) $\left(3\dfrac{3}{4}\right) : (-0{,}25)$

e) $3 : (-1{,}25)$

f) $\dfrac{27}{10} : (-3{,}1)$

18. Copie e complete o quadro a seguir no caderno com as informações que estão faltando.

a	−2,6		−7,535
b	+2,5	0,5	
a : b		0,42	−13,7

19. Escreva a sequência de teclas da calculadora que devem ser utilizadas para calcular:

a) $0{,}24 \cdot 0{,}91$

b) $\dfrac{2}{5} \cdot 0{,}6$

c) $12{,}4 : 2{,}2$

20. Copie e complete a tabela a seguir em seu caderno, determinando o valor do quociente de cada número da primeira coluna por cada número da primeira linha.

:	1,25	3,7	−6,2	$-\dfrac{3}{4}$
−2,63				
−11				
6,893				
$\dfrac{17}{10}$				
$-1\dfrac{1}{5}$				

APLICAR

21. Leia o problema abaixo e resolva-o.

Carlos quer dividir R$ 72,90 entre seus dois filhos, de modo que um filho receba $\dfrac{2}{3}$ do valor e o outro receba o restante. Quanto cada filho de Carlos receberá?

POTENCIAÇÃO DE NÚMEROS RACIONAIS

Vamos estudar potenciação com expoentes inteiros não negativos e com expoentes inteiros negativos.

POTÊNCIA DE EXPOENTE INTEIRO NÃO NEGATIVO

A potenciação de base racional é feita do mesmo modo que a potência de números inteiros.

$$a^n = \underbrace{a \cdot a \cdot a \cdot \ldots \cdot a}_{n \text{ vezes}}$$

em que a pertence ao conjunto dos números racionais e n, ao conjunto dos números naturais.

> **EXPOENTES 0 E 1**
>
> Para o conjunto dos números dos racionais também é válido que:
> - $a^0 = 1$, com $a \in \mathbb{Q}^*$
> - $a^1 = a$, com $a \in \mathbb{Q}$

Potência de base racional positiva

> A potência de base racional positiva é a representação de um produto de fatores positivos iguais. Seu valor é sempre positivo.

Exemplos

A. $(0{,}6)^2 = 0{,}6 \cdot 0{,}6 = 0{,}36$

B. $\left(\dfrac{1}{5}\right)^3 = \left(\dfrac{1}{5}\right) \cdot \left(\dfrac{1}{5}\right) \cdot \left(\dfrac{1}{5}\right) = \dfrac{1}{125}$

Potência de base racional negativa

> A potência de base racional negativa é a representação de um produto de fatores negativos iguais. Seu valor será positivo, se o expoente for par, ou negativo, se o expoente for ímpar.

Exemplos

A. $\left(-\dfrac{1}{2}\right)^2 = \left(-\dfrac{1}{2}\right) \cdot \left(-\dfrac{1}{2}\right) = +\dfrac{1}{4}$

B. $\left(-\dfrac{1}{2}\right)^3 = \left(-\dfrac{1}{2}\right) \cdot \left(-\dfrac{1}{2}\right) \cdot \left(-\dfrac{1}{2}\right) = -\dfrac{1}{8}$

C. $\left(-\dfrac{1}{2}\right)^4 = \left(-\dfrac{1}{2}\right) \cdot \left(-\dfrac{1}{2}\right) \cdot \left(-\dfrac{1}{2}\right) \cdot \left(-\dfrac{1}{2}\right) = +\dfrac{1}{16}$

D. $\left(-\dfrac{1}{2}\right)^5 = \left(-\dfrac{1}{2}\right) \cdot \left(-\dfrac{1}{2}\right) \cdot \left(-\dfrac{1}{2}\right) \cdot \left(-\dfrac{1}{2}\right) \cdot \left(-\dfrac{1}{2}\right) = -\dfrac{1}{32}$

POTÊNCIA DE EXPOENTE INTEIRO NEGATIVO

> Para todo número racional $a \neq 0$, definimos $a^{-n} = \left(\dfrac{1}{a}\right)^n$, em que n é um número natural não nulo.

Exemplos

A. $(-9)^{-2} = \left(-\dfrac{1}{9}\right)^2 = \left(-\dfrac{1}{9}\right) \cdot \left(-\dfrac{1}{9}\right) = +\dfrac{1}{81}$

B. $\left(\dfrac{1}{4}\right)^{-3} = 4^3 = 4 \cdot 4 \cdot 4 = 64$

C. $\left(\dfrac{2}{3}\right)^{-4} = \left(\dfrac{3}{2}\right)^4 = \left(\dfrac{3}{2}\right) \cdot \left(\dfrac{3}{2}\right) \cdot \left(\dfrac{3}{2}\right) \cdot \left(\dfrac{3}{2}\right) = \dfrac{81}{16}$

COMPREENDER

Acompanhe o passo a passo de como obter uma **potência de expoente inteiro negativo**.

PROPRIEDADES DA POTENCIAÇÃO

As propriedades da potenciação para os números inteiros são válidas também para os números racionais quando a base é diferente de zero e os expoentes são números inteiros.

1ª propriedade: Produto de potências de mesma base

$$a^m \cdot a^n = a^{m+n}$$ $(a \in \mathbb{Q}^* \text{ e } m, n \in \mathbb{Z})$

Exemplos

A. $\left(-\dfrac{4}{7}\right)^{-2} \cdot \left(-\dfrac{4}{7}\right)^{5} = \left(-\dfrac{4}{7}\right)^{-2+5} = \left(-\dfrac{4}{7}\right)^{3}$

B. $(6,15)^3 \cdot (6,15)^7 = (6,15)^{3+7} = (6,15)^{10}$

2ª propriedade: Quociente de potências de mesma base

$$a^m : a^n = a^{m-n}$$ $(a \in \mathbb{Q}^*; m, n \in \mathbb{Z} \text{ e } m \geqslant n)$

Exemplos

A. $\left(\dfrac{3}{8}\right)^{4} : \left(\dfrac{3}{8}\right)^{8} = \left(\dfrac{3}{8}\right)^{4-8} = \left(\dfrac{3}{8}\right)^{-4}$ **B.** $(5,23)^{-2} : (5,23)^{-5} = (5,23)^{-2-(-5)} = (5,23)^3$

3ª propriedade: Potência de potência

$$(a^m)^n = a^{m \cdot n}$$ $(a \in \mathbb{Q}^* \text{ e } m, n \in \mathbb{Z})$

Exemplos

A. $\left(-\dfrac{1}{2}^{7}\right)^{2} = \left(-\dfrac{1}{2}\right)^{7 \cdot 2} = \left(-\dfrac{1}{2}\right)^{14}$ **B.** $((1,5)^3)^2 = (1,5)^{3 \cdot 2} = (1,5)^6$

4ª propriedade: Potência de um produto ou de um quociente

$$(a \cdot b)^m = a^m \cdot b^m$$ $$\left(\dfrac{a}{b}\right)^m = \dfrac{a^m}{b^m}$$ $(a \text{ e } b \in \mathbb{Q}^* \text{ e } m \in \mathbb{Z})$

Exemplos

A. $(2,5 \cdot 3,1)^2 = 2,5^2 \cdot 3,1^2 = 6,25 \cdot 9,61 = 60,0625$

B. $\left(\dfrac{2}{5}\right)^{3} = \dfrac{2^3}{5^3} = \dfrac{8}{125}$

POTÊNCIAS DE BASE 10

As potências de base 10 e expoente natural apresentam uma regularidade: a quantidade de zeros do resultado é igual ao expoente da potência.

As potências de base 10 e expoente inteiro negativo também apresentam uma regularidade: a quantidade de casas decimais do resultado é igual ao módulo do expoente da potência.

Exemplos

A. $10^0 = 1$

B. $10^1 = 10$

C. $10^2 = 10 \cdot 10 = 100$

D. $10^3 = 10 \cdot 10 \cdot 10 = 1\,000$

E. $10^{-1} = \left(\dfrac{1}{10}\right) = 0,\underbrace{1}_{\text{1 casa decimal}}$

F. $10^{-2} = \left(\dfrac{1}{10}\right)^2 = \dfrac{1}{100} = 0,\underbrace{01}_{\text{2 casas decimais}}$

G. $10^{-3} = \left(\dfrac{1}{10}\right)^3 = \dfrac{1}{1\,000} = 0,\underbrace{001}_{\text{3 casas decimais}}$

H. $10^{-4} = \left(\dfrac{1}{10}\right)^4 = \dfrac{1}{10\,000} = 0,\underbrace{0001}_{\text{4 casas decimais}}$

ATIVIDADES

RETOMAR E COMPREENDER

22. Calcule o valor em cada item.

a) $(-2)^4$ c) $\left(-\dfrac{1}{3}\right)^3$ e) $0,2^5$

b) $-(2)^4$ d) $\left(-\dfrac{2}{3}\right)^5$ f) $-(20,7)^3$

23. Sabendo que $a = -2,1$ e $b = \dfrac{1}{4}$, calcule o valor de cada expressão.

a) $a^2 + b^2$ b) $a^3 + b^3$

24. Calcule o valor de cada expressão numérica.

a) $\left(\dfrac{1}{4}\right) : \left(-\dfrac{3}{5}\right)^2$ b) $\left(-\dfrac{3}{5}\right)^3 \cdot \left(-\dfrac{3}{4}\right)^4$

25. Calcule o valor de cada potência.

a) 2^{-1} c) $(-2)^{-1}$ e) $\left(\dfrac{2}{5}\right)^{-2}$

b) $(-2)^0$ d) $0,25^{-5}$ f) $\left(-\dfrac{11}{2}\right)^{-2}$

26. Determine o valor de cada expressão.

a) $\left(1\dfrac{1}{4}\right)^2 + (-0,25)^2$ e) $(-0,25)^2 : (-0,75)^2$

b) $\left(\dfrac{7}{2}\right)^2 - \left(-\dfrac{5}{4}\right)$ f) $\left(\dfrac{1}{4}\right)^{-1} \cdot \left(-\dfrac{1}{8}\right)^0$

c) $\left(3\dfrac{1}{5}\right)^2 + 25^{-1}$ g) $\left(-2\dfrac{1}{2}\right) : \left(\dfrac{1}{2}\right)^4$

d) $\left(5\dfrac{1}{4}\right)^2 : 0,25^2$ h) $\left(-\dfrac{5}{16}\right) \cdot \left(\dfrac{2}{256}\right)^{-1}$

27. Quantos números inteiros há entre 8^{-1} e 2^2?

28. Escreva os números a seguir como potências de base 10.

a) $0,000001$ c) $\dfrac{1}{100\,000}$

b) $10\,000\,000$ d) $\dfrac{3}{300}$

29. Sabendo que a área do quadrado de lado ℓ é ℓ^2, responda qual é a diferença entre a área do quadrado maior e a área do quadrado menor representados a seguir.

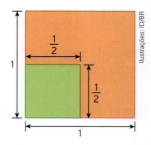

30. Considere os números racionais a e b, representados pelos pontos A e B na reta a seguir.

a) Quais são os números a e b?
b) Determine os valores de a^2 e de b^2.
c) Calcule: $a^2 + b^2$ e $a^2 : b^2$.

31. Determine a área do:

a) quadrado cujo lado mede 4,5 cm;
b) quadrado cujo perímetro é 6 cm;
c) retângulo cujos lados medem 2,3 cm e 4,1 cm.

RAIZ QUADRADA DE NÚMEROS RACIONAIS

A raiz quadrada de um número racional não negativo a é o número racional não negativo que elevado ao quadrado é igual a a.

TERMOS DA RAIZ QUADRADA

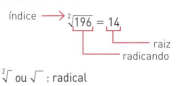

$\sqrt[2]{}$ ou $\sqrt{}$: radical

Exemplos

A. $\sqrt{196} = 14$, pois $14 \cdot 14 = 14^2 = 196$.

B. $\sqrt{81} = 9$, pois $9^2 = 81$.

C. $\sqrt{0{,}36} = 0{,}6$, pois $0{,}6^2 = 0{,}36$.

D. $\sqrt{\dfrac{1}{16}} = \dfrac{\sqrt{1}}{\sqrt{16}} = \dfrac{1}{4}$, pois $\left(\dfrac{1}{4}\right)^2 = \dfrac{1}{16}$.

E. $\sqrt{0} = 0$, pois $0^2 = 0$.

COMPREENDER

Observe o passo a passo de como calcular a **raiz quadrada de um número racional**.

Observação

Os números racionais negativos não têm raiz quadrada no conjunto dos números racionais, pois o quadrado de um número racional nunca é negativo.

ATIVIDADES

RETOMAR E COMPREENDER

32. Veja a seguir o desenvolvimento do cálculo de uma raiz quadrada.

$$\sqrt{0{,}25} = \sqrt{\dfrac{\blacksquare}{100}} = \dfrac{\sqrt{25}}{\sqrt{\blacksquare}} = \dfrac{\blacksquare}{10} = \blacksquare$$

Copie a expressão no caderno, completando-a com os números que foram omitidos nesse cálculo.

33. Determine o valor da seguinte expressão:

$$\sqrt{900} - \sqrt{441} + \sqrt{289}$$

34. Sabendo que $\sqrt{1{,}44} = 1{,}2$, quais são os nomes dos seguintes elementos?

a) 1,44 b) 1,2

35. Calcule a raiz quadrada em cada item.

a) $\sqrt{0{,}16}$
b) $\sqrt{0{,}04}$
c) $\sqrt{\dfrac{64}{49}}$
d) $\sqrt{2{,}89}$
e) $\sqrt{\dfrac{144}{9}}$
f) $\sqrt{1{,}69}$
g) $\sqrt{\dfrac{324}{36}}$
h) $\sqrt{17{,}64}$

36. Copie no caderno o quadro abaixo e assinale as colunas que correspondem aos conjuntos que contêm as raízes quadradas calculadas em cada item da atividade anterior.

Itens	Números naturais	Números inteiros	Números racionais
a			
b			
c			
d			
e			
f			
g			
h			

37. Qual número inteiro é maior do que $\sqrt{0{,}81}$ e menor do que $\sqrt{2{,}25}$?

38. Calcule o valor de $2A + B - 3C$, sabendo que $A = \sqrt{\dfrac{16}{9}}$, $B = \dfrac{1}{4} \cdot 3$ e $C = 3 : \dfrac{9}{27}$.

APLICAR

39. Sabendo que a área de um quadrado é 6,25 m², calcule a medida do lado desse quadrado, em centímetros.

EXPRESSÕES NUMÉRICAS

Para calcular o valor de expressões numéricas com números racionais, utilizamos os mesmos procedimentos adotados para calcular o valor de expressões com números naturais ou inteiros.

- Continuam válidas as propriedades das operações.
- Devemos respeitar a seguinte ordem para efetuar as operações: primeiro, potências e raízes; em seguida, multiplicações e divisões; por último, adições e subtrações.
- Devemos efetuar primeiro as operações indicadas entre parênteses, depois, as indicadas entre colchetes e, por último, as que estão entre chaves.

Exemplo

Vamos resolver a expressão: $10 \cdot (0{,}6^2 + 0{,}3^2) + \sqrt{1{,}69}$

$10 \cdot (0{,}6^2 + 0{,}3^2) + \sqrt{1{,}69} =$
$= 10 \cdot (0{,}36 + 0{,}09) + 1{,}3 =$
$= 10 \cdot (0{,}45) + 1{,}3 =$
$= 4{,}5 + 1{,}3 =$
$= 5{,}8$

COMPREENDER

Acompanhe o passo a passo de como calcular uma **expressão numérica com números racionais**.

ATIVIDADES

RETOMAR E COMPREENDER

40. Alguns valores que completam o processo de cálculo da adição das duas frações abaixo foram omitidos.

$$\frac{1}{2} + \frac{1}{3} = \frac{3}{\blacksquare} + \frac{\blacksquare}{6} = \frac{\blacksquare}{6}$$

Copie a expressão no caderno, completando-a.

41. Resolva as seguintes expressões numéricas.

a) $2 - 8 \cdot \left(-\frac{3}{8} - \frac{5}{16} + \frac{6}{4}\right)$

b) $\left[\left(-\frac{3}{2} + \frac{5}{4}\right) : \frac{1}{4}\right] + \left(\frac{1}{2}\right)^{-2} + 5{,}8$

c) $4{,}2 - \left\{\left[\left(-\frac{5}{8} + \frac{1}{2}\right) : 2\right] : 2\right\}$

d) $\left\{\left[2^5 + \left(\frac{1}{2}\right)^{-4}\right] : 2\right\} \cdot 3 - 5{,}3 + 102^2 + \sqrt{256}$

e) $\dfrac{3}{1 + \dfrac{1}{1 + \dfrac{1}{3}}}$

42. Calcule o valor numérico da expressão a seguir sabendo que $a = \frac{3}{4}$, $b = 3$ e $c = -\frac{1}{5}$.

$$a^2 + a \cdot [(b + c) - b]$$

43. Represente a expressão numérica que corresponde a cada sentença a seguir e resolva-a.

a) A soma de um meio positivo com um terço negativo.

b) O quádruplo da soma de um sexto positivo com cinco doze avos negativos.

c) A soma do inverso de dois quintos positivos com um quarto negativo.

d) A soma do dobro do inverso de três quartos com seis décimos.

APLICAR

44. Leia o problema e faça o que se pede.

Leonardo confeccionou enfeites para vender. Luana comprou metade dos enfeites mais 12, e Renata comprou os outros 15 enfeites que sobraram. Quantos enfeites Leonardo confeccionou? Escreva uma expressão numérica que represente esse problema e resolva-a.

MAIS ATIVIDADES

RETOMAR E COMPREENDER

45. Calcule a distância entre cada par de números em uma reta numérica.

a) $\frac{7}{3}$ e $\frac{8}{9}$

b) 5,6 e 9,2

c) $-\frac{2}{3}$ e 2,1

d) $-3,2$ e $\frac{1}{2}$

e) $-3,3$ e $-7,9$

f) $-\frac{6}{7}$ e $-\frac{9}{6}$

46. Escreva um número racional cujo módulo seja maior do que 1,32 e também seja:

a) não inteiro;

b) não positivo.

47. Os números representados por x e $-x$ são opostos.

a) x pode ser um número racional positivo?

b) x pode ser um número racional negativo?

c) Dê exemplos de possíveis valores que x pode assumir.

48. Desenhe uma reta numérica no caderno e marque os seguintes pontos:

a) o inverso de 22;

b) o simétrico de $\frac{3}{2}$;

c) o módulo de $-\frac{3}{10}$.

49. Localize cada número da coluna da esquerda na reta numérica. Depois, relacione-o ao intervalo a que cada um dos números pertence.

a) $\left|-\frac{3}{5}\right|$

b) $-1\frac{2}{3}$

c) $-\frac{3}{8}$

d) $\left|-\frac{12}{5}\right|$

e) $\frac{7}{5}$

I. 2 a 3

II. 1 a 2

III. -1 a 0

IV. -2 a -1

V. 0 a 1

50. Escreva os números racionais a seguir na forma fracionária e, depois, escreva-os em ordem crescente.

$$-5\frac{9}{13} \quad 33 \quad -18,6 \quad 7,124 \quad -93,39 \quad 2\frac{15}{28}$$

51. Copie e complete o quadro a seguir no caderno, determinando o valor do produto de cada número da primeira coluna com cada número da primeira linha.

$\times$	1,1	$-2,1$	$\frac{1}{8}$
$-0,18$			
$-1\frac{1}{4}$			
$\frac{17}{34}$			

52. Faça o mesmo que você fez na atividade anterior, determinando agora o valor do quociente.

:	2,4	$-8,01$	$-\frac{1}{8}$
3			
$2\frac{3}{8}$			
$6\frac{1}{5}$			

53. Calcule o valor da expressão abaixo.

$$\{2^3 + [(0,06 - 1,6) - 1,4 + (-3 + 6 - 15)]\} + 3^5$$

54. Veja como Caio calculou o valor da expressão numérica abaixo:

$$\frac{\frac{1}{2}+\frac{2}{6}}{4+\frac{2}{3}} + 4 \cdot \frac{1}{36} =$$

$$= \frac{\frac{3+2}{6}+\frac{1}{9}}{\frac{12+2}{3}} =$$

$$= \frac{\frac{5}{6}+\frac{1}{9}}{\frac{14}{3}} = \frac{\frac{15+2}{18}}{\frac{14}{3}} =$$

$$= \frac{17}{18} \cdot \frac{3}{14} = \frac{17}{84}$$

Ele calculou a expressão corretamente?

APLICAR

55. Luciano escreveu as seguintes afirmações:

a) O inverso do inverso de um número é ele mesmo.

b) Um número elevado a uma potência ímpar é sempre ímpar.

c) A raiz quadrada de um número inteiro é sempre um número inteiro.

d) O módulo de um número elevado ao quadrado é sempre positivo.

Dessas afirmações, apenas duas estão corretas. Quais são elas?

56. Veja na tabela a seguir o controle de temperatura feito por um fazendeiro.

Temperatura ao meio-dia na Fazenda Dourada (MT)		
6 nov.	domingo	37,8 °C
7 nov.	segunda-feira	36,7 °C
8 nov.	terça-feira	35,9 °C
9 nov.	quarta-feira	$\frac{81}{2}$ °C
10 nov.	quinta-feira	40,3 °C
11 nov.	sexta-feira	39,8 °C
12 nov.	sábado	38,8 °C

Dados obtidos pelo fazendeiro.

a) Na quarta-feira, a temperatura foi representada de modo diferente. Essa representação é prática? Comente com um colega.

b) Em qual dia da semana foi registrada a maior temperatura?

c) Em qual dia da semana foi registrada a menor temperatura?

57. Faça o que se pede.

Romeu juntou dinheiro para pagar uma dívida de R$ 83,87. Com o que sobrou, pensou em ajudar sua mãe a pagar uma conta de luz no valor de R$ 112,98. Porém, se ele pagasse a conta de luz, ficaria com um saldo negativo de R$ 9,10.

a) Quantos reais Romeu conseguiu juntar?

b) Compare seu resultado com o de um colega. Vocês chegaram ao mesmo valor? Quais estratégias utilizaram para chegar a esse resultado?

58. Ricardo leu um livro em três semanas. Veja como ele distribuiu a leitura:

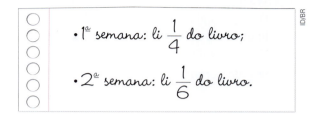

- 1ª semana: li $\frac{1}{4}$ do livro;
- 2ª semana: li $\frac{1}{6}$ do livro.

a) Que fração do livro Ricardo leu nas duas primeiras semanas?

b) Que fração do livro Ricardo leu na terceira semana?

59. Leia o texto e responda.

Variação de temperatura é a diferença entre a maior e a menor temperatura registradas. Em áreas desérticas, há grande variação de temperatura: durante o dia faz muito calor e à noite faz muito frio. Essa grande variação acontece porque nessas regiões há pouca umidade.

↑ Saara, Marrocos, em 2014.

Supondo que a temperatura mínima registrada em uma área desértica foi de −1,8 °C e a variação de temperatura nesse dia foi de 39,5 °C, qual foi a temperatura máxima registrada nesse dia?

60. **APLICAR** Use os conceitos apresentados até aqui para resolver as **atividades interativas**.

ATIVIDADES INTEGRADAS

APLICAR

1. Resolva.

   (Obmep) Sueli resolveu dar uma volta em torno de uma praça quadrada. Ela partiu do vértice P, no sentido indicado pela flecha, e caiu ao atingir $\frac{3}{5}$ do percurso total.

   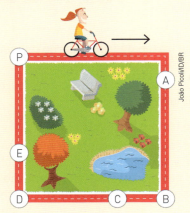

   Qual ponto indica o local em que Sueli caiu?

   a) O ponto A.
   b) O ponto B.
   c) O ponto C.
   d) O ponto D.
   e) O ponto E.

2. Copie e complete no caderno o organizador gráfico abaixo.

3. Resolva.

   (CMB-DF) Um motorista percorreu $\frac{2}{5}$ da distância entre duas cidades e parou para abastecer. Sabendo-se que $\frac{1}{4}$ da distância que falta para completar o percurso corresponde a 105 km, a distância que separa as duas cidades, em quilômetros, é igual a:

   a) 180.
   b) 252.
   c) 420.
   d) 620.
   e) 700.

4. Uma empresa tem de pagar uma dívida. Para tanto, será necessário dividi-la em 7 parcelas iguais de R$ 71 200,00.

   a) Represente essa situação por meio de uma divisão em que *a* é a dívida da empresa.
   b) Quanto vale *a*?
   c) Não satisfeita com o valor das parcelas, a empresa resolveu dividir a dívida de modo a pagar, em cada parcela, R$ 31 150,00. Represente essa situação por meio de uma divisão, sendo *b* a quantidade de parcelas iguais a serem pagas.
   d) Quanto vale *b*?

5. Os produtores de abacaxi classificam seus produtos de acordo com a massa, em kg, conforme a tabela a seguir.

Classe ou calibre	Massa (em kg)
1	de 0,900 até 1,200
2	de 1,201 até 1,500
3	de 1,501 até 1,800
4	de 1,801 até 2,100
5	de 2,101 até 2,400
6	maior do que 2,400

   Fonte de pesquisa: Programa Brasileiro para a Modernização da Horticultura. Disponível em: <http://linkte.me/ldvoi>. Acesso em: 2 maio 2017.

   a) Qual é a classe de um abacaxi cuja massa é 1,600 kg?
   b) Qual é a massa de dois abacaxis de classe 5?
   c) Em sua opinião, por que a tabela apresenta valores como 1,200 e 1,500, escritos com três casas decimais à direita da vírgula, em vez de 1,2 e 1,5? Converse com um colega.

ANALISAR E VERIFICAR

6. Classifique cada afirmação a seguir em verdadeira ou falsa e justifique as falsas.

   a) Todo número inteiro é racional, mas nem todo número racional é inteiro.
   b) Todo número racional pode ser escrito na forma de fração com numerador e denominador inteiros e denominador diferente de zero.
   c) Todo número natural é racional.

7. Veja a seguir a descrição feita por Aline e, em seguida, responda.

> No bairro onde moro, $\frac{3}{4}$ das pessoas moram em casas e 0,25 delas, em apartamentos. Entre as que moram em casas, $\frac{1}{5}$ possui imóveis próprios; e entre as que moram em apartamentos, 0,4.

Ana, que mora no mesmo bairro que Aline, chegou à conclusão de que 25% casas do bairro eram imóveis próprios. Aline discordou e disse que apenas 15% das pessoas do bairro moram em casa própria.

De acordo com a descrição feita por Aline, você concorda com as afirmações de Ana e Aline?

CRIAR

8. Leia o problema a seguir.

Os 35 camelos

Este problema é baseado em uma passagem do livro *O homem que calculava*, de Malba Tahan.

Nesta passagem, Beremiz — o homem que calculava — e seu colega de jornada encontraram três homens que discutiam acaloradamente ao pé de um lote de camelos. Entre pragas e impropérios gritavam, furiosos:

— Não pode ser!

— Isto é um roubo!

— Não aceito!

O inteligente Beremiz procurou informar-se do que se tratava.

— Somos irmãos — esclareceu o mais velho — e recebemos como herança esses 35 camelos. Segundo vontade de nosso pai devo receber a metade, o meu irmão Hamed, uma terça parte, e o mais moço, Harin, deve receber apenas a nona parte do lote de camelos. Contudo, não sabemos como realizar a partilha, visto que ela não é exata.

— É muito simples — falou o Homem que Calculava. Encarrego-me de realizar, com justiça, a divisão se me permitirem que junte aos 35 camelos da herança este belo animal, pertencente a meu amigo de jornada, que nos trouxe até aqui.

E assim foi feito.

— Agora — disse Beremiz — de posse dos 36 animais, farei a divisão justa e exata.

Voltando-se para o mais velho dos irmãos, assim falou:

— Deverias receber a metade de 35, ou seja, 17,5. Receberás a metade de 36, portanto, 18. Nada tens a reclamar, pois é claro que saíste lucrando com esta divisão.

E, dirigindo-se ao segundo herdeiro, continuou:

— E tu, deverias receber um terço de 35, isto é, 11 e pouco. Vais receber um terço de 36, ou seja, 12. Não poderás protestar, pois tu também saíste com visível lucro na transação.

Por fim, disse ao mais novo:

— Tu, segundo a vontade de teu pai, deverias receber a nona parte de 35, isto é, 3 e tanto. Vais receber uma nona parte de 36, ou seja, 4. Teu lucro foi igualmente notável.

E, concluiu com segurança e serenidade:

— Pela vantajosa divisão realizada, couberam 18 camelos ao primeiro, 12 ao segundo, e 4 ao terceiro, o que dá um resultado (18 + 12 + 4) de 34 camelos. Dos 36 camelos, sobraram, portanto, dois. Um pertence a meu amigo de jornada. O outro cabe por direito a mim, por ter resolvido, a contento de todos, o complicado problema da herança!

— Sois inteligente, ó Estrangeiro! — exclamou o mais velho dos irmãos. Aceitamos a vossa partilha na certeza de que foi feita com justiça e equidade!

A questão é: Qual é a explicação matemática para a partilha realizada por Beremiz, de tal forma que, além de conceder vantagens aos irmãos, ainda sobrou um camelo para ele?

9. Pesquise em jornais, em livros ou na internet quais são os rios mais poluídos do Brasil e quais fatores os fazem merecer esses títulos.

Quem são os responsáveis pela poluição desses rios? E quais são as possíveis ações para salvá-los?

EM RESUMO – UNIDADE 4

Números racionais
- Conjunto dos números racionais: $\mathbb{Q} = \left\{ \dfrac{a}{b} \mid a \in \mathbb{Z} \text{ e } b \in \mathbb{Z}^* \right\}$.
- Comparação de dois números racionais na forma:
  - de fração: reduzimos as frações a um denominador comum;
  - decimal: comparamos a parte inteira e depois a parte decimal.

Operações com números racionais
- Adição de dois números racionais com:
  - sinais iguais: adicionamos os módulos e conservamos o sinal dos números;
  - sinais diferentes: subtraímos o módulo do menor número do módulo do maior número e conservamos o sinal do número de maior módulo.
- Subtração de dois números racionais: soma do primeiro número com o oposto do segundo número.
- Multiplicação de dois números racionais na forma decimal: transformamos os números em inteiros multiplicando os módulos dos fatores por potências de 10, e o produto deve ser dividido pelo produto das potências de 10.
  Na forma de fração: multiplicamos os numeradores e os denominadores entre si.
  Se os sinais dos fatores forem:
  - iguais: o sinal do produto será positivo;
  - diferentes: o sinal do produto será positivo se a quantidade de fatores negativos for par, e será negativo se a quantidade de fatores negativos for ímpar.
- Divisão de dois números racionais na forma de fração: multiplicamos a primeira fração pelo inverso da segunda.
- Potenciação de números racionais com base racional:
  - positiva: produto de fatores positivos iguais (potência positiva);
  - negativa: produto de fatores negativos iguais (potência positiva se o expoente for par, potência negativa se o expoente for ímpar).
- $a^{-n} = \left(\dfrac{1}{a}\right)^n$, para $a \neq 0$ e $n \in \mathbb{N}^*$.
- Raiz quadrada: $\sqrt{a^2} = a$, para $a \in \mathbb{Q}_+$.

VERIFICAR
Confira o **mapa de conteúdos** da unidade 4.

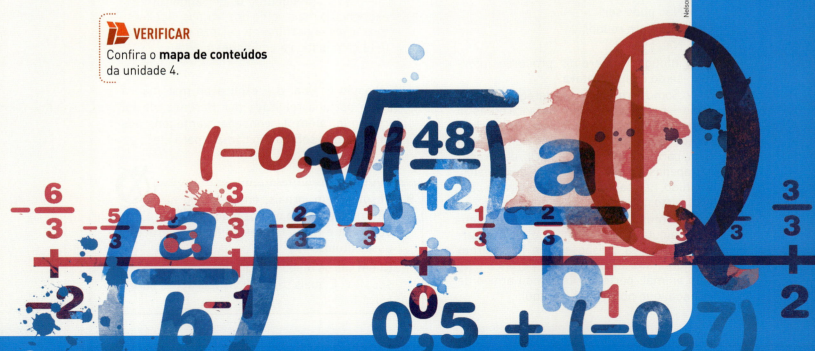

UNIDADE 5

EQUAÇÕES E INEQUAÇÕES

Qual é a idade de uma pessoa 12 anos mais nova que outra, sabendo que a soma das idades é 38 anos? Como você faria para resolver esse problema? Nesta unidade, você vai aprender algumas maneiras de organizar e resolver situações como essa.

CAPÍTULO 1
Equações

CAPÍTULO 2
Inequações

PRIMEIRAS IDEIAS

1. O que é uma igualdade? E uma desigualdade?

2. Que símbolo é usado para representar uma igualdade?

3. Se o dobro de x é 5, qual é o valor de x?

4. Que símbolos são usados para representar uma desigualdade?

5. O que você já ouviu falar sobre equação?

LEITURA DA IMAGEM

1. Observe a imagem. Quais elementos mais chamam a sua atenção? Por quê?

2. A sentença matemática mostrada na imagem está relacionada a um elemento da camisa do jogador. Que elemento é esse? Como você escreveria essa relação?

3. A seleção da Romênia promoveu uma campanha de combate à evasão escolar. De forma criativa, os organizadores uniram esporte e educação, elementos fundamentais para a formação do cidadão. De que forma a campanha conseguiu relacionar educação e esporte? Como você chamaria a atenção dos jovens para a importância da educação e do esporte?

4. **COMPREENDER** Veja como **a educação e o esporte** são elementos fundamentais para a formação do cidadão.

Capítulo 1
EQUAÇÕES

Como você faria para calcular a quantidade de pessoas em um show com entrada gratuita e sem distribuição de ingressos? Para solucionar essa e outras situações, é preciso representá-las na linguagem matemática, além de compreender o conceito de equação, que está relacionado a igualdade e equilíbrio.

EXPRESSÕES ALGÉBRICAS

Para determinar a quantidade de pessoas em um *show* com entrada gratuita e sem distribuição de ingressos, poderíamos contar pessoa por pessoa, mas isso seria uma tarefa trabalhosa e demandaria um longo tempo. Existem alguns métodos que nos permitem fazer uma estimativa desse número, facilitando tarefas como essas.

Um dos métodos mais utilizados para estimar o tamanho de uma multidão é o de Jacobs, que relaciona a quantidade de pessoas por metro quadrado e a área total ocupada por essa multidão.

Após fazer algumas observações, Jacobs concluiu que nas multidões mais densas há cerca de 5 pessoas por metro quadrado.

Veja no quadro a seguir algumas possíveis relações entre a área ocupada e a quantidade de pessoas na multidão.

Área ocupada (metro quadrado)	1	100	550
Quantidade de pessoas na multidão	$5 \cdot 1 = 5$	$5 \cdot 100 = 500$	$5 \cdot 550 = 2\,750$

Observe que, ao considerar A como a área ocupada pela multidão, podemos estimar a quantidade de pessoas na multidão usando a seguinte expressão:

$$5 \cdot A \quad \text{ou} \quad 5A$$

Expressões matemáticas formadas por números, letras e símbolos são chamadas de **expressões algébricas** e podem ser usadas para representar diversas situações.

Nessa situação, optamos por usar a letra A para representar a área ocupada, mas qualquer outra letra poderia ter sido utilizada.

↓ O público de um festival de música, em Madri, Espanha, é um exemplo de multidão densa. Estimar a quantidade de pessoas em uma multidão é importante para programar assistência médica, segurança, alimentação, etc.

Exemplos

Agora veja outros exemplos de situações que podem ser representadas por expressões algébricas.

A. A diferença entre o quádruplo de um número e o triplo de outro número.

Sendo x o primeiro número e n o segundo número, podemos representar essa situação da seguinte maneira: $4x - 3n$.

B. O total gasto por uma pessoa que comprou uma dúzia de bananas, três dúzias de laranjas e meia dúzia de ovos.

Sendo b, ℓ e h os valores pagos pelas dúzias de bananas, laranjas e ovos, respectivamente, podemos representar o total gasto por essa pessoa da seguinte maneira: $b + 3\ell + \frac{1}{2}h$.

TERMOS DE UMA EXPRESSÃO ALGÉBRICA

A maior parte das expressões algébricas que estudaremos são formadas por partes, e cada parte é chamada de **termo**, que envolvem apenas produtos de números e letras, possivelmente com expoentes. Veja no exemplo a seguir como classificar os termos de uma expressão algébrica $-9 + 7wy^3$.

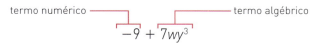

Os termos numéricos de uma expressão algébrica não apresentam letras. Já os termos algébricos correspondem ao produto de uma parte numérica, chamada de **coeficiente**, e uma **parte literal** (que contém letras). No exemplo acima, temos:

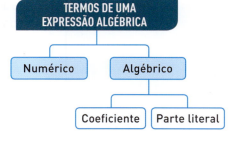

Exemplos

A. $-3xw^2$ — coeficiente: -3; parte literal: xw^2

B. $\dfrac{y}{2}$ — coeficiente: $\dfrac{1}{2}$; parte literal: y

COMPREENDER
Veja os nomes dos **termos de uma expressão algébrica**.

VALOR NUMÉRICO DE UMA EXPRESSÃO ALGÉBRICA

> Quando substituímos as letras de uma expressão algébrica por números e efetuamos as operações indicadas, obtemos um resultado. Esse resultado é chamado de **valor numérico**.

O valor numérico de uma expressão algébrica depende dos números que são atribuídos às letras.

Exemplos

A. Considere a expressão $\sqrt{9} - \frac{7}{3}y + xt^2$.

Para obter o valor numérico da expressão algébrica acima para $x = 9$, $y = 3$ e $t = 1$, substituímos as letras pelos respectivos números e realizamos as operações indicadas.

$$\sqrt{9} - \frac{7}{3}y + xt^2 =$$
$$= \sqrt{9} - \frac{7}{3} \cdot 3 + 9 \cdot 1^2 =$$
$$= 3 - 7 + 9 \cdot 1 =$$
$$= -4 + 9 =$$
$$= 5$$

Dizemos que o valor numérico da expressão algébrica $\sqrt{9} - \frac{7}{3}y + xt^2$ é 5 para x igual a 9, y igual a 3 e t igual a 1.

B. Os terrenos de um loteamento são retangulares e a medida da largura de cada um deles corresponde a um terço da medida do comprimento menos 4. Isso significa que, se a medida do comprimento é c, a medida da largura é dada por $\frac{c}{3} - 4$.

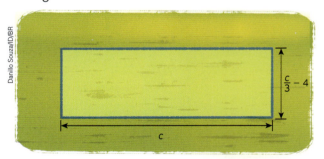

Agora, vamos imaginar duas possíveis medidas c para o comprimento do terreno e, em seguida, determinar a medida da largura.

- Para $c = 15$, temos:

$$\frac{c}{3} - 4 =$$
$$= \frac{15}{3} - 4 =$$
$$= 5 - 4 =$$
$$= 1$$

- Para $c = 18$, temos:

$$\frac{c}{3} - 4 =$$
$$= \frac{18}{3} - 4 =$$
$$= 6 - 4 =$$
$$= 2$$

Dizemos que o valor numérico da expressão $\frac{c}{3} - 4$ é 1 para c igual a 15 e 2 para c igual a 18.

ATIVIDADES

RETOMAR E COMPREENDER

1. Represente as quantidades mencionadas em cada item usando uma expressão algébrica.
   a) O valor de determinado número.
   b) A diferença entre dois números.
   c) A metade da diferença entre dois números.
   d) O dobro de um número mais sete.
   e) Um número adicionado à sua terça parte.
   f) Um número adicionado ao quadrado de seu sucessor.
   g) O quadrado do produto de dois números.

2. Identifique os termos das expressões a seguir. Depois, para cada termo algébrico, indique o coeficiente e a parte literal.
   a) $x + y$
   b) $2k + 3 + \frac{1}{3}k$
   c) $mn^2 + 7n$
   d) $10 - 20t$
   e) $b^2 + 2ax$
   f) $x + y + \frac{1}{2}z^2$

3. Determine o valor numérico das expressões algébricas para os valores indicados.
   a) $n^2 + 2n - 30$, para $n = 12$.
   b) $\frac{x}{3} + x + 5$, para $x = 18$.
   c) $3a^2 - b^2$, para $a = 9$ e $b = -4$.
   d) $\frac{y - 7}{4}$, para $y = 3$.
   e) $\sqrt{k} + 2k - \frac{1}{3}$, para $k = 4$.

4. Copie o quadro a seguir no caderno e complete-o com os valores numéricos das expressões algébricas (primeira coluna) para os valores de x (primeira linha).

	-1	$-2,5$	0	$\frac{1}{3}$
x^2				
$-x + x$				
$3x - 2$				
$\frac{x}{2} + 3$				

5. Identifique as sentenças como verdadeiras (V) ou falsas (F). Justifique as falsas.
   a) Na expressão algébrica $xy - 4 + 3x$, o termo numérico é -4.
   b) O termo algébrico é composto de duas partes: a parte numérica, denominada coeficiente, e a parte literal, que contém as letras.
   c) -7 é o coeficiente de x^2 na expressão: $7x^2 + 2x - \frac{6}{5}$

APLICAR

6. Represente com expressões algébricas o que se pede em cada item.
   a) O perímetro do hexágono regular.

   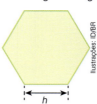

   b) Um terço do perímetro do pentágono regular.

   c) O volume do paralelepípedo.

   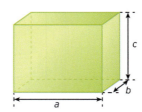

   d) O volume do sólido.

   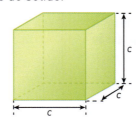

7. Sabendo que cada maçã custa R$ 1,90 em um supermercado, resolva os itens a seguir.
   a) Calcule quantos reais são necessários para comprar as seguintes quantidades de maçãs:
   - 2 maçãs
   - 3 maçãs
   - 4 maçãs
   - 5 maçãs

   b) Assinale a expressão algébrica que representa o valor a ser pago por uma quantidade de x de maçãs.
   - $1,90 + x$
   - $x - 1,90$
   - $\frac{1,90}{x}$
   - $1,90x$

SIMPLIFICAÇÃO DE UMA EXPRESSÃO ALGÉBRICA

Algumas expressões contêm **termos semelhantes**, ou seja, termos que apresentam a parte literal igual. Expressões que apresentam termos semelhantes podem ser simplificadas.

Exemplo A

Acompanhe a simplificação da seguinte expressão algébrica:

$$4 + 2t + 5wx - a + 1 + wx + 3a^2 - 2 - 2t - a^2$$

Primeiro identificamos os termos semelhantes e os termos numéricos. Vamos destacá-los com cores iguais.

$$4 + 2t + 5wx - a + 1 + wx + 3a^2 - 2 - 2t - a^2$$

Agora, agrupamos os termos semelhantes e usamos a propriedade distributiva da multiplicação em relação à adição para simplificar a expressão.

$$4 + 1 - 2 + 2t - 2t + 5wx + wx + 3a^2 - a^2 - a =$$

$$= 4 + 1 - 2 + 2t - 2t + 5wx + wx + 3a^2 - a^2 - a =$$

$$+2t - 2t = 2 \cdot t - 2 \cdot t = (2 - 2) \cdot t = 0 \cdot t = 0$$

$$= 4 + 1 - 2 + 0 + 5wx + wx + 3a^2 - a^2 - a =$$

$$+5wx + wx = 5 \cdot wx + 1 \cdot wx = (5 + 1) \cdot wx = +6wx$$

$$= 4 + 1 - 2 + 0 + 6wx + 3a^2 - a^2 - a =$$

$$+ 3a^2 - a^2 = 3 \cdot a^2 - 1 \cdot a^2 = (3 - 1) \cdot a^2 = +2a^2$$

$$= 4 + 1 - 2 + 0 + 6wx + 2a^2 - a$$

Por fim, vamos simplificar os termos numéricos.

$$4 + 1 - 2 + 0 + 6wx + 2a^2 - a =$$

$$4 + 1 - 2 + 0 = 5 - 2 + 0 = 3 + 0 = 3$$

$$= 3 + 6wx + 2a^2 - a$$

Observe que, depois da simplificação dos termos semelhantes e dos termos numéricos, a expressão ficou com apenas quatro termos e não há mais termos semelhantes: 3, $6xw$, $2a^2$ e $-a$. Além disso, note que o termo $-a$ não foi alterado, pois não havia na expressão inicial nenhum termo semelhante a ele.

PROPRIEDADE DISTRIBUTIVA

A propriedade distributiva da multiplicação em relação à adição pode ser usada para a subtração também. Veja dois exemplos.

- $2r + 4r = (2 + 4) \cdot r = 6r$
- $2r - 4r = (2 - 4) \cdot r = -2r$

COMPREENDER

Observe o passo a passo de uma **simplificação de uma expressão algébrica**.

Exemplo B

Acompanhe a simplificação da expressão $\frac{3}{2}y + \frac{7}{5}y + 8y$.

$$\frac{3}{2}y + \frac{7}{5}y + 8y =$$

$$= \left(\frac{3}{2} + \frac{7}{5} + 8\right)y = \quad \text{mmc}(2, 5, 1) = 10$$

$$= \left(\frac{15}{10} + \frac{14}{10} + \frac{80}{10}\right)y =$$

$$= \left(\frac{15 + 14 + 80}{10}\right)y =$$

$$= \frac{109}{10}y$$

$$\frac{3}{2} = \frac{15}{10} \qquad \frac{7}{5} = \frac{14}{10} \qquad \frac{8}{1} = \frac{80}{10}$$

Quando simplificamos uma expressão algébrica, encontramos uma expressão **equivalente** à expressão dada. Dos exemplos anteriores, temos que:

- a expressão $4 + 2t + 5wx - a + 1 + wx + 3a^2 - 2 - 2t - a^2$ é equivalente à expressão $3 + 6wx + 2a^2 - a$.

- a expressão $\frac{3}{2}y + \frac{7}{5}y + 8y$ é equivalente à expressão $\frac{109}{10}y$.

ATIVIDADES

RETOMAR E COMPREENDER

8. Identifique quais são os termos semelhantes.

$3x^2$	$3y^2$
$4xy$	$-2ab$
ab	$-xy$
$-y^2$	$8x^2$

9. Associe cada expressão à sua forma simplificada.

$3x(x - 2y)$	$3a^2x + 3axy$
$2y(x - 3y)$	$4a^2 + 4ab$
$2a(a^2 + 2ab)$	$3x^2 - 6xy$
$4a(a + b)$	$2a^3 + 4a^2b$
$3ax(a + y)$	$-6y^2 + 2xy$

10. Simplifique as expressões.

a) $3ab + 2ab$

b) $4,2x + 5,3x$

c) $\frac{r}{3} - 2r$

d) $\frac{5y}{2} + \frac{3y}{5} - \frac{y}{3}$

e) $6,1a - 0,8b + 1,7b - 4a$

f) $\frac{1}{2}t^2 - \frac{1}{3}t^2 + 2$

g) $\frac{1}{4}w + z - w + 1 + \frac{z}{2}$

11. Determine uma expressão equivalente à expressão dada.

a) $x + 2y - z$

b) $2ab + 3b + 2a$

c) $2m(3x + 1)$

d) $\frac{y}{2} + 2y - a$

12. Identifique quais das expressões abaixo são iguais quando simplificadas.

I. $12a^2 - x + 7 + 5x - 4a + 1 - a^2$

II. $a - 3 + 4a^2 + 1 + 5x + 3a + 11 - 6a^2$

III. $7a^2 - a + 5x + 9 - 9a^2 + 5a$

IV. $6a^2 + x + 10 - 4a + 5a^2 + 3x - 2$

EQUAÇÕES

Vimos que as expressões algébricas podem ser usadas para representar diversas situações. Agora, acompanhe a situação.

Qual é a idade de uma pessoa 12 anos mais nova que outra, sabendo que a pessoa mais velha tem 25 anos?

Considerando a idade da pessoa mais nova como x, poderíamos representar a idade da pessoa mais velha por $x + 12$. Mas como incluiríamos nessa expressão a informação de que a pessoa mais velha tem 25 anos?

Esse tipo de situação representa uma **igualdade** e para indicá-la usamos o sinal de igual (=). Assim, a sentença que representa a situação é dada por:

$$x + 12 = 25$$

Nessa sentença, a expressão que está à esquerda do sinal de igual tem o mesmo valor que a expressão que está à direita desse sinal.

> **Equação** é toda sentença matemática expressa por uma igualdade que contém pelo menos uma letra. As letras que aparecem em uma equação, representando números desconhecidos, são chamadas de **incógnitas**.

Em uma equação, a expressão à esquerda do sinal de igual é chamada de **1º membro** e a expressão à direita do sinal de igual é chamada de **2º membro**.

Exemplos

A. $4z + 2 = z$
- incógnita: z
- 1º membro: $4z + 2$
- 2º membro: z

B. $12y^2 - 7 = \dfrac{x}{3} + 4$
- incógnitas: y e x
- 1º membro: $12y^2 - 7$
- 2º membro: $\dfrac{x}{3} + 4$

C. $2 - t = \sqrt{w}$
- incógnitas: t e w
- 1º membro: $2 - t$
- 2º membro: $\sqrt{w}$

Nem toda sentença matemática é considerada uma equação.

Veja por que as sentenças abaixo, por exemplo, não são consideradas equações.

- $n + 2 > 5$ **não** é uma equação, pois não apresenta o sinal de igualdade.
- $2 + 9 = 11$ **não** é uma equação, pois em nenhum dos membros há uma incógnita.

LIVRO ABERTO

Equação: o idioma da Álgebra, de Oscar Guelli. São Paulo: Ática, 1999 (Coleção Contando a História da Matemática).

Para resolver problemas de Matemática, o melhor caminho é traduzi-los para o idioma da Álgebra. Esse livro conta a história do desenvolvimento desse idioma em várias épocas e culturas.

SOLUÇÃO OU RAIZ DE UMA EQUAÇÃO

As incógnitas de uma equação podem ser substituídas por diversos números, mas apenas alguns deles tornam a igualdade verdadeira.

> **Raiz** ou **solução** de uma equação é todo número pelo qual a incógnita é substituída e que torna a sentença verdadeira.

Por exemplo, vamos voltar para a equação $x + 12 = 25$ e substituir a incógnita x por dois números: 10 e 13.

- Para $x = 10$:
  $10 + 12 = 25$
  $22 = 25$ ← falso

- Para $x = 13$:
  $13 + 12 = 25$
  $25 = 25$ ← verdadeiro

Como o número 13 torna a sentença verdadeira, dizemos que 13 é solução ou raiz da equação $x + 12 = 25$.

Exemplo

Verifique se 1 é raiz da equação $y^2 + 3 = 2 - \frac{1}{4}y$.

Substituindo y por 1 na equação dada, temos:

$$y^2 + 3 = 2 - \frac{1}{4}y$$
$$1^2 + 3 = 2 - \frac{1}{4} \cdot 1$$
$$1 + 3 = 2 - \frac{1}{4}$$
$$4 = \frac{8}{4} - \frac{1}{4}$$
$$4 = \frac{7}{4} \leftarrow \text{falso}$$

Portanto, 1 não é solução da equação.

Cálculo mental de raiz de equação

Para resolver mentalmente uma equação, temos de pensar em um número que, ao substituir a incógnita, torna a sentença verdadeira. Veja como Clara pensou para resolver a equação $2n + 2 = 6$.

> Para resolver essa equação, eu pensei em um número cujo dobro adicionado a 2 resultasse em 6. Já sei! Esse número é o 2, pois o dobro de 2 é 4 e 4 + 2 = 6.

Observe que o número 2 torna a sentença $2n + 2 = 6$ verdadeira e, portanto, é solução dessa equação.

$$2n + 2 = 6 \Rightarrow 2 \cdot 2 + 2 = 6 \Rightarrow 4 + 2 = 6 \Rightarrow 6 = 6$$

$n = 2$

> **SÍMBOLOS $\Rightarrow$ E $\Leftrightarrow$**
>
> - $A \Rightarrow B$ ⟶ Lê-se: "A **implica** B" ou "**se** A, **então** B"
>
>   Temos, se A for verdadeiro então B é também verdadeiro; se A for falso então nada é dito sobre B.
>
> - $A \Leftrightarrow B$ ⟶ Lê-se: "A **se e somente se** B"
>
>   Temos, A é verdadeiro se B for verdadeiro e A é falso se B é falso.

ATIVIDADES

RETOMAR E COMPREENDER

13. Observe a equação e responda.

$$8y + (x - 2) = 9 + y$$

- Qual é o primeiro membro dessa igualdade? E o segundo?

14. Verifique quais das sentenças abaixo são equações.

a) $2 - 7 = 5 - 10$
b) $2x^2 + 1\frac{12}{7} \geq 10$
c) $\sqrt{2} - 4 = \frac{x}{2}$
d) $10 + x^3 = -1$
e) $3a - 2b = 5$
f) $5m - \frac{m}{3} < 1$

15. Verifique se os números $-2, -1, 0, 1$ e 2 são raízes da equação $x^2 - x = 2$.

16. Verifique se os números $-2, -\frac{2}{3}, 0, \frac{2}{3}$ e 2 são raízes da equação $\frac{a}{2} + 1 = 2a$.

17. O número 4 é solução de algumas das equações a seguir. Verifique quais são elas e anote no caderno.

a) $5y + 7 = 27$
b) $x^2 - 2x - 15 = 0$
c) $\sqrt{1 + 2t} = 3$
d) $\frac{a}{10} - 2(a + 7) = \frac{3}{2}$

18. Resolva as equações a seguir mentalmente.

a) $25x = 125$
b) $-8y = -64$
c) $\frac{z}{4} = 8$
d) $35a + 5a = 20$
e) $13b - \frac{6}{2}b = 30$
f) $5(a + 1) = 10$

APLICAR

19. Escreva uma equação que represente a questão proposta na carta de desafios matemáticos.

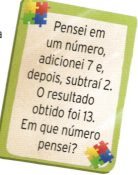

Pensei em um número, adicionei 7 e, depois, subtraí 2. O resultado obtido foi 13. Em que número pensei?

20. Escreva uma equação para representar a situação a seguir.

Os objetos sobre a balança têm massas diferentes. A massa da esfera é duas vezes a massa do cubo, e a massa da pirâmide é um quinto da massa da esfera.

21. Leia e responda.

A quarta parte da soma de um número inteiro com dois é igual à terça parte desse número.

a) Qual das equações a seguir representa corretamente essa situação?
- $\frac{x}{4} + 2 = \frac{x}{3}$
- $\frac{x + 2}{4} = \frac{x}{3}$

b) Verifique se 8 é raiz dessa equação.

22. Nos itens abaixo são apresentadas equações e valores para as incógnitas. Verifique se os valores fornecidos são raízes dessas equações.

a) $5 \cdot (x + 4) - (x - 1) = 40, x = 6$.
b) $-3 \cdot (-t^2) + 4 = 16, t = -2$.
c) $2z^2 + 2a - 14 = 0, z = -2$ e $a = 3$.
d) $x^3 - 12 = 0, x = 3$.
e) $\frac{w}{3} - t + 6 = 0, w = -3$ e $t = -5$.
f) $3y^2 - 3(y + 12) = 0, y = -3$.
g) $x^3 + 3x^2m + 3xm^2 + m^3 = 0, x = 1$ e $m = -1$.
h) $a^2 + b^2 = 1, a = \frac{1}{2}$ e $b = -\frac{1}{2}$.

23. Resolva.

No dia dos professores, Tamires presenteou 9 professores com caixas idênticas de bombons. No total, ela distribuiu 63 bombons.

a) Tamires usou uma equação para representar a quantidade de bombons em cada caixa. Escreva uma possível equação que ela pode ter utilizado.

b) Resolva mentalmente a equação que você elaborou no item anterior e registre o valor encontrado para a incógnita.

CONJUNTO UNIVERSO E CONJUNTO SOLUÇÃO DE UMA EQUAÇÃO

Ao resolver uma equação é necessário analisar quais valores a incógnita pode assumir. Esses valores devem fazer parte do conjunto universo da equação. Já o conjunto formado pelas soluções do problema é chamado de conjunto solução.

Conjunto universo (U) é o conjunto formado por todos os valores possíveis que a incógnita pode assumir.

Conjunto solução (S) é o conjunto formado pelos valores de U que, ao serem substituídos nas incógnitas, tornam a sentença verdadeira.

Exemplo

Júlia adotou alguns cães e construirá um canil em uma região quadrada de 25 m². Para determinar a medida x do lado dessa região, ela precisa encontrar as raízes da equação $x^2 = 25$.

Júlia analisou a situação para determinar o conjunto universo. Como a incógnita x se refere a uma medida de comprimento, ela pode ser qualquer número racional, com exceção dos valores negativos e do zero. Ou seja, o conjunto universo é:

$$U = \mathbb{Q}_+^*$$

Depois de determinar o conjunto universo, Júlia pensou nos possíveis valores de x que tornariam a sentença verdadeira. Ela concluiu que os valores de x que tornam a sentença verdadeira seriam 5 e -5.

Observe que as soluções que Júlia encontrou estão corretas, pois ambas tornam a sentença verdadeira. Mas o valor -5 não faz parte do conjunto universo.

Raízes da equação $x^2 = 25$
→ $x = -5$ → Não faz parte do conjunto universo.
→ $x = 5$ → Solução do problema.

Nessa situação, o conjunto solução é dado por:

$$S = \{5\}$$

RESPEITO COM OS ANIMAIS

Você já andou pelas ruas e se deparou com algum gato ou cão abandonado? De acordo com o artigo 32 da Lei Federal n. 9 605/98, é considerado crime "praticar ato de abuso, maus-tratos, ferir ou mutilar animais silvestres, domésticos ou domesticados, nativos ou exóticos". Abandonar um animal é um ato que se enquadra na categoria de maus-tratos e, portanto, é considerado crime.

- Com os colegas, pesquise outras leis de proteção aos animais. Depois, liste algumas maneiras de promover a conscientização das pessoas sobre esse assunto.

ATIVIDADE

RETOMAR E COMPREENDER

24. Associe cada equação ao conjunto solução correspondente.

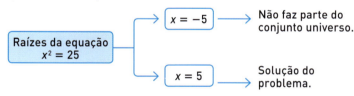

$3x - 2 = 7$, com $U = \mathbb{N}$.

$8 - m = 11$, com $U = \mathbb{Z}$.

$a^2 - 4a + 4 = 0$, com $U = \mathbb{Z}$.

$z^3 + 1 = 0$, com $U = \mathbb{N}$.

$\dfrac{b}{3} + \dfrac{1}{6} = 0$, com $U = \mathbb{Q}$.

$S = \left\{-\dfrac{1}{2}\right\}$

$S = \{3\}$

Não tem solução.

$S = \{-3\}$

$S = \{2\}$

PRINCÍPIOS DE EQUIVALÊNCIA DAS IGUALDADES

Quando duas ou mais equações apresentam o mesmo conjunto solução, considerando o mesmo conjunto universo, dizemos que elas são equivalentes.

> Em um mesmo conjunto universo, quando duas ou mais equações apresentam o mesmo conjunto solução, elas são chamadas de **equações equivalentes**.

Exemplo

Sendo $U = \mathbb{Q}$, considere as equações a seguir.

I. $x + 3 = 7$, $S = \{4\}$ **II.** $3x = 16 - x$, $S = \{4\}$ **III.** $0,5x + 1 = 3$, $S = \{4\}$

Observe que 4 é a única raiz de todas as equações anteriores.

$x + 3 = 7$	$3x = 16 - x$	$0,5x + 1 = 3$
$4 + 3 = 7$	$3 \cdot 4 = 16 - 4$	$0,5 \cdot 4 + 1 = 3$
$7 = 7$	$12 = 12$	$2 + 1 = 3$
		$3 = 3$

Dizemos que as equações **I**, **II** e **III** são equivalentes.

Agora, veremos algumas regras para adicionar, subtrair, multiplicar ou dividir os membros de uma equação e, então, obter equações equivalentes. Essas regras formam os princípios de equivalência das igualdades.

Princípio aditivo da igualdade

Ao somar um mesmo número a ambos os membros de uma equação ou ao subtrair um mesmo número de ambos os membros de uma equação, obtemos uma equação equivalente à primeira. Esse é o **princípio aditivo da igualdade**.

Exemplos

Considere $U = \mathbb{Q}$.

A.
$$x - 4 = 8$$
$$x - 4 + 4 = 8 + 4$$
$$x = 12$$
As equações $x - 4 = 8$ e $x = 12$ são equivalentes.

B.
$$w + 8 = 21,5$$
$$w + 8 - 8 = 21,5 - 8$$
$$w = 13,5$$
As equações $w + 8 = 21,5$ e $w = 13,5$ são equivalentes.

Princípio multiplicativo da igualdade

Ao multiplicar ou dividir ambos os membros de uma equação por um mesmo número, não nulo, obtemos uma equação equivalente à primeira. Esse é o **princípio multiplicativo da igualdade**.

Exemplos

Considere $U = \mathbb{Q}$.

A.
$$x - 4 = 8$$
$$(x - 4) \cdot 4 = 8 \cdot 4$$
$$4x - 16 = 32$$
As equações $x - 4 = 8$ e $4x - 16 = 32$ são equivalentes.

B.
$$w + 8 = 21,5$$
$$(w + 8) : 8 = 21,5 : 8$$
$$\frac{w}{8} + 1 = \frac{21,5}{8}$$
As equações $w + 8 = 21,5$ e $\frac{w}{8} + 1 = \frac{21,5}{8}$ são equivalentes.

EQUAÇÕES DO 1º GRAU COM UMA INCÓGNITA

Agora, vamos estudar as equações do 1º grau com uma incógnita.

> Uma **equação do 1º grau com uma incógnita** é qualquer equação que pode ser escrita na forma $ax + b = 0$, em que x é a incógnita e os coeficientes a e b são números racionais, com $a \neq 0$.

Exemplos

A. $2x - 4 = 29$ — incógnita: x; $a = 2$; $b = -4$

B. $-\dfrac{h}{7} + 1{,}5 = 20$ — incógnita: h; $a = -\dfrac{1}{7}$; $b = 1{,}5$

Note que equações desse tipo apresentam apenas uma incógnita, com expoente igual a 1.

Nem toda equação é equação do 1º grau com uma incógnita.

Observe os exemplos:

- $w^2 - 4 = 0$ **não** é uma equação do 1º grau com uma incógnita, pois o expoente da incógnita w é diferente de 1.
- $0y - 1 = 0$ **não** é uma equação do 1º grau com uma incógnita, pois o coeficiente a é igual a zero.

MATEMÁTICA TEM HISTÓRIA

Papiro de Rhind (ou de Ahmes)

Registrado por volta de 1650 a.C., o papiro de Rhind (ou de Ahmes) é um documento histórico, considerado a principal fonte sobre a matemática egípcia antiga. Ele foi assim denominado em homenagem a Ahmes (escriba que o copiou de um trabalho mais antigo) e a Henry Rhind (antiquário escocês que o adquiriu no Egito em 1858). Atualmente, esse papiro pertence ao Museu Britânico (Londres, Inglaterra), mas alguns de seus fragmentos estão no Museu do Brooklyn (Nova York, EUA).

O papiro de Rhind tem cerca de 0,30 m de altura e 5 m de comprimento e é escrito na forma de manual prático, com cerca de 80 problemas. Nesse manual, os egípcios buscavam soluções para situações cotidianas.

Atualmente, alguns dos problemas do papiro de Rhind são considerados problemas algébricos, pois para solucioná-los é preciso realizar operações com quantidades desconhecidas. Diferentemente do que consta nos livros modernos, os egípcios resolviam esses problemas experimentando valores para **aha** (nome que davam ao número desconhecido), tirando a prova em seguida.

Fontes de pesquisa: Carl B. Boyer; Uta C. Merzbach. *História da matemática*. Trad. Helena Castro. São Paulo: Edgard Blucher, 2012; Howard Eves. *Introdução à história da matemática*. 2. ed. Campinas: Ed. da Unicamp, 1997.

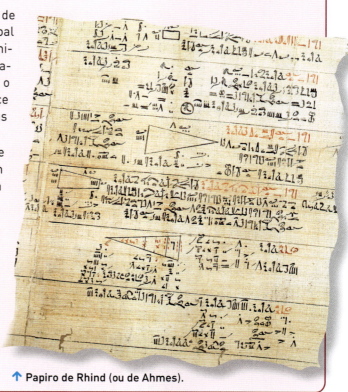

↑ Papiro de Rhind (ou de Ahmes).

RESOLVENDO EQUAÇÕES DO 1º GRAU COM UMA INCÓGNITA

Podemos usar o que vimos sobre equações equivalentes e princípios de equivalência de igualdades para resolver equações do 1º grau com uma incógnita. Para isso, vamos comparar uma equação a uma balança de pratos iguais em equilíbrio.

O ponto de equilíbrio é associado ao sinal de igualdade e cada membro da equação é composto dos objetos colocados em cada prato da balança.

Acompanhe a situação a seguir.

> **COMPREENDER**
> Use a **balança de pratos para resolver equações**.

Na balança abaixo, cada lata com a indicação x tem a mesma massa.

Como a balança está em equilíbrio, podemos representar a situação da balança usando a seguinte equação:

$$x + x + x + 5 = x + 8 + 8 + 5$$

Agrupando os termos semelhantes e os termos numéricos em cada membro, temos:

$$3x + 5 = x + 21 \text{ (I)}$$

Para que a balança continue em equilíbrio, devemos tirar ou colocar latas de massas iguais nos dois pratos. Vamos começar tirando uma lata de massa 5 nos dois pratos da balança. Em seguida, vamos representar essa situação na equação.

$$3x + 5 = x + 21$$
$$3x + 5 - 5 = x + 21 - 5 \quad \leftarrow \text{princípio aditivo da igualdade}$$
$$3x = x + 16 \text{ (II)}$$

Agora, vamos tirar uma lata de massa desconhecida (x) de cada prato da balança, de modo que o equilíbrio seja mantido. Depois, faremos o mesmo na equação.

$$3x = x + 16$$
$$3x - x = x + 16 - x \quad \leftarrow \text{princípio aditivo da igualdade}$$
$$2x = 16 \text{ (III)}$$

A massa das duas latas juntas, representada no 1º membro da equação, corresponde a 16. Assim, a massa de cada lata corresponde a 8, pois:

$$2x = 16 \Rightarrow \frac{2x}{2} = \frac{16}{2} \Rightarrow x = 8 \text{ (IV)}$$

Observe que as equações obtidas durante as etapas são equivalentes à equação inicial. Ou seja, as equações I, II, III e IV são equivalentes à equação $x + x + x + 5 = x + 8 + 8 + 5$.

Exemplos

Veja a seguir outros exemplos de como resolver equações do 1º grau com uma incógnita.

A. A diferença entre um número racional qualquer e 17 é 35. Qual número é esse?

Sendo x o número desconhecido, podemos representar essa questão usando a equação $x - 17 = 35$.

Acompanhe como podemos resolvê-la.

$$x - 17 = 35$$
$$x - 17 + 17 = 35 + 17 \quad \leftarrow \text{princípio aditivo da igualdade}$$
$$x = 52$$

Observe que, para simplificar a notação, na primeira passagem da resolução acima, podemos escrever a adição (+ 17) apenas no segundo membro, pois no primeiro membro o resultado é nulo.

$$x - 17 = 35 \Rightarrow x = 35 + 17 \Rightarrow x = 52$$

A solução da equação é 52, pois $52 - 17 = 35$. Representamos a solução dessa equação por: $S = \{52\}$. Note que a solução encontrada faz parte do conjunto universo ($\mathbb{Q}$).

B. A metade de um número racional qualquer adicionada a dois é igual a um terço desse número adicionado a três. Que número é esse?

Sendo p o número desconhecido, podemos representar essa questão pela equação $\frac{p}{2} + 2 = \frac{p}{3} + 3$.

COMPREENDER
Acompanhe o passo a passo da **resolução de uma equação do 1º grau**.

Acompanhe como podemos resolvê-la.

$$\frac{p}{2} + 2 = \frac{p}{3} + 3$$
$$6 \cdot \left(\frac{p}{2} + 2\right) = 6 \cdot \left(\frac{p}{3} + 3\right)$$
$$\frac{6p}{2} + 12 = \frac{6p}{3} + 18$$
$$3p + 12 = 2p + 18$$
$$3p = 2p + 18 - 12$$
$$3p = 2p + 6$$
$$3p - 2p = 6$$
$$p = 6$$

[Para simplificar as frações, multiplicamos cada membro da igualdade por 6, que é um múltiplo comum de 2 e 3, já que $6 = \text{mmc}(2, 3)$. Depois, aplicamos a propriedade distributiva em relação à adição.]

[Usando os princípios de equivalência das igualdades, subtraímos 12 nos dois membros da equação:
$3p + 12 - 12 = 2p + 18 - 12$]

[Usando os princípios de equivalência das igualdades, adicionamos 2p nos dois membros da equação:
$3p - 2p = 2p + 6 - 2p$]

Representamos a solução dessa equação por: $S = \{6\}$. Note que a solução encontrada faz parte do conjunto universo ($\mathbb{Q}$).

TESTANDO SOLUÇÕES

Após resolver uma equação, pode-se testar o resultado obtido. Para isso, basta substituir a incógnita pela solução e verificar se a sentença obtida é verdadeira.

ATIVIDADES

RETOMAR E COMPREENDER

25. Em cada item, escreva uma equação que represente o problema apresentado e, em seguida, resolva-a.
a) Somando-se 7 ao resultado da multiplicação de um número por 3, obtém-se 13.
b) Somando-se um número ao seu triplo o resultado é 32.
c) A metade de um número adicionada a 5 é igual a 14.

26. Escreva uma equação equivalente em cada item abaixo, utilizando o princípio aditivo ou o princípio multiplicativo das igualdades.
a) $18x + 2 = 4x + 20$
b) $12y - 6 = 3k - 9$
c) $\frac{5w}{7} + 3 = \frac{3w + 4}{7}$
d) $\frac{3}{4} + 6q = 1$

27. Observe as equações no quadro e responda.

$$15x + 9y = 12$$
$$2x - y = 15$$
$$8x + 12y = 28$$
$$2x - 5 = 10 + y$$
$$2x - 2 = -13y + 5$$
$$-5x - 3y = -4$$

a) Compare as equações e identifique as que são equivalentes.
b) Quais princípios garantem cada equivalência do item **a**?

28. Associe as equações do quadro Ⓐ com as equações equivalentes do quadro Ⓑ.

Ⓐ
$8x - 7 = x + 1$
$3x + 12 + 5 = x + 12$
$4x + 9y = 15 - 3x - 7y$
$5xy - 15x + 2y = 5x + 2xy + 2y$

Ⓑ
$7x + 16y = 15$
$2x + 5 = 0$
$3xy - 20x = 0$
$7x - 8 = 0$

29. Determine uma equação equivalente em cada item abaixo, de modo que um dos membros não apresente parte literal.
a) $x + y + 7 = 3x - 2y + 9$
b) $2y - x = 36x + 38 - y$
c) $5a + 2ab - 7 = 8 - ab$
d) $3x - \frac{y}{3} = 2 + \frac{x}{2} + 19$

30. Sabendo que os pratos da balança representada abaixo estão em equilíbrio, responda.

a) Considerando que os valores estampados em cada caixa indicam sua respectiva massa, escreva uma equação que represente esse equilíbrio.
b) A equação que você usou no item anterior é do 1º grau com uma incógnita? Justifique.
c) Qual é a massa de cada lata cinza?

31. Determine a solução das equações a seguir. Considere o conjunto universo indicado.
a) $x + 7 = 21$, para $U = \mathbb{Q}$.
b) $17 + 2a = 25$, para $U = \mathbb{Q}$.
c) $3z - 12 = -87$, para $U = \mathbb{Q}$.
d) $4k - 9 = 0$, para $U = \mathbb{Q}$.
e) $37 = \frac{n}{3} + 2$, para $U = \mathbb{N}$.
f) $2 \cdot (6x - 4) = 3 \cdot (3x - 1)$, para $U = \mathbb{Q}$.
g) $\frac{x}{5} - \frac{4}{3} = \frac{5}{2} - \left(\frac{-x + 8}{3}\right)$, para $U = \mathbb{Q}$.
h) $\frac{2x - 3}{4} - 1 = -2 + \frac{x + 3}{6}$, para $U = \mathbb{Q}$.

APLICAR

32. Resolva a situação.
Duas amigas decidiram viajar de carro até uma cidade do interior do estado em que moram. Uma das amigas dirigiu $\frac{1}{4}$ do percurso. A outra amiga percorreu $\frac{1}{3}$ do trajeto e ainda faltavam 20 km para elas chegarem à cidade desejada. Quantos quilômetros as amigas percorreram nessa viagem?

Resolvendo situações-problema com a ajuda das equações

Muitas situações-problema podem ser solucionadas por meio de equações do 1º grau com uma incógnita. Para isso, é preciso organizar algumas etapas. Observe os exemplos de situações-problema a seguir.

Exemplo A

André realizou um salto triplo e alcançou 12 metros no total. A distância atingida no 2º salto foi 2 metros menor que a distância atingida no 1º salto. A distância atingida no 3º salto foi um terço da distância atingida no 1º salto. Quantos metros André atingiu em cada um dos três saltos?

1. Identificar o valor desconhecido (incógnita) e montar a equação: para facilitar, vamos estabelecer que o valor desconhecido corresponde à distância atingida por André no 1º salto (mas poderia ser qualquer outro). Vamos representá-lo pela letra s.

   Para escrever a equação que representa a situação-problema, podemos fazer uma representação ou um esquema.

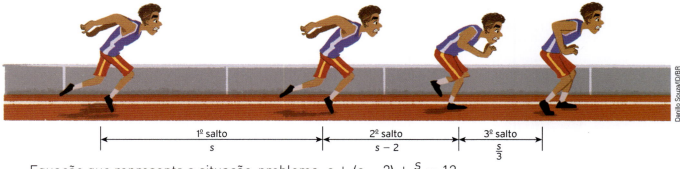

   Equação que representa a situação-problema: $s + (s - 2) + \frac{s}{3} = 12$

2. Determinar as condições para a incógnita (o conjunto universo): o valor de s deve ser racional positivo, pois representa uma distância ($U = \mathbb{Q}_+$).

3. Resolver a equação:

   $$s + (s - 2) + \frac{s}{3} = 12$$ ← Multiplicamos cada membro da igualdade por 3 e aplicamos a propriedade distributiva em relação à adição.

   $$3s + 3 \cdot (s - 2) + \frac{3s}{3} = 36$$

   $$3s + 3s - 6 + s = 36$$

   $$7s - 6 = 36$$ ← Acrescentamos +6 aos termos da equação: $7s - 6 + 6 = 36 + 6$

   $$7s = 42$$

   $$s = 6$$ ← Dividimos cada membro da igualdade por 7: $\frac{7s}{7} = \frac{42}{7}$

4. Verificar se o resultado obtido confere com a situação proposta:

   - 1º salto: 6 m
   - 2º salto: 6 m − 2 m = 4 m
   - 3º salto: $\frac{6}{3}$ m = 2 m

   → 6 m + 4 m + 2 m = 12 m (confere com a situação proposta)

   Portanto, André atingiu 6 metros no 1º salto, 4 metros no 2º e 2 metros no 3º salto.

Exemplo B

Paulo é motorista e trabalha 6 horas por dia. Do valor do seu salário, ele gasta a terça parte com alimentação, um quarto com transporte, um sexto com água, luz e telefone, e ainda lhe restam R$ 1 300,00. Quanto Paulo gasta com cada uma dessas despesas?

1. Identificar o valor desconhecido (incógnita) e montar a equação: o valor desconhecido corresponde ao salário de Paulo. Vamos representá-lo pela letra y.

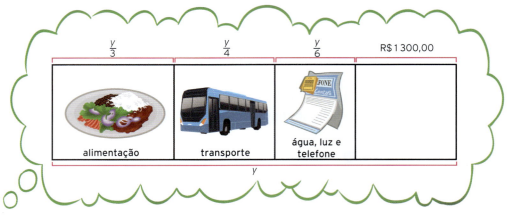

Para escrever a equação que representa a situação-problema, podemos fazer um esquema:

Equação que representa a situação-problema: $\frac{y}{3} + \frac{y}{4} + \frac{y}{6} + 1\,300 = y$

2. Determinar as condições para a incógnita (o conjunto universo): o valor de y deve ser um número racional positivo.

3. Resolver a equação: $\frac{y}{3} + \frac{y}{4} + \frac{y}{6} + 1\,300 = y$

$$\frac{4y}{12} + \frac{3y}{12} + \frac{2y}{12} + \frac{15\,600}{12} = \frac{12y}{12}$$

$$4y + 3y + 2y + 15\,600 = 12y$$

$$9y + 15\,600 = 12y \quad \leftarrow \text{Acrescentar } -9y \text{ em cada termo da equação: } 9y + 15\,600 - 9y = 12y - 9y$$

$$15\,600 = 3y$$

$$y = 5\,200$$

4. Verificar se o resultado confere com a situação proposta:

Gasto com alimentação:
$$\frac{y}{3} = \frac{5\,200}{3} = 1\,733{,}33$$

Gasto com transporte:
$$\frac{y}{4} = \frac{5\,200}{4} = 1\,300$$

Gasto com água, luz e telefone:
$$\frac{y}{6} = \frac{5\,200}{6} = 866{,}67$$

→ R$ 1 733,33 + R$ 1 300,00 + R$ 866,67 + + R$ 1 300,00 = R$ 5 200,00

Portanto, Paulo gasta aproximadamente R$ 1 733,33 com alimentação, R$ 1 300,00 com transporte e, aproximadamente, R$ 866,67 com água, luz e telefone.

Exemplo C

Além da escala Celsius (°C), há outras escalas utilizadas para medir temperaturas. As escalas Fahrenheit, representada por °F, e Kelvin, representada por K, são exemplos de outras escalas termométricas.

Para converter uma medida de temperatura que está na escala Fahrenheit ou na escala Kelvin para a escala Celsius, usamos:

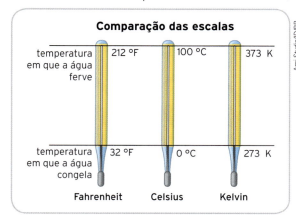

Fahrenheit para Celsius
$$C = \frac{5 \cdot (F - 32)}{9}$$

Kelvin para Celsius
$$C = K - 273$$

Sendo: C a temperatura em graus Celsius; F a temperatura em graus Fahrenheit; e K a temperatura em Kelvin.

Agora, acompanhe a seguinte situação.

Uma pessoa está levando alguns alimentos em uma viagem aos Estados Unidos. Na embalagem de um desses alimentos consta que a temperatura de conservação deve estar entre o valor mínimo de −5 °C e o valor máximo de 10 °C. Quais são as temperaturas, em graus Fahrenheit, em que esse alimento deve ser conservado?

Vamos resolver essa situação, seguindo as etapas dos exemplos A e B.

1. Identificar os valores desconhecidos (incógnitas) e montar as equações: os valores desconhecidos correspondem às temperaturas mínima e máxima para a conservação do alimento. Vamos representá-los por F_1 (mínima) e F_2 (máxima).

   As equações que representam a situação-problema são:

   - Mínima: $-5 = \dfrac{5 \cdot (F_1 - 32)}{9}$
   - Máxima: $10 = \dfrac{5 \cdot (F_2 - 32)}{9}$

2. Determinar as condições para a incógnita (o conjunto universo): os valores de F_1 e F_2 devem ser números racionais.

3. Resolver as equações:

   - Temperatura mínima

     $$-5 = \frac{5 \cdot (F_1 - 32)}{9}$$
     $$-5 \cdot \frac{9}{5} = \frac{5 \cdot (F_1 - 32)}{9} \cdot \frac{9}{5}$$
     $$-9 = F_1 - 32$$
     $$-9 + 32 = F_1 - 32 + 32$$
     $$23 = F_1$$

   - Temperatura máxima

     $$10 = \frac{5 \cdot (F_2 - 32)}{9}$$
     $$10 \cdot \frac{9}{5} = \frac{5 \cdot (F_2 - 32)}{9} \cdot \frac{9}{5}$$
     $$18 = F_2 - 32$$
     $$18 + 32 = F_2 - 32 + 32$$
     $$50 = F_2$$

Portanto, esse alimento deve ser conservado entre a temperatura mínima de 23 °F e a temperatura máxima de 50 °F.

ATIVIDADES

RETOMAR E COMPREENDER

33. Resolva as situações-problema a seguir, registrando as etapas indicadas no quadro.

> I. Identifique o valor desconhecido e represente-o por uma incógnita.
> II. Determine o conjunto universo.
> III. Escreva uma equação que represente o problema.
> IV. Resolva a equação.
> V. Verifique se a solução encontrada está correta.

Dê a resposta.

a) Renata é 2 anos mais nova que Aline. Há 10 anos, a soma da idade delas era 46 anos. Quantos anos tem cada uma das jovens?

b) Maurício foi comprar leite e frutas. Da quantia que havia reservado para gastar, ele usou metade com frutas, um quinto com leite e sobraram 15 reais. Quanto ele tinha reservado para fazer as compras?

c) Em uma festa compareceram 5 meninas a mais que a quantidade de meninos. Quantas meninas estavam na festa, sabendo que o total de meninos e meninas era 49?

d) Júlia gastou R$ 52,00 na compra de um caderno, uma caixa de lápis de cor e uma cola bastão. A caixa de lápis de cor custou 10 reais a menos que o caderno, e a cola bastão custou R$ 5,00. Quanto custou a caixa de lápis de cor?

e) Na granja de Joaquim, a produção de ovos nos últimos três dias foi a seguinte: no segundo dia, uma dúzia de ovos a mais que no primeiro dia, e no terceiro dia, duas dúzias a mais que no segundo dia. Sabendo que após os três dias a produção total foi de 5 dúzias, quantos ovos foram produzidos no terceiro dia?

34. Leia a situação a seguir e resolva os itens.

O dobro de um número é adicionado à sua terça parte. Retira-se dessa soma a metade do número inicial, resultando em 22.

a) Qual equação representa esse problema?
b) Verifique se 5 é raiz da equação do item **a**.
c) Determine o valor que a incógnita do item **a** representa.

35. Considere o problema abaixo e faça o que se pede.

O pai de Lúcia faz doces para vender e complementar sua renda. Para fazer uma nova remessa de doces, ele comprou 2n dúzias de ovos vermelhos e n dúzias de ovos brancos e gastou R$ 28,00. Veja a seguir quanto ele pagou nas dúzias dos ovos.

a) Identifique os valores desconhecidos dessa situação e escreva uma equação que relacione a quantidade de ovos que o pai de Lúcia comprou e o total pago por ele.
b) Determine o valor de n.
c) Verifique se o valor encontrado para n no item anterior confere com a situação proposta.
d) Quantos ovos brancos e quantos ovos vermelhos o pai de Lúcia comprou?

36. Resolva os itens a partir da seguinte situação.

Marcela recebe seu salário uma vez por mês e investe a terça parte na poupança, reserva um sexto para pagar as contas e ainda lhe restam R$ 1500,00.

a) Faça um esquema que represente essa situação.
b) Monte uma equação que represente a distribuição do salário de Marcela.
c) Determine quanto, por mês, Marcela investe na poupança e quanto gasta para pagar as contas.

37. Leia a situação e faça o que se pede.

Carla está treinando para bater seu recorde em jogo de *videogame* de 3 fases. No seu último treino ela fez 180 pontos, distribuídos entre as fases da seguinte maneira:

1ª fase: 20 pontos a mais que na 2ª fase.
2ª fase: 10 pontos a menos que na 3ª fase.
3ª fase: o dobro de pontos da 1ª fase.

• Agora, escreva uma equação para representar essa situação e determine quantos pontos Carla marcou em cada fase.

38. Leia a situação e resolva os itens a seguir.

Uma escola no centro da cidade tem 3 turmas do 7º ano com 36 alunos em cada. No próximo fim de semana, todos os alunos do 7º ano participarão de um campeonato esportivo. Cada aluno jogará apenas uma modalidade entre futebol, vôlei e handebol. Os alunos se distribuíram da seguinte maneira: um sexto dos alunos jogará vôlei, metade jogará futebol e um terço jogará handebol.

a) Monte um esquema que represente o total de alunos distribuídos pelas modalidades.

b) A partir do esquema, escreva uma equação que represente a situação.

c) Qual é o conjunto universo a ser considerado para essa situação? Justifique.

d) Determine quantos alunos participarão de cada modalidade durante o campeonato.

39. Resolva a situação-problema.

Um grupo de alunos decidiu comprar um presente de despedida para um professor. O valor do presente é R$ 120,00, e ficou combinado que cada aluno iria contribuir com R$ 5,00. Na última hora, porém, quatro alunos desistiram de participar do rateio. Com quantos reais cada um dos alunos restantes deverá contribuir para que eles possam comprar esse presente?

40. Ajude Pedro a resolver o problema.

Pedro comprou uma calça e uma camisa e gastou R$ 180,00. A calça custou o dobro da camisa. Quanto Pedro pagou pela calça?

41. Resolva.

Em uma prova de 50 testes, cada resposta certa vale 2 pontos, e cada erro vale −1 ponto.

a) Represente a nota que um aluno pode obter nessa prova usando uma equação.

b) Se uma aluna acertou 30 questões, quantos pontos ela fez?

c) Se um aluno fez 70 pontos, quantos testes ele acertou?

42. Resolva a situação-problema.

Um lojista está vendendo calças e camisas pelo mesmo preço. Caio pediu um desconto, e o gerente da loja diminuiu 10 reais no preço da camisa e 20 reais no preço da calça. Caio levou 3 calças e 4 camisas, e o total de sua compra foi R$ 250,00. Qual era o preço da calça antes e depois do desconto?

APLICAR

43. Considere os seguintes polígonos e faça o que se pede.

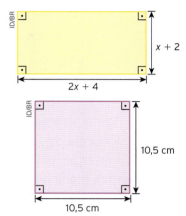

- Determine a medida de cada lado do retângulo, sabendo que o retângulo e o quadrado têm o mesmo perímetro. Lembre-se de que o perímetro de um polígono é a soma das medidas de seus lados.

44. Resolva a situação a seguir.

Para construir uma piscina em formato de hexágono regular (ou seja, todos os lados têm a mesma medida) com 14,4 m de perímetro, um engenheiro precisa calcular a medida dos lados do hexágono.

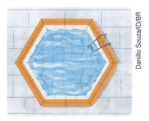

Escreva a equação que representa o perímetro dessa piscina e determine a medida de seus lados.

45. Considere as medidas das arestas indicadas no poliedro representado abaixo. Sabendo que a soma de todas as medidas das arestas desse poliedro é 62 cm, determine a medida x.

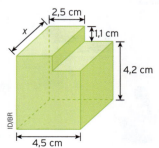

EQUAÇÕES COM DUAS INCÓGNITAS

Em muitas situações, para representar e resolver um problema, uma equação com apenas uma incógnita não é suficiente, e para isso usamos as **equações com duas incógnitas**.

Exemplos

A. $x^2 + y = 5$, sendo x e y as incógnitas.

B. $\frac{w}{5} + 5k = \frac{3}{7}$, sendo w e k as incógnitas.

C. $a + b = 5$, sendo a e b as incógnitas.

Agora, acompanhe a situação.

A escola de Camila vai montar um time de vôlei com os estudantes do 7º ano. Na inscrição para a seletiva, Camila perguntou ao técnico: Quantos meninos e quantas meninas farão parte do time titular?

Se representarmos por x a quantidade de meninos e por y a quantidade de meninas do time titular, e sabendo que um time titular de vôlei possui 6 atletas, podemos indicar a situação por uma equação com duas incógnitas:

$$x + y = 6$$

Como x e y representam números naturais e devem satisfazer a equação $x + y = 6$, as possibilidades de formação do time titular são as apresentadas no quadro a seguir.

x (quantidade de meninos)	y (quantidade de meninas)	$x + y = 6$ (formação do time titular)
0	6	$0 + 6 = 6$
1	5	$1 + 5 = 6$
2	4	$2 + 4 = 6$
3	3	$3 + 3 = 6$
4	2	$4 + 2 = 6$
5	1	$5 + 1 = 6$
6	0	$6 + 0 = 6$

Essas possibilidades de formação para o time titular correspondem às soluções da equação $x + y = 6$ e podem ser escritas na forma de **pares ordenados (x, y)**: $(0, 6)$; $(1, 5)$; $(2, 4)$; $(3, 3)$; $(4, 2)$; $(5, 1)$ e $(6, 0)$.

Nesse caso, temos:

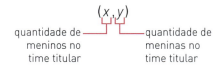

Por exemplo, a representação $(0, 6)$ indica que $x = 0$ e $y = 6$; a representação $(1, 5)$ indica que $x = 1$ e $y = 5$; e assim por diante.

← Uma equipe de vôlei sentado, assim como no vôlei disputado em pé, é formada por 6 atletas. Podem disputar a modalidade atletas com algum tipo de deficiência locomotora, como amputações ou lesões na coluna vertebral.

SOLUÇÕES DE UMA EQUAÇÃO COM DUAS INCÓGNITAS

As soluções de uma equação com duas incógnitas são os pares ordenados que tornam a sentença verdadeira. A quantidade de pares ordenados que são solução de uma equação com duas incógnitas está relacionada com o conjunto universo considerado.

Um modo para determinar um par ordenado que seja solução de uma equação com duas incógnitas é analisar o conjunto universo, atribuir um valor a uma das incógnitas e determinar o valor da outra incógnita, resolvendo a equação obtida.

Exemplo

Veja a seguir dois pares ordenados que são soluções da equação com duas incógnitas $h^2 + 3b = 12$, sendo h e b números racionais.

- Para $h = 2$, temos:

    $h^2 + 3b = 12$
    $2^2 + 3b = 12$
    $4 + 3b = 12$
    $3b = 12 - 4$
    $3b = 8$
    $b = \dfrac{8}{3}$

- Para $b = 4$, temos:

    $h^2 + 3b = 12$
    $h^2 + 3 \cdot 4 = 12$
    $h^2 + 12 = 12$
    $h^2 = 12 - 12$
    $h^2 = 0$
    $h = 0$

Os pares $\left(2, \dfrac{8}{3}\right)$ e $(0, 4)$ são soluções da equação $h^2 + 3b = 12$.

ATIVIDADES

RETOMAR E COMPREENDER

46. Indique quais equações têm exatamente duas incógnitas.

a) $x^2 + y^2 + z = 8$

b) $2x - 3y^3 = 9$

c) $\dfrac{x}{y} = 1$

d) $\dfrac{2x + 3}{3} = \dfrac{5}{3}$

e) $x = 3 - 4 \cdot 2$

f) $x + y = 55$

47. Verifique, abaixo, de quais equações com duas incógnitas o par ordenado (3, 6) é uma solução.

a) $x - y = -3$

b) $2x - \dfrac{y}{3} = 2$

c) $2x + 3y = 4y$

d) $y^2 + x^3 = 21 \cdot 7$

48. Relacione as colunas abaixo, sabendo que cada par ordenado é solução de uma das equações.

(0; −1)	$\dfrac{z}{2} + 5u + 3{,}6 = 4{,}4$
(1,6; 0)	$\dfrac{a^3}{5} + h^3 = -1$
(1,5; 3)	$2 \cdot c + d^2 = 12$

49. Determine pelo menos três soluções distintas para cada uma das seguintes equações.

a) $5x - 3y = 5$

b) $\dfrac{x}{2} + \dfrac{y}{4} = \dfrac{7}{8}$

c) $2x + y = 20$

d) $2x - 4y = 12$

EQUAÇÕES DO 1º GRAU COM DUAS INCÓGNITAS

A equação $x + y = 6$, que expressa a situação do time titular de vôlei da escola em que Camila estuda, é um exemplo de equação do 1º grau com duas incógnitas.

> Uma equação é denominada **equação do 1º grau com duas incógnitas** quando puder ser escrita na forma $ax + by = c$, em que x e y são as incógnitas e os coeficientes a, b e c são números racionais, com $a \neq 0$ e $b \neq 0$.

Exemplos

A. A equação $4x - 10y = 36$ é uma equação do 1º grau com duas incógnitas, x e y, e com coeficientes $a = 4$, $b = -10$ e $c = 36$.

B. Ao simplificarmos a equação $-\frac{2}{3} + \frac{x}{4} = \frac{y}{2} + 1$, obtemos:

$$-\frac{2}{3} + \frac{x}{4} = \frac{y}{2} + 1 \Rightarrow \frac{x}{4} = \frac{y}{2} + 1 - \left(-\frac{2}{3}\right) \Rightarrow \frac{x}{4} = \frac{y}{2} + 1 + \frac{2}{3} \Rightarrow$$

$$\Rightarrow \frac{x}{4} - \frac{y}{2} = 1 + \frac{2}{3} \Rightarrow \frac{x}{4} - \frac{y}{2} = \frac{3}{3} + \frac{2}{3} \Rightarrow \frac{x}{4} - \frac{y}{2} = \frac{5}{3}$$

Portanto, temos uma equação do 1º grau com duas incógnitas, x e y, e com coeficientes $a = \frac{1}{4}$, $b = -\frac{1}{2}$ e $c = \frac{5}{3}$.

Nas equações do 1º grau com duas incógnitas há, no máximo, uma incógnita em cada termo da equação, e cada incógnita apresenta expoente 1.

Para determinar as soluções de uma equação do 1º grau com duas incógnitas, x e y, analisamos a equação e o conjunto universo considerados, determinando, assim, os pares ordenados (x, y).

ATIVIDADES

RETOMAR E COMPREENDER

50. Identifique quais das equações representam equações do 1º grau com duas incógnitas.

a) $x = 8$ b) $2x - 3y = 9$ c) $\frac{1}{y} + w = 1$ d) $3(x - 4) = 2y + 1$ e) $\frac{x}{2} + \frac{1}{8} = 1 - \frac{y}{4}$

APLICAR

51. Observe as afirmações sobre as equações do 1º grau com duas incógnitas e responda:

Todas as afirmações estão corretas? Justifique sua resposta.

I
A sentença $xy = 12$ não é uma equação do 1º grau com duas incógnitas, pois as incógnitas estão relacionadas entre si por uma multiplicação.

II
A sentença $x - 2y = 13 + x - 13y$ é uma equação do 1º grau com duas incógnitas, pois, ao ser simplificada, obtemos uma equação com as incógnitas x e y.

III
A sentença $x + y^3 = -15$ não é uma equação do 1º grau com duas incógnitas, pois o expoente da incógnita y é diferente de 1.

52. Leia a situação e resolva os itens a seguir.

Marcos comprou duas calças e três camisetas e gastou, ao todo, R$ 200,00.

a) Sendo x o preço de uma calça e y o preço de uma camiseta, escreva a equação que representa essa situação.

b) É possível que cada calça tenha custado R$ 65,00 e cada camiseta, R$ 30,00?

c) Determine pelo menos três soluções para a equação obtida no item **a**.

REPRESENTAÇÃO GRÁFICA DAS SOLUÇÕES

Podemos representar graficamente as soluções de uma equação do 1º grau com duas incógnitas.

Considere, por exemplo, a equação $x + y = 8$, em que x e y são números racionais. Inicialmente, determinamos alguns pares ordenados que são soluções dessa equação.

Valor de x	0	1	3	$\dfrac{7}{2}$
Valor de y	$x + y = 8$ $0 + y = 8$ $y = 8$	$x + y = 8$ $1 + y = 8$ $y = 8 - 1$ $y = 7$	$x + y = 8$ $3 + y = 8$ $y = 8 - 3$ $y = 5$	$x + y = 8$ $\dfrac{7}{2} + y = 8$ $y = 8 - \dfrac{7}{2}$ $y = \dfrac{16 - 7}{2}$ $y = \dfrac{9}{2}$
Par ordenado (x, y)	(0, 8)	(1, 7)	(3, 5)	$\left(\dfrac{7}{2}, \dfrac{9}{2}\right)$

Os pares ordenados encontrados nesse quadro podem ser representados por pontos em um plano cartesiano. Os valores correspondentes a x são posicionados em relação ao eixo horizontal (eixo das abscissas), e os valores correspondentes a y são posicionados em relação ao eixo vertical (eixo das ordenadas).

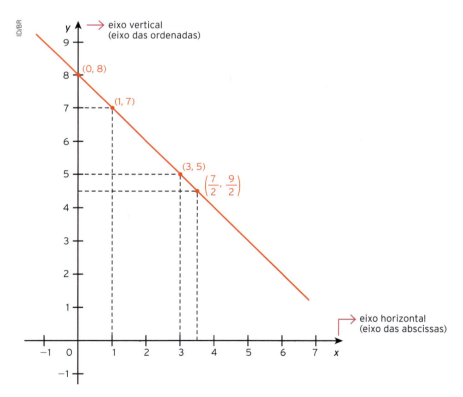

> **COMPREENDER**
>
> Observe o passo a passo de como fazer a **representação gráfica das soluções de uma equação**.

Observe que os pontos estão alinhados e que podemos atribuir infinitos valores a uma das incógnitas, obtendo infinitas soluções para a equação $x + y = 8$. Os pontos correspondentes às soluções dessa equação sempre estarão alinhados quando forem representados no plano cartesiano.

ATIVIDADES

RETOMAR E COMPREENDER

53. Localize os pontos a seguir em um plano cartesiano. Use, se preferir, uma malha quadriculada como a do modelo abaixo.

a) (0, 3)   e) (−6, 0)   i) (−5, 4)
b) (0, −5) f) (5, 0)   j) (6, −1)
c) (0, 0)   g) (1, 3)   k) (−3, −3)
d) (2, 0)   h) (−2, −5) l) (2, 2)

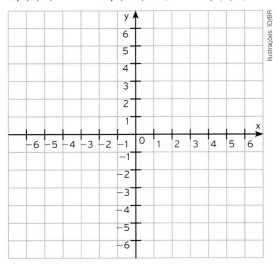

54. Observe o plano cartesiano e resolva os itens a seguir.

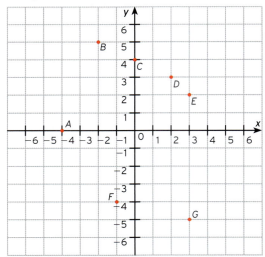

a) Determine os pares ordenados correspondentes aos pontos A, B, C, D, E, F e G.

b) Quando um ponto está sobre o eixo das abscissas, qual é o valor de y?

c) Qual deve ser o valor de x para que um ponto esteja marcado sobre o eixo das ordenadas?

APLICAR

55. Observe a reta vermelha e a reta azul representadas a seguir. Identifique qual delas contém as soluções da equação $x - y = 2$, sendo x e y números racionais.

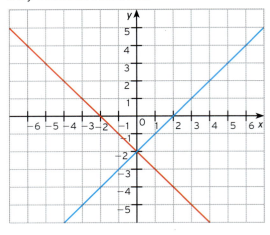

56. Observe os dois conjuntos de pontos (vermelhos e verdes) representados a seguir.

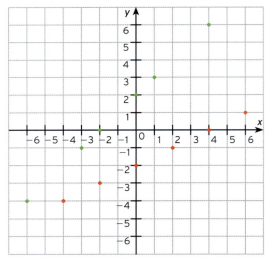

- Agora, identifique qual equação abaixo tem sua solução representada pelos pontos vermelhos e qual tem sua solução representada pelos pontos verdes.

a) $x = y - 2$ d) $2y = x - 4$
b) $x^2 + y = -3$ e) $y^2 = 37$
c) $7 = -x + 7y$ f) $x^2 + y^2 = 1$

57. Determine pelo menos quatro pares ordenados que sejam soluções da equação $2x + y = 6$.

- Agora, represente esses pares em um plano cartesiano.

SISTEMAS DE DUAS EQUAÇÕES DO 1º GRAU COM DUAS INCÓGNITAS

Observe a conversa entre Bia e Luísa. Quantos anos têm Luísa e Bia?

Para representar essa situação, precisamos de duas equações, cada uma com duas incógnitas, x e y, em que x representa a idade de Bia e y representa a idade de Luísa, com $x > 0$ e $y > 0$:

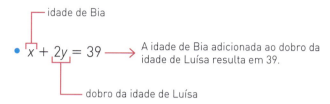

- $x + 2y = 39$ → A idade de Bia adicionada ao dobro da idade de Luísa resulta em 39.

- $y = x + 3$ → Luísa é 3 anos mais velha que Bia.

Essas equações compõem um **sistema de equações do 1º grau com duas incógnitas**, representado da seguinte maneira:

$$\begin{cases} x + 2y = 39 \\ y = x + 3 \end{cases}$$

Para solucionar o problema, devemos resolver o sistema de equações determinando uma solução que satisfaça as duas equações ao mesmo tempo. Veremos nos próximos anos que quando o sistema é composto por equações do 1º grau com duas incógnitas, ele terá um único par ordenado como solução.

Na situação anterior, o par ordenado (11, 14) torna as duas equações ($x + 2y = 39$ e $y = x + 3$) verdadeiras.

- $x + 2y = 39$

$$x + 2y = 39$$
$$11 + 2 \cdot 14 = 39$$
$$11 + 28 = 39$$
$$39 = 39 \leftarrow \text{sentença verdadeira}$$

- $y = x + 3$

$$y = x + 3$$
$$14 = 11 + 3$$
$$14 = 14 \leftarrow \text{sentença verdadeira}$$

Logo, Bia tem 11 anos e Luísa tem 14 anos.

RESOLUÇÃO DE UM SISTEMA DE EQUAÇÕES DO 1º GRAU COM DUAS INCÓGNITAS

Vamos estudar dois métodos para resolver um sistema de equações: o **método da substituição** e o **método da comparação**.

MÉTODO DA SUBSTITUIÇÃO

Acompanhe a resolução do sistema $\begin{cases} x + y = 7 \\ x + 2y = 11 \end{cases}$, usando o **método da substituição**. Considere o conjunto universo como o conjunto dos números racionais.

I. Escolhemos uma das equações para isolar uma das incógnitas.
Vamos isolar x na equação $x + y = 7$.

$$x + y = 7$$
$$x + y - y = 7 - y$$
$$x = 7 - y$$

II. Na equação $x + 2y = 11$, substituímos x por $7 - y$. Assim:

$$x + 2y = 11$$
$$(7 - y) + 2y = 11$$

Observe que, ao fazer a substituição, obtemos uma equação com uma incógnita: y. Resolvendo essa equação, determinamos o valor de y.

$$(7 - y) + 2y = 11$$
$$7 - y + 2y = 11$$
$$7 + y = 11$$
$$7 + y - 7 = 11 - 7$$
$$y = 4$$

Portanto, y é igual a 4.

III. Agora, substituímos o valor de y em qualquer uma das equações para encontrar o valor de x.

$$x + y = 7$$
$$x + 4 = 7$$
$$x = 7 - 4$$
$$x = 3$$

$$x + 2y = 11$$
$$x + 2 \cdot 4 = 11$$
$$x + 8 = 11$$
$$x = 11 - 8$$
$$x = 3$$

Logo, a solução do sistema é o par ordenado (3, 4).

Para verificar se a solução encontrada está correta, podemos substituir os valores encontrados nas duas equações e verificar se as sentenças obtidas são verdadeiras.

$$x + y = 7$$
$$3 + 4 = 7$$
$$7 = 7 \quad \longleftarrow \text{sentença verdadeira}$$

$$x + 2y = 11$$
$$3 + 2 \cdot 4 = 11$$
$$3 + 8 = 11$$
$$11 = 11 \quad \longleftarrow \text{sentença verdadeira}$$

ATIVIDADES

RETOMAR E COMPREENDER

58. Identifique quais dos itens abaixo representam um sistema com duas equações do 1° grau com duas incógnitas.

a) $\begin{cases} x + y = 45 \\ 5x + 4y = 9 \end{cases}$

f) $\begin{cases} \dfrac{d + t}{2} = \dfrac{7}{8} \\ d + \dfrac{t}{3} = -5 \end{cases}$

b) $\begin{cases} x^2 + y^2 = 1 \\ x - y = 3 \end{cases}$

g) $\begin{cases} 3x + 4y = 4y \\ 0x + 0y = 0 \end{cases}$

c) $\begin{cases} \dfrac{a^2}{2} + 3b^2 = \dfrac{1}{2} \\ 45a - b = 36 \end{cases}$

h) $\begin{cases} x + y = 0 \end{cases}$

d) $\begin{cases} x + w + z = 0 \\ x + w = 0 \end{cases}$

i) $\begin{cases} x^3 - y^2 + 1 = 0 \\ \dfrac{x}{2} + y = 3 \end{cases}$

e) $\begin{cases} x + y = 0 \\ x + y = 1 \end{cases}$

j) $\begin{cases} \dfrac{a}{2} + 3b = 5 \\ 2a - \dfrac{b}{3} = 0 \end{cases}$

59. Represente, por meio de um sistema de equações, cada situação descrita a seguir.

a) A soma de dois números é 120 e a diferença entre eles é 60.

b) Mônica comprou três revistas e cinco álbuns de figurinhas por R$ 28,00. Alex pagou, na mesma banca de jornal, R$ 30,00 por quatro revistas e três álbuns iguais aos que Mônica comprou.

c) Um ônibus saiu da cidade A com 42 assentos ocupados. Para quem foi somente até a cidade B, a passagem custou R$ 32,00. Para quem foi até a cidade C, a passagem custou R$ 34,00. A empresa de ônibus arrecadou nessa viagem R$ 1 360,00.

60. Associe cada par ordenado ao sistema de equações do qual ele é solução no conjunto dos números racionais.

(4, 2)	$\begin{cases} x + y = 8 \\ x + 3y = 14 \end{cases}$
(3, −1)	$\begin{cases} -2x - 3y = -14 \\ 2x + 5y = 18 \end{cases}$
(5, 3)	$\begin{cases} 6x + 14y = 4 \\ -2x - 3y = -3 \end{cases}$

61. Verifique se os pares ordenados (5, 3) e (0, −7) são soluções dos sistemas a seguir.

a) $\begin{cases} y + x = x + 3 \\ 2x + 2y = 38 \end{cases}$

b) $\begin{cases} 4x + 2y - 4 = 0 \\ -3x + 5y = 16 \end{cases}$

62. Resolva os sistemas a seguir utilizando o método da substituição.

a) $\begin{cases} x - 4y = -8 \\ 3x + y = 15 \end{cases}$

b) $\begin{cases} 2x + y = -1 \\ x + 5y = -23 \end{cases}$

c) $\begin{cases} \dfrac{x}{2} - 2y = -4 \\ x + \dfrac{y}{3} = 5 \end{cases}$

d) $\begin{cases} 3x + 2y = 6 \\ x - 3y = -\dfrac{7}{2} \end{cases}$

e) $\begin{cases} \dfrac{10x}{4} + \dfrac{6y}{2} = 18 \\ \dfrac{17y}{4} + \dfrac{3x}{4} = 8 \end{cases}$

f) $\begin{cases} \dfrac{x}{2} - \dfrac{y}{2} = \dfrac{1}{2} \\ x + y = 1 \end{cases}$

g) $\begin{cases} 4(x + 5) - 3y + 1 = 22 \\ (x + 1)^2 + y = (x + 2)^2 - 4 \end{cases}$

h) $\begin{cases} \dfrac{x}{2} - 5y = -\dfrac{11}{4} \\ \dfrac{x}{2} + \dfrac{y}{2} = \dfrac{7}{15} \end{cases}$

APLICAR

63. Resolva a situação-problema.

Mariana é técnica de basquete e de vôlei de uma escola. Em suas aulas, ela leva as 27 bolas disponíveis na escola. A quantidade de bolas de vôlei é o dobro da quantidade de bolas de basquete. Escreva um sistema de equações que represente essa situação e, depois, determine a quantidade de bolas de basquete e de vôlei que Mariana leva para as aulas.

Fotografias: Bola voleibol: KP Photography/Shutterstock.com/ID/BR; Bola basquete: titov dmitriy/Shutterstock.com/ID/BR

UNIDADE 5 - EQUAÇÕES E INEQUAÇÕES

MÉTODO DA COMPARAÇÃO

Acompanhe a resolução do sistema $\begin{cases} 2x + 3y = 0 \\ \dfrac{x}{2} + y = -\dfrac{1}{12} \end{cases}$, considerando como conjunto universo o conjunto dos números racionais e usando o **método da comparação**.

I. Escolhemos uma das equações para isolar uma das incógnitas.
Vamos isolar x na equação $2x + 3y = 0$.

$$2x + 3y = 0 \Rightarrow 2x = -3y \Rightarrow x = -\frac{3y}{2}$$

II. Isolamos o x na equação $\dfrac{x}{2} + y = -\dfrac{1}{12}$.

$$\frac{x}{2} + y = -\frac{1}{12} \Rightarrow \frac{x}{2} = -y - \frac{1}{12} \Rightarrow \frac{2x}{2} = -2y - \frac{2}{12} \Rightarrow x = -2y - \frac{1}{6}$$

III. Igualamos as expressões encontradas nas etapas **I** e **II** e obtemos uma equação do 1º grau com uma incógnita.

$$-\frac{3y}{2} = -2y - \frac{1}{6}$$
$$-\frac{9y}{6} = -\frac{12y}{6} - \frac{1}{6}$$
$$-9y = -12y - 1$$
$$12y - 9y = -1$$
$$3y = -1$$
$$y = -\frac{1}{3}$$

IV. Substituímos o valor de y em qualquer uma das equações para encontrar o valor de x.

$$2x + 3y = 0$$
$$2x + 3\left(-\frac{1}{3}\right) = 0$$
$$2x - 1 = 0$$
$$2x = 1$$
$$x = \frac{1}{2}$$

Logo, a solução do sistema é o par ordenado $\left(\dfrac{1}{2}, -\dfrac{1}{3}\right)$.

Verificando se a solução encontrada está correta, temos:

$$2x + 3y = 0$$
$$2\left(\frac{1}{2}\right) + 3\left(-\frac{1}{3}\right) = 0$$
$$\frac{2}{2} - \frac{3}{3} = 0$$
$$1 - 1 = 0$$
$$0 = 0 \longleftarrow \text{sentença verdadeira}$$

$$\frac{x}{2} + y = -\frac{1}{12}$$
$$\frac{\frac{1}{2}}{2} + \left(-\frac{1}{3}\right) = -\frac{1}{12}$$
$$\frac{1}{4} - \frac{1}{3} = -\frac{1}{12}$$
$$\frac{3}{12} - \frac{4}{12} = -\frac{1}{12}$$
$$-\frac{1}{12} = -\frac{1}{12} \longleftarrow \text{sentença verdadeira}$$

ATIVIDADES

RETOMAR E COMPREENDER

64. Observe que as balanças representadas abaixo estão equilibradas.

a) Sabendo que as latas de cores iguais têm massas iguais, escreva um sistema de equações que represente essa situação.

b) Resolva o sistema de equações do item **a** utilizando o método da comparação.

65. Considere como conjunto universo o conjunto dos números racionais e resolva os seguintes sistemas utilizando o método da comparação.

a) $\begin{cases} x + y = 9 \\ x - y = 1 \end{cases}$

b) $\begin{cases} a + 2b = -1 \\ 2a - b = -2 \end{cases}$

c) $\begin{cases} x + z = 0 \\ x - 2z = \dfrac{3}{2} \end{cases}$

d) $\begin{cases} 3t + \dfrac{w}{2} = -16 \\ -2t - w = 0 \end{cases}$

e) $\begin{cases} a + 1 = 2b \\ 2a - b = 0 \end{cases}$

f) $\begin{cases} 5m - 2(d + 1) = 5 \\ 3(m - 2) + d = -4 \end{cases}$

g) $\begin{cases} 2x + 4(x + y) = 36 \\ 2(x - 5) = 4 - y \end{cases}$

h) $\begin{cases} \dfrac{a}{3} + \dfrac{b}{2} = \dfrac{13}{6} \\ 2(a + b) = \dfrac{b + 3}{2} \end{cases}$

APLICAR

66. Resolva o sistema a seguir utilizando o método da comparação.

$\begin{cases} x - y = 22 \\ 2x + y = 14 \end{cases}$

Agora, determine o valor das expressões.

a) $x + y$

b) $x^2 + y^2$

c) $10x + y^3$

d) $\dfrac{x + y}{y}$

67. Resolva o sistema a seguir pelo método da comparação.

$\begin{cases} \dfrac{a + b}{2} = 3 \\ 2a + 1 = -b \end{cases}$

Em seguida, determine o valor das expressões.

a) $a^2 - b^2$

b) $b^2 - 2ab + a^2$

c) $\dfrac{b - a}{a}$

d) $\dfrac{2b + a}{2a + b}$

68. Resolva a situação.

Adriana é mãe de Joana. Quando Joana nasceu, Adriana tinha 40 anos. Hoje, a soma de suas idades é 66 anos. Quantos anos cada uma tem?

69. Resolva mentalmente, no conjunto dos números racionais, os sistemas a seguir.

a) $\begin{cases} x = y \\ x + y = 1 \end{cases}$

b) $\begin{cases} x + y = 1 \\ 2x + y = 1{,}5 \end{cases}$

c) $\begin{cases} 3x - 3y = 0 \\ \dfrac{x}{2} + \dfrac{y}{2} + \dfrac{1}{2} = 0 \end{cases}$

d) $\begin{cases} 2a + 2b = 4 \\ \dfrac{a}{2} - \dfrac{b}{2} = 0 \end{cases}$

e) $\begin{cases} 2\left(a + \dfrac{b}{2}\right) = 3 \\ -4a + 5b = 1 \end{cases}$

f) $\begin{cases} \dfrac{2a}{4} + \dfrac{3b}{4} = 1{,}25 \\ -a + 3b = 2 \end{cases}$

70. Sabendo que o par ordenado $(7, y)$ é solução do sistema abaixo, utilize o método da comparação para determinar o valor de k.

$\begin{cases} x + 2y = k \\ 2x - 3y = k + 10 \end{cases}$

MAIS ATIVIDADES

RETOMAR E COMPREENDER

71. Resolva os itens a seguir.

Para calcular o valor de uma corrida, um taxista cobra R$ 4,00 pela bandeirada mais R$ 2,50 por quilômetro percorrido.

a) A expressão algébrica abaixo pode ser usada para calcular o valor de uma viagem?

$$4 + 2{,}50 \cdot q$$

b) O que o número 4 representa nessa expressão algébrica? E o número 2,50?

c) O que representa a letra q?

d) Se um passageiro percorrer 25 quilômetros de táxi, quanto ele vai pagar pela viagem?

72. Resolva os itens a seguir, considerando que o preço, em reais, de uma camiseta seja x.

a) Escreva no caderno a expressão algébrica que representa o preço de cada produto a seguir.
- A calça custa o triplo do valor da camiseta.
- A luva custa metade do valor da camiseta.
- O casaco custa R$ 10,00 a mais que a camiseta.

b) Se o preço da camiseta for R$ 26,00, quanto custará a calça? E a luva? E o casaco?

73. Responda:

Sendo $p = 2$ e $q = -2$, qual é o valor numérico da expressão $\dfrac{p^2 - q^3}{pq}$?

74. Resolva a situação.

Em seu último jogo, o time de basquete da escola de Luís fez apenas cestas de 2 e 3 pontos. No total, o time marcou 72 pontos.

a) Sendo d a quantidade de cestas de 2 pontos e t a quantidade de cestas de 3 pontos marcadas pelo time de Luís, qual das equações a seguir representa a pontuação final do time?

I. $5(d + t) = 72$ III. $2d + 3t = 72$

II. $3d + 2t = 72$ IV. $dt(2 + 3) = 72$

b) Verifique se o par (9, 18) é solução da equação que você indicou no item anterior.

75. Faça o que se pede.

Quando equações de um mesmo conjunto universo apresentam raízes iguais, elas são equações equivalentes. As equações $x + 4 = 6$ e $x + 5 = 7$ são exemplos de equações equivalentes, das quais 2 é raiz. Para cada raiz a seguir, escreva duas equações equivalentes.

a) 3   b) 5   c) 0   d) -2

76. Responda:

Qual das equações abaixo relaciona os valores dos pares p e q que estão no quadro?

p	q
-2	-3
0	1
1	3
5	11

a) $q = 2p - 1$ c) $q = 2p + 1$
b) $q = p - 2$ d) $q = 3p - 1$

77. Considere a equação a seguir.

$$x + 2y = 12$$

a) Determine três pares ordenados que são soluções dessa equação.

b) Marque em um plano cartesiano esses pares ordenados e, em seguida, ligue os pontos. O que você observou ao fazer isso?

c) Verifique se o ponto $\left(-7, \dfrac{19}{2}\right)$ é uma solução dessa equação. Justifique.

78. Resolva os sistemas a seguir. Considere x e y números inteiros.

a) $\begin{cases} x + y = 2 \\ 2x - y = 4 \end{cases}$ b) $\begin{cases} -x + 2y = 3 \\ 2x + y = 6 \end{cases}$

79. Resolva mentalmente os sistemas a seguir.

a) $\begin{cases} x + y = 8 \\ x \cdot y = 15 \end{cases}$ b) $\begin{cases} 2x - y = 8 \\ x + y = 7 \end{cases}$

APLICAR

80. Escreva uma expressão algébrica para representar cada sentença.

a) 10% de um número.

b) A média aritmética de três números.

81. Resolva a situação-problema.

Na festa de formatura do 9º ano, os convites foram vendidos por preços diferentes: R$ 15,00 para formandos e R$ 20,00 para convidados. Com 300 convites vendidos, foram arrecadados R$ 5 300,00. Quantos foram os convites vendidos apenas para os formandos da escola?

82. Resolva.

Um livreiro vendeu livros de capa mole por R$ 12,00 cada um e livros de capa dura por R$ 15,00 cada um. No total, ele vendeu 125 livros e obteve R$ 1 680,00 com as vendas. Quantos livros de cada tipo esse livreiro vendeu?

83. Resolva.

Um operário recebe R$ 8,00 por hora de trabalho regular e R$ 12,00 por hora extra. Em um mês, esse operário trabalhou, ao todo, 192 horas (contando seu turno regular e as horas extras) e recebeu R$ 1 664,00. Quantas horas extras ele fez?

84. Ajude Bia e Lia a resolver o problema.

Bia e Lia fizeram juntas um trabalho de digitação de 120 páginas, pelo qual receberam R$ 240,00. Elas querem dividir o dinheiro proporcionalmente a quanto cada uma trabalhou. Quanto cada uma deve receber, sabendo que, se Bia tivesse digitado três páginas a mais, teria feito exatamente o dobro de páginas que Lia fez?

85. A equação $-x + y = 3$ é representada por qual das retas apresentadas abaixo? Explique como você chegou a essa conclusão.

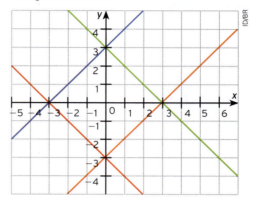

86. Resolva a situação-problema.

Felipe retirou R$ 1 200,00 de sua conta em uma agência bancária. O caixa eletrônico do banco dispunha de apenas dois tipos de cédulas: de 10 reais e de 50 reais. Se Felipe recebeu 56 cédulas, quantas eram de 50 reais e quantas eram de 10 reais?

87. Resolva.

Laís vai ao teatro com os amigos. Ela comprou 5 ingressos inteiros e 3 ingressos de estudante (que têm valor menor que o ingresso inteiro). No dia seguinte, ela comprou 4 ingressos inteiros e 6 de estudante para outros amigos. Na primeira compra, ela gastou R$ 220,00, e na segunda, R$ 248,00. Mas Laís se esqueceu de anotar o valor de cada ingresso, para cobrar de seus amigos o valor correto. Qual é o valor de cada tipo de ingresso?

88. Descubra.

A soma da idade de André com o dobro da idade de Daniela é 21 anos. O quociente da diferença entre a idade de André e o dobro da idade de Daniela por 5 é 1. Quantos anos tem cada um?

89. **APLICAR** Use os conceitos apresentados até aqui para resolver as **atividades interativas**.

Capítulo 2 — INEQUAÇÕES

Como representar a sentença matemática "um número adicionado a 3 é maior ou igual a 8"? Nesse caso, não temos uma igualdade e, portanto, não podemos usar o conceito de equação. Para representar essa sentença, usamos o conceito de inequação, que estudaremos neste capítulo.

DESIGUALDADES E INEQUAÇÕES

Nos jogos olímpicos de 2016, no Rio de Janeiro, o brasileiro Thiago Braz saltou 6,03 m para ganhar a medalha de ouro no salto com vara. O francês Renaud Lavillenie alcançou a altura de 5,98 m e recebeu a medalha de prata, e a de bronze ficou com o americano Sam Kendricks, que alcançou a altura de 5,85 m.

A altura que o brasileiro saltou é **maior que** a altura que o francês saltou, ou seja, 6,03 m $>$ 5,98 m. Já a altura que o americano alcançou é **menor que** a altura que o brasileiro alcançou, ou seja, 5,85 m $<$ 6,03 m.

Nas alturas alcançadas pelos atletas, observamos uma **desigualdade**.

Os símbolos utilizados para representar uma desigualdade são:

diferente de $\neq$	menor que $<$	maior que $>$	menor ou igual a $\leq$	maior ou igual a $\geq$

Por exemplo, para que o francês ganhasse a medalha de ouro, ele precisaria transpor o sarrafo a uma altura, que vamos chamar de a, maior que 6,03 m — altura alcançada pelo brasileiro. Podemos representar essa situação das seguintes maneiras:

$$a > 6{,}03 \quad \text{ou} \quad 6{,}03 < a$$

Com a marca de 6,03 m, Thiago Braz passou a ser o recordista olímpico no salto com vara.

Inequação é toda sentença matemática expressa por uma desigualdade e que contém pelo menos uma letra.

Nas inequações, as letras que representam números também são chamadas de **incógnitas**.

Assim como nas equações, a expressão à esquerda do sinal da desigualdade é chamada de **1º membro**, e a expressão à direita é chamada de **2º membro**.

Exemplos

A. Um número adicionado a 10 é menor que 32.

Sendo x a incógnita, podemos representar essa situação da seguinte maneira:

$$x + 10 < 32 \quad \begin{cases} \text{incógnita: } x \\ \text{1º membro: } x + 10 \\ \text{2º membro: } 32 \end{cases}$$

B. Observe a balança ao lado.

Como a balança está desequilibrada, para representar a situação, devemos usar uma desigualdade. A ilustração indica que o bloco do prato da esquerda, por estar mais elevado, possui massa menor que o bloco do prato da direita. Portanto, podemos representar essa situação com a seguinte inequação:

$$x + 15 < y + 3 \quad \begin{cases} \text{incógnitas: } x \text{ e } y \\ \text{1º membro: } x + 15 \\ \text{2º membro: } y + 3 \end{cases}$$

C. Em uma apresentação, Sandra e Rodrigo podem cantar juntos, no máximo, 30 minutos.

Considerando S o tempo de Sandra e R o tempo de Rodrigo, podemos representar essa situação da seguinte maneira:

$$S + R \leq 30 \quad \begin{cases} \text{incógnitas: } S \text{ e } R \\ \text{1º membro: } S + R \\ \text{2º membro: } 30 \end{cases}$$

SOLUÇÕES DE UMA INEQUAÇÃO

Soluções de uma inequação são os números que, ao substituir a incógnita, tornam a sentença verdadeira.

Exemplo

Considere a inequação $h + 9 \leq 21$.

O número 8 é solução dessa inequação, pois $8 + 9 = 17$, e $17 \leq 21$. Entretanto, existem outros números que também são soluções dessa inequação, como o 3, pois $3 + 9 = 12$, e $12 \leq 21$; e o 12, pois $12 + 9 = 21$, e $21 \leq 21$. Já o número 15 não é solução dessa inequação, pois $15 + 9 = 24$, e $24 \leq 21$ é uma sentença falsa.

Agora, observe o que ocorre quando o sinal de $\leq$ é substituído pelo sinal de $=$, tornando a sentença uma igualdade: $h + 9 = 21$. Nesse caso, apenas o número 12 é solução.

MESMO SENTIDO E SENTIDOS OPOSTOS

Observe as relações entre os sinais usados para expressar uma desigualdade.

- $>$ e $>$ têm o mesmo sentido.
- $<$ e $<$ têm o mesmo sentido.
- $>$ e $<$ têm sentidos opostos.
- $<$ e $>$ têm sentidos opostos.

Essas relações também são válidas para os sinais $\geqslant$ e $\leqslant$.

COMPREENDER

Observe o passo a passo de como funciona o **princípio multiplicativo da desigualdade**.

PRINCÍPIOS DE EQUIVALÊNCIA DAS DESIGUALDADES

Os princípios de equivalência das desigualdades estabelecem algumas regras para adicionar, subtrair, multiplicar ou dividir os membros de uma desigualdade do tipo $>$, $<$, $\geqslant$ ou $\leqslant$.

Princípio aditivo da desigualdade

Ao adicionar a (ou subtrair de) ambos os membros de uma desigualdade um mesmo número, a desigualdade permanece verdadeira. Esse é o **princípio aditivo da desigualdade**, que é válido se o número adicionado (ou subtraído) for positivo ou negativo.

Exemplos

A.
$$-3 > -7$$
$$-3 - 5 > -7 - 5$$
$$-8 > -12$$

B.
$$5 < 6$$
$$5 - 8 < 6 - 8$$
$$-3 < -2$$

C.
$$3x \geqslant 7$$
$$3x + 8 \geqslant 7 + 8$$
$$3x + 8 \geqslant 15$$

D.
$$-17y + 8 < 5b - 3$$
$$-17y + 8 - 5b + 3 < 5b - 3 - 5b + 3$$
$$-17y - 5b + 11 < 0$$

Princípio multiplicativo da desigualdade

Para que uma desigualdade permaneça verdadeira ao multiplicar (ou dividir) ambos os membros por um mesmo número não nulo e:

- **positivo**, devemos **manter** o sinal da desigualdade;
- **negativo**, devemos **inverter** o sinal da desigualdade.

Esse é o princípio **multiplicativo da desigualdade**.

Exemplos

A.
$$-3 > -7$$
$$-3 \cdot \frac{5}{2} > -7 \cdot \frac{5}{2}$$
$$-\frac{15}{2} > -\frac{35}{2}$$

B.
$$5 < 6$$
$$5 \cdot (-3,5) > 6 \cdot (-3,5)$$
$$-17,5 > -21$$

C.
$$3x \geqslant 7$$
$$3x : (-3) \leqslant 7 : (-3)$$
$$-x \leqslant -\frac{7}{3}$$

D.
$$-17y + 8 < 5b - 3$$
$$(-17y - 8) : 5 < (5b - 3) : 5$$
$$-3,4y + 1,6 < b - 0,6$$

Ao multiplicar ambos os membros de uma desigualdade por zero, obtemos a igualdade $0 = 0$.

ATIVIDADES

RETOMAR E COMPREENDER

1. Represente cada situação a seguir com uma inequação.
   a) A metade de 185 adicionada a um número é menor que 102.
   b) A diferença entre o preço y de uma camiseta e o preço z de um caderno é maior que 2 reais.
   c) A altura de uma cortina acrescida de 20 cm não pode ultrapassar 2,5 m.
   d) Um número n é maior que o dobro do seu consecutivo.
   e) A terça parte de um número subtraída de 10 é maior que esse número.

2. Escreva a inequação que representa a situação mostrada pela balança. Em cada bloco está indicada a sua massa.
   a)
   b)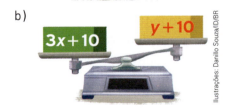

   Ilustrações: Danilo Souza/ID/BR

3. Resolva o problema.
   Por que 8 é solução da inequação $3x + 2 > 25$ e 10 não é solução da inequação $2x \leqslant 15$?

4. Identifique quais dos números do quadro abaixo são soluções da inequação $y + 1 \geqslant 3$.

   | −3 | 3,5 | 7 | 0 | −1 | 2 |

5. Considere os seguintes números e responda.

   | −5 | $\frac{1}{2}$ | 4 | −7 | $-\frac{15}{2}$ |

   • Quais deles são soluções da inequação $\frac{5x - 2}{4} > x - 2$?

APLICAR

6. Resolva a situação.
   A idade de Maria (M) somada à idade de Pedro (P) é maior que 35 anos. Qual das sentenças abaixo representa essa situação?
   a) $M + P < 35$ c) $M + P \geqslant 35$
   b) $M + P = 35$ d) $M + P > 35$

7. Use o princípio aditivo da desigualdade para completar as sentenças a seguir com os símbolos que indicam corretamente a desigualdade.
   a) $4 < 5$
      $4 + 7 \blacksquare 5 + 7$
   b) $6 > 2$
      $6 + (-3) \blacksquare 2 + (-3)$
   c) $-3 < 1$
      $-3 + 3 \blacksquare 1 + 3$

8. Considerando que nos itens abaixo foi usado o princípio multiplicativo da desigualdade, complete com o fator correto.
   a) $12 > 9$
      $12 \cdot \blacksquare > 9 \cdot \blacksquare$
   b) $0 < 3$
      $0 \cdot \blacksquare < 3 \cdot \blacksquare$
   c) $-\frac{1}{4} < \frac{1}{2}$
      $-\frac{1}{4} \cdot \blacksquare > \frac{1}{2} \cdot \blacksquare$
      $\frac{1}{2} > -1$

9. Identifique as sentenças como verdadeiras (V) ou falsas (F). Depois, corrija as falsas de modo que se tornem verdadeiras.
   a) Se $x > -3$, então $x + 1 > -2$.
   b) Se $3a \geqslant -3$, então $9a \leqslant -9$.
   c) Se $-2b < -1$, então $2b > 1$.
   d) Se $y \leqslant 5$, então $y - 4 \leqslant 1$.

10. Observe a balança de pratos a seguir.

    a) Represente a inequação da situação ilustrada.
    b) Se somarmos 2 kg de cada lado, como será a nova inequação?

INEQUAÇÕES DO 1º GRAU COM UMA INCÓGNITA

Agora, vamos estudar as inequações do 1º grau com uma incógnita.

> Uma **inequação do 1º grau com uma incógnita** é qualquer inequação que pode ser escrita de uma das seguintes formas:
> - $ax > b$
> - $ax < b$
> - $ax \geq b$
> - $ax \leq b$
>
> Em que x é a incógnita, e os coeficientes a e b são números racionais, com $a \neq 0$.

Exemplos

A. $2x > -1$ é uma inequação do 1º grau com uma incógnita, em que x é a incógnita.

B. $-\dfrac{y}{4} - \dfrac{2y}{4} \leq \dfrac{2}{7}$ é uma inequação do 1º grau com uma incógnita, pois podemos escrevê-la na forma $-\dfrac{3}{4}y \leq \dfrac{2}{7}$, em que y é a incógnita.

C. $b^2 \leq b + 3$ **não** é uma inequação do 1º grau com uma incógnita, pois, no primeiro membro, o expoente da incógnita b é 2.

Note que inequações desse tipo apresentam apenas uma incógnita, com expoente igual a 1.

RESOLVENDO INEQUAÇÕES DO 1º GRAU COM UMA INCÓGNITA

Vimos que, ao resolver as equações do 1º grau com uma incógnita, apenas um (ou nenhum) valor numérico torna a sentença verdadeira. Ao resolver as inequações do 1º grau com uma incógnita, veremos que a incógnita pode assumir nenhum ou diversos valores numéricos que tornam a sentença verdadeira.

Além disso, assim como nas equações, quando resolvemos uma inequação, precisamos analisar o conjunto universo.

Exemplo A

Luciana comprou um novelo de lã de 180 gramas para fazer um cachecol. Para fazer as franjas, ela precisa reservar 20 gramas. Sabendo disso, quantos gramas do novelo, no máximo, Luciana poderá usar para fazer o restante do cachecol?

Dos 180 gramas do novelo, Luciana poderá usar, no máximo, n gramas para fazer o restante do cachecol de modo que ainda restem 20 gramas para fazer as franjas. Usando uma inequação, podemos representar essa situação da seguinte maneira: $180 - n \geq 20$. Agora, vamos resolvê-la:

$$180 - n \geq 20$$
$$180 - n - 180 \geq 20 - 180 \quad \leftarrow \text{princípio aditivo da desigualdade}$$
$$-n \geq -160$$
$$-n \cdot (-1) \leq -160 \cdot (-1) \quad \leftarrow \text{princípio multiplicativo da desigualdade}$$
$$n \leq 160$$

Portanto, Luciana poderá usar, no máximo, 160 gramas do novelo de lã para fazer o restante do cachecol.

Exemplo B

Daniel quer construir um jardim com a forma retangular, com as dimensões indicadas na figura e de modo que as medidas do comprimento e da largura, quando expressas em metros, devem ser números naturais.

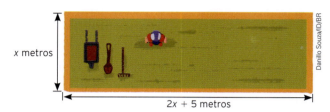

Quais são as possíveis medidas da largura desse jardim, se o perímetro pode ser, no máximo, 34 metros?

Podemos representar essa situação usando a seguinte inequação:

$x + x + (2x + 5) + (2x + 5) \leq 34$

Resolvendo essa inequação, temos:

$$x + x + (2x + 5) + (2x + 5) \leq 34$$
$$6x + 10 \leq 34$$
$$6x + 10 - 10 \leq 34 - 10 \quad \leftarrow \text{princípio aditivo da desigualdade}$$
$$6x \leq 24$$
$$6x : 6 \leq 24 : 6 \quad \leftarrow \text{princípio multiplicativo da desigualdade}$$
$$x \leq 4$$

Agora, volte ao enunciado da situação. Como as medidas das dimensões do terreno devem ser números naturais diferentes de zero, a incógnita x pode assumir os valores 1, 2, 3 ou 4. Podemos representar a solução dessa situação por:

$$S = \{x \in \mathbb{N}^* | x \leq 4\}$$

→ Lemos: x pertence ao conjunto dos números naturais, com exceção do zero, tal que x é menor que ou igual a 4.

Exemplo C

A diferença entre o número $\frac{3}{4}$ e o dobro de um número inteiro não nulo é maior que ou igual a $-\frac{2}{5}$. Qual é o maior valor possível desse número?

Pelo enunciado, sabemos que o número procurado é inteiro e diferente de zero. Representando esse número pela incógnita a, temos: $\frac{3}{4} - 2a \geq -\frac{2}{5}$

Resolvendo a inequação:

$$\frac{3}{4} - 2a \geq -\frac{2}{5}$$
$$\frac{3}{4} - \frac{3}{4} - 2a \geq -\frac{2}{5} - \frac{3}{4}$$
$$-2a \geq \frac{-8 - 15}{20}$$
$$-2a \geq -\frac{23}{20}$$
$$-2a \cdot \left(-\frac{1}{2}\right) \leq -\frac{23}{20} \cdot \left(-\frac{1}{2}\right)$$
$$a \leq \frac{23}{40} = 0{,}575$$

Como a é um número inteiro, diferente de zero e menor que ou igual a 0,575, o maior valor possível para a é -1.

COMPREENDER

Acompanhe o passo a passo da **resolução de uma inequação do 1º grau**.

ATIVIDADES

RETOMAR E COMPREENDER

11. Determine os números racionais que são soluções das seguintes inequações:

a) $3 - 2 \cdot (x + 4) \geqslant x + 5 \cdot (2x - 2)$

b) $\dfrac{x}{2} - \dfrac{x + 1}{3} < \dfrac{x}{4}$

c) $\dfrac{2x - 1}{3} \leqslant 1 - \dfrac{3x + 1}{2}$

12. Considere a inequação $a + 3 < 10$, em que a é um número racional. Classifique as sentenças a seguir em verdadeiras (V) ou falsas (F). Justifique as sentenças falsas.

a) O número 6 é uma solução dessa inequação.

b) Apenas o número 6 é solução dessa inequação.

c) A inequação tem infinitas soluções.

d) Os números racionais que são soluções da inequação são menores do que 7.

13. Resolva as inequações a seguir e escreva os números naturais que são soluções de cada uma.

a) $4y - 6 \leqslant 3y + 7$

b) $\dfrac{y}{2} - 1 > 2$

c) $36 > 2x - 6$

d) $4x > 2x + 10$

14. Resolva mentalmente os itens a seguir.

a) Quais números naturais são solução da inequação $x + 2 < 8$?

b) Quais números racionais são solução da inequação $\dfrac{x}{2} < 4$?

APLICAR

15. Considere a seguinte inequação e resolva os itens a seguir.

$$-3x + 2 \cdot (2 - x) < 1 - x$$

a) Qual é o menor número natural que satisfaz a inequação?

b) Qual é o menor número inteiro que satisfaz a inequação?

c) É possível determinar o menor número racional que satisfaz essa inequação? Justifique.

16. Leia a situação a seguir e resolva os itens.

Uma empresa de táxi cobra R$ 7,20 a bandeirada e R$ 2,50 o quilômetro rodado. Mariana pretende usar um táxi dessa empresa para ir de sua casa ao trabalho e gastar, no máximo, R$ 20,00.

a) Considerando x a distância da casa de Mariana ao trabalho, escreva uma inequação que represente essa situação.

b) O trajeto casa-trabalho de Mariana tem 5 quilômetros. De acordo com o item **a**, ela conseguirá pagar a corrida com R$ 20,00?

17. Leia a situação e resolva os itens a seguir.

Carlos vai comprar um terreno retangular para construir sua casa. Para executar o projeto que ele escolheu, esse terreno deverá ter, no mínimo, 330 m², com uma frente de 15 m de comprimento.

a) Faça um esboço do terreno que Carlos deve comprar para conseguir executar o projeto que escolheu.

b) Carlos deve comprar um terreno com uma largura mínima de quantos metros?

18. Ajude Célia a resolver o problema.

Célia recebeu uma proposta de emprego. Com o salário oferecido, ela pretende se organizar da seguinte maneira:

- Gastar $\dfrac{1}{4}$ com alimentação.

- Gastar $\dfrac{2}{5}$ com a parcela do financiamento da casa.

- Reservar R$ 400,00 para lazer e roupas.

- Investir, no mínimo, R$ 244,00.

Para que Célia se organize dessa maneira, quanto, no mínimo, deve ser o novo salário?

19. Resolva a situação-problema.

Em um campeonato amador de basquete, cada time joga dez partidas. Para cada vitória, o time ganha 5 pontos, e para cada derrota, perde 3 pontos. Não há empate pelas regras desse campeonato. Além disso, para serem classificados para a segunda fase, os times devem ter um mínimo de 26 pontos. Qual é o menor número de vitórias que um time deve obter para se classificar para a segunda fase?

20. Resolva.

Para fabricar x unidades de um produto, o preço de custo é $2\,400 + 3{,}60x$ reais, e o preço de venda de cada unidade é 10 reais. Quantas unidades precisam ser fabricadas e vendidas para que a fábrica obtenha lucro?

MAIS ATIVIDADES

RETOMAR E COMPREENDER

21. Identifique quais das situações abaixo podem ser representadas por equações e quais podem ser representadas por inequações.

a) A quantidade de páginas que faltam ser lidas de um livro com 350 páginas.

b) A velocidade máxima que um veículo pode trafegar em uma via é 120 km/h.

c) O preço de três embalagens de 500 mL de amaciante é menor que o preço de uma embalagem com 1,5 L.

d) A quantidade de lápis e de borrachas em uma prateleira é a mesma.

22. Responda.

Quais são as principais diferenças e semelhanças entre as equações e as inequações do 1º grau com uma incógnita?

APLICAR

23. Leia a situação e resolva os itens a seguir.

Cláudio junta latinhas de alumínio para reciclagem. Hoje, ele conseguiu juntar 35 latinhas. Adicionando a quantidade de latinhas que juntou nos dias anteriores, Cláudio conseguiu menos de 200 latinhas.

a) Representando a quantidade de latinhas que Cláudio juntou nos dias anteriores por x, escreva uma inequação que represente essa situação.

b) Podemos afirmar que a incógnita x só pode representar números naturais? Justifique.

c) Resolva a inequação que você obteve no item **a** e determine quantas latinhas Cláudio pode ter juntado nos dias anteriores.

24. Observe a placa de indicação de capacidade máxima de um elevador.

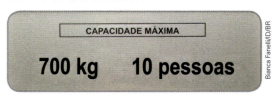

Agora, resolva.

a) Represente essa capacidade com uma inequação.

b) Qual é a massa média possível de um passageiro desse elevador?

25. Resolva a situação.

Um edifício tem três pavimentos de garagem no subsolo, numerados por −1, −2 e −3. O térreo recebe o número 0 e os treze andares acima do térreo são numerados de 1 a 13, conforme mostra o esquema a seguir.

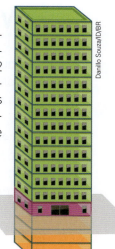

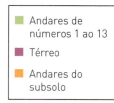
- Andares de números 1 ao 13
- Térreo
- Andares do subsolo

O elevador desse edifício partiu de determinado andar, subiu cinco andares e parou em algum andar abaixo do andar número 9.

a) Representando por y o número do andar em que o elevador estava antes do deslocamento, escreva uma inequação que represente essa situação.

b) Quais números podem ser soluções dessa inequação?

c) Em qual andar esse elevador poderia estar antes de subir os cinco andares?

26. Resolva.

Eric viajou para Porto Alegre. Chegando lá, resolveu alugar um carro por dois dias para conhecer melhor a cidade. Ele consultou o preço do aluguel de um carro da mesma categoria em duas locadoras.

Veja o preço do aluguel do carro em cada locadora:

- Locadora A: R$ 50,00 por dia, mais R$ 1,25 por quilômetro rodado.
- Locadora B: R$ 100,00 por dia, com quilometragem livre.

a) Na locadora B, Eric gastaria R$ 200,00 pelos dois dias. Na locadora A, quanto ele pagaria se rodasse um total de x quilômetros nos dois dias?

b) Em que situação alugar o carro na locadora A é mais vantajoso que alugá-lo na locadora B?

27. **APLICAR** Use os conceitos apresentados até aqui para resolver as **atividades interativas**.

AMPLIANDO HORIZONTES

Vivendo na corda bamba?

Muitas pessoas lidam com o dinheiro como se estivessem em uma corda bamba, ou seja, gastando mais do que ganham, não poupando para realizar sonhos ou se proteger de imprevistos, endividando-se para alimentar um consumismo, por vezes, irresponsável e prejudicial à sua vida, à de suas famílias e até ao meio ambiente.

Para não viver financeiramente desequilibrado e cheio de dívidas, é importante registrar em uma folha, *smartphone* ou computador, as receitas (ou seja, a quantia de dinheiro que recebemos ou ganhamos) e as despesas (o que precisamos pagar e o que pretendemos comprar) relativas a determinado período (semana, quinzena, mês, etc.). Esse registro é chamado de orçamento.

Um orçamento equilibrado, no qual a soma das despesas com as receitas é nula, pode nos ajudar a saber realmente o quanto se gasta e como se gasta, identificar desperdícios — como compras equivocadas ou desnecessárias — e a redefinir prioridades e avaliar hábitos de consumo — como trocar de marcas, entre outros.

Além disso, o orçamento possibilita avaliar o impacto do aumento de preços e dos salários nas finanças pessoais e da família. Quando, por exemplo, o aumento percentual das tarifas de energia elétrica, de água e esgoto, de telefone ou de transporte é maior que o dos salários da família, isso significa que a família vai passar a gastar um percentual maior do total que ganhava. Assim, se sobrava algum dinheiro, agora talvez não sobre mais. E se o dinheiro dava certinho, ele não será mais suficiente, caso a família mantenha o mesmo consumo. Perceber a diferença dos percentuais de aumento do salário e dos preços é algo importante para ter um orçamento equilibrado.

Lembre-se de que um orçamento não faz milagres, apenas deixa as coisas mais claras ao fornecer uma espécie de mapa das finanças pessoais.

ENTRADA
R$ 50,00 (mesada)
R$ 15,00 (presente da avó)
Total = R$ 65,00

SAÍDA
R$ 25,00 (cinema)
R$ 22,00 (lanche)
R$ 8,00 (transporte)
Total = R$ 55,00

Para refletir

1. Observe a situação apresentada na ilustração. Em sua opinião, o que a expressão "andar em uma corda bamba" tem a ver com educação financeira?

COMPREENDER
Veja o vídeo para evitar ficar na **corda bamba**.

2. No Brasil, o orçamento desequilibrado pode ter consequências desastrosas na vida de muitas pessoas e famílias, como o alto nível de endividamento. Veja o quadro abaixo, com dados percentuais de 2010 a 2016.

PEIC (Percentual do total) – Média anual	2010	2011	2012	2013	2014	2015	2016
Famílias endividadas	59,1%	62,2%	58,3%	62,5%	61,9%	61,1%	58,7%
Famílias com contas em atraso	25,0%	22,9%	21,4%	21,2%	19,4%	20,9%	23,6%
Famílias sem condições de pagar as dívidas em atraso	8,8%	8,0%	7,1%	6,9%	6,3%	7,7%	8,9%

Disponível em: <http://linkte.me/a0toi>. Acesso em: 22 fev. 2017.

a) Liste pelo menos dois motivos, em sua opinião, para cada uma das situações apresentadas no quadro. Há alguma relação desses dados com o orçamento equilibrado?

b) Se, em 2016, foram registradas 9,2 milhões de famílias endividadas, quantas famílias brasileiras estavam, nesse mesmo ano, sem condições de pagar as dívidas em atraso, segundo os dados da tabela?

3. Considere que uma família ganhava 2 000 reais por mês e gastava 1 800 reais, poupando 200 reais. Sabendo que, em um ano, os salários aumentaram 5%, e os gastos, 10%, devido a vários aumentos de preço, como o de aluguel, alimentação, transporte e o das tarifas de energia elétrica, água, telefone e gás, responda à questão.

• Que porcentagem do salário a família conseguia poupar antes dos aumentos? E depois?

173

ATIVIDADES INTEGRADAS

APLICAR

1. Resolva a situação-problema.

   As corridas de revezamento são provas realizadas geralmente por equipes com quatro integrantes que se revezam correndo trechos de um circuito.

   a) Quatro amigos vão participar de uma corrida de revezamento para atletas amadores. Como eles não possuem o mesmo condicionamento físico, decidiram correr trechos com distâncias diferentes. João correrá $\frac{1}{3}$ da prova; Pedro, $\frac{1}{5}$ da prova; Vítor correrá 3 km; e Rafael, os 4 km restantes da prova. Represente essa situação usando os conhecimentos que você estudou nesta unidade.

   b) Qual é a distância total da corrida?

   c) Quantos quilômetros João e Pedro terão de correr?

2. Copie e complete no caderno o organizador gráfico.

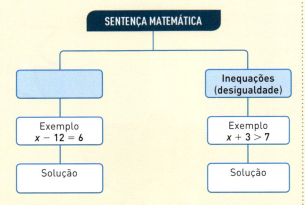

3. Ajude Antônio a resolver o problema.

   Antônio decidiu dividir sua coleção de moedas antigas entre seus netos. Ele dividiu 120 moedas entre as netas e 165 moedas entre os netos. Desse modo, todos receberam a mesma quantidade de moedas. Sabendo que há 3 netos a mais que netas, qual é o número de netas e de netos de Antônio? Quantas moedas cada um recebeu?

4. Resolva o problema do quadro abaixo.

   > A adição de 59 a um número multiplicado por 6 tem resultado 372. Que número é esse?

ANALISAR E VERIFICAR

5. Considere a situação e resolva os itens a seguir.

   Veja como Simone fez para determinar o número desconhecido.

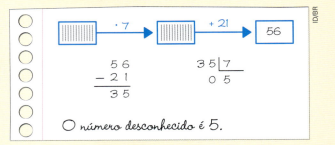

   Ao ver a resolução de Simone, um colega afirmou que é possível registrar, com equações, os cálculos que ela fez. Veja como ele fez esses registros.

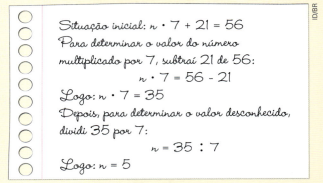

   a) Comparando os dois procedimentos, indique o que existe de parecido e de diferente entre eles.

   b) Qual dos dois métodos você escolheria para resolver a situação apresentada?

   c) Nos dois métodos, foram usadas operações inversas. Em sua opinião, por que se subtraiu 21 do total e, depois, dividiu-se o resultado por 7, e não o contrário?

6. Faça o que se pede.

   a) Construa uma reta numérica horizontal e localize os números 3 e 8.

   b) Os pontos que representam esses números estão localizados à direita ou à esquerda da origem?

   c) Utilizando os sinais < e >, compare os números 3 e 8.

   d) Multiplique esses números por −1 e localize os produtos na mesma reta numérica.

   e) Os pontos que representam esses números estão localizados à direita ou à esquerda da origem?

f) Utilizando os sinais < e >, compare os números −3 e −8.

g) Observando a comparação entre 3 e 8 e entre −3 e −8, explique por que, ao multiplicar uma desigualdade ou uma inequação por um número negativo, seu sinal deve ser invertido.

7. Leia a situação e responda.

O professor de Marcos pediu a ele que determinasse a única solução racional da seguinte equação:
$$\frac{5x-4}{2x^2+x+2} = \frac{5x-4}{x^2+x+1}$$

Para começar a resolver a equação, Marcos pensou o seguinte:

"Se as duas frações são iguais, e os numeradores são iguais, então, seus denominadores também são iguais."

Assim, ele igualou os denominadores e resolveu a equação da seguinte maneira:
$$2x^2 + x + 2 = x^2 + x + 1$$
$$2x^2 - x^2 + x - x = 1 - 2$$
$$x^2 = -1$$

Ao terminar, ele notou que a equação não tinha uma solução racional, como o professor havia dito.

Depois de apresentar sua resolução, o professor disse a Marcos que ele havia cometido um engano no desenvolvimento e que a equação tinha, sim, uma única solução racional.

- Identifique onde está a falha no desenvolvimento de Marcos e justifique.

8. Observe e analise a resolução de Camila para a equação a seguir.

$$\frac{2}{3} - \frac{3 \cdot (x+1)}{2} = 5 - \frac{x+3}{6}$$
$$\frac{4}{6} - \frac{9 \cdot (x+1)}{6} = \frac{30}{6} - \frac{1 \cdot (x+3)}{6}$$
$$4 - 9 \cdot (x+1) = 30 - 1 \cdot (x+3)$$
$$4 - 9x - 9 = 30 + x - 3$$
$$-9x - x = 30 - 3 + 9 - 4$$
$$-10x = 32$$
$$x = \frac{32}{-10} = -\frac{16}{5}$$

a) Resolva a equação: $\frac{2}{3} - \frac{3(x+1)}{2} = 5 - \frac{x+3}{6}$

b) Você chegou à mesma solução que Camila? Justifique.

9. Responda.

(OBM) A soma de dois números é 10 e a soma de seus inversos é $\frac{5}{8}$. Quanto vale o produto deles?

CRIAR

10. O problema abaixo é um conhecido desafio que deixa muitas pessoas intrigadas.

Três amigas foram a um restaurante e gastaram, no total, R$ 30,00. Para facilitar o pagamento, cada uma delas deu uma nota de R$ 10,00. O garçom levou o dinheiro até o caixa, e o dono do restaurante disse o seguinte:

— Como essas três moças são clientes antigas do restaurante, vou devolver a elas R$ 5,00.

Então, ele entregou ao garçom cinco moedas de R$ 1,00, sendo duas moedas para o garçom e três para as moças. O garçom entregou uma moeda para cada moça. No final, cada uma das amigas pagou o seguinte:

R$ 10,00 − R$ 1,00 = R$ 9,00

Depois de ver quanto havia gastado, uma das amigas pensou:

— Se cada uma de nós gastou R$ 9,00, o que nós três gastamos juntas foi R$ 27,00. E, se o garçom ficou com R$ 2,00, temos:

- Nós: R$ 27,00
- Garçom: R$ 2,00
- Total: R$ 29,00

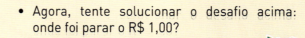

- Agora, tente solucionar o desafio acima: onde foi parar o R$ 1,00?

11. A evasão escolar é um problema que atinge diversos países, inclusive o Brasil. Na abertura desta unidade, você viu a foto de uma camisa usada em um amistoso entre as seleções da Espanha e da Romênia que promovia uma campanha de combate à evasão escolar.

Pesquise, em fontes variadas, a situação da evasão escolar no Brasil e pense em como você usaria os conhecimentos estudados nesta unidade para montar uma campanha de combate à evasão escolar no bairro em que você mora. Depois, compartilhe sua ideia com os colegas.

EM RESUMO – UNIDADE 5

Equações

- Expressões matemáticas formadas por números e letras são chamadas de expressões algébricas.
- Equação é toda sentença matemática expressa por uma igualdade e que contém pelo menos uma letra.
- Raiz ou solução de uma equação é todo número pelo qual a incógnita é substituída e que torna a sentença verdadeira.
- Uma equação do 1º grau com uma incógnita é qualquer sentença que pode ser escrita na forma $ax + b = 0$, em que x é a incógnita, e os coeficientes a e b são números racionais, com $a \neq 0$.
- Uma equação é denominada do 1º grau com duas incógnitas quando puder ser escrita na forma $ax + by = c$, em que x e y são as incógnitas, e os coeficientes a, b e c são números racionais, com $a \neq 0$ e $b \neq 0$.
- Um sistema de equações do 1º grau com duas incógnitas pode ser resolvido com o método da comparação ou com o método da substituição.

Inequações

- Inequação é toda sentença matemática expressa por uma desigualdade e que contém pelo menos uma letra. Os símbolos usados para representar uma desigualdade são: $>$, $<$, $\geq$, $\leq$ e $\neq$.
- Soluções de uma inequação são os números pelos quais a incógnita é substituída, tornando-a verdadeira.
- Uma inequação do 1º grau com uma incógnita é qualquer sentença que pode ser escrita de uma das seguintes formas: $ax > b$, $ax < b$, $ax \geq b$, $ax \leq b$, em que x é a incógnita, e os coeficientes a e b são números racionais, com $a \neq 0$.

VERIFICAR
Confira o **mapa de conteúdos** da unidade 5.

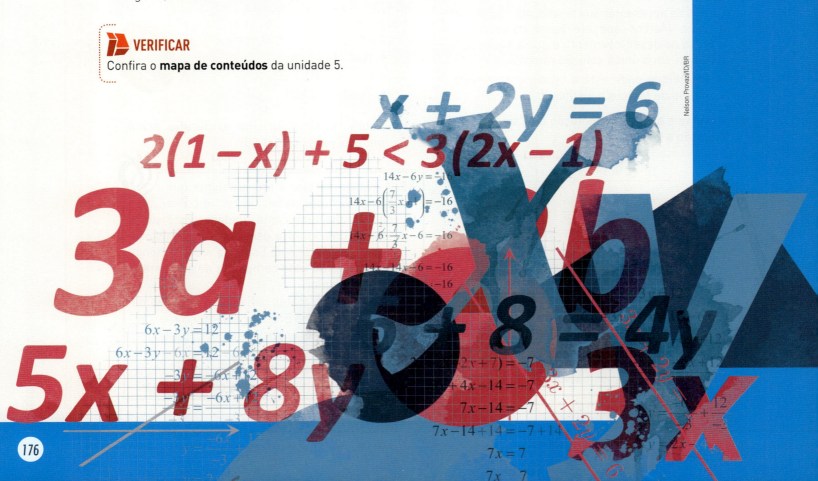

UNIDADE 6

PROPORCIONALIDADE E MATEMÁTICA FINANCEIRA

Tente resolver o problema: Um elevador pode levar ou 20 adultos ou 24 crianças. Se 15 adultos já estão no elevador, quantas crianças podem entrar? Nesta unidade, você vai aprender razão e proporção e conseguirá resolver problemas como esse. Além disso, vai estudar regra de três, grandezas direta e indiretamente proporcionais e matemática financeira.

CAPÍTULO 1
Razão e proporção

CAPÍTULO 2
Grandezas e regra de três

CAPÍTULO 3
Matemática financeira

PRIMEIRAS IDEIAS

1. O que você já ouviu falar de razão e proporção? Converse com os colegas e o professor.

2. Foram feitas duas limonadas, a primeira, com cinco limões para sete copos d'água, e a outra, com 10 limões para 14 copos d'água. Qual delas ficou mais forte? Justifique sua resposta.

3. O que é matemática financeira?

4. Dê exemplos de situações em que os juros estão presentes.

LEITURA DA IMAGEM

1. Observe as embalagens e os copos com as uvas, qual a relação que podemos fazer? Explique com as suas palavras aos colegas.

2. O rótulo é uma forma de comunicação entre o produtor e o consumidor. É responsabilidade das indústrias fabricantes declarar no rótulo de seus produtos informações de maneira clara, para que o consumidor possa entendê-las. Pesquise quais informações precisam constar em um rótulo e quais não devem constar, pois podem confundir, ou até mesmo enganar, os consumidores.

3. **COMPREENDER** Veja como a **farsa dos sucos de caixinha** está presente no nosso cotidiano.

Capítulo 1
RAZÃO E PROPORÇÃO

Às vezes é preciso comparar informações para que elas façam sentido. Se um jogador marcou 26 pontos e seu time saiu vitorioso, não sabemos até que ponto sua participação foi decisiva. Mas, se soubéssemos que ele fez 26 pontos de um total de 30, é possível analisar essa situação de outro modo.

↓ Abertura das Olímpiadas Rio 2016.

RAZÕES

Nas Olimpíadas Rio 2016, o Brasil ficou na 13ª colocação, com 19 medalhas, sendo 7 de ouro, 6 de prata e 6 de bronze.

Veja como podemos comparar a quantidade de cada medalha em relação ao total de medalhas que o Brasil conquistou:

Quando comparamos duas medidas ou duas quantidades por meio de uma divisão, o quociente dessa divisão é chamado de **razão**. Dessa maneira, podemos dizer que a razão entre o número de medalhas de ouro conquistadas pelo Brasil em relação ao número total de medalhas que o Brasil ganhou nas Olimpíadas foi de $\frac{7}{19}$.

> A **razão** entre dois números a e b, com $b \neq 0$, nessa ordem, é o quociente de a por b.
> Essa razão é indicada por $\frac{a}{b}$ ou $a : b$ (lê-se: razão de a para b ou a para b).

Podemos expressar uma razão usando números na forma decimal, de fração ou na forma de porcentagem.

Exemplo

Na turma de Marcos, 18 dos 24 alunos moram no mesmo bairro da escola.
Podemos comparar a quantidade de alunos que moram no mesmo bairro da escola em relação ao total de alunos por meio de uma razão. Veja:

Fração	Decimal	Porcentagem
mdc(18, 24) = 6 $\frac{18}{24} \xrightarrow{:6} \frac{3}{4}$	$\frac{3}{4} = 3 : 4 = 0,75$	$0,75 = \frac{75}{100} = 75\%$

TERMOS DE UMA RAZÃO

O primeiro termo de uma razão é chamado de **antecedente** e o segundo termo é chamado de **consequente**. Veja um exemplo:

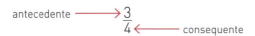

ATIVIDADES

RETOMAR E COMPREENDER

1. Determine as razões entre o primeiro e o segundo número, na forma decimal, de fração e de porcentagem.
   a) 1 e 2
   b) 5 e 4
   c) 3 e 9
   d) 10 e 40
   e) −7 e 7
   f) 1,2 e 0,8

2. Escreva como se leem as razões a seguir.
   a) Razão $\frac{2}{3}$
   b) Razão $\frac{3}{5}$
   c) Razão $\frac{1}{10}$
   d) Razão $\frac{8}{85}$

3. Identifique o antecedente e o consequente das razões a seguir. Depois, escreva as razões na forma de fração irredutível e na forma decimal.
   a) $\frac{6}{8}$
   b) $\frac{21}{14}$
   c) $\frac{16}{40}$
   d) $\frac{36}{72}$

APLICAR

4. Leia a situação abaixo e responda.
   Dos 40 adolescentes que se inscreveram para as aulas de futebol, 25 são meninos.
   Qual é a razão entre a quantidade de meninas e a quantidade de meninos que se inscreveram para as aulas de futebol?

RAZÕES COM NOMES ESPECIAIS

Algumas razões recebem nomes especiais, pois são conhecidas e usadas frequentemente.

PORCENTAGEM

Porcentagem é qualquer razão entre um número *x* e 100.

Exemplo

Veja o trecho da reportagem a seguir.

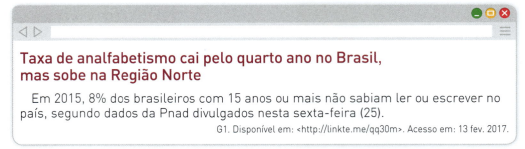

Taxa de analfabetismo cai pelo quarto ano no Brasil, mas sobe na Região Norte

Em 2015, 8% dos brasileiros com 15 anos ou mais não sabiam ler ou escrever no país, segundo dados da Pnad divulgados nesta sexta-feira (25).

G1. Disponível em: <http://linkte.me/qq30m>. Acesso em: 13 fev. 2017.

A porcentagem indicada na notícia, 8%, corresponde à razão entre 8 e 100.

$$8\% = \frac{8}{100}$$

Observe que podemos simplificar a fração que representa essa razão:

$$\frac{8}{100} = \frac{2}{25}$$

Isso significa que, em 2015, 2 em cada 25 brasileiros com 15 anos ou mais não sabiam ler ou escrever no país. Portanto, calcular 8% de um valor é o mesmo que determinar $\frac{2}{25}$ desse valor.

DENSIDADE DEMOGRÁFICA

Para saber se um local é muito ou pouco povoado, não basta saber quantos habitantes vivem ali. É preciso comparar a quantidade de habitantes em relação à área ocupada por eles. A razão entre a quantidade de habitantes de uma região e a área dessa região é chamada de **densidade demográfica**.

Exemplo

Segundo o Instituto Brasileiro de Geografia e Estatística (IBGE), em 2016, a população estimada do município de Curitiba, no Paraná, era de 1 893 997 em uma área de 435,036 km². Vamos determinar a densidade demográfica do município de Curitiba:

$$\frac{\text{quantidade de habitantes}}{\text{área do município}} = \frac{1\,893\,997 \text{ habitantes}}{435,036 \text{ km}^2} \simeq 4\,354 \text{ hab./km}^2$$

↑ símbolo de aproximadamente

Portanto, a densidade demográfica do município de Curitiba é de aproximadamente 4 354 habitantes por quilômetro quadrado. Isso significa que, em uma região quadrada de 1 km de lado, há, em média, 4 354 habitantes.

VELOCIDADE MÉDIA

A velocidade de um corpo (carro, ônibus, bola, pessoa, etc.) pode variar durante um percurso, mas conhecendo a distância percorrida e o tempo podemos calcular a velocidade média desse corpo. A razão entre a distância percorrida por um corpo e o tempo que ele gasta para percorrê-la é chamada **velocidade média**.

Como as grandezas distância e tempo possuem naturezas diferentes, as unidades de medida devem sempre ser indicadas.

Algumas unidades comuns de velocidade são:

- km/h: quilômetro por hora
- m/s: metro por segundo

Exemplo

Pedro decidiu fazer uma viagem de carro. No primeiro dia da viagem, ele percorreu 180 quilômetros em 3 horas.

Para calcular a velocidade média nesse percurso, podemos fazer o seguinte:

$$\frac{\text{distância percorrida}}{\text{tempo gasto}} = \frac{180 \text{ km}}{3 \text{ h}} = 60 \text{ km/h}$$

Logo, a velocidade média nesse trajeto foi 60 km/h. Observe, porém, que isso não significa que o carro tenha se locomovido a 60 km/h durante todo o percurso. Ele pode ter desempenhado velocidades maiores e menores, de modo que, em média, percorreu 60 quilômetros a cada hora.

ESCALA

Em mapas ou em plantas da construção civil, como a planta de um apartamento, encontramos uma razão denominada **escala**, que indica a razão entre a medida dos objetos no desenho e a medida dos objetos reais, ambos com a mesma unidade de medida.

Exemplo

Tatiana recebeu a planta de seu apartamento e precisa descobrir as medidas reais.

Observe que na planta está indicada uma escala de 1 : 100 (lê-se: escala de 1 para 100). Essa escala indica que as medidas do apartamento foram divididas por 100. Assim, podemos calcular as medidas reais do apartamento do seguinte modo:

$$\frac{1}{100} = \frac{9}{?} \rightarrow \frac{1}{100} = \frac{9}{900} \qquad \frac{1}{100} = \frac{7{,}5}{?} \rightarrow \frac{1}{100} = \frac{7{,}5}{750}$$

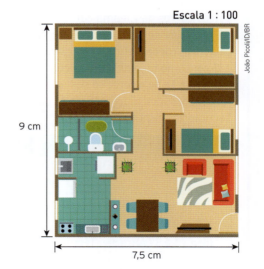

Escala 1 : 100

9 cm

7,5 cm

Portanto, as medidas reais do apartamento são 900 cm de comprimento e 750 cm de largura. Ou, como 100 cm equivalem a 1 m, podemos dizer que as medidas reais do apartamento são 9 m e 7,5 m.

↑ Em **A**, a boia cheia de ar flutua na água. Em **B**, a boia vazia afunda. Em **C**, o conjunto (boia + tijolo) flutua na água.

DENSIDADE DE UM CORPO

Você já percebeu que, quando colocados na água, alguns objetos afundam e outros não? A diferença entre os objetos que afundam e os que flutuam está relacionada à densidade do corpo.

A **densidade de um corpo** é a razão entre a massa do corpo e o volume que ele ocupa no espaço.

Quando um corpo possui uma densidade maior que a de um líquido, ele afunda nesse líquido e, quando sua densidade é menor, ele flutua.

Exemplo

Para realizar um experimento com mercúrio líquido, um cientista precisava determinar a densidade desse metal a uma certa temperatura. Para isso, ele separou 40,5 g do metal e verificou que o volume ocupado era 3 cm³.

Para calcular a densidade do mercúrio líquido, podemos fazer o seguinte:

$$\frac{\text{massa do corpo}}{\text{volume que ocupa}} = \frac{40,5 \text{ g}}{3 \text{ cm}^3} = 13,5 \text{ g/cm}^3$$

Portanto, a densidade do mercúrio líquido é de 13,5 g/cm³.

+INTERESSANTE

Afinal, como saber se um carro é econômico?

Quando uma pessoa decide comprar um carro, um dos aspectos que, em geral, ela leva em consideração é se o carro é econômico. Mas, afinal, o que é um carro econômico? Um carro é considerado econômico quando seu consumo médio de combustível é baixo se comparado a outros carros da mesma categoria.

Para saber se um carro é ou não econômico, precisamos conhecer uma razão muito usada: o consumo médio. Em outras palavras, é necessário verificar quantos quilômetros um veículo percorre para consumir um litro de combustível.

O consumo médio de um veículo pode sofrer alterações de acordo com o tipo de combustível utilizado (etanol, gasolina, *diesel,* etc.) e se o carro se desloca na estrada ou na cidade.

O quadro abaixo foi elaborado com base em uma lista divulgada pelo Instituto Nacional de Metrologia, Qualidade e Tecnologia (Inmetro).

Modelo (marca)	Quilometragem por litro (km/L)			
	Etanol		Gasolina	
	Cidade	Estrada	Cidade	Estrada
Classic – 1.0 8V LS (Chevrolet)	7,3	8,6	10,8	12,5
C3 – 1.212V Origine (Citroën)	10,6	11,3	14,8	16,6
Idea – 1.4 8V Attractive (Fiat)	6,7	7,3	9,8	11,0
KA – 1.5 16V SE (Ford)	7,9	9,5	11,5	13,6

Fonte de pesquisa: Inmetro. Disponível em: <http://linkte.me/wya5i>. Acesso em: 14 fev. 2017.

COMPREENDER

Assista ao vídeo e entenda as **vantagens e desvantagens de cada tipo de combustível**.

ATIVIDADES

RETOMAR E COMPREENDER

5. Leia e faça o que se pede.

Dos 300 convidados de uma festa, 120 são homens e 180 são mulheres. Calcule a porcentagem de homens e de mulheres nessa festa em relação ao total de convidados.

6. Resolva.

Uma pequena escultura de bronze tem massa de 4 370 g e volume de 500 cm^3. Determine a densidade dessa escultura.

7. Resolva.

O barco de pesca ilustrado abaixo foi desenhado em uma escala de 1 para 200 em relação ao barco real.

Com uma régua, meça o comprimento aproximado do barco desenhado e calcule, em metros, o seu comprimento real.

8. Veja o mapa da divisão política do Brasil apresentado a seguir e faça o que se pede.

Brasil – Mapa político

Fonte de pesquisa: *Atlas geográfico escolar*. Rio de Janeiro: IBGE, 2012. p. 90.

Usando a escala indicada no mapa, calcule, aproximadamente, a distância real entre as cidades de Brasília e Salvador.

9. Resolva o problema.

A prova mais rápida da natação é a de 50 metros nado livre. Qual é a velocidade média de um nadador que concluiu essa prova em 30 segundos?

10. Leia o problema e resolva.

O município de Cidadópolis tem 450 000 habitantes distribuídos em uma área de 250 km^2. Alegrópolis, outro município da região, tem área de 60 km^2 e uma população de 108 000 habitantes.

Determine a densidade demográfica de cada uma das cidades e responda: Qual cidade tem maior densidade?

APLICAR

11. Leia a situação e, em seguida, responda aos itens.

Um ciclista partiu do marco 40 km de uma estrada às 8 horas e seguiu por essa estrada até o marco 100 km, chegando lá às 10 horas.

a) Quantos quilômetros ele percorreu?

b) Em quanto tempo ele percorreu essa distância?

c) Qual foi a velocidade média do ciclista nesse percurso?

12. Uma pessoa está fazendo uma caminhada a uma velocidade de 50 m/min. Responda.

a) Quantos metros essa pessoa percorre em 20 minutos de caminhada?

b) Quantos minutos essa pessoa levará para caminhar 2 km?

13. Copie a tabela abaixo no caderno e, ao lado da coluna *População estimada* em 2016 acrescente a coluna *Densidade demográfica*. Com o auxílio de uma calculadora preencha essa coluna.

Estado	Área aproximada (em km^2)	População estimada em 2016
Alagoas	27 848	3 358 963
Bahia	564 733	15 276 566
Ceará	148 888	8 963 663
Maranhão	331 937	6 954 036
Paraíba	56 468	3 999 415

Fonte de pesquisa: IBGE. Disponível em: <http://linkte.me/quf2r>. Acesso em: 9 maio 2017.

PROPORÇÕES

Acompanhe a situação a seguir.

Daniel e Maria participaram de dois jogos diferentes de basquete. Durante a partida que Daniel jogou, ele acertou 6 dos 10 arremessos que fez, e, na partida que Maria jogou, ela acertou 9 dos 15 arremessos que fez.

Vamos calcular a razão entre a quantidade de acertos e a quantidade total de arremessos dos dois amigos.

- Daniel:

$$\frac{\text{quantidade de acertos}}{\text{quantidade total de arremessos}} = \frac{6}{10} = \frac{3}{5}$$

- Maria:

$$\frac{\text{quantidade de acertos}}{\text{quantidade total de arremessos}} = \frac{9}{15} = \frac{3}{5}$$

Observe que as razões obtidas, ao serem simplificadas, resultam na mesma fração. Portanto, elas são iguais. Como as razões $\frac{6}{10}$ e $\frac{9}{15}$ são iguais, dizemos que elas formam uma **proporção**.

Quatro números não nulos, a, b, x e y, formam, nessa ordem, uma proporção quando:
$$\frac{a}{b} = \frac{x}{y}$$
Lê-se: a está para b assim como x está para y.

Também podemos representar a proporção $\frac{a}{b} = \frac{x}{y}$ por $a : b = x : y$.

No jogo de hoje eu acertei 9 dos 15 arremessos que fiz.

Parabéns! Eu acertei 6 dos 10 arremessos que fiz.

TERMOS DE UMA PROPORÇÃO

Em uma proporção do tipo $\frac{a}{b} = \frac{x}{y}$, com *a*, *b*, *x* e *y* não nulos, os números *a* e *y* são denominados **extremos** da proporção, e os números *b* e *x* são denominados **meios** da proporção.

PROPRIEDADE FUNDAMENTAL DAS PROPORÇÕES

Em toda proporção, o produto dos extremos é igual ao produto dos meios. Ou seja, dado quatro números, *a*, *b*, *x* e *y*, não nulos, de modo que eles formem a proporção $\frac{a}{b} = \frac{x}{y}$, temos:

$$a \cdot y = b \cdot x$$

Exemplo A

Verifique se as razões $\frac{2}{10}$ e $\frac{3}{15}$ formam uma proporção.

Utilizando a propriedade fundamental das proporções, temos:

Como o produto dos meios é igual ao produto dos extremos, dizemos que as razões $\frac{2}{10}$ e $\frac{3}{15}$ formam uma proporção.

Exemplo B

A Torre Eiffel, em Paris, na França, tem cerca de 320 metros de altura e é um ponto turístico bastante conhecido. Se uma pessoa montou uma miniatura da Torre Eiffel usando a escala 1 : 800, qual é a altura da miniatura?

A altura da Torre Eiffel e a altura da miniatura devem ser proporcionais. Assim, temos:

$$\frac{1}{800} = \frac{\text{medida da altura da miniatura}}{\text{medida da altura da Torre Eiffel}}$$

Indicando por *x* a medida da altura da miniatura, temos:

$$\frac{1}{800} = \frac{x}{320}$$

$$800 \cdot x = 1 \cdot 320 \quad \leftarrow \text{propriedade fundamental das proporções}$$

$$800 \cdot x = 320$$

$$x = \frac{320}{800}$$

$$x = 0,4$$

Portanto, a altura da miniatura é 0,4 m ou 40 cm.

> **COMPREENDER**
> Acompanhe o passo a passo para verificar a **propriedade fundamental das proporções**.

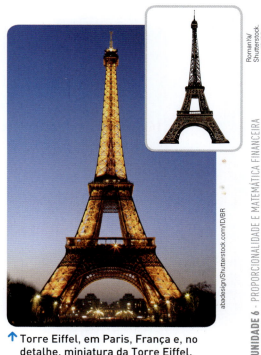

↑ Torre Eiffel, em Paris, França e, no detalhe, miniatura da Torre Eiffel.

Exemplo C

Determine o valor de y na proporção $\dfrac{3}{2} = \dfrac{y}{46}$.

$$\dfrac{3}{2} = \dfrac{y}{46}$$
$$3 \cdot 46 = 2 \cdot y \quad \text{propriedade fundamental das proporções}$$
$$138 = 2y$$
$$\dfrac{138}{2} = y$$
$$69 = y$$

Portanto, o valor de y na proporção é 69.

ATIVIDADES

RETOMAR E COMPREENDER

14. Em cada proporção abaixo:
- escreva como se lê;
- identifique os meios e os extremos.

a) $\dfrac{2}{5} = \dfrac{4}{10}$
b) $\dfrac{1}{7} = \dfrac{3}{21}$
c) $\dfrac{4}{3} = \dfrac{20}{15}$
d) $\dfrac{10}{25} = \dfrac{6}{15}$
e) $\dfrac{6}{9} = \dfrac{4}{6}$
f) $\dfrac{50}{30} = \dfrac{20}{12}$

15. Verifique se as razões a seguir formam uma proporção.

a) $\dfrac{9}{3} = \dfrac{12}{4}$
b) $\dfrac{15}{8} = \dfrac{18}{6}$
c) $\dfrac{0,2}{3} = \dfrac{1}{15}$
d) $\dfrac{0,5}{0,4} = \dfrac{2}{4}$
e) $\dfrac{50}{30} = \dfrac{15}{9}$
f) $\dfrac{70}{30} = \dfrac{35}{16}$

16. Determine o valor desconhecido nas proporções a seguir.

a) $\dfrac{8}{15} = \dfrac{x}{150}$
b) $\dfrac{3,4}{1,7} = \dfrac{80}{n}$
c) $\dfrac{m}{35} = \dfrac{70}{5}$
d) $\dfrac{3,6}{2,4} = \dfrac{y}{0,2}$
e) $\dfrac{2x}{5} = \dfrac{16}{5}$
f) $\dfrac{2a-6}{2,3-a} = \dfrac{4}{6}$
g) $\dfrac{8b+10}{15} = \dfrac{b}{2}$
h) $\dfrac{2}{4} = \dfrac{0,1x - 0,4}{1 - 0,4x}$
i) $\dfrac{2y + 10}{2y} = \dfrac{20}{16}$
j) $\dfrac{x-1}{2} = \dfrac{6x+1}{4}$

APLICAR

17. Responda.

A razão entre as idades de Marcela e de Renata é $\dfrac{4}{5}$. Sabendo que Renata tem 35 anos, qual é a idade de Marcela?

18. Considere que com 10 kg de trigo fazemos 5 kg de farinha e responda aos itens a seguir.

a) Escreva a razão entre a quantidade de trigo e a quantidade de farinha produzida.

b) Para fazer 20 kg de farinha, quantos quilogramas de trigo são necessários?

19. Resolva o problema.

Em uma eleição para síndico de um conjunto habitacional, Antônio recebeu 3 de cada 7 votos. Qual foi o número total de pessoas que participaram da eleição, se Antônio recebeu 24 votos?

20. Resolva a situação a seguir.

Joaquim recebe R$ 1 800,00 por 25 dias de trabalho. Quanto ele receberia por 30 dias de trabalho?

OUTRAS PROPRIEDADES DAS PROPORÇÕES

Vamos estudar duas outras propriedades das proporções que nos auxiliam na resolução de problemas.

1ª PROPRIEDADE

Dados a, b, x e y, não nulos:
Se $\dfrac{a}{b} = \dfrac{x}{y}$, então $\dfrac{a+b}{a} = \dfrac{x+y}{x}$ e $\dfrac{a+b}{b} = \dfrac{x+y}{y}$

Se $\dfrac{a}{b} = \dfrac{x}{y}$, então $\dfrac{a-b}{a} = \dfrac{x-y}{x}$ e $\dfrac{a-b}{b} = \dfrac{x-y}{y}$

Exemplo

André trabalha em festas de grande porte. Sua responsabilidade é preparar o suco concentrado de acordo com a seguinte proporção: para cada seis partes de água, acrescenta-se uma parte de suco concentrado. O reservatório que armazena o suco pronto tem capacidade para 84 litros e está completamente cheio. Quantos litros de água há no reservatório?

Sendo x a quantidade de litros de suco concentrado e y a quantidade de litros de água nesse reservatório, temos:

$$\dfrac{x}{y} = \dfrac{1}{6}$$
$$\dfrac{x+y}{y} = \dfrac{1+6}{6}$$ ← Aplicando a primeira propriedade das proporções.

De acordo com o enunciado, sabemos que $x + y = 84$ (volume total de suco no reservatório). Assim:

$$\dfrac{x+y}{y} = \dfrac{1+6}{6}$$
$$\dfrac{84}{y} = \dfrac{7}{6}$$
$$y \cdot 7 = 84 \cdot 6$$ ← propriedade fundamental das proporções
$$y \cdot 7 = 504$$
$$y = \dfrac{504}{7}$$
$$y = 72$$

Logo, do total de 84 litros de suco no reservatório, há 72 litros de água.

ATIVIDADES

RETOMAR E COMPREENDER

21. Se $\dfrac{a}{b} = \dfrac{2}{3}$, calcule as proporções a seguir.

a) $\dfrac{a+b}{a}$

b) $\dfrac{a+b}{b}$

c) $\dfrac{a-b}{a}$

d) $\dfrac{a-b}{b}$

APLICAR

22. Resolva o problema abaixo.

Em uma receita de pão, são usados 10 g de fermento para cada 500 g de farinha de trigo. Se o pão ficou com 1 785 g de massa, quantos gramas de farinha há nesse pão?

2ª PROPRIEDADE

> Dados a, b, x e y, não nulos:
>
> Se $\dfrac{a}{b} = \dfrac{x}{y}$, então $\dfrac{a+x}{b+y} = \dfrac{a}{b} = \dfrac{x}{y}$
>
> Se $\dfrac{a}{b} = \dfrac{x}{y}$, então $\dfrac{a-x}{b-y} = \dfrac{a}{b} = \dfrac{x}{y}$

Exemplo

Antônio, Bruno e Camila abriram uma empresa e investiram R$ 5 000,00, R$ 7 000,00 e R$ 8 000,00, respectivamente. Depois de certo tempo, eles obtiveram um lucro de R$ 4 200,00. A cada sócio coube uma parte do lucro proporcional ao investimento. Quanto cada um deles recebeu do lucro?

Sendo a o valor que Antônio recebeu, b o valor que Bruno recebeu e c o valor que Camila recebeu, temos a seguinte proporção:

$$\frac{a}{5\,000} = \frac{b}{7\,000} = \frac{c}{8\,000}$$

De acordo com a segunda propriedade das proporções, podemos escrever:

$$\frac{a}{5\,000} = \frac{b}{7\,000} = \frac{c}{8\,000} = \frac{a+b+c}{5\,000 + 7\,000 + 8\,000}$$

$$\frac{a}{5\,000} = \frac{b}{7\,000} = \frac{c}{8\,000} = \frac{4\,200}{20\,000} = \frac{21}{100}$$

Simplificamos a razão.

Assim:

Antônio	Bruno	Camila
$\dfrac{a}{5\,000} = \dfrac{21}{100}$	$\dfrac{b}{7\,000} = \dfrac{21}{100}$	$\dfrac{c}{8\,000} = \dfrac{21}{100}$
$a \cdot 100 = 5\,000 \cdot 21$	$b \cdot 100 = 7\,000 \cdot 21$	$c \cdot 100 = 8\,000 \cdot 21$
$a \cdot 100 = 105\,000$	$b \cdot 100 = 147\,000$	$c \cdot 100 = 168\,000$
$a = \dfrac{105\,000}{100}$	$b = \dfrac{147\,000}{100}$	$c = \dfrac{168\,000}{100}$
$a = 1\,050$	$b = 1\,470$	$c = 1\,680$

Portanto, Antônio recebeu R$ 1 050,00, Bruno, R$ 1 470,00, e Camila, R$ 1 680,00.

ATIVIDADES

RETOMAR E COMPREENDER

23. Use as informações do quadro para determinar os valores de a e b, em cada item.

a) $a + b = 28$, $\dfrac{a}{5} = \dfrac{b}{3}$ e $\dfrac{a+b}{5+3}$.

b) $a - b = 182$, $\dfrac{a}{10} = \dfrac{b}{3}$ e $\dfrac{a-b}{10-3}$.

APLICAR

24. Resolva.

Ana, Lucas e Liz investiram em uma sociedade R$ 6 000,00, R$ 10 000,00 e R$ 4 000,00, respectivamente. Com a decisão de encerrar a sociedade, resolveram distribuir proporcionalmente o prejuízo de R$ 4 000,00 entre os sócios. Qual foi o prejuízo de cada sócio após o encerramento da sociedade? Com quanto dinheiro cada um ficou após a sociedade ser desfeita?

MAIS ATIVIDADES

RETOMAR E COMPREENDER

25. Observe os dois triângulos abaixo.

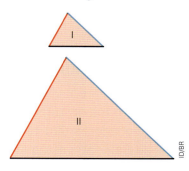

a) Verifique se a razão entre a medida do lado vermelho do triângulo I e a medida do lado vermelho do triângulo II é igual à razão entre a medida do lado preto do triângulo I e a medida do lado preto do II.

b) Desenhe no caderno um triângulo proporcional ao triângulo I. Use a escala 1 : 5.

26. Copie as afirmações e complete-as.

a) A escala na planta de uma casa é 1 : 100. Se o comprimento da sala, na planta, é 4 cm, então o comprimento real da sala é de ■ metros.

b) A distância entre a Terra e o Sol é de, aproximadamente, 150 000 000 km. Se a luz do Sol leva 500 segundos para atingir a Terra, então a velocidade média da luz é de ■ km/s.

c) A razão entre 6 e 40 é dada por ■%.

APLICAR

27. Ao fazer 20 arremessos em uma cesta de basquete, Carlos concluiu que a razão entre a quantidade de arremessos que ele acertou e o total de arremessos era de 4 para 5.

a) Indique essa razão como quociente entre dois números.

b) Quantos arremessos Carlos acertou no total?

28. A escola em que Caio estuda está realizando um campeonato de conhecimentos gerais entre os alunos. Ao verificar seu desempenho na prova de Matemática, composta de 50 questões, Caio observou que a razão entre a quantidade de questões que ele acertou e a quantidade total de questões da prova foi de 7 para 10.

Quantas questões Caio acertou? E quantas errou?

29. Marília mora com os pais e ajuda nas despesas mensais. Ela fez as contas e verificou que, mensalmente, a razão entre o valor que ela gasta com aluguel e o salário que ela recebe, de R$ 1 600,00 mensais, é de 7 para 20.

a) Determine a porcentagem do salário e o valor, em reais, que Marília gasta com aluguel.

b) Depois de pagar o aluguel, Marília gasta $\frac{3}{20}$ do que resta de salário com lazer. Quantos reais ela gasta com lazer por mês?

30. Observe a tabela abaixo e responda.

A tabela mostra a quantidade de vagas e a quantidade de inscritos para algumas carreiras no vestibular da Fuvest em 2017.

Quantidade de vagas e de inscritos por carreira na Fuvest – 2017		
Carreira	**Quantidade de vagas**	**Quantidade de inscritos**
Relações Internacionais	42	1962
Medicina	295	18598
Ciências Biológicas	84	1632
Computação	256	2546
Música – Ribeirão Preto	30	43
Psicologia	49	2619
Engenharia Elétrica e de Computação – São Carlos	150	1724
Química – Bacharelado e Licenciatura	84	775
Filosofia	119	881

Fonte de pesquisa: Fuvest 2017. Disponível em: <http://linkte.me/z35z2>. Acesso em: 10 maio 2017.

a) Quantos candidatos há por vaga para cada uma dessas carreiras? Utilize uma calculadora para efetuar os cálculos.

b) Qual dessas carreiras é a mais concorrida? E a menos?

31. Na padaria de Renato, a razão entre o número de pessoas que compram pão integral e pão preto é de 2 para 3. Se durante um mês 360 pessoas passaram na padaria e compraram pães, e supondo que essa razão permaneça, qual será o número de pessoas que compraram pão integral?

32. **APLICAR** Use os conceitos apresentados até aqui para resolver as **atividades interativas**.

Capítulo 2
GRANDEZAS E REGRA DE TRÊS

Em diversas situações do dia a dia, usamos conhecimentos matemáticos sem perceber. Se você compra um lápis por três reais, sabe que, ao comprar dois lápis, vai pagar o dobro, seis reais. Esse mesmo raciocínio pode ser usado para obter, por exemplo, a altura de um prédio sem que seja necessário subir ao topo dele.

↓ Balneário Camboriú, Santa Catarina, em 2016.

NÚMEROS E GRANDEZAS DIRETAMENTE PROPORCIONAIS

A cidade de Balneário Camboriú, em Santa Catarina, é famosa por ter belas praias e paisagens. Para que um maior número de pessoas tenha acesso à vista do mar, os empreendedores têm construído prédios cada vez mais altos. Os edifícios de Balneário estão entre os mais altos do Brasil. Veja o nome e a altura de alguns deles.

- One Tower: 280 m
- Infinity Coast Tower: 237 m
- Boreal Tower: 220 m
- Sky Tower: 210 m

Esses prédios oferecem uma vista incrível do mar, mas sua altura tem gerado um sério problema: a praia fica escondida na sombra dos prédios.

Para o mesmo instante, a altura de um prédio e o comprimento de sua sombra são **grandezas diretamente proporcionais**: quanto mais altos forem os prédios construídos, maiores serão os comprimentos das sombras que se estendem sobre a praia.

> Duas **grandezas** são **diretamente proporcionais** quando variam sempre na mesma razão.

Para compreender como se dá a relação entre grandezas diretamente proporcionais, vamos estudar a relação entre duas sequências de números diretamente proporcionais. Observe, por exemplo, as sequências de números abaixo:

$$2, 3, 4, 5 \quad \text{e} \quad 4, 6, 8, 10$$

Ao calcular as razões entre os números da primeira sequência e os números correspondentes na segunda sequência, obtemos uma igualdade.

$$\frac{2}{4} = \frac{3}{6} = \frac{4}{8} = \frac{5}{10} = \frac{1}{2}$$

O quociente de cada número da primeira sequência pelo número correspondente na segunda sequência resulta sempre no mesmo número: $\frac{1}{2}$. Esse número é chamado **constante de proporcionalidade** (k). Dizemos que os números da primeira sequência são diretamente proporcionais aos números correspondentes da segunda sequência.

> Os números não nulos da sequência a, b, c, d, ... são diretamente proporcionais aos números não nulos correspondentes da sequência A, B, C, D, ..., quando:
>
> $$\frac{a}{A} = \frac{b}{B} = \frac{c}{C} = \frac{d}{D} = \ldots = k,$$
>
> sendo $k \neq 0$ a **constante de proporcionalidade**.

GRANDEZAS DIRETAMENTE PROPORCIONAIS

Quando duas grandezas são diretamente proporcionais, ao dobrarmos o valor de uma, a outra também dobra, quando quadriplicamos o valor de uma, a outra também quadriplica, e assim por diante.

Exemplo A

Um caminhão percorre 70 km em 1 hora, com velocidade constante. Quantos quilômetros ele percorrerá em 5 horas, se mantiver essa velocidade?

Nessa situação, ao dobrarmos o tempo da viagem, a distância percorrida também dobrará; triplicando o tempo da viagem, a distância percorrida também triplicará, e assim por diante. Assim:

$$\cdot 5 \left(\begin{array}{l} 1 \text{ hora} \rightarrow 70 \text{ km} \\ 5 \text{ horas} \rightarrow 350 \text{ km} \end{array} \right) \cdot 5$$

COMPREENDER

Acompanhe o passo a passo e entenda como verificar se duas **grandezas** são **diretamente proporcionais**.

Observe que a razão entre a distância percorrida e o valor correspondente ao tempo será sempre a mesma:

$$\frac{70 \text{ km}}{1 \text{ h}} = \frac{140 \text{ km}}{2 \text{ h}} = \frac{210 \text{ km}}{3 \text{ h}} = \frac{350 \text{ km}}{5 \text{ h}} = 70 \text{ km/h}$$

Portanto, em 5 horas, o caminhão percorrerá 350 quilômetros.

Exemplo B

Observe a sequência de triângulos equiláteros a seguir:

2 cm 3 cm 5 cm

O quadro abaixo relaciona a medida dos lados de cada triângulo equilátero ao seu perímetro:

Medida do lado (cm)	Medida do perímetro (cm)
2	6
3	9
5	15

Ao calcular a razão entre a medida do lado de cada triângulo equilátero e a medida de seu perímetro, obtemos a constante de proporcionalidade (k):

$$\frac{2}{6} = \frac{3}{9} = \frac{5}{15} = \frac{1}{3}$$

Então, podemos dizer que a medida do lado de um triângulo equilátero é diretamente proporcional à medida de seu perímetro.

ATIVIDADES

RETOMAR E COMPREENDER

1. Identifique quais dos pares de grandezas a seguir são diretamente proporcionais.
   a) A idade de um ser humano e a altura dele.
   b) A quantidade de farinha para fazer um bolo e a quantidade de bolos.
   c) O tempo para realizar uma tarefa e a quantidade de funcionários para executá-la.
   d) A quantidade de chocolates comprada e o dinheiro para comprar esses chocolates, excluindo qualquer promoção.

APLICAR

2. Se um trem-bala desenvolve velocidade média de 270 km/h, em quantas horas ele fará um percurso de 405 km?

3. Um ciclista se desloca em uma pista com velocidade média de 25 km/h.
   Quantos quilômetros o ciclista percorre em uma hora e meia?

4. Os números 4 e 7 são diretamente proporcionais aos números 6 e x. Veja como Bianca determinou o valor de x.

$$\frac{4}{6} = \frac{7}{x}$$
$$4 \cdot x = 6 \cdot 7$$
$$4x = 42$$
$$x = \frac{42}{4}$$
$$x = 10,5$$

Sabendo que, em cada item abaixo, os números da primeira sequência são diretamente proporcionais aos números da segunda sequência, calcule o valor de x da mesma maneira que Bianca fez.

a)

b)

NÚMEROS E GRANDEZAS INVERSAMENTE PROPORCIONAIS

Os números não nulos da sequência $a, b, c, d, ...$ são inversamente proporcionais aos números não nulos correspondentes da sequência $A, B, C, D, ...$ quando:

$$a \cdot A = b \cdot B = c \cdot C = d \cdot D = ... = k \text{ ou } \frac{a}{\frac{1}{A}} = \frac{b}{\frac{1}{B}} = \frac{c}{\frac{1}{C}} = \frac{d}{\frac{1}{D}} = ... = k,$$

sendo $k \neq 0$ a constante de proporcionalidade.

Para definir o que é uma grandeza inversamente proporcional, vamos relembrar o conceito de inverso de um número. Veja a seguir alguns exemplos de pares de números inversos, considerando dois números racionais diferentes de zero.

- 2 e $\frac{1}{2}$
- $\frac{8}{9}$ e $\frac{9}{8}$
- A e $\frac{1}{A}$
- B e $\frac{1}{B}$

Duas **grandezas** são **inversamente proporcionais** quando uma varia na razão inversa da outra.

Exemplo

Considere as sequências de números abaixo.

$$1, 2, 4 \qquad e \qquad 8, 4, 2$$

O produto de cada número da primeira sequência pelo número correspondente na segunda sequência é sempre o mesmo.

$$\begin{aligned} 1 \cdot 8 &= 8 \\ 2 \cdot 4 &= 8 \\ 4 \cdot 2 &= 8 \end{aligned} \quad 1 \cdot 8 = 2 \cdot 4 = 4 \cdot 2 = 8$$

Outra maneira de escrever essa relação é dividir um número da primeira sequência pelo inverso do número correspondente na segunda sequência.

$$\frac{1}{\frac{1}{8}} = \frac{2}{\frac{1}{4}} = \frac{4}{\frac{1}{2}} = 8$$

$$\frac{4}{\frac{1}{2}} = 4 \cdot \frac{2}{1} = 8$$

$$\frac{2}{\frac{1}{4}} = 2 \cdot \frac{4}{1} = 8$$

$$\frac{1}{\frac{1}{8}} = 1 \cdot \frac{8}{1} = 8$$

> **GRANDEZAS INVERSAMENTE PROPORCIONAIS**
>
> Quando duas grandezas são inversamente proporcionais, se uma delas dobra de valor, a outra fica reduzida à metade, se uma quadriplica, a outra fica dividida por 4, e assim por diante.

Dizemos que o número 8 é a constante de proporcionalidade e que os números da primeira sequência são inversamente proporcionais aos números correspondentes da segunda sequência.

UNIDADE 6 - PROPORCIONALIDADE E MATEMÁTICA FINANCEIRA

195

RESPONSABILIDADE NO TRÂNSITO

Respeitar as leis que regulamentam os limites de velocidade média nas vias de trânsito no Brasil é muito importante para garantir a segurança tanto do motorista como dos passageiros. No Brasil, além das leis que determinam a velocidade máxima nas vias, existem outras inúmeras leis que regulamentam o trânsito. Você sabia, por exemplo, que o uso do cinto de segurança é obrigatório para o motorista e para os passageiros desde 1997? De acordo com o artigo 65 do Código de Trânsito Brasileiro, o uso do cinto de segurança é obrigatório para o condutor e para os passageiros em todas as vias do território nacional, salvo em situações regulamentadas pelo Conselho Nacional de Trânsito (Contran).

- Em duplas, pesquisem e conversem sobre a importância do uso de cinto de segurança no banco de trás. Depois, elaborem e compartilhem as informações encontradas com toda a turma. Montem um cartaz para ser colocado no mural da escola e conscientizar outros colegas sobre esse assunto.

COMPREENDER

Acompanhe o passo a passo e entenda como verificar se duas **grandezas** são **inversamente proporcionais**.

Agora, vamos estudar algumas situações que envolvem grandezas inversamente proporcionais.

Exemplos

A. Um automóvel, movendo-se com velocidade média de 40 km/h, completou determinado percurso em 4 horas. Em quanto tempo esse automóvel faria o mesmo percurso se sua velocidade média fosse de 80 km/h?

Nessa situação, se a velocidade média dobra, o automóvel vai percorrer o dobro da distância no mesmo tempo. Isso significa que ele vai completar todo o percurso na metade do tempo. Ou seja, o tempo da viagem é reduzido à metade. Veja:

$$\cdot 2 \begin{pmatrix} 40 \text{ km/h} \longrightarrow 4 \text{ horas} \\ 80 \text{ km/h} \longrightarrow 2 \text{ horas} \end{pmatrix} : 2$$

A razão entre o valor da velocidade média e o inverso do valor do tempo correspondente será sempre a mesma.

$$\frac{40 \text{ km/h}}{\frac{1}{4 \text{ h}}} = \frac{80 \text{ km/h}}{\frac{1}{2 \text{ h}}} = 160 \text{ km}$$

Veja como podemos interpretar essa razão por meio de um esquema.

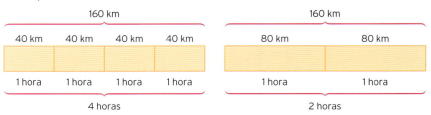

Logo, viajando a 80 km/h, o automóvel faz o percurso em 2 horas. Dizemos, então, que a velocidade média e o tempo de viagem são grandezas inversamente proporcionais.

B. Eliana foi ao supermercado comprar 30 caixas de suco de 200 mL cada uma. Ao chegar, ela só encontrou o suco em embalagens de 1 000 mL. Quantas caixas de suco ela deverá comprar para que a quantidade seja equivalente à que ela iria comprar inicialmente?

A embalagem menor (200 mL) cabe 5 vezes na embalagem maior (1 000 mL). Isso significa que ela vai comprar $\frac{1}{5}$ das caixas de suco que iria comprar inicialmente com capacidade de 1 000 mL cada. Assim:

$$\cdot 5 \begin{pmatrix} 200 \text{ mL} \longrightarrow 30 \text{ caixas} \\ 1\,000 \text{ mL} \longrightarrow 6 \text{ caixas} \end{pmatrix} : 5$$

Logo, Eliana deverá comprar 6 caixas de suco.

SITUAÇÕES QUE NÃO ENVOLVEM GRANDEZAS PROPORCIONAIS

Existem algumas situações que envolvem grandezas em que não é possível estabelecer uma relação de proporcionalidade. Veja a seguir alguns exemplos.

Exemplos

A. A tabela a seguir mostra a estatura média, em centímetros, de meninos de 6 a 10 anos.

Altura média de meninos de 6 a 10 anos	
Idade (anos)	Altura (cm)
6	116,0
7	121,7
8	127,3
9	132,6
10	137,8

Fonte de pesquisa: Organização Mundial da Saúde (OMS). Disponível em: <http://linkte.me/i9bv4>. Acesso em: 10 maio 2017.

Observando a tabela, podemos perceber que tanto a idade como a altura aumentam. Entretanto, esse aumento não é proporcional. Veja:

$$\frac{6}{116} \neq \frac{7}{121,7} \qquad \frac{6}{\frac{1}{116}} \neq \frac{7}{\frac{1}{121,7}}$$

$$0,0517... \neq 0,0575... \qquad 696 \neq 851,9$$

Nessa situação, dizemos que a idade e a altura não são grandezas proporcionais.

B. Observe a sequência de quadrados a seguir:

2 cm

3 cm

5 cm

O quadro abaixo relaciona a medida dos lados de cada quadrado à sua área:

Medida do lado (cm)	Área (cm²)
2	4
3	9
5	25

Vamos calcular as razões entre a medida do lado do quadrado e sua área e verificar se essas grandezas são proporcionais.

$$\frac{2}{4} \neq \frac{3}{9} \neq \frac{5}{25} \qquad \frac{2}{\frac{1}{4}} \neq \frac{3}{\frac{1}{9}} \neq \frac{5}{\frac{1}{25}}$$

$$0,5 \neq 0,333... \neq 0,2 \qquad 8 \neq 27 \neq 125$$

Dizemos que a medida do lado de um quadrado e sua área não são grandezas proporcionais.

ATIVIDADES

RETOMAR E COMPREENDER

5. Verifique se os números da primeira sequência são inversamente proporcionais aos números da segunda sequência. Em caso afirmativo, identifique a constante de proporcionalidade.

a) 2, 3, 7 e 9 | 63, 42, 18 e 14

b) 5, 8, 10 e 11 | 88, 55, 44 e 40

c) 1, 3, 5 e 7 | 105, 40, 21 e 18

d) 2, 4, 6 e 8 | 100, 25, 17 e 12

6. Classifique as grandezas *a* e *b* em diretamente proporcionais, inversamente proporcionais ou não proporcionais.

a)
a	3	6	9
b	36	18	9

b)
a	5	10	20
b	2	4	8

c)
a	80	50	100
b	2,5	4	2

7. Resolva.

Com 10 máquinas de tecelagem, uma empresa precisa de 6 dias para produzir 200 tapetes. A quantidade de máquinas e o tempo necessário para produzir 200 tapetes são grandezas inversamente proporcionais?

APLICAR

8. Responda aos itens a seguir.

Uma fábrica produz 400 chocolates em 5 horas.

a) O tempo e o número de chocolates são grandezas direta ou inversamente proporcionais?

b) Quanto tempo será necessário para produzir 600 chocolates?

9. Resolva.

Um fazendeiro tem ração suficiente para alimentar 220 galinhas durante 45 dias.

a) Se o fazendeiro tivesse que alimentar 500 galinhas com essa mesma quantidade de ração, o número de dias que a ração vai durar seria menor ou maior que 45 dias?

b) Nessa situação, o número de dias e o número de galinhas são grandezas direta ou inversamente proporcionais?

10. Resolva o problema.

Viajando a uma velocidade de 60 km/h, um trem realiza uma viagem de uma cidade A para uma cidade B em 10 horas.

a) A velocidade do trem e o tempo de viagem são grandezas direta ou inversamente proporcionais?

b) Em quanto tempo esse trem faria a mesma viagem, se viajasse a uma velocidade de 120 km/h?

11. Resolva o problema.

A população de uma colônia de bactérias dobra a cada minuto.

a) Se neste momento existem 1 000 bactérias nessa colônia, quantas bactérias existirão daqui 2 minutos?

b) Podemos afirmar que em 3 minutos o número de bactérias da colônia triplica? Por quê?

c) Nessa colônia, o tempo e o número de bactérias são grandezas proporcionais? Justifique.

12. Resolva a situação-problema.

Uma equipe com 8 integrantes digita um livro em 15 dias. Supondo que todos eles tenham a mesma produtividade, quantos integrantes serão necessários para digitar essa mesma obra em 10 dias?

13. Leia o problema abaixo e resolva-o.

Paulo tem um *hamster* e, para alimentá-lo, ele compra um saco de ração que dura 20 dias. Se Paulo tivesse 5 *hamsters*, quantos dias esse pacote de ração duraria? Considere que a quantidade de ração consumida por cada *hamster* é a mesma.

REGRAS DE TRÊS

A seguir, vamos aprender dois procedimentos que permitem resolver situações que envolvem grandezas diretamente proporcionais e grandezas inversamente proporcionais: a **regra de três simples** e a **regra de três composta**.

REGRA DE TRÊS SIMPLES

A regra de três simples é um procedimento usado para resolver alguns problemas que envolvem duas grandezas diretamente ou inversamente proporcionais.

Grandezas diretamente proporcionais

Acompanhe a situação a seguir.

Para a reforma de sua casa, Otávio comprou 12 metros de fio por R$ 25,00. Alguns dias depois, voltou à loja de materiais de construção para comprar mais 42 metros desse fio. Quanto Otávio gastou na segunda compra?

O comprimento do fio e o preço a ser pago são grandezas diretamente proporcionais, pois ao multiplicarmos a quantidade de fio por um valor, o preço a ser pago também é multiplicado por esse valor.

Agora, para responder a essa questão, vamos organizar as informações em um quadro. Representado pela letra x o preço a ser pago por 42 metros de fio, temos:

	Quantidade de fio (m)	Preço a ser pago (R$)
primeira compra →	12	25
segunda compra →	42	x

Como as grandezas são diretamente proporcionais, podemos escrever a seguinte proporção com os números do quadro:

$$\frac{12}{42} = \frac{25}{x}$$

razão entre as quantidades de fio — razão entre os preços

Podemos simplificar a fração $\frac{12}{42}$, isto é, dividimos os termos da fração pelo mdc(12, 42) = 6.

$$\frac{12}{42} = \frac{25}{x} \qquad \frac{2}{7} = \frac{25}{x}$$

Usando a propriedade fundamental das proporções, temos:

$$\frac{2}{7} = \frac{25}{x}$$
$$2 \cdot x = 7 \cdot 25$$
$$2x = 175$$
$$x = \frac{175}{2}$$
$$x = 87,5$$

Portanto, Otávio pagará R$ 87,50 por 42 metros de fio.

Observe que o procedimento da regra de três simples pode ser usado sempre que temos três termos de uma proporção e queremos descobrir o quarto termo, que é um valor desconhecido.

Grandezas inversamente proporcionais

Agora, vamos estudar como usar o procedimento da regra de três simples em situações que envolvem grandezas inversamente proporcionais.

Viajando à velocidade média de 60 km/h, um trem vai de uma cidade a outra em 10 horas. Em quanto tempo esse trem faria a mesma viagem se viajasse a 80 km/h?

A velocidade média do trem e o tempo de viagem são grandezas inversamente proporcionais, pois, se a velocidade média do trem dobrar, o tempo da viagem será reduzido pela metade; se a velocidade média do trem triplicar, o tempo será reduzido à terça parte, e assim por diante.

Representando o tempo de viagem do trem a 80 km/h por x, podemos construir o seguinte quadro:

Velocidade (km/h)	Tempo (horas)
60	10
80	x

Como as grandezas apresentadas são inversamente proporcionais, temos a seguinte proporção entre os números do quadro:

$$\frac{60}{\frac{1}{10}} = \frac{80}{\frac{1}{x}}$$

Usando a propriedade fundamental das proporções, temos:

$$\frac{60}{x} = \frac{80}{10}$$
$$60 \cdot 10 = 80 \cdot x$$
$$600 = 80x$$
$$\frac{600}{80} = x$$
$$7,5 = x$$

Outra maneira de escrever a proporção $\frac{60}{\frac{1}{10}} = \frac{80}{\frac{1}{x}}$ é:

$$\frac{60}{80} = \frac{x}{10}$$

razão entre as velocidades ⟶   ⟵ razão inversa entre os tempos

Podemos simplificar a fração $\frac{60}{80}$, dividindo os termos da fração pelo mdc(60, 80) = 20. Assim, temos:

$$\frac{60}{80} = \frac{x}{10} \qquad \frac{3}{4} = \frac{x}{10}$$

Usando a propriedade fundamental das proporções:

$$\frac{3}{4} = \frac{x}{10}$$
$$4 \cdot x = 3 \cdot 10$$
$$4x = 30$$
$$x = 7,5$$

Logo, se o trem viajar a 80 km/h, o tempo de viagem será de 7,5 horas, ou seja, 7 horas e 30 minutos.

ATIVIDADES

RETOMAR E COMPREENDER

14. Resolva.

Para fazer 16 bombons, Cátia usou 1 litro de creme de leite e 500 gramas de chocolate em barra. Quanto ela usaria de creme de leite e de chocolate para fazer 48 desses bombons?

15. Faça o que se pede em cada item.

Carol produz 15 peças iguais de cerâmica a cada semana trabalhada.

a) Copie e complete o quadro a seguir no caderno.

Quantidade de semanas	Quantidade de peças
1	15
2	
3	
4	
5	

b) Quantas semanas serão necessárias para Carol produzir 300 peças?

c) Quantas peças Carol consegue produzir em 12 semanas?

16. Leia o texto e resolva os itens.

Nos Jogos Olímpicos de Los Angeles, em 1984, Joaquim Cruz foi o primeiro atleta brasileiro a conquistar a medalha de ouro em uma prova de pista. Ele venceu a prova correndo a uma velocidade média de aproximadamente 8 m/s.

a) Sabendo que ele levou cerca de 100 s para concluir a prova, que distância ele percorreu?

b) Se ele percorresse 960 m com essa velocidade média, quanto tempo levaria para concluir o percurso?

17. Resolva.

Um município com 150 mil habitantes tem densidade demográfica de 500 hab./km². Qual é a área desse município?

18. Responda à questão.

Uma torneira tem vazão de 15 litros por minuto e consegue encher um tanque em 12 horas. Quanto tempo uma torneira que tem vazão de 20 litros por minuto levaria para encher o mesmo tanque?

19. Resolva.

Certa impressora pode imprimir 12 páginas por minuto. Em quanto tempo essa impressora imprimirá 204 páginas?

20. Faça o que se pede em cada item.

Com 4 metros de tecido, uma costureira consegue fazer duas calças.

a) Quantos metros de tecido são necessários para fazer cinco dessas calças?

b) Quantas dessas calças ela conseguirá produzir com 12 metros de tecido?

21. Resolva o problema.

Adriano preparou um churrasco para 40 pessoas e verificou, com base em sua experiência, que a comida era suficiente para 6 horas de festa. No entanto, chegaram 8 pessoas a mais que o previsto. Determine quantas horas durará a comida, supondo que cada pessoa consuma a mesma quantidade de comida.

22. Resolva.

Uma fazendeira tem ração suficiente para alimentar 220 vacas durante 45 dias. Se a fazendeira precisasse alimentar 450 vacas, a ração seria suficiente para quantos dias?

23. Observe o quadro e faça o que se pede.

O quadro abaixo mostra os valores que cada vencedor de um prêmio receberia, conforme a quantidade total de vencedores.

Quantidade de vencedores	Prêmio para cada vencedor (em reais)
2	30 mil
4	15 mil
12	y
x	4 mil

a) As grandezas apresentadas são direta ou inversamente proporcionais?

b) Qual é o valor de x? E de y?

c) Qual é o valor total do prêmio?

d) Se fossem 120 vencedores, que quantia cada um deles receberia?

UNIDADE 6 · PROPORCIONALIDADE E MATEMÁTICA FINANCEIRA

201

REGRA DE TRÊS COMPOSTA

Vimos como usar o procedimento da regra de três simples para resolver situações que envolvem duas grandezas proporcionais.

Agora, veremos como usar o procedimento da regra de três composta. Esse artifício é usado em situações que apresentam três ou mais grandezas direta ou inversamente proporcionais.

Grandezas diretamente proporcionais

Acompanhe a situação a seguir.

Em uma fábrica de peças para carros, 5 máquinas produzem, em 4 dias, 20 portas de carro iguais. Quantas portas serão produzidas se 7 máquinas estiverem funcionando, no mesmo ritmo, em 10 dias?

Representando por x a quantidade de portas produzidas por 7 máquinas em 10 dias, podemos organizar um quadro, como o mostrado ao lado.

Quantidade de máquinas	Número de dias	Quantidade de portas produzidas
5	4	20
7	10	x

grandeza na qual está o termo desconhecido

Agora, precisamos comparar a grandeza quantidade de portas produzidas, na qual está o termo desconhecido, com as outras duas grandezas: a quantidade de máquinas e o número de dias.

- A quantidade de máquinas funcionando é diretamente proporcional à quantidade de portas produzidas, pois, ao aumentar a quantidade de máquinas funcionando, a quantidade de portas produzidas aumenta na mesma proporção.

- O número de dias é diretamente proporcional à quantidade de portas produzidas, pois, ao aumentar a quantidade de dias, a quantidade de portas produzidas aumenta na mesma proporção.

Observe como escrevemos uma igualdade entre essas grandezas e como solucionamos o problema:

diretamente proporcional à quantidade de portas produzidas   diretamente proporcional à quantidade de portas produzidas

$$\frac{5}{7} \cdot \frac{4}{10} = \frac{20}{x}$$ — Simplificamos a fração $\frac{4}{10}$.

$$\frac{5}{7} \cdot \frac{2}{5} = \frac{20}{x}$$ — Multiplicamos as frações.

$$\frac{5 \cdot 2}{7 \cdot 5} = \frac{20}{x}$$

$$\frac{10}{35} = \frac{20}{x}$$ — Usamos a propriedade fundamental das proporções.

$$10 \cdot x = 35 \cdot 20$$

$$10x = 700$$

$$x = \frac{700}{10}$$

$$x = 70$$

Portanto, 7 máquinas trabalhando durante 10 dias produzirão 70 portas de carro.

Grandezas inversamente proporcionais

Acompanhe a situação a seguir.

Uma pequena empresa tem 5 impressoras que reproduzem 40 cópias em 2 minutos. Em quanto tempo 96 cópias serão reproduzidas por 8 dessas impressoras?

Representando por x a quantidade de minutos que 8 impressoras levam para reproduzir 96 cópias, podemos organizar um quadro, como o mostrado ao lado.

Tempo (minutos)	Quantidade de cópias	Quantidade de impressoras
2	40	5
x	96	8

↑ grandeza na qual está o termo desconhecido

Agora, precisamos comparar a grandeza tempo, na qual está o termo desconhecido, com as outras duas grandezas: a quantidade de cópias e a quantidade de impressoras.

- Considerando a mesma quantidade de cópias, o tempo e a quantidade de impressoras são grandezas inversamente proporcionais, pois, aumentando a quantidade de impressoras, o tempo para tirar as cópias diminui na mesma proporção.

- Considerando a mesma quantidade de impressoras, o tempo e a quantidade de cópias são grandezas diretamente proporcionais, pois, aumentando o tempo, a quantidade de cópias aumenta na mesma proporção.

Observe agora como escrevemos uma igualdade entre essas grandezas para solucionar o problema:

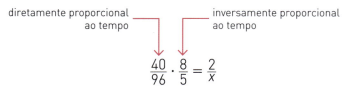

diretamente proporcional ao tempo | inversamente proporcional ao tempo

$$\frac{40}{96} \cdot \frac{8}{5} = \frac{2}{x}$$

Observe que invertemos a razão correspondente à grandeza que é inversamente proporcional ao tempo. Ou seja, em vez de escrevermos $\frac{5}{8}$, escrevemos $\frac{8}{5}$.

Resolvendo a equação acima, temos:

$$\frac{40}{96} \cdot \frac{8}{5} = \frac{2}{x}$$ — Simplificamos a fração $\frac{40}{96}$.

$$\frac{5}{12} \cdot \frac{8}{5} = \frac{2}{x}$$ — Multiplicamos as frações.

$$\frac{40}{60} = \frac{2}{x}$$ — Usamos a propriedade fundamental das proporções.

$$40 \cdot x = 2 \cdot 60$$

$$40x = 120$$

$$x = \frac{120}{40}$$

$$x = 3$$

Portanto, 8 impressoras produzirão 96 cópias em 3 minutos.

ATIVIDADES

RETOMAR E COMPREENDER

24. Resolva o problema a seguir.

Por 5 dias de hospedagem em um hotel, 4 pessoas pagaram R$ 1 200,00. Quanto esse hotel cobrará de 6 pessoas por 10 dias de hospedagem, sabendo que o preço da diária por pessoa é sempre o mesmo?

25. Resolva.

Caminhando 10 horas diárias, durante 24 dias, um viajante percorreu 720 km. Para percorrer 432 km, caminhando na mesma velocidade por 8 horas diárias, quantos dias serão necessários?

26. Resolva a situação-problema.

Oito lâmpadas iguais, acesas durante 4 horas diárias, consomem, em 30 dias, 48 kWh (quilowatt-hora). Quanto consumirão 6 lâmpadas iguais a essas, acesas 3 horas por dia, durante 20 dias?

27. Resolva.

Dois alfaiates costuram 10 barras de calça em 20 minutos. Calcule quantas barras seriam costuradas por 3 alfaiates em 12 minutos. Considere que todos os alfaiates fazem o mesmo serviço no mesmo tempo.

28. Leia e resolva o problema abaixo.

Uma envasadora de água mineral consegue envasar 3 mil garrafas em 5 dias, funcionando 6 horas por dia. O dono do negócio quer aumentar a produção para 4 mil garrafas em 4 dias.

a) Calcule quantas horas por dia a envasadora deve funcionar para que o dono do negócio atinja seu objetivo.

b) Dadas as mesmas condições, calcule quantas horas a envasadora deve funcionar para envasar 4 000 garrafas em um dia.

29. Resolva.

Vítor recebe R$ 1 200,00 trabalhando 8 horas diárias, durante 20 dias. Se ele trabalhasse 6 horas por dia, quanto ele receberia em 30 dias?

APLICAR

30. Resolva o problema.

Para alimentar 30 peixes durante 10 dias são necessários 3 kg de ração. Quantos quilogramas de ração são necessários para alimentar 50 desses peixes durante 26 dias?

31. Leia o problema a seguir e tente resolvê-lo com um colega.

Quinze operários igualmente eficientes, trabalhando 7 horas por dia, constroem 3 lajes de um edifício em 8 dias. Quantos operários, com a mesma capacidade de trabalho que os outros, serão necessários para construir as 12 lajes restantes do edifício em 20 dias?

32. Ajude o dono da fábrica a resolver o problema.

Uma fábrica, funcionando 6 horas por dia, produz 20 motos em 8 dias. O dono da fábrica precisa aumentar a produção para 30 motos em 9 dias. Para que esse objetivo seja alcançado, quantas horas por dia a fábrica precisa funcionar?

33. Resolva.

Para pintar uma casa, foram contratados 4 pintores igualmente eficientes, que terminariam a obra em 30 dias. Depois de 5 dias, o responsável pela pintura decidiu agilizar o trabalho e contratou mais um pintor, com a mesma capacidade de trabalho dos outros. Quantos dias faltam para a pintura ser concluída?

34. Resolva.

Um motorista dirigindo com velocidade de 100 km/h, gasta 6 horas para ir de uma cidade a outra. Quanto tempo esse motorista gastará para percorrer o mesmo trecho se a velocidade aumentar para 120 km/h?

35. Resolva o problema.

Para alimentar 48 porcos, durante 10 dias, são necessários 100 kg de ração. Quantos quilogramas dessa mesma ração serão necessários para alimentar 72 porcos, durante 20 dias?

MAIS ATIVIDADES

RETOMAR E COMPREENDER

36. Verifique se os números das sequências são diretamente proporcionais ou inversamente proporcionais. Em seguida, determine os coeficientes de proporcionalidade.

a) (1, 3) e (20, 60)

b) (2, 3, 4) e (12, 8, 6)

37. Leia o problema e responda ao que se pede em cada item.

Milena confeccionou bermudas e quer distribuí-las em diferentes lojas, de modo que cada loja receba quantidades iguais de bermudas.

a) As grandezas quantidade de lojas e quantidade de bermudas que cada loja receberá são direta ou inversamente proporcionais?

b) Se Milena distribuir as 240 bermudas que confeccionou entre 4 lojas, quantas bermudas cada loja receberá?

c) Para que cada loja receba 40 das 240 bermudas que Milena produziu, entre quantas lojas as bermudas precisam ser distribuídas?

38. Uma fábrica produz 400 bonecas em 5 horas. Quanto tempo será necessário para produzir 1 000 bonecas?

39. Resolva os itens a seguir.

A padaria de um supermercado produz 240 kg de pão com 200 kg de farinha.

a) Quantos quilogramas de farinha são necessários para fazer 3 kg de pão?

b) Quantos pães de 50 g podem ser feitos com 500 kg de farinha?

APLICAR

40. Resolva.

A razão entre as medidas dos lados de dois quadrados é $\frac{4}{5}$, e o quadrado menor tem 12 cm de lado.

a) Qual é a medida do lado do quadrado maior?

b) Qual é a razão entre o perímetro do quadrado menor e o perímetro do quadrado maior?

c) Qual é a razão entre a área da região quadrada menor e a área da região quadrada maior?

d) Verifique se a razão entre os perímetros e a razão entre as áreas formam uma proporção.

41. Leia e resolva o que se pede.

Para preparar determinado suco, misturam-se 2 copos com polpa de fruta para cada 10 copos com água. Mariana usou 36,5 copos de água para preparar o suco.

a) Quantos copos com polpa são necessários para preparar esse suco?

b) Quantos copos desse suco, completamente cheios, poderão ser servidos? Lembre-se: O suco pronto contém as quantidades de água e de polpa que foram utilizadas.

42. Resolva.

Determinada quantidade de ração alimenta 24 porcos durante 5 dias. Quantos porcos devem ser vendidos para que essa ração dure 6 dias?

43. Resolva.

Uma máquina funciona 8 horas por dia, embalando 20 caixas de biscoito por minuto. Se 3 dessas máquinas funcionarem 6 horas por dia, quantas caixas de biscoito serão embaladas por dia?

44. Resolva o problema.

Seis lâmpadas iguais, acesas durante 5 horas diárias, têm um consumo mensal de 40 kWh (quilowatt-hora). Quanto será o consumo mensal de oito lâmpadas acesas 6 horas por dia?

45. Resolva.

O dono de uma empresa resolveu distribuir uma gratificação de R$ 2 280,00 entre seus três gerentes, A, B e C, de modo que o valor recebido fosse inversamente proporcional às faltas de cada um no decorrer do ano. Considerando que A faltou 5 vezes, B faltou 4 vezes, e C faltou 2 vezes, quanto cada gerente recebeu?

46. Um pacote com 80 cadernos de 140 páginas pesa 72 kg. Quanto pesa um pacote com 70 cadernos de 120 páginas?

47. Para o aniversário de seu filho, Kelly fez sanduíches. Ela utilizou 6 pacotes de pão de forma e fez 126 sanduíches. Quantos pacotes do mesmo pão de forma ela vai usar para fazer 210 sanduíches?

48. **APLICAR** Use os conceitos apresentados até aqui para resolver as **atividades interativas**.

UNIDADE 6 - PROPORCIONALIDADE E MATEMÁTICA FINANCEIRA

205

Capítulo 3
MATEMÁTICA FINANCEIRA

Você já foi a um restaurante e o garçom perguntou se ele poderia incluir o serviço? Você sabe o que isso significa? Para compreender essa e outras relações presentes em nosso dia a dia, é necessário entender as relações comerciais. Mas, antes, é preciso estudar alguns conceitos básicos de matemática financeira.

PORCENTAGEM NAS RELAÇÕES COMERCIAIS

Muitas vezes, para incentivar a compra de roupas, as lojas fazem grandes remarcações de preços: são as famosas liquidações! Nessas épocas, é comum ver o símbolo de porcentagem (%) estampado nas vitrines.

Vimos que porcentagem ou taxa percentual é qualquer razão entre um número x e 100.

Imagine, por exemplo, que uma blusa que custava R$ 65,00 está com um desconto de 20%.

O valor a ser pago por essa blusa, representado por V_p, corresponde ao valor inicial da blusa, V, subtraído de 20% desse valor, ou seja, $V \cdot 20\%$. Assim, temos:

$$V_p = V - V \cdot 20\% \quad \text{Substituímos os valores.}$$
$$V_p = 65 - 65 \cdot \frac{20}{100} \quad \text{Simplificamos a fração.}$$
$$V_p = 65 - 65 \cdot \frac{1}{5}$$
$$V_p = 65 - 13 = 52$$

Logo, o valor da blusa com o desconto é de R$ 52,00.

Nos exemplos a seguir, veremos diferentes aplicações do cálculo de porcentagem nas relações comerciais.

Exemplos

A. Comissão de venda

Uma vendedora de roupas recebe, além do seu salário fixo, 10% de comissão sobre o valor das peças que vende. Se, no mês passado, suas vendas totalizaram R$ 9 000,00, quanto foi sua comissão nesse mês?

Uma maneira de obter esse valor é calcular 10% de 9 000.

$$10\% \cdot 9\,000 = \frac{10}{100} \cdot 9\,000 = \frac{1}{1} \cdot 900 = 900$$

Portanto, o valor da comissão dessa vendedora no mês passado foi R$ 900,00.

B. Reajuste salarial

Suponha que alguns trabalhadores de uma empresa tenham recebido um reajuste salarial de 8% em determinado ano. Carlos era um desses trabalhadores e recebia R$ 3 800,00 por mês. Quanto Carlos passou a receber de salário após o reajuste?

$$8\% \cdot 3\,800 = \frac{8}{100} \cdot 3\,800 = 8 \cdot 38 = 304$$

O aumento no valor do salário de Carlos foi de R$ 304,00. Para determinar quanto passou a ser seu salário, temos de adicionar o valor do salário antigo ao acréscimo.

$$R\$\ 3\,800,00 + R\$\ 304,00 = R\$\ 4\,104,00$$

Portanto, Carlos passou a receber R$ 4 104,00 de salário.

C. Acréscimos

Fernanda vai pagar o condomínio do apartamento onde mora, que é de R$ 550,00, 8 dias após o vencimento. O acréscimo percentual pelo atraso – denominado taxa – é de 2%. Quanto Fernanda pagará de condomínio esse mês?

Como Fernanda está pagando com atraso, o valor a ser pago deverá ter um acréscimo de 2%.

O valor total a ser pago, representado por V_T, corresponde ao valor inicial do condomínio, V, com a adição de 2% desse valor, ou seja, $V \cdot 2\%$. Assim, temos:

$$V_T = V + V \cdot 2\% \quad \text{──── Substituímos os valores.}$$
$$V_T = 550 + 550 \cdot 2\%$$
$$V_T = 550 + 550 \cdot \frac{2}{100}$$
$$V_T = 550 + \frac{550 \cdot 2}{100}$$
$$V_T = 550 + \frac{55 \cdot 2}{10}$$
$$V_T = 550 + \frac{110}{10}$$
$$V_T = 550 + 11$$
$$V_T = 561$$

Logo, Fernanda pagará R$ 561,00 de condomínio nesse mês.

Juros

Os juros estão presentes no dia a dia das pessoas em compras a prazo, empréstimos e investimentos bancários. Eles podem fazer uma dívida aumentar muito, mas também podem fazer crescer o dinheiro de quem poupa.

ANALISAR

Use seus conhecimentos sobre juros e descubra **o melhor investimento** a ser feito!

O que é juro?

Juro é um valor cobrado para que alguém use por um determinado período de tempo (dias, meses ou anos) uma quantia que não é sua.

Veja alguns exemplos de situações que envolvem juros.

Empréstimo

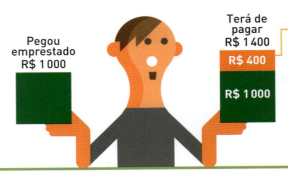

João pede dinheiro emprestado ao banco e pagará depois de um ano.

Pegou emprestado R$ 1 000

Terá de pagar R$ 1 400
R$ 400
R$ 1 000

Taxa de juros 40% ao ano

João terá de pagar o valor que pegou emprestado acrescido dos juros como compensação pelo tempo que ficou com o dinheiro.

Compra a prazo

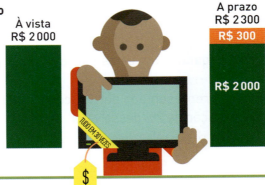

Pedro compra uma TV a prazo para pagá-la daqui a dois meses porque não tem todo o dinheiro para comprá-la à vista.

À vista R$ 2 000

A prazo R$ 2 300
R$ 300
R$ 2 000

Taxa de juros 15% ao mês

O valor a prazo é maior porque, ao parcelar o valor, a loja cobra juros sobre o preço à vista.

Investimento

Maria investe dinheiro em uma aplicação bancária e vai retirar o dinheiro depois de um ano.

Aplicou R$ 800

Recebeu R$ 1 040
R$ 240
R$ 800

Taxa de juros 30% ao ano

Após um período de tempo, ela tem direito ao rendimento – que é uma porcentagem sobre o valor aplicado. Nesse caso, é como se ela tivesse emprestado dinheiro ao banco e o banco lhe pagasse juros.

Fonte de pesquisa: Banco Central do Brasil. *Glossário simplificado de termos financeiros*. Brasília: BCB, 2013.

Calculando os juros

Existem dois tipos de juros: juros simples e juros compostos. Na maior parte das operações que realizamos, são aplicados os juros compostos, que fazem com que o valor aumente rapidamente, como veremos a seguir. Isso é lucrativo para quem empresta o dinheiro, mas pode gerar uma dívida alta em pouco tempo para quem toma dinheiro emprestado.

Juros simples

O valor dos juros simples é calculado sempre com base no **valor inicial** (capital), em todos os períodos.

Veja como fica a correção do valor de um empréstimo de R$ 100,00 com uma **taxa de juros simples** mensal de 20% em 3 meses.

Observe que o valor dos juros é sempre o mesmo.

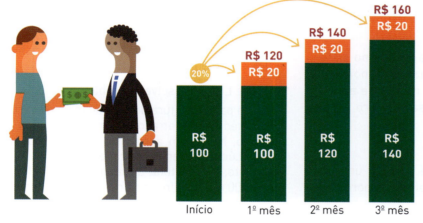

Juros compostos

O valor dos juros compostos em um determinado período é calculado com base no **valor acumulado** do período anterior. Assim, o montante de um período torna-se o capital no cálculo do período seguinte.

Veja como fica a correção de R$ 100,00 em uma compra a prazo com uma **taxa de juros compostos** mensal de 20% em 3 meses.

Note como o valor dos juros é diferente em cada período.

Legenda: Capital | Taxa de juros | Juro | Montante

Como calcular?

Vamos estudar as fórmulas para encontrar o valor dos juros e do montante, usando as situações ao lado como exemplos. Considere:

- j: juros
- C: capital (valor inicial)
- i: taxa de juros
- t: tempo
- M: montante (valor final)

Cálculo de juros simples

$$j = C \cdot i \cdot t$$

No empréstimo
$j = 100 \cdot 0{,}2 \cdot 3 = 60$

Montante de juros simples

$$M = C + j$$

No empréstimo
$M = 100 + 60 = 160$

Montante de juros compostos

$$M = C(1 + i)^t$$

Na compra a prazo
$M = 100(1 + 0{,}2)^3$
$M = 172{,}80$

Cálculo de juros compostos

$$j = M - C$$

Na compra a prazo
$j = 172{,}80 - 100$
$j = 72{,}80$

No cálculo de juros compostos, primeiro obtemos o valor do montante e, depois, o valor dos juros.

ATIVIDADES

RETOMAR E COMPREENDER

1. Resolva o problema abaixo.

Em bares, restaurantes e lanchonetes é comum a conta vir com um acréscimo de 10% sobre o valor total gasto, que é a comissão paga ao garçom. Essa cobrança é válida, mas o pagamento pelo consumidor é opcional.

Após jantar com seus pais em um restaurante, Juliana viu que o total gasto por eles foi de R$ 160,00. Ela sabia que pagar 10% sobre o valor da conta era opcional. Caso eles tenham optado por pagar essa comissão ao garçom, qual foi o valor total da conta?

2. Resolva.

Um capital de R$ 600,00 aplicado no sistema de juro simples produziu um montante de R$ 768,00 após quatro meses de aplicação. Qual foi a taxa mensal de juro nesse período?

3. Leia e resolva o problema.

Foram pagos R$ 123,00 de juro por um empréstimo de R$ 205,00. Calcule a porcentagem referente a esse juro.

4. Resolva.

Qual é o montante de uma aplicação de R$ 1 000,00 a juro composto, durante 2 meses, à taxa de 2% ao mês?

5. Responda ao que se pede.

Considere que em um período de 3 meses a caderneta de poupança rendeu, em regime de juro composto, 0,5% ao mês. Qual é o montante resgatado para um investimento de R$ 2 000,00 nesse período?

6. Resolva a situação a seguir.

Um computador pode ser comprado à vista por R$ 2 300,00. Se for pago em três prestações iguais, há acréscimo de 8% sobre o valor à vista. Qual é o valor de cada prestação na compra a prazo?

7. Resolva a situação a seguir.

Ana devia R$ 40,00 a sua irmã Priscila, mas até agora pagou apenas R$ 14,00. Qual percentual da dívida foi pago por Ana?

8. Resolva.

Uma calça custava R$ 175,00 e teve um reajuste de 30%. Qual é o novo preço da calça?

9. Resolva a situação.

Joaquim colocou a casa dele à venda pelo valor de R$ 240 000,00. Sabendo que a casa valoriza 6% ao ano, calcule o valor dessa casa após:

a) 1 ano.   b) 3 anos.

10. Resolva.

Paula investiu R$ 30 000,00 em um banco. Qual será o montante que ela vai receber após 3 meses, sabendo que o juro é de 2% ao mês?

11. Leia a situação e responda.

Pedro comprou um tênis à vista e recebeu 15% de desconto, economizando, assim, R$ 48,00. Quanto ele pagou pelo tênis?

12. Ajude Lúcia a resolver o problema.

Lúcia pagou a fatura do mês de maio do cartão de crédito com atraso, e por isso, no mês de junho, houve um acréscimo de 3%. Supondo que Lúcia não tenha utilizado mais o cartão de crédito, o valor total da fatura de junho foi de R$ 700,40. Qual foi o valor da fatura de maio?

APLICAR

13. Leia a situação e responda aos itens.

Josué comprou um *notebook* de R$ 1 800,00, mas pagou após 2 meses, com taxa de juro simples de 3% ao mês.

a) Qual é o valor pago pelo *notebook* após os 2 meses?

b) Se a taxa fosse de juro composto, qual seria o valor pago por Josué?

14. Resolva.

Uma recepcionista foi promovida a secretária, e seu salário passou de R$ 1 200,00 para R$ 2 016,00. Qual foi o percentual de aumento em seu salário?

15. Leia o problema e faça o que se pede.

Cristina comprou um *freezer* de R$ 1 980,00 em duas parcelas e pagou da seguinte maneira:

• entrada (ou primeira parcela): R$ 480,00;
• segunda parcela: acréscimo de 2,5% da diferença.

a) Qual é o valor da segunda parcela?

b) Quanto custou o *freezer*?

MAIS ATIVIDADES

RETOMAR E COMPREENDER

16. Resolva o que se pede em cada item.

Em dezembro de 2016, o salário mínimo no Brasil era R$ 880,00. Em janeiro de 2017, passou a ser R$ 937,00.

a) Qual foi, aproximadamente, o aumento percentual do salário mínimo de 2016 para 2017?

b) Suponha que especialistas estimem um reajuste de 10% ao ano no salário mínimo até 2022. Qual seria o valor do salário mínimo em 2022?

17. Faça o que se pede.

Ao comprar um celular que custava R$ 800,00, Paola ganhou um desconto de R$ 57,60, pois pagou à vista e em dinheiro. Qual foi a taxa de desconto que ela recebeu?

18. Resolva o problema abaixo.

O custo para a fabricação de um artigo é R$ 247,50. Em uma loja, esse mesmo artigo é vendido por R$ 330,00. Qual deve ser o desconto anunciado pelo lojista para vender o artigo a preço de custo?

19. Leia a situação a seguir e resolva.

Carlos fez uma aplicação a juro simples. Após três meses, o rendimento foi de R$ 480,00. Sabendo que a aplicação rendeu 20% ao ano, quanto Carlos aplicou?

APLICAR

20. Veja a seguir o gráfico que representa a produção de autopeças de uma indústria durante o 1º semestre de 2017.

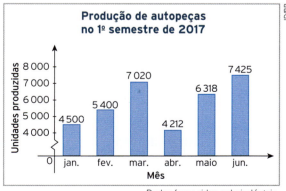

Dados fornecidos pela indústria.

a) Qual foi o percentual de aumento na produção de março em relação a fevereiro?

b) Qual foi o percentual de queda na produção de abril em relação a março?

c) Qual foi o percentual de aumento na produção do último mês do período em relação ao primeiro?

d) No eixo que representa as unidades produzidas, há um símbolo entre zero e 4 000. Você sabe o que ele significa?

21. Resolva.

Dona Simone aplicou o capital de R$ 1 200,00 a uma taxa de 2% ao mês durante 14 meses. Determine os juros e o montante dessa aplicação.

22. Observe a ilustração e responda.

Sabendo que em janeiro o valor do computador será reajustado em 22%, qual será o novo preço do computador?

23. Resolva o problema abaixo.

Antônio aplicou R$ 500,00 em um banco com uma taxa de juros de 3% ao mês. Qual será seu montante no final de 4 meses da aplicação?

24. Resolva o problema abaixo.

Eliza decidiu investir uma quantia em uma aplicação recomendada pelo gerente da sua conta. No primeiro mês ela perdeu 30% do total investido. No segundo mês, ela recuperou 20% do que havia perdido. Depois desses dois meses ela decidiu retirar o montante de R$ 3 800,00 gerado pela aplicação. Qual foi a quantia inicial que Eliza aplicou?

25. **APLICAR** Use os conceitos apresentados até aqui para resolver as **atividades interativas**.

INVESTIGAR

Arquitetura e Matemática

Para começar

Você costuma prestar atenção à arquitetura das construções?

Nesta atividade, você vai investigar quais arquitetos dão destaque às formas geométricas em suas obras. Depois, a turma organizará uma exposição fotográfica para toda a escola.

O PROBLEMA

- Que arquitetos têm o estilo marcado pelo destaque das formas e pelo uso das figuras geométricas em suas construções e que obras são essas?

A INVESTIGAÇÃO

- **Procedimento:** pesquisa bibliográfica.
- **Instrumentos de coleta:** levantamento de referências teóricas (livros, revistas, *sites*).

MATERIAL

- caderno e caneta
- livros e revistas
- canetas hidrográficas
- máquina fotográfica (opcional)
- cartolina
- computador com acesso à internet e impressora

Procedimentos

Parte I – Planejamento

1. Toda a turma fará uma pesquisa sobre os arquitetos conhecidos por dar destaque às formas geométricas em suas obras.
2. Em um dia agendado, todos os alunos deverão trazer os nomes dos arquitetos encontrados na pesquisa para a sala de aula. O professor escreverá todos os nomes no quadro e selecionará os mais citados.
3. A turma será organizada em grupos. Cada grupo ficará responsável por pesquisar um dos arquitetos.

Parte II – Coleta dos dados

1. Cada grupo deverá pesquisar a biografia do arquiteto pelo qual ficou responsável, as principais características de suas obras e fotografias de suas obras.
2. A pesquisa poderá ser realizada em livros, revistas e *sites*.
3. É importante que as fontes de pesquisa sejam confiáveis.
   - Verifiquem se o texto tem autoria e se o autor é alguém adequado para escrever sobre o assunto.
   - No caso de *sites*, priorizem os de instituições como museus e universidades e do próprio arquiteto pesquisado.
4. Anotem ou reproduzam todas as informações relevantes que encontrarem.
5. No caso das fotografias, além de reproduzi-las, anotem o maior número possível de informações sobre cada uma delas: onde foi encontrada, nome da obra arquitetônica, local onde está a obra, ano da fotografia, nome do fotógrafo, etc.

Parte III – Organização e seleção dos dados

1 Reúnam os dados coletados pelo grupo, discutam o que encontraram sobre o arquiteto e elaborem itens com as principais informações sobre ele.

2 No caso das fotografias:
- selecionem as que estão reproduzidas com maior qualidade, descartando as repetidas, as que não estiverem em bom estado e as que forem muito pequenas;
- dentre as imagens selecionadas, identifiquem e anotem as formas geométricas que estão em destaque nas obras;
- pesquisem se há alguma obra desse arquiteto na sua cidade. Se houver, verifiquem a possibilidade de observá-la e fotografá-la, acompanhados de um responsável.

Parte IV – Preparação da exposição

1 Digitem e imprimam (ou transcrevam) os dados biográficos e a lista com as principais características das obras do arquiteto que pesquisaram. O tamanho da fonte não pode ser pequeno, pois esse texto deverá ser facilmente lido pelo público da exposição. Além disso, o texto deve ser atraente e não muito extenso, para facilitar a leitura.

2 Separem as fotografias selecionadas e preparem as legendas. Em cada legenda, devem constar os dados da imagem e da obra e as formas geométricas nela presentes.

3 Colem as fotografias das obras com as respectivas legendas na cartolina, abaixo do nome do arquiteto que as projetou. Em outro lugar, escrevam o nome dos integrantes do grupo e a respectiva turma.

Questões para discussão

1. Que diferença você sentiu ao fazer a pesquisa individual inicialmente e, depois, em grupo? Qual você preferiu? Por quê?

2. Que fontes você mais consultou para fazer a maior parte da pesquisa: livros, revistas ou *sites*?

3. Foi fácil encontrar fotos de obras arquitetônicas que dão destaque às formas geométricas?

4. Se, em vez de uma pesquisa bibliográfica, fosse proposta uma pesquisa de campo, aonde você iria para realizar essa atividade?

5. Você sabia da relação entre arquitetura e Matemática ou se surpreendeu durante a pesquisa?

Comunicação dos resultados

Exposição fotográfica

Dividam o espaço onde acontecerá a exposição de acordo com a quantidade de grupos. Cada grupo deverá colar seu cartaz, as informações biográficas e a lista com as características do arquiteto no espaço indicado.

No dia da abertura da exposição, vocês vão dar aos visitantes informações sobre a pesquisa que fizeram.

ATIVIDADES INTEGRADAS

APLICAR

1. Responda.

(OBM) Em uma certa cidade, a razão entre o número de homens e mulheres é 2 : 3 e entre o número de mulheres e crianças é 8 : 1. A razão entre o número de adultos e crianças é:

a) 5 : 1   c) 12 : 1   e) 13 : 1

b) 16 : 1   d) 40 : 3

2. Responda.

(OBM) Anita imaginou que levaria 12 minutos para terminar sua viagem, enquanto dirigia à velocidade constante de 80 km/h, numa certa rodovia. Para sua surpresa, levou 15 minutos. Com qual velocidade constante essa previsão teria se realizado?

a) 90 km/h   c) 100 km/h   e) 120 km/h

b) 95 km/h   d) 110 km/h

3. Responda.

(OBM) Em um tanque há 4 000 bolinhas de pingue-pongue. Um menino começou a retirá-las, uma por uma, com velocidade constante, quando eram 10 h. Após 6 horas, havia no tanque 3 520 bolinhas. Se o menino continuasse no mesmo ritmo, quando o tanque ficaria com 2 000 bolinhas?

a) Às 11 h do dia seguinte.

b) Às 23 h do mesmo dia.

c) Às 4 h do dia seguinte.

d) Às 7 h do dia seguinte.

e) Às 9 h do dia seguinte.

4. Responda.

(Obmep) Um trabalho de Matemática tem 30 questões de Aritmética e 50 de Geometria. Júlia acertou 70% das questões de Aritmética e 80% do total de questões. Qual o percentual das questões de Geometria que ela acertou?

a) 43%   c) 58%   e) 86%

b) 54%   d) 75%

5. Resolva.

Após um ano de funcionamento, os dois sócios de uma empresa obtiveram lucro de R$ 20 000,00. Proporcionalmente, quanto cada sócio deve receber, sabendo que um deles investiu R$ 190 000,00 e o outro, R$ 210 000,00?

6. Responda.

(FGV-SP) Fábio recebeu um empréstimo bancário de R$ 10 000,00 para ser pago em duas parcelas anuais, a serem pagas respectivamente no final do primeiro ano e do segundo ano, sendo cobrados juros compostos à taxa de 20% ao ano. Sabendo que o valor da primeira parcela foi de R$ 4 000,00, podemos concluir que o valor da segunda foi de:

a) R$ 8 800,00.   d) R$ 9 400,00.

b) R$ 9 000,00.   e) R$ 9 600,00.

c) R$ 9 200,00.

7. Responda.

(ESPM-SP) Um capital de R$ 6 000,00 é aplicado por 4 meses a juros compostos de 2% ao mês. Qual é o valor do juro resultante dessa aplicação? Você pode usar um dos dados abaixo:

$$1,02^4 = 1,0824$$

$$1,2^4 = 2,0736$$

$$1,02 \cdot 4 = 4,08$$

a) R$ 6 494,40   d) R$ 494,40

b) R$ 6 480,00   e) R$ 480,00

c) R$ 6 441,60

8. Leia a situação e responda.

Em julho, uma academia distribuiu R$ 500,00 de desconto aos quatro alunos mais assíduos às aulas de natação. Esse desconto foi dado de maneira inversamente proporcional ao número de faltas. Laura, Mônica, Patrícia e Aline tiveram, respectivamente, as seguintes faltas nesse mês: 2, 4, 6 e 8. Quantos reais cada uma delas teve de desconto?

ANALISAR E VERIFICAR

9. Faça o que se pede e, ao final, responda à questão.

a) Copie a frase a seguir substituindo os ♦ para obter uma afirmação verdadeira.

Um material tem 7 g/cm³ de densidade. Isso significa que um cubo com ♦ cm³ de volume feito com esse material terá massa igual a ♦ g.

b) Se um material tem 8 g/cm³ de densidade, determine a massa de um cubo de 1 cm³ de volume feito com esse material.

c) Se um material tem 9 g/cm³ de densidade, determine a massa de um cubo de 1 cm³ de volume feito com esse material.

d) Analisando as respostas dos itens anteriores, responda: Podemos afirmar que quanto maior for a densidade de um material maior será a massa de um cubo com 1 cm³ de volume feito com esse material? Justifique.

10. Leia a situação e faça o que se pede.

Em uma pista de corrida, Aílton percorreu 1 800 m em 10 minutos, e Patrícia percorreu a mesma distância em 12 minutos.

a) Calcule a velocidade média de Aílton e de Patrícia.

b) Compare a velocidade de Aílton e a de Patrícia com a de Usain Bolt, atleta jamaicano recordista mundial que correu 100 m em 9,58 segundos em Berlim, em 2009.

11. Responda.

(Enem) Arthur deseja comprar um terreno de Cléber, que lhe oferece as seguintes possibilidades de pagamento:

- Opção 1: pagar à vista, por R$ 55 000,00;

- Opção 2: pagar a prazo, dando uma entrada de R$ 30 000,00 e mais uma prestação de R$ 26 000,00 para dali a 6 meses;

- Opção 3: pagar a prazo, dando uma entrada de R$ 20 000,00, mais uma prestação de R$ 20 000,00, para dali a 6 meses, e outra de R$ 18 000,00 para dali a 12 meses da data da compra.

- Opção 4: pagar a prazo dando uma entrada de R$ 15 000,00 e o restante em 1 ano da data da compra, pagando R$ 39 000,00.

- Opção 5: pagar a prazo, dali a um ano, o valor de R$ 60 000,00.

Arthur tem o dinheiro para pagar à vista, mas avalia se não seria melhor aplicar o dinheiro do valor à vista (ou até um valor menor), em um investimento, com rentabilidade de 10% ao semestre, resgatando os valores à medida que as prestações da opção escolhida fossem vencendo.

Após avaliar a situação do ponto financeiro e das condições apresentadas, Arthur concluiu que era mais vantajoso financeiramente escolher a opção:

a) 1.   b) 2.   c) 3.   d) 4.   e) 5.

12. Resolva o problema a seguir.

Um par de tênis custava R$ 180,00 e teve acréscimo de 10%. Se após o reajuste do preço for dado um desconto de 10%, o tênis voltará a custar R$ 180,00? Justifique sua resposta.

13. Considere um produto que custava R$ 6 400,00 e responda.

a) Na liquidação, esse produto estava com 15% de desconto. Quanto passou a ser o preço dele com o desconto?

b) Uma pessoa pediu 10% de desconto sobre o valor da liquidação. Quanto a pessoa queria pagar?

c) Calcule o preço desse produto com desconto de 25% e compare-o com o do item anterior.

d) Analisando esse problema, concluímos que descontos sucessivos de 15% e 10% não geram um único desconto de 25%. Por quê?

CRIAR

14. Em uma floresta, 10% dos leões acham que são tigres e 10% dos tigres acham que são leões. Além disso, 20% dos leões e dos tigres acham que são tigres. Se na floresta existem 10 tigres, há quantos leões?

15. Na abertura desta unidade você viu duas embalagens de suco e percebeu como é importante ler o rótulo de um produto. Com a correria do dia a dia, acabamos por deixar de ler outras duas importantes informações dos rótulos: os ingredientes e a tabela nutricional. Passamos pelas prateleiras e nos deixamos levar pelos destaques "rico em vitamina C", "alto teor de fibras", "produto integral", entre outros. Mas será que esses produtos são tão bons assim? Essas informações são verdadeiras?

Leia as informações nutricionais de cinco produtos da sua casa. Você conhece pelo menos cinco dos ingredientes presentes? Pesquise o que são os ingredientes que você não conhece e comente e com os colegas se eles são naturais.

EM RESUMO – UNIDADE 6

Razão e proporção

- Razão entre dois números: $\frac{a}{b}$ ou $a : b$, com $b \neq 0$
- Proporção entre quatro números não nulos: $\frac{a}{b} = \frac{x}{y}$
- Propriedade fundamental: se $\frac{a}{b} = \frac{x}{y}$ formam uma proporção, então $a \cdot y = b \cdot x$
- Outras propriedades: se $\frac{a}{b} = \frac{x}{y}$, então:
  - $\frac{a+b}{a} = \frac{x+y}{x}$, $\frac{a+b}{b} = \frac{x+y}{y}$, $\frac{a-b}{a} = \frac{x-y}{x}$ e $\frac{a-b}{b} = \frac{x-y}{y}$
  - $\frac{a+x}{b+y} = \frac{a}{b} = \frac{x}{y}$ e $\frac{a-x}{b-y} = \frac{a}{b} = \frac{x}{y}$

Grandezas e regra de três

- Grandezas diretamente proporcionais: variam na mesma razão.
- Grandezas inversamente proporcionais: uma varia na razão inversa da outra.
- Números não nulos:
  - diretamente proporcionais: $\frac{a}{A} = \frac{b}{B} = \ldots = k$, $k \neq 0$;
  - inversamente proporcionais: $a \cdot A = b \cdot B = \ldots = k$ ou $\frac{a}{\frac{1}{A}} = \frac{b}{\frac{1}{B}} = \ldots = k$, $k \neq 0$.
- Regra de três simples: envolve duas grandezas.
- Regra de três composta: envolve três ou mais grandezas.

Matemática financeira

- Porcentagem ou taxa percentual: razão entre x e 100.
- Juro: valor cobrado para que alguém use, por determinado tempo, uma quantia que não é sua.
- Dois tipos de juros: juros simples e juros compostos.

VERIFICAR

Confira o **mapa de conteúdos** da unidade 6.

UNIDADE 7

ÂNGULOS

Dois ângulos são complementares, e a medida de um é o quádruplo da medida do outro. Quanto mede o ângulo maior? Nesta unidade, você vai aprender um pouco mais sobre ângulos e como fazer operações com suas medidas e sobre alguns tipos de ângulos, como os ângulos complementares e os suplementares.

CAPÍTULO 1
Operações com ângulos

CAPÍTULO 2
Um pouco mais de ângulos

PRIMEIRAS IDEIAS

1. O que são ângulos e como podemos classificá-los? Dê exemplos de onde encontramos e usamos ângulos no nosso dia a dia.

2. Que instrumento podemos utilizar para medir um ângulo?

3. Quais são submúltiplos da unidade de medida de ângulo, o grau?

4. Quando um ângulo possui a mesma abertura que outro ângulo, eles podem ser definidos como ângulos congruentes ou ângulos adjacentes?

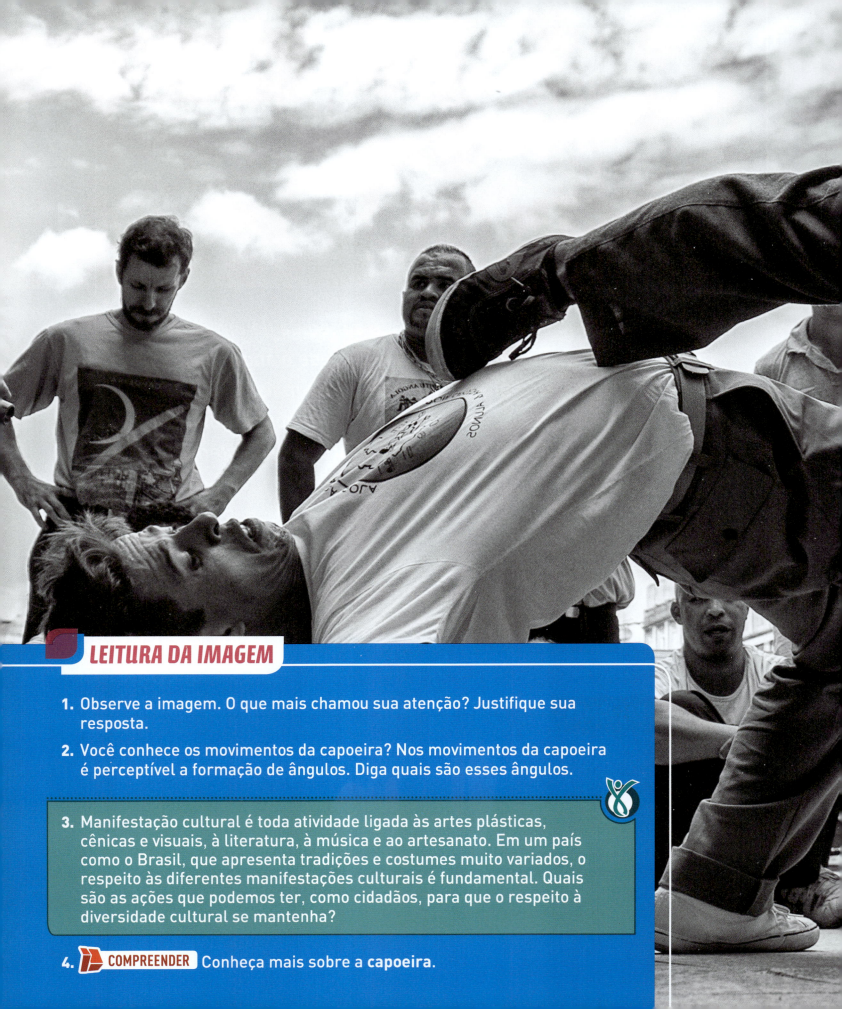

LEITURA DA IMAGEM

1. Observe a imagem. O que mais chamou sua atenção? Justifique sua resposta.

2. Você conhece os movimentos da capoeira? Nos movimentos da capoeira é perceptível a formação de ângulos. Diga quais são esses ângulos.

3. Manifestação cultural é toda atividade ligada às artes plásticas, cênicas e visuais, à literatura, à música e ao artesanato. Em um país como o Brasil, que apresenta tradições e costumes muito variados, o respeito às diferentes manifestações culturais é fundamental. Quais são as ações que podemos ter, como cidadãos, para que o respeito à diversidade cultural se mantenha?

4. **COMPREENDER** Conheça mais sobre a **capoeira**.

Capítulo 1
OPERAÇÕES COM ÂNGULOS

Você já observou um grupo de aves durante o voo ou o espaço entre os ponteiros de um relógio? E como será que calculamos a inclinação de uma rampa? Para responder a essas e outras perguntas, usamos o conceito de ângulo e, muitas vezes, realizamos algumas operações com as medidas de ângulo.

ÂNGULO

Aves migratórias, como os gansos canadenses, voam em bando de forma organizada e, por isso, chegam mais longe em até 70% das vezes, quando comparamos com a distância percorrida em voos desordenados. As aves organizam-se formando um **ângulo** no céu e, dessa forma, além de economizar energia, aumentam a possibilidade de sobrevivência, pois todas as aves do bando, com exceção da que está na ponta, ou seja, no vértice do ângulo, são vistas umas pelas outras.

Quando essas aves se deparam com ventos contrários muito fortes, elas formam um ângulo mais agudo. Quando a ave que comanda a formação cansa, ela vai para a parte de trás da fila e outra ave assume o papel de liderar a formação. Essa troca acontece várias vezes durante o voo.

Ângulo é cada uma das regiões determinadas por duas semirretas.

Grupo de gansos canadenses que voam sobre lago congelado. →

Na figura abaixo, as semirretas $\overrightarrow{BA}$ e $\overrightarrow{BC}$ dividem o plano em duas regiões. Cada região formada por essas semirretas representa um ângulo.

Esses ângulos podem ser indicados por $A\hat{B}C$, $C\hat{B}A$ ou $\hat{B}$. As semirretas $\overrightarrow{BA}$ e $\overrightarrow{BC}$ são os **lados** desses ângulos, e a origem B é o **vértice**.

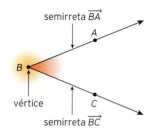

Quando os lados de um ângulo são semirretas opostas, ele é chamado de **ângulo raso**.

$\overrightarrow{OR}$ e $\overrightarrow{OS}$ são opostas.

Quando os lados de um ângulo são semirretas coincidentes, ele é chamado de **ângulo nulo**.

$\overrightarrow{OD}$ e $\overrightarrow{OC}$ são coincidentes.

Quando os lados do ângulo são formados por duas semirretas coincidentes, ele é chamado de **ângulo de volta inteira**.

$\overrightarrow{OD}$ e $\overrightarrow{OC}$ são coincidentes.

MEDIDA DE UM ÂNGULO — O GRAU

Um ângulo cujos lados não são semirretas coincidentes nem opostas divide o plano em duas regiões: uma convexa e uma não convexa.

Podemos considerar tanto o ângulo formado pela região convexa como o ângulo formado pela região não convexa. Para indicar a parte considerada, desenhamos um arco próximo ao vértice do ângulo. Veja:

Para representar a medida de um ângulo, é comum utilizarmos letras gregas minúsculas como α, β, γ, η, θ, etc.

Nesta obra, quando não for indicado a qual dos dois ângulos formados por duas semirretas estamos nos referindo, consideramos o ângulo de menor abertura (ou seja, o correspondente à região convexa).

ANALISAR
Conheça e explore o **quadrante náutico**.

GRAU

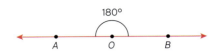

A medida de um ângulo está relacionada com sua abertura. A unidade de medida-padrão para medir ângulos é o **grau**, cujo símbolo é **°**.

O ângulo raso, que corresponde a um giro de meia-volta, por definição, mede 180°.

Consequentemente, a medida de 1° corresponde a $\frac{1}{180}$ da medida de um ângulo raso.

Quando não há abertura, as semirretas que formam o ângulo são coincidentes e o ângulo é nulo, ou seja, vale 0°.

COMO MEDIR E COMO CONSTRUIR UM ÂNGULO

O transferidor é um dos instrumentos de medida usados para medir ângulos. Ele é dividido em graus. Os transferidores mais comuns são os de 180° e os de 360°.

↑ Transferidor de 180°.

Para medir um ângulo usando um transferidor, devemos posicioná-lo de modo que seu centro coincida com o vértice do ângulo e um dos lados do ângulo coincida com a linha que indica 0°. A semirreta correspondente ao outro lado do ângulo vai indicar, no transferidor, sua medida.

Observe a seguir como medir o ângulo $A\hat{B}C$.

↑ Transferidor de 360°.

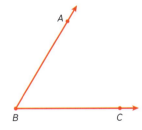
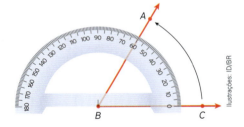

O ângulo $A\hat{B}C$ mede 60°. Indicamos por med $(A\hat{B}C)$ = 60° ou med $(\hat{B})$ = 60°.

O transferidor também pode ser usado para construir ângulos. Veja, por exemplo, como construir um ângulo de medida 70°.

COMPREENDER
Acompanhe o passo a passo para medir um ângulo usando o **transferidor**.

Primeiro, marcamos um ponto O, que será o vértice do ângulo, e, a partir dele, com o auxílio de uma régua, traçamos uma semirreta, que representará um dos lados do ângulo.

Depois, posicionamos o centro do transferidor no vértice do ângulo, de modo que a linha do transferidor que indica 0° fique alinhada com a semirreta traçada, e marcamos um ponto junto à medida graduada de 70°.

Por fim, usamos a régua e traçamos uma semirreta unindo o vértice ao ponto marcado. Essa nova semirreta será o outro lado do ângulo.

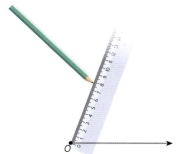

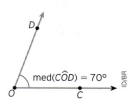

med(CÔD) = 70°

ATIVIDADES

RETOMAR E COMPREENDER

1. Observe a figura a seguir.

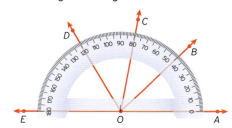

Escreva a medida do ângulo indicado em cada item.

a) AÔB   b) AÔC   c) AÔD   d) AÔE

2. Utilize um transferidor para medir cada ângulo. Registre as medidas no caderno.

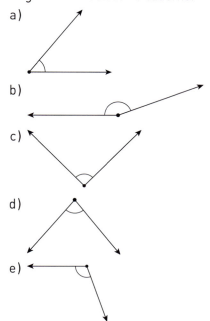

3. Com o auxílio de um transferidor, construa no caderno ângulos com as medidas indicadas.

a) 40°   b) 85°   c) 112°   d) 230°

APLICAR

4. Observe a figura abaixo.

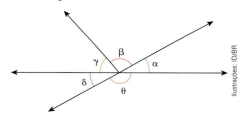

Agora, copie e complete as sentenças a seguir no caderno usando os símbolos > ou <.

a) β ■ γ   b) γ ■ θ   c) θ ■ α

5. Por meio de estimativas, associe no caderno cada ângulo a uma das seguintes medidas:

| I. 45° | II. 135° | III. 150° | IV. 60° |

A   C

B   D

6. É possível medir o ângulo AÔB representado ao lado sem que a linha que indica 0° do transferidor fique alinhada com um dos lados do ângulo? Justifique.

223

SUBMÚLTIPLOS DO GRAU

Para medir ângulos menores que 1° usamos os submúltiplos do grau, que são o **minuto** e o **segundo**. Um grau é equivalente a 60 minutos (60'), e um minuto é equivalente a 60 segundos (60").

$$1° = 60' \qquad 1' = 60" \qquad 1° = 60' = 3\,600"$$

Na fabricação de um objeto que necessita de grande precisão ou para traçar rotas de avião, é comum encontrar medidas que contenham graus e seus submúltiplos.

> **GRANDEZAS DIFERENTES**
>
> É importante ressaltar que, apesar de os submúltiplos do grau serem chamados de minuto e segundo, eles são **diferentes** dos minutos e dos segundos que medem o tempo. Cada um deles mede uma grandeza diferente. Da mesma maneira, o grau que mede ângulos é diferente do grau usado para medir temperaturas, como é o caso do grau Celsius.

Exemplos

A. 37° 40' 20", que se lê: trinta e sete graus, quarenta minutos e vinte segundos.

B. 53° 15", que se lê: cinquenta e três graus e quinze segundos.

C. 26' 37", que se lê: vinte e seis minutos e trinta e sete segundos.

TRANSFORMAÇÕES DAS UNIDADES DE MEDIDA DE ÂNGULOS

Para transformar as unidades de medida de ângulos, podemos utilizar o seguinte esquema:

Exemplos

A. Vamos transformar 4 520" em graus, minutos e segundos.

Primeiro, é preciso verificar quantos minutos existem em 4 520". Para isso, dividimos 4 520" por 60'.

$$\begin{array}{r|l} 4520 & 60 \\ 320 & 75 \leftarrow \text{minutos} \\ 20 \leftarrow \text{segundos} & \end{array}$$

Em seguida, escrevemos 75' em graus. Para isso, dividimos 75' por 60'.

$$\text{minutos} \rightarrow \begin{array}{r|l} 75 & 60 \\ 15 & 1 \leftarrow \text{grau} \end{array}$$

Portanto, 4 520" correspondem a 1° 15' 20".

B. Vamos transformar 3° 24' 34" em segundos.

Escrevemos 3° em minutos e adicionamos 24' ao resultado obtido.

$$3° = 3 \cdot 1° = 3 \cdot 60' = 180'$$
$$180' + 24' = 204'$$

Depois, escrevemos 204' em segundos e adicionamos 34" ao resultado obtido.

$$204' = 204 \cdot 1' = 204 \cdot 60" = 12\,240"$$
$$12\,240" + 34" = 12\,274"$$

Portanto, 3° 24' 34" correspondem a 12 274".

+INTERESSANTE

Na aviação, é comum o uso da notação angular para determinar a localização dos aviões. Para isso, usamos as medidas em graus, minutos e segundos. No entanto, a necessidade de precisão dos cálculos de rotas é tão importante que é comum encontrarmos coordenadas na aviação ou até mesmo em GPS com os segundos subdivididos em casas centesimais.

Veja, a seguir, um exemplo da maneira como essas coordenadas aparecem.

23° 30′ 29,93″ S/046° 38′ 32,90″ W

← Indicação de hemisfério (em inglês) em relação à linha do Equador.

→ Indicação de hemisfério (em inglês) em relação ao meridiano de Greenwich.

Veja na imagem abaixo a diferença entre a medida das cabeceiras da pista no aeroporto Campo de Marte, em São Paulo.

A divisão dos segundos é muito importante para a aviação, pois os aviões necessitam iniciar o procedimento de pouso alinhados à pista, e para esse alinhamento é necessário o uso dos centésimos de segundo.

ATIVIDADES

RETOMAR E COMPREENDER

7. Responda no caderno.
   a) Quantos minutos tem o ângulo que corresponde a 180°?
   b) Quantos segundos tem o ângulo de 45°?
   c) Quantos graus tem um ângulo de 3 600″?

8. Escreva cada medida a seguir em segundos.
   a) 20′
   b) 8′
   c) 1°
   d) 9° 12′ 5″

9. Faça as transformações das unidades de medida indicadas a seguir.
   a) Ângulo reto em minutos.
   b) Ângulo raso em segundos.
   c) Giro de $\frac{1}{3}$ de volta em minutos.

APLICAR

10. Escreva a medida dos ângulos formados entre os ponteiros dos relógios.

a)

c)

b)

d)

OPERAÇÕES COM MEDIDAS DE ÂNGULOS

Agora, vamos estudar como realizar as operações com medidas de ângulos: adicionar, subtrair, multiplicar por um número natural e dividir por um número natural não nulo.

ADIÇÃO DE MEDIDAS DE ÂNGULOS

Para somar medidas de ângulos, adicionamos graus com graus, minutos com minutos e segundos com segundos.

Exemplos

A. Vamos somar 42° 51' 29" com 21° 20' 52".

$$42°\ 51'\ 29''$$
$$+\ 21°\ 20'\ 52''$$
$$\overline{81''}$$

$$42°\ \overset{1'}{51'}\ 29''$$
$$+\ 21°\ 20'\ 52''$$
$$\overline{72'\ 21''}$$

$$\overset{1°}{42°}\ 51'\ 29''$$
$$+\ 21°\ 20'\ 52''$$
$$\overline{64°\ 12'\ 21''}$$

A soma dos segundos excedeu 60; portanto, devemos fazer a conversão de 60" para **minutos**:

$$81'' = \underbrace{60''}_{60'' = 1'} + 21'' = \mathbf{1'} + 21''$$

A soma dos minutos excedeu 60; portanto, devemos fazer a conversão de 60' para **graus**:

$$72' = \underbrace{60'}_{60' = 1°} + 12' = \mathbf{1°} + 12'$$

A soma de 42° 51' 29" com 21° 20' 52" é igual a 64° 12' 21".

B. Vamos somar 63° 11" com 17° 59' 51".

$$63°\ \ 11''$$
$$+\ 17°\ 59'\ 51''$$
$$\overline{62''}$$

$$63°\ \overset{1'}{}\ 11''$$
$$+\ 17°\ 59'\ 51''$$
$$\overline{60'\ \ 2''}$$

$$\overset{1°}{63°}\ \ 11''$$
$$+\ 17°\ 59'\ 51''$$
$$\overline{81°\ \ 0'\ \ 2''}$$

A soma dos segundos excedeu 60; portanto, devemos fazer a conversão de 62" para **minutos**:

$$62'' = \underbrace{60''}_{60'' = 1'} + 2'' = \mathbf{1'} + 2''$$

A soma dos minutos também resultou 60'; portanto, devemos fazer a conversão de 60' para **graus**:

$$60' = \mathbf{1°}$$

A soma de 63° 11" com 17° 59' 51" é igual a 81° 2".

> **COMPREENDER**
> Acompanhe o passo a passo da **adição de medidas de ângulos**.

Na adição, quando a soma dos minutos ou dos segundos exceder 60, devemos fazer a conversão de segundo para minuto ou de minuto para grau.

SUBTRAÇÃO DE MEDIDAS DE ÂNGULOS

Na subtração, algumas vezes, é necessário uma transformação prévia das unidades para que seja possível subtrair uma medida de outra.

Exemplos

A. Vamos calcular 72° 15′ 28″ − 35° 37′ 51″.

$$\begin{array}{r} 72°\ 15'\ 28'' \\ -\ 35°\ 37'\ 51'' \\ \hline \end{array}$$

Observe que não é possível subtrair 51″ de 28″. Nesse caso, devemos escrever 15′ como 14′ e 60″. A seguir, adicionamos os 60″ aos 28″.

- 15′ = 14′ + 1′ = **14′** + 60″
- 28″ + 60″ = **88″**

$$\begin{array}{r} 72°\ \mathbf{14'}\ \mathbf{88''} \\ -\ 35°\ 37'\ 51'' \\ \hline 37'' \end{array}$$

Também não é possível subtrair 37′ de 14′. Nesse caso, escrevemos 72° como 71° e 60′. Depois, adicionamos os 60′ aos 14′.

- 72° = 71° + 1° = **71°** + 60′
- 14′ + 60′ = **74′**

$$\begin{array}{r} \mathbf{71°}\ \mathbf{74'}\ 88'' \\ +\ 35°\ 37'\ 51'' \\ \hline 36°\ 37'\ 37'' \end{array}$$

Então, a diferença entre 72° 15′ 28″ e 35° 37′ 51″ é 36° 37′ 37″.

B. Vamos calcular 47° 35′ − 15° 40′ 20″.

$$\begin{array}{r} 47°\ 35'\ \mathbf{0''} \\ -\ 15°\ 40'\ 20'' \\ \hline \end{array}$$

Observe que não é possível subtrair 20″ de 0″. Nesse caso, devemos escrever 35′ como 34′ e 60″. A seguir, adicionamos os 60″ aos 0″.

- 35′ = 34′ + 1′ = **34′** + 60″
- 0″ + 60″ = **60″**

$$\begin{array}{r} 47°\ \mathbf{34'}\ \mathbf{60''} \\ -\ 15°\ 40'\ 20'' \\ \hline 40'' \end{array}$$

COMPREENDER
Acompanhe o passo a passo da **subtração de medidas de ângulos**.

Também não é possível subtrair 40′ de 34′. Nesse caso, escrevemos 47° como 46° e 60′. Depois, adicionamos os 60′ aos 34′.

- 47° = 46° + 1° = **46°** + 60′
- 34′ + 60′ = **94′**

$$\begin{array}{r} \mathbf{46°}\ \mathbf{94'}\ 60'' \\ -\ 15°\ 40'\ 20'' \\ \hline 31°\ 54'\ 40'' \end{array}$$

Portanto, a diferença entre 47° 35′ e 15° 40′ 20″ é 31° 54′ 40″.

MULTIPLICAÇÃO DA MEDIDA DE UM ÂNGULO POR UM NÚMERO NATURAL

Para multiplicar a medida de um ângulo por um número natural, devemos multiplicar esse número natural pelos graus, pelos minutos e pelos segundos dessa medida.

Se a quantidade de segundos ou de minutos resultante for maior que 60, é necessário fazer a conversão da unidade de medida: segundos para minutos e minutos para graus.

COMPREENDER

Acompanhe o passo a passo da **multiplicação da medida de um ângulo por um número natural**.

Exemplos

A. Vamos calcular 4 · (40° 18′ 20″).

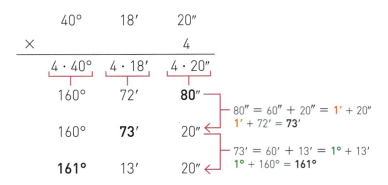

Portanto, o produto 4 · (40° 18′ 20″) é igual a 161° 13′ 20″.

B. Vamos calcular 7 · (13° 32″).

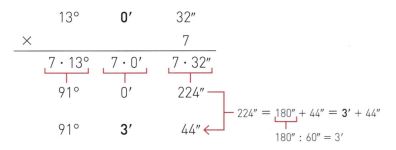

Portanto, o produto 7 · (13° 32″) é igual a 91° 3′ 44″.

DIVISÃO DA MEDIDA DE UM ÂNGULO POR UM NÚMERO NATURAL NÃO NULO

Assim como fizemos na multiplicação de uma medida de um ângulo por um número natural, na divisão de uma medida de um ângulo por um número natural não nulo, devemos dividir os graus, os minutos e os segundos pelo número natural, nessa ordem.

Em alguns casos, é necessário fazer primeiro algumas transformações entre as unidades de medida para, então, fazer a divisão.

Exemplos

A. Vamos calcular (42° 30′ 4″) : 4.

Dividimos 42° por 4.

```
  42°  30′  4″ | 4
− 40°           10°
  ───
   2°
```

Escrevemos os graus restantes em minutos: **2°** = 2 · 1° = 2 · 60′ = **120′**
Depois, adicionamos os 120′ aos 30′ (120′ + 30′ = **150′**) e dividimos por 4.

```
  42°  30′   4″ | 4
      150′      10° 37′
    − 12
      ───
       30
     − 28
       ───
        2′
```

Escrevemos os minutos restantes em segundos: **2′** = 2 · 1′ = 2 · 60″ = **120″**
Depois, adicionamos os 120″ aos 4″ (120″ + 4″ = **124″**) e dividimos por 4.

```
  42°  30′   4″ | 4
            124″   10° 37′ 31″
          − 12
            ───
             04
           −  4
             ───
              0″
```

Portanto, o quociente 42° 30′ 4″ por 4 é 10° 37′ 31″.

B. Vamos calcular 53°18″ : 3.

Dividimos 53° por 3.

```
  53°  0′  18″ | 3
   2°           17°
```

COMPREENDER

Acompanhe o passo a passo da **divisão da medida de um ângulo por um número natural não nulo**.

Escrevemos os graus restantes em minutos: **2°** = 2 · 1° = 2 · 60′ = **120′**
Depois, dividimos os **120′** por 3.

```
  53°  0′  18″ | 3
      120′       17° 40′
        0
```

Como o resto da divisão dos 120′ por 3 resulta em zero, passamos para a divisão dos segundos. Dividimos 18″ por 3.

```
  53°  0′  18″ | 3
              0  17° 40′ 6″
```

Portanto, o quociente de 53° 18″ por 3 é 17° 40′ 6″.

ATIVIDADES

RETOMAR E COMPREENDER

11. Efetue as adições e as subtrações a seguir.
   a) 40° 12′ 13″ + 58° 20′ 40″
   b) 72° 13′ 40″ + 36° 12′ 20″
   c) 60° 30′ 15″ − 40° 20′ 10″
   d) 50° 12′ − 36° 10′ 20″
   e) 75° 23′ 10″ + 16° 30′
   f) 22° 32′ 28″ − 7° 36′ 23″
   g) 84° 22″ − 36° 10′ 31″

12. Efetue as multiplicações e as divisões a seguir.
   a) 7° 16′ 31″ · 4
   b) 25° 14′ 20″ · 5
   c) 120° 36′ 42″ : 6
   d) 74° 15′ 6″ : 7
   e) 84° 15′ : 8
   f) 15° 20′ 24″ · 3

13. Leia a situação a seguir e responda.

Gustavo está tentando abrir um cofre seguindo as orientações de um roteiro. O último passo para abrir o cofre é dar um giro no sentido anti-horário igual ao triplo de 36° 16′ 56″. Qual é a medida do giro que Gustavo terá de realizar para abrir o cofre?

14. Calcule e responda.

Qual é o resultado da divisão de 1° por 3? Esse resultado é diferente se for calculado em minutos ou em segundos?

15. Responda.

Quantos segundos tem o triplo de 2° 24′?

APLICAR

16. Calcule mentalmente e registre no caderno:
   a) a terça parte de 54°;
   b) o dobro de 23° 12′ 15″;
   c) a metade de 48° 50′ 26″;
   d) a quinta parte de 70° 55′ 35″;
   e) um décimo de 90° 20′ 40″.

17. Resolva.

Um objeto desloca-se 15° em torno de um eixo a cada 30 minutos. Quanto tempo esse objeto gastará para deslocar-se 90°?

18. Determine o resultado da adição da metade de 104° 35′ 14″ com um terço de 33° 33′ 33″.

19. Observe como Marta subtraiu 29° 57′ 13″ de 43° 33′ 12″:

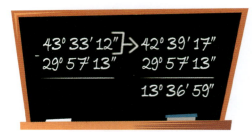

A maneira como Marta efetuou a subtração está correta? Se não estiver, corrija-a no caderno e explique como você resolveu a operação.

20. Resolva o problema.

Quantos minutos (medida angular) desloca-se o ponteiro das horas de um relógio durante 3 horas?

21. Pense e responda.

Quais são as classificações possíveis para um ângulo cuja medida é a diferença entre a medida de um ângulo obtuso e a medida de um ângulo agudo? Dê exemplos.

MAIS ATIVIDADES

RETOMAR E COMPREENDER

22. Usando um transferidor, determine as medidas aproximadas dos ângulos destacados em cada bandeira e some-as.

↑ Bandeira do Mato Grosso.

↑ Bandeira do Rio de Janeiro.

↑ Bandeira da Bahia.

↑ Bandeira de Santa Catarina.

23. Relacione as medidas de ângulos representadas em graus, minutos e segundos com suas respectivas medidas em segundos.

Ⓐ 2° 30′ 20″   Ⅰ 12 016″

Ⓑ 3° 20′ 16″   Ⅱ 23 450″

Ⓒ 4° 38′ 25″   Ⅲ 9 020″

Ⓓ 5° 20′ 44″   Ⅳ 16 705″

Ⓔ 6° 30′ 50″   Ⅴ 19 244″

24. Observe a figura a seguir e determine a medida do ângulo indicado em cada item.

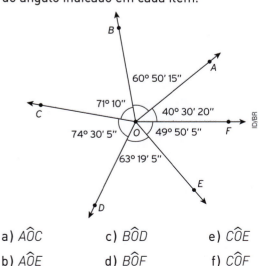

a) AÔC   c) BÔD   e) CÔE
b) AÔE   d) BÔF   f) CÔF

25. Efetue as multiplicações e as divisões dos itens abaixo.

a) 270° 36′ 42″ : 3   d) 90° 15′ 40″ · 6
b) 360° 48′ 56″ : 4   e) 24° 15′ 40″ · 4
c) 180° 47′ 28″ : 2   f) 60° 45′ 40″ · 3

APLICAR

26. Leia, consulte na internet e responda às questões.

As coordenadas geográficas de um ponto situado na superfície terrestre são baseadas na latitude e na longitude e são dadas em graus, minutos e segundos.

Planisfério

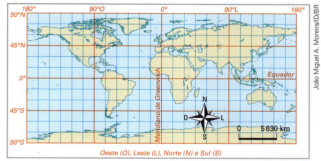

Fonte de pesquisa: *Atlas geográfico escolar*. Rio de Janeiro: IBGE, 2012. p. 90.

Por exemplo, segundo o Instituto Geográfico e Cartográfico, a cidade de São Paulo tem como coordenadas 23° 32′ 51″ de latitude sul e 46° 38′ 10″ de longitude oeste.

a) Qual é a cidade cujas coordenadas mais se aproximam de 20° 24′ de latitude norte e 100° de longitude oeste?

b) Quais são as coordenadas geográficas de Porto Alegre?

c) Quantos graus de latitude, aproximadamente, separam as cidades Montevidéu, no Uruguai, e Caracas, na Venezuela?

d) Um avião saiu da cidade de São Paulo e voou 23° para o norte e 4° para o oeste. Nesse momento, qual é a capital brasileira mais próxima em que esse avião pode aterrissar?

27. Responda.

A soma das medidas de dois ângulos agudos é sempre igual à medida de um ângulo agudo? Explique.

28. APLICAR Use os conceitos apresentados até aqui para resolver as **atividades interativas**.

Capítulo 2
UM POUCO MAIS DE ÂNGULOS

Você já reparou nos padrões de repetição das pinturas corporais dos povos indígenas? E nos padrões que se repetem nas grandes obras de engenharia, como a Torre Eiffel? Encontramos entre esses padrões várias figuras que se assemelham a retas concorrentes e ângulos de mesma medida.

ÂNGULOS CONGRUENTES

Os indígenas costumam pintar seus corpos por diferentes motivos, que vão desde pinturas para o dia a dia até aquelas para comemorações e rituais. As pinturas corporais indígenas vão além da estética, elas caracterizam as diferentes etnias e exibem a posição social dos integrantes de determinada aldeia.

A pintura corporal dos Kayapós, por exemplo, é marcada por elementos geométricos, com traços retos que se assemelham a retas concorrentes que podem formar ângulos que possuem a mesma abertura.

Ângulos congruentes são ângulos que possuem a mesma abertura.

Pintura corporal no rosto de criança da etnia Kayapó da aldeia Maikarakô. São Felix do Xingu, Pará.

Exemplo

Observe os ângulos $P\hat{Q}R$ e $S\hat{T}U$.

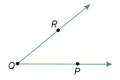

Vamos deslocar o ângulo $S\hat{T}U$ até que T coincida com Q e as semirretas $\overrightarrow{QR}$ e $\overrightarrow{TU}$ também coincidam.

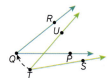

Perceba que as semirretas $\overrightarrow{QP}$ e $\overrightarrow{TS}$ também coincidiram. Isso significa que os ângulos $P\hat{Q}R$ e $S\hat{T}U$ têm a mesma abertura.
Por isso, dizemos que eles são **congruentes** ($P\hat{Q}R \cong S\hat{T}U$).

> **SÍMBOLOS ≡ E ≅**
> - $Q \equiv T$
>   ↳ O ponto Q é **coincidente** com o ponto T.
> - $P\hat{Q}R \cong S\hat{T}U$
>   ↳ O ângulo $P\hat{Q}R$ é **congruente** ao ângulo $S\hat{T}U$.

ÂNGULOS CONSECUTIVOS

> **Ângulos consecutivos** são ângulos que têm um lado em comum.

Exemplos

A.

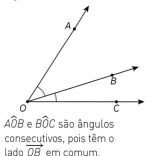

$A\hat{O}B$ e $B\hat{O}C$ são ângulos consecutivos, pois têm o lado $\overrightarrow{OB}$ em comum.

B.

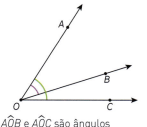

$A\hat{O}B$ e $A\hat{O}C$ são ângulos consecutivos, pois têm o lado $\overrightarrow{AO}$ em comum.

ÂNGULOS ADJACENTES

> Dois ângulos consecutivos são **adjacentes** se as regiões determinadas por eles não tiverem pontos em comum, exceto os pertencentes ao lado comum.

Observe a figura ao lado. Nela, podemos identificar os ângulos $P\hat{O}R$, $R\hat{O}S$ e $P\hat{O}S$. A região convexa determinada pelo ângulo $P\hat{O}R$ está destacada em laranja, e a região convexa determinada pelo ângulo $R\hat{O}S$ está destacada em verde.

Os ângulos $P\hat{O}R$ e $R\hat{O}S$ têm apenas um lado em comum, a semirreta $\overrightarrow{OR}$. Além disso, as regiões convexas determinadas por esses ângulos não têm pontos em comum, exceto os pontos pertencentes ao lado em comum. Por essas características, dizemos que os ângulos $P\hat{O}R$ e $R\hat{O}S$ são **ângulos adjacentes**.

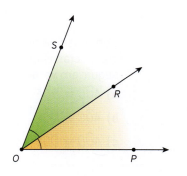

ATIVIDADES

RETOMAR E COMPREENDER

1. Nas figuras abaixo, há três pares de ângulos congruentes. Encontre-os.

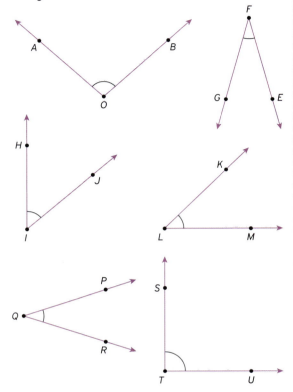

2. Na figura abaixo, estão representados ângulos congruentes.

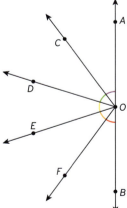

Com base na figura e na informação do enunciado, classifique cada uma das alternativas a seguir em verdadeira ou falsa.

a) $A\hat{O}C \cong B\hat{O}F$
b) $A\hat{O}C \cong D\hat{O}E$
c) $A\hat{O}D \cong D\hat{O}B$
d) $A\hat{O}E \cong C\hat{O}F$
e) $C\hat{O}E \cong C\hat{O}A$
f) $B\hat{O}F \cong E\hat{O}D$

3. Com base na figura abaixo, avalie cada uma das afirmações como verdadeira ou falsa.

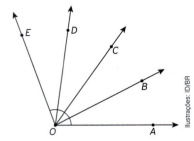

a) $A\hat{O}C$ é consecutivo a $A\hat{O}B$.
b) $A\hat{O}D$ é adjacente a $A\hat{O}B$.
c) $A\hat{O}B$ é adjacente a $B\hat{O}C$.
d) $A\hat{O}B$ é consecutivo a $B\hat{O}C$.
e) $A\hat{O}E$ é consecutivo a $B\hat{O}D$.
f) $D\hat{O}E$ é adjacente a $C\hat{O}D$.

APLICAR

4. Resolva.
A soma das medidas de dois ângulos adjacentes é 120°. Sabendo que a medida de um é o dobro da medida do outro, determine as medidas desses ângulos.

5. Resolva.
A soma de dois ângulos consecutivos e não adjacentes é igual a 120°. A medida do ângulo maior é igual ao quádruplo da medida do ângulo menor. Determine as medidas desses ângulos.

6. Determine o valor de x, em graus, em cada item. As marcas iguais indicam ângulos congruentes.

a)
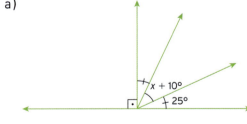

b)
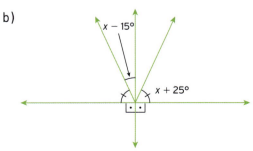

BISSETRIZ DE UM ÂNGULO

Bissetriz de um ângulo é a semirreta com origem no vértice do ângulo que forma, com os lados desse ângulo, dois ângulos adjacentes congruentes.

Exemplo

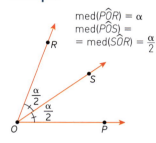

med($P\hat{O}R$) = α
med($P\hat{O}S$) =
= med($S\hat{O}R$) = $\frac{\alpha}{2}$

Observando a figura, podemos verificar que a semirreta $\overrightarrow{OS}$ forma, com cada um dos lados do ângulo $P\hat{O}R$, um ângulo cuja medida é igual à metade da medida do ângulo $P\hat{O}R$.

Isso significa que os ângulos $P\hat{O}S$ e $S\hat{O}R$ são congruentes e que a semirreta $\overrightarrow{OS}$ é a **bissetriz** do ângulo $P\hat{O}R$.

CONSTRUÇÃO DA BISSETRIZ

Podemos construir a bissetriz de algumas maneiras diferentes. Vamos apresentar aqui duas maneiras de obter a bissetriz.

1ª maneira: construção com compasso e régua

Dado um ângulo $A\hat{O}C$ de abertura desconhecida, para determinar sua bissetriz com o uso do compasso, colocamos a ponta-seca do compasso em O e traçamos um arco passando pelas duas semirretas que formam o ângulo. Com isso, determinamos os pontos F e G em cada uma das semirretas.

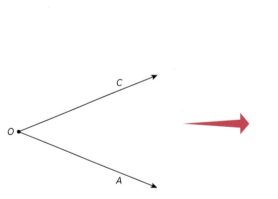
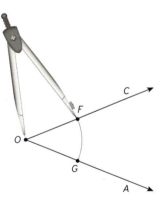

> **COMPREENDER**
> Acompanhe o passo a passo da **construção da bissetriz usando régua e compasso**.

Mantendo o compasso com a mesma abertura, colocamos a ponta-seca sobre o ponto F e traçamos um pequeno arco na parte interna do ângulo. Depois, repetimos o procedimento a partir do ponto G. No ponto de encontro desses arcos, determinamos um ponto J. Veja a figura ao lado.

Com o auxílio de uma régua, traçamos a reta que une o vértice O ao ponto J. Essa reta é a bissetriz do ângulo $A\hat{O}C$, ou seja, divide o ângulo $A\hat{O}C$ em dois outros ângulos consecutivos, adjacentes e congruentes.

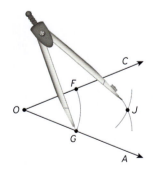

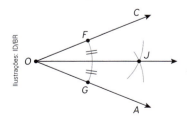

2ª maneira: construção com dobradura

Em uma folha de papel, reproduzimos o ângulo em que desejamos traçar a bissetriz.

Recortamos da folha de papel uma parte que contenha o ângulo e dobramos esse pedaço de papel até que as semirretas que formam o ângulo coincidam.

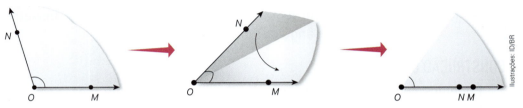

Ângulo recortado da folha de papel e dobrado até que as semirretas que formam o ângulo coincidam.

Ao desdobrarmos o ângulo, vemos a marca da dobra, que coincide com a bissetriz desse ângulo.

ATIVIDADES

RETOMAR E COMPREENDER

7. A figura mostra dois ângulos adjacentes, $P\hat{O}Q$ e $Q\hat{O}R$, e suas respectivas bissetrizes, $\overrightarrow{OS}$ e $\overrightarrow{OT}$.

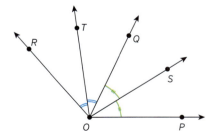

Calcule a medida do ângulo $S\hat{O}T$, sabendo que med $(P\hat{O}R) = 130°$.

8. Desenhe no caderno um ângulo obtuso. Utilizando um compasso, trace a bissetriz desse ângulo.

9. As figuras a seguir mostram alguns ângulos e suas respectivas bissetrizes. Determine, em cada caso, o valor de x.

a)

b)

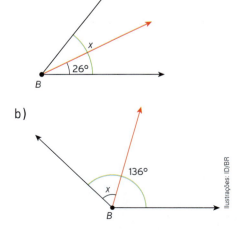

CLASSIFICAÇÃO DE ÂNGULOS

Agora, apresentaremos a classificação dos ângulos com os intervalos de medida dos ângulos, em graus, correspondente a cada tipo de ângulo.

Ângulo nulo

O ângulo nulo, cujos lados são semirretas coincidentes mede 0°.

$\text{med}(C\hat{O}D) = 0°$

$\vec{OD}$ e $\vec{OC}$ são semirretas coincidentes.

Ângulo raso

O ângulo raso, cujos lados são semirretas opostas, mede 180°.

$\text{med}(S\hat{O}R) = 180°$

$\vec{OR}$ e $\vec{OS}$ são opostas.

Ângulo reto

Um ângulo reto corresponde à metade de um ângulo raso. Ou seja, um ângulo reto mede 90°. Indicaremos o ângulo reto pelo símbolo ⦜.

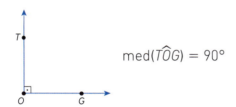

$\text{med}(T\hat{O}G) = 90°$

Ângulo agudo

Quando a medida de um ângulo é maior que a medida de um ângulo nulo e menor que a medida de um ângulo reto, dizemos que o ângulo é agudo.

$0° < \text{med}(L\hat{O}A) < 90°$

Ângulo obtuso

Quando a medida de um ângulo é maior que a medida de um ângulo reto e menor que a medida de um ângulo raso, dizemos que o ângulo é obtuso.

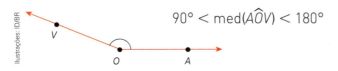

$90° < \text{med}(A\hat{O}V) < 180°$

> **RETOMAR**
> Entenda melhor a **classificação de ângulo**.

> **RETAS PERPENDICULARES**
> Duas retas são concorrentes perpendiculares — ou, simplesmente, **retas perpendiculares** — quando se cruzam, formando quatro ângulos retos.
>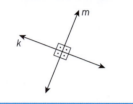

> **RESPEITO À DIVERSIDADE**
> Na abertura deste capítulo, pudemos observar a pintura no rosto de uma indígena da etnia Kayapó. Em várias partes dessa pintura, as linhas nos lembram ângulos retos.
> Infelizmente, hoje em dia, ainda existem episódios de discriminação de diversas formas contra os indígenas.
> Todos temos direito à igualdade, conforme estabelecido pela Constituição brasileira no artigo 5º.
> Artigo 5º. Todos são iguais perante a lei, sem distinção de qualquer natureza, garantindo-se aos brasileiros e aos estrangeiros residentes no País a inviolabilidade do direito à vida, à liberdade, à igualdade, à segurança e à propriedade. [...].
>
> • Com os colegas, pense em maneiras de conscientizar as pessoas para a importância da igualdade.

> **COMPREENDER**
> Conheça mais sobre as **pinturas corporais dos kayapós**.

ÂNGULOS COMPLEMENTARES

Quando a soma das medidas de dois ângulos resulta na medida de um ângulo reto (90°), dizemos que eles são **ângulos complementares**.

Exemplo

Observe os ângulos representados abaixo.

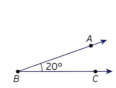 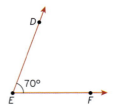

Os ângulos $C\hat{B}A$ e $F\hat{E}D$ são complementares, pois 20° + 70° = 90°. Dizemos que $C\hat{B}A$ é o complemento de $F\hat{E}D$ e que $F\hat{E}D$ é o complemento de $C\hat{B}A$.

ÂNGULOS ADJACENTES COMPLEMENTARES

Na figura, os ângulos $P\hat{O}N$ e $N\hat{O}M$ são adjacentes e complementares, pois 23° + 67° = 90°.

Quando dois ângulos são adjacentes e complementares, os lados não comuns formam um ângulo reto. Nesse caso, $P\hat{O}M$ é um ângulo reto.

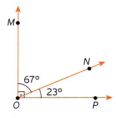

ÂNGULOS SUPLEMENTARES

Quando a soma das medidas de dois ângulos resulta na medida de um ângulo raso (180°), dizemos que eles são **ângulos suplementares**.

Exemplo

Observe os ângulos representados abaixo.

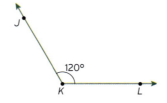 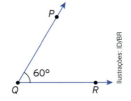

Os ângulos $J\hat{K}L$ e $P\hat{Q}R$ são suplementares, pois 120° + 60° = 180°. Dizemos que $J\hat{K}L$ é o suplemento de $P\hat{Q}R$ e que $P\hat{Q}R$ é o suplemento de $J\hat{K}L$.

ÂNGULOS ADJACENTES SUPLEMENTARES

Na figura, os ângulos $F\hat{E}P$ e $P\hat{E}D$ são adjacentes e suplementares, pois 144° + 36° = 180°.

Quando dois ângulos são adjacentes e suplementares, os lados não comuns formam um ângulo raso. Nesse caso, $F\hat{E}D$ é um ângulo raso.

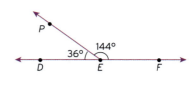

ATIVIDADES

RETOMAR E COMPREENDER

10. Copie e complete o quadro abaixo no caderno.

Medida do ângulo	Medida do complemento	Medida do suplemento
70°		
		114°
	0°	
	45°	

11. Na figura a seguir, med(CÔA) = 180°.

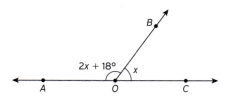

Determine o valor de x, em graus, e a medida do ângulo AÔB.

12. Resolva.

Um ângulo tem medida igual à medida do seu complemento. Quanto mede esse ângulo?

13. Responda:

Quanto mede o suplemento do complemento de um ângulo de 46°?

14. Classifique as alternativas como verdadeiras ou falsas e corrija as falsas.

a) O complemento do ângulo de medida 47° mede 43°.

b) O suplemento do complemento do ângulo de medida 23° mede 103°.

c) O complementar do complementar do ângulo de medida x, em graus, mede (90° − x).

d) O suplementar do suplementar do ângulo de medida x, em graus, mede x.

15. Explique, por meio de um exemplo, por que as afirmações abaixo são falsas. Faça desenhos para auxiliar na explicação.

a) A soma das medidas de dois ângulos adjacentes é sempre 90°.

b) Ângulos complementares são sempre adjacentes.

c) Apenas os ângulos suplementares são adjacentes.

16. Representando por x a medida, em graus, de um ângulo, copie o quadro abaixo no caderno e complete-o, utilizando a linguagem matemática. Siga o exemplo.

Conceito	Linguagem
O dobro da medida do ângulo.	2x
A medida do complemento do ângulo.	
O dobro da medida do complemento.	
A metade da medida do suplemento.	
O triplo da medida do complemento mais a quinta parte da medida do suplemento do ângulo.	

17. Determine, em graus, a medida do ângulo AÔB na figura a seguir.

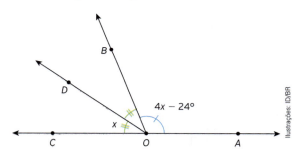

18. Resolva.

Dois ângulos são complementares, e a medida de um é o quádruplo da medida do outro. Quanto mede o ângulo maior?

19. Responda.

A diferença entre as medidas de dois ângulos suplementares é 40°. Quanto mede cada ângulo?

20. Resolva.

O suplemento do complemento de certo ângulo mede 126°. Determine a medida desse ângulo.

21. Represente no caderno dois ângulos AÔB e BÔC adjacentes e suplementares, de modo que uma semirreta $\overrightarrow{OD}$ seja a bissetriz do ângulo convexo BÔC e med(DÔC) = 25°. Em seguida, calcule a medida do ângulo citado em cada item.

a) BÔD   b) BÔC   c) AÔB   d) AÔD

ÂNGULOS OPOSTOS PELO VÉRTICE (O. P. V.)

São chamados de **ângulos opostos pelo vértice** dois ângulos tais que os lados de um deles são formados por semirretas opostas aos lados do outro ângulo.

Exemplo

Duas retas concorrentes r e s se cruzam no ponto O.

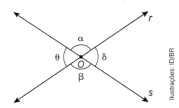

Assim, definem-se quatro semirretas de mesma origem. Essas semirretas determinam os ângulos de medidas α, β, δ e θ.

Observe que os lados do ângulo $\hat{\alpha}$ são semirretas opostas aos lados do ângulo $\hat{\beta}$. Dizemos, então, que $\hat{\alpha}$ e $\hat{\beta}$ são **ângulos opostos pelo vértice** (o.p.v.). Da mesma maneira, os lados do ângulo $\hat{\theta}$ são semirretas opostas aos lados do ângulo $\hat{\delta}$, portanto, também são ângulos opostos pelo vértice.

Para mostrar a relação existente entre os ângulos o.p.v., a professora de Camila pediu a ela que reproduzisse a figura acima em uma folha de papel transparente. Depois, que dobrasse o desenho verticalmente ao meio.

Camila percebeu que a dobra coincidia com a bissetriz dos ângulos $\hat{\alpha}$ e $\hat{\beta}$ e que os ângulos $\hat{\theta}$ e $\hat{\delta}$ ficaram sobrepostos.

Depois, a professora solicitou que ela desdobrasse o papel e, então, dobrasse-o novamente ao meio, mas horizontalmente.

Camila percebeu que a dobra coincidia com a bissetriz dos ângulos $\hat{\theta}$ e $\hat{\delta}$ e que os ângulos $\hat{\alpha}$ e $\hat{\beta}$ ficaram sobrepostos.

Além disso, Camila observou que os ângulos $\hat{\alpha}$ e $\hat{\beta}$ tinham a mesma medida e os ângulos $\hat{\theta}$ e $\hat{\delta}$ também tinham medidas iguais.

Demonstração algébrica da congruência dos ângulos opostos pelo vértice

Por meio da atividade prática feita por Camila, é possível notar que ângulos opostos pelo vértice apresentam a mesma medida. No entanto, para afirmar que todos os ângulos o.p.v. têm a mesma medida, ou seja, são congruentes, é necessário demonstrar algebricamente.

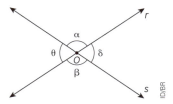

Ao observar a figura acima, vemos que a soma de dois ângulos adjacentes quaisquer resulta em um ângulo de 180°, ou seja, os ângulos adjacentes são suplementares, pois seus lados não adjacentes configuram semirretas opostas. Então:

$\alpha + \theta = 180°$

$\beta + \theta = 180°$

Logo:

$\alpha + \theta = \beta + \theta$

Portanto, $\alpha = \beta$.

Assim, podemos concluir que:

> Dois ângulos opostos pelo vértice são congruentes.

ATIVIDADES

RETOMAR E COMPREENDER

22. As retas *r* e *s* se cruzam no ponto *O*. A medida do ângulo $A\hat{O}B$ corresponde ao quádruplo da medida do ângulo $C\hat{O}B$.

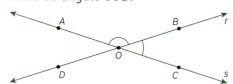

a) Determine a medida do ângulo $A\hat{O}D$.

b) Classifique os ângulos $A\hat{O}B$ e $C\hat{O}B$ em agudo ou obtuso.

23. Determine o valor de *x*, *y* e *z* em cada caso.

a)

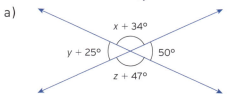

b)

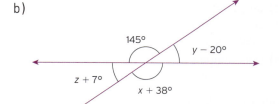

24. Determine os valores, em graus, de *x* e *y*, representados a seguir.

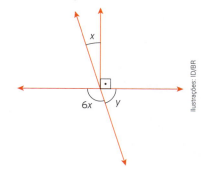

MAIS ATIVIDADES

RETOMAR E COMPREENDER

25. Identifique na figura a seguir exemplos de ângulos:
   a) agudos;
   b) retos;
   c) obtusos;
   d) rasos;
   e) congruentes;
   f) suplementares;
   g) complementares;
   h) consecutivos;
   i) adjacentes.

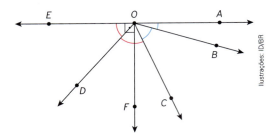

26. Complete as afirmações tornando-as verdadeiras.
   a) O ■ de um ângulo de 54° mede 126°.
   b) Se os ângulos adjacentes $A\hat{O}B$ e $B\hat{O}C$ medem respectivamente 38° e 62°, a bissetriz de $A\hat{O}C$ forma dois ângulos que medem ■.
   c) Se a soma de dois ângulos opostos pelo vértice é 78°, então o ângulo adjacente a um deles mede ■.
   d) Dois ângulos ■ determinados por duas retas concorrentes são suplementares.

27. Observe a figura abaixo e determine o valor de x, sabendo que $\overrightarrow{EG}$ é bissetriz do ângulo não convexo $F\hat{E}H$.

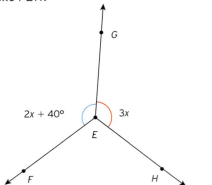

28. Considere os ângulos marcados em azul e vermelho nas figuras e associe-os à classificação correspondente.

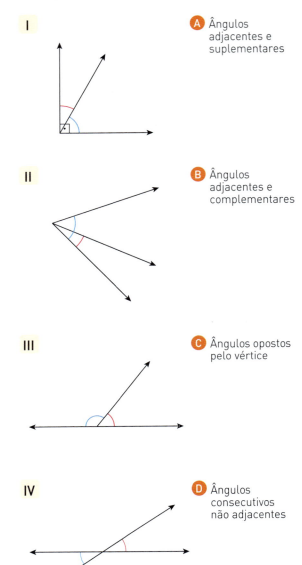

29. Identifique qual das afirmativas a seguir é falsa. Faça um desenho no caderno que mostre que essa afirmação está errada.
   a) Ângulos opostos pelo vértice têm um vértice comum.
   b) Ângulos com vértice comum são opostos pelo vértice.

30. Veja os ângulos destacados na reprodução da pintura do artista Theo Van Doesburg.

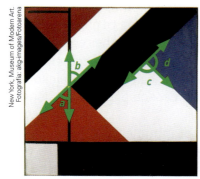

← *Contra-composição simultânea*, de Theo Van Doesburg, 1929. Óleo sobre tela, 49,5 × 49,5 cm.

Substitua os ■ de modo que as afirmações abaixo sejam verdadeiras.

a) Os ângulos *a* e *b* são ■.

b) Os ângulos *c* e *d* são ■.

APLICAR

31. Observe os pontos assinalados na imagem abaixo e considere o quadrado *ABCD*.

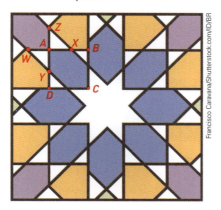

Nas seguintes afirmações, assinale as verdadeiras e reescreva as falsas, tornando-as verdadeiras.

a) O ângulo $Y\hat{A}X$ é um ângulo reto.

b) Os ângulos $Y\hat{D}C$ e $X\hat{B}C$ são opostos pelo vértice.

c) Os ângulos $A\hat{X}Z$ e $Z\hat{X}B$ são complementares.

d) Os ângulos $W\hat{A}Y$ e $Z\hat{A}X$ são retos e opostos pelo vértice.

e) Os ângulos $W\hat{A}Z$ e $Z\hat{A}X$ são suplementares e retos.

f) Os ângulos $W\hat{Y}D$ e $W\hat{Y}A$ são adjacentes e complementares.

32. Observe a figura abaixo.

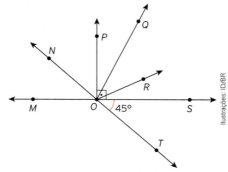

Considere as retas $\overleftrightarrow{MS}$ e $\overleftrightarrow{NT}$ e as semirretas $\overrightarrow{OP}$, $\overrightarrow{OQ}$ e $\overrightarrow{OR}$ para completar as afirmações.

a) Os ângulos $P\hat{O}Q$ e ■ são adjacentes.

b) Os ângulos $P\hat{O}R$ e ■ são complementares.

c) A semirreta $\overrightarrow{ON}$ é ■ do ângulo $P\hat{O}M$.

d) Os ângulos $T\hat{O}S$ e ■ são opostos pelo vértice.

e) Os ângulos $Q\hat{O}R$ e ■ são consecutivos.

f) Os ângulos $M\hat{O}N$ e ■ são congruentes.

g) Os ângulos ■ e ■ são retos.

33. Responda.

Dois ângulos opostos pelo vértice são complementares. Quanto mede cada um?

34. Resolva.

Um ângulo obtuso mede o quádruplo de um ângulo adjacente a ele, e as bissetrizes desses ângulos formam um ângulo de 55°. Quanto mede cada um desses ângulos?

35. Observe a figura e resolva.

Na figura, as retas *r*, *s* e *t* são concorrentes no ponto *Q* e *s* é bissetriz do ângulo formado por *r* e *t*. Determine os valores de *x* e *y* e as medidas, em graus, dos ângulos formados pelas retas *r*, *s* e *t*.

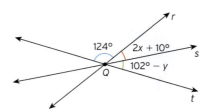

36. APLICAR Use os conceitos apresentados até aqui para resolver as **atividades interativas**.

AMPLIANDO HORIZONTES

COMPREENDER
Veja mais sobre como **os juros** interferem no nosso dia a dia.

Juros vorazes

Todos nós estamos sujeitos a imprevistos, ou seja, a problemas pelos quais não esperávamos. E muitos desses problemas exigem soluções rápidas e que necessitam de dinheiro. Precisamos resolver o problema, mas não temos o dinheiro. E agora?

Uma forma é pedir um empréstimo do valor que precisamos, recorrendo, por exemplo, a amigos e parentes ou a uma instituição financeira. A instituição empresta à pessoa a quantia e, na hora de devolver, essa pessoa paga essa quantia e mais um valor chamado **juros**.

Os juros são cobrados por diversos motivos, como: remuneração pelo dinheiro emprestado – uma espécie de "aluguel" do dinheiro que a pessoa pegou e vai usar; inflação, que desvaloriza o dinheiro que foi emprestado; lucro pela operação do empréstimo; risco de calote – quando a dívida não é paga. Mas, muitas vezes, pagam-se juros por outras causas, como a ganância dos detentores do dinheiro, que cobram juros abusivos; disposição e falta de conhecimento de muitos que pagam juros altos e que, com planejamento e orçamento, poderiam buscar e obter juros menores ou até mesmo, em alguns casos, não recorrer a um empréstimo, entre outros fatores.

Muitas pessoas tomam empréstimos motivadas pelo desejo de consumir além de suas possibilidades financeiras. Muitas delas usam o cartão de crédito, cujos juros, aqui no Brasil, são os mais altos do mundo. Isso pode gerar um endividamento tão grande que a pessoa pode levar anos para pagar tanto o que pegou como os juros cobrados, prejudicando financeiramente projetos futuros; sem contar outros problemas, como não poder comprar por ter o nome no SPC. Precisamos aprender, desde cedo, a fazer um planejamento e um orçamento responsável, e isso inclui aprender a se proteger das armadilhas dos juros altos, cobrando medidas das autoridades públicas responsáveis, para que essas taxas não permaneçam assim tão altas.

244

Entretanto, podemos ver o empréstimo e as taxas de juros de outra forma. Muitas pessoas costumam emprestar parte da sua rentabilidade às instituições financeiras. Um exemplo disso é a famosa **poupança**. A pessoa empresta um montante de dinheiro ao banco e, após um tempo, recebe o dinheiro de volta acrescido de juros. Assim como podemos pagar juros, também podemos receber juros. É possível emprestar dinheiro aos bancos de diversas formas, além da poupança, o que chamamos de **investimentos**. As pessoas que fazem isso abrem mão de gastar e de usufruir parte do dinheiro hoje, para ter uma reserva no futuro e, assim, poder realizar diferentes projetos, como adquirir um imóvel, viajar, doar a instituições que ajudam pessoas mais necessitadas, etc.

> **SPC – Sistema de Proteção ao Crédito:** sistema que monitora, entre outras coisas, quem não paga por um bem adquirido ou por um empréstimo feito. As empresas fornecem ao SPC o nome das pessoas e das firmas não pagadoras (chamados negativados), de maneira que outras lojas, bancos, imobiliárias, etc., tomem conhecimento de quem são os devedores e, com isso, não realizem novos empréstimos a quem já está devendo.

Para refletir

1. Baseado no que você leu no texto, por que as instituições financeiras cobram juros?
2. Observe a cena ilustrada. Qual caminho você escolheria? Justifique sua resposta.
3. Os irmãos João e Maria se envolveram em empréstimos no valor de 10 000 reais, com um mesmo banco. O João pediu 10 000 reais emprestado a uma taxa de 50% ao ano. Já Maria emprestou 10 000 ao mesmo banco, aplicando o dinheiro na poupança, a uma taxa de juros de 8% ao ano. Ao final de um ano, João pagou tudo o que devia e Maria recebeu tudo o que tinha direito.
   a) Quanto João pagou? E Maria, quanto recebeu?
   b) Qual foi a diferença entre o juro pago por João e o recebido por Maria?
   c) Você acha isso justo? Por que os bancos agem dessa forma? Explique sua resposta e discuta essas questões com seus colegas de classe.

ATIVIDADES INTEGRADAS

APLICAR

1. Responda às questões abaixo.
   a) Quantos segundos correspondem a 12° 5′?
   b) Quantos minutos correspondem a 720″?
   c) Quantos graus, minutos e segundos correspondem a 5 710″?

2. Determine o valor da expressão a seguir.
   $(28° 15′ + 30° 27′ 40″) - \frac{2}{3} \cdot (81° 17′ 30″)$

3. Indique no caderno os pares de medidas correspondentes.

   Ⓐ 25°   Ⓘ 61 380′
   Ⓑ 28° 16′ 50″   Ⓘ Ⓘ 90 000″
   Ⓒ 1 023°   Ⓘ Ⓘ Ⓘ 101 810″

4. Se $a = 53° 45′ 12″$, $b = 15° 32′ 21″$ e $c = 19°$, qual é o valor da expressão $3 \cdot (a + b) - \frac{c}{2}$?

5. (Unesp) O triplo do suplemento de um ângulo é 63° 51′ 37″. O valor aproximado do ângulo é:
   a) 68° 42′ 48″.
   b) 132° 42′ 38″.
   c) 148° 40′ 27″.
   d) 158° 42′ 48″.

6. Resolva.
   A diferença entre o dobro da medida de um ângulo e a medida do seu complemento é 45°. Calcule a medida desse ângulo.

7. Responda.
   Duas retas concorrentes formam dois ângulos opostos pelo vértice cujas medidas são $9x - 2°$ e $4x + 8°$. Quais são as medidas dos quatro ângulos formados por essas retas?

8. Calcule o valor de x, em graus, sabendo que med($B\hat{O}A$) = 180°.

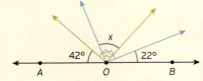

9. Calcule, em graus, os valores de x e y.

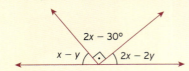

10. Sabendo que a semirreta $\overrightarrow{OU}$ é a bissetriz do ângulo não convexo $S\hat{O}L$, determine a medida do ângulo convexo $S\hat{O}L$.

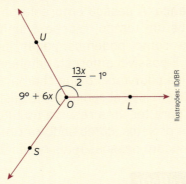

11. Classifique cada afirmação a seguir como verdadeira ou falsa e corrija a(s) falsa(s).
    a) Dois ângulos congruentes têm medidas iguais.
    b) Dois ângulos suplementares podem ser ambos obtusos.
    c) Dois ângulos complementares são sempre agudos.

12. Considerando que dois ângulos são suplementares, determine suas medidas, sabendo que o suplemento do complemento de um deles excede o outro em 50°.

13. Encontre o valor de x nos itens abaixo.
    a)
    b)
    c)

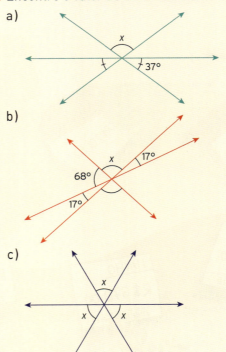

14. Copie e complete no caderno o organizador gráfico.

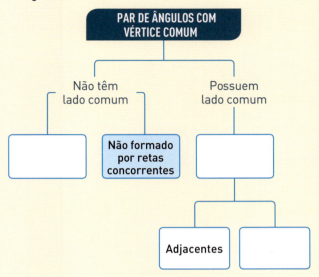

15. Duas retas concorrentes formam dois ângulos adjacentes que medem $2x + 50°$ e $3x - 10°$. Calcule a medida de cada ângulo formado por essas retas.

ANALISAR E VERIFICAR

16. Determine a alternativa correta.

Sabendo que os ângulos $A = 3x + 40°$ e $B = 2x + 40°$ são suplementares, assinale a alternativa correta.

a) $A = 100°$ e $B = 80°$.

b) $A = 110°$ e $B = 70°$.

c) $A = 90°$ e $B = 90°$.

d) $A = 120°$ e $B = 60°$.

e) $A = 85°$ e $B = 95°$.

17. Determine a alternativa correta.

A medida de um ângulo é igual a quatro quintos do seu complemento. Quanto mede esse ângulo?

a) 37°   b) 45°   c) 40°   d) 42°   e) 35°

18. Represente no caderno dois ângulos, $A\hat{O}C$ e $C\hat{O}B$, adjacentes e suplementares. Trace as semirretas $\overrightarrow{OD}$ e $\overrightarrow{OE}$, que são as bissetrizes dos ângulos $A\hat{O}C$ e $C\hat{O}B$, respectivamente. O que se pode afirmar sobre os ângulos $D\hat{O}C$ e $C\hat{O}E$? Explique.

CRIAR

19. Observe os valores dos ângulos dos polígonos abaixo.

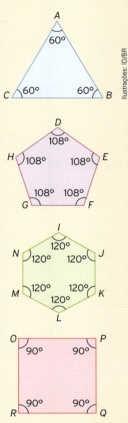

Em cada caso, calcule a soma dos ângulos indicados e encontre uma expressão que relacione o número de lados com essa soma.

20. As manifestações culturais são bastante diversificadas no Brasil, um país caracterizado como um "caldeirão cultural".

A abertura desta unidade apresenta pessoas praticando capoeira.

A capoeira é uma manifestação artística brasileira. Criada por escravizados africanos, ela envolve movimentos corporais com acrobacias, além de uma musicalidade própria.

Pesquise em diversas fontes outras influências estrangeiras na cultura brasileira que se relacionem ao assunto estudado nesta unidade. Compartilhe sua pesquisa com os colegas.

EM RESUMO – UNIDADE 7

Operações com ângulos

- Ângulo: cada uma das regiões determinadas por duas semirretas.
- Grau: unidade de medida usada para medir um ângulo.
  - Submúltiplos do grau: 1° = 60'; 1' = 60"; 1° = 60' = 3 600".
- Operações com medidas de ângulos
  - Adição: adicionamos graus com graus, minutos com minutos e segundos com segundos.
  - Subtração: fazemos uma transformação prévia das unidades para que seja possível subtrair uma medida de outra.
  - Multiplicação: multiplicamos o número natural pelos graus, pelos minutos e pelos segundos.
  - Divisão: dividimos os graus, os minutos e os segundos por um número natural não nulo.

Um pouco mais de ângulos

- Ângulos congruentes: ângulos que possuem a mesma abertura.
- Ângulos consecutivos: ângulos que têm um lado em comum.
- Ângulos adjacentes: quando as regiões determinadas por ângulos consecutivos não tiverem pontos em comum, exceto os pertencentes ao lado comum.
- Bissetriz de um ângulo: semirreta com origem no vértice do ângulo que forma, com os lados desse ângulo, dois ângulos adjacentes congruentes.
- Classificação de ângulos:
  ângulo nulo: 0°; ângulo raso: 180°; ângulo reto: 90°; ângulo agudo: maior que 0° e menor que 90°; ângulo obtuso: maior que 90° e menor que 180°.
- Ângulos complementares: quando a soma das medidas de dois ângulos é igual a 90°.
- Ângulos suplementares: quando a soma das medidas de dois ângulos é igual a 180°.
- Ângulos opostos pelo vértice (o.p.v.): dois ângulos cujos lados de um são formados por semirretas opostas aos lados do outro ângulo.

VERIFICAR

Confira o **mapa de conteúdos** da unidade 7.

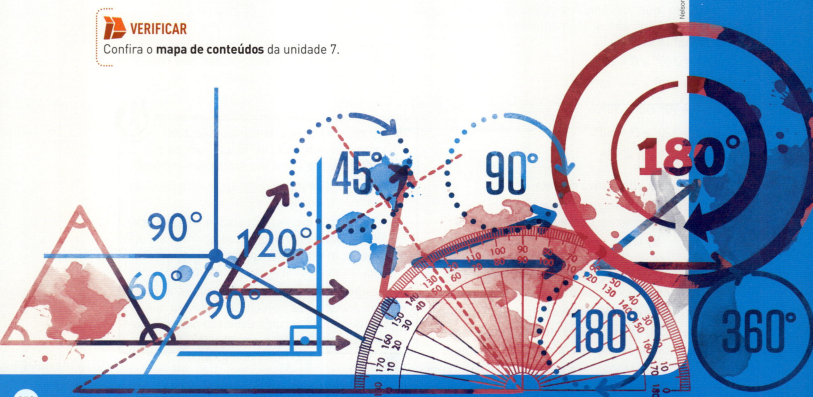

UNIDADE 8

MÉDIAS E PROBABILIDADES

Qual a média de pontos de um time em determinado campeonato? Quais são as chances de você acertar 6 números em 60 números disponíveis? Nesta unidade, você vai aprender sobre médias, chance, como calcular probabilidade e responder questões como estas.

CAPÍTULO 1
Médias

CAPÍTULO 2
Noções de probabilidade

PRIMEIRAS IDEIAS

1. O que é média aritmética? Explique com suas palavras.

2. Como você calcularia a média aritmética entre 3 e 4?

3. E como você calcularia a média aritmética entre 3, 3, 3, 3, 4, 4, 4 e 4?

4. Quando jogamos um dado, quais são os números possíveis de sair?

5. E quando jogamos dois dados, quais são as combinações de números possíveis de sair?

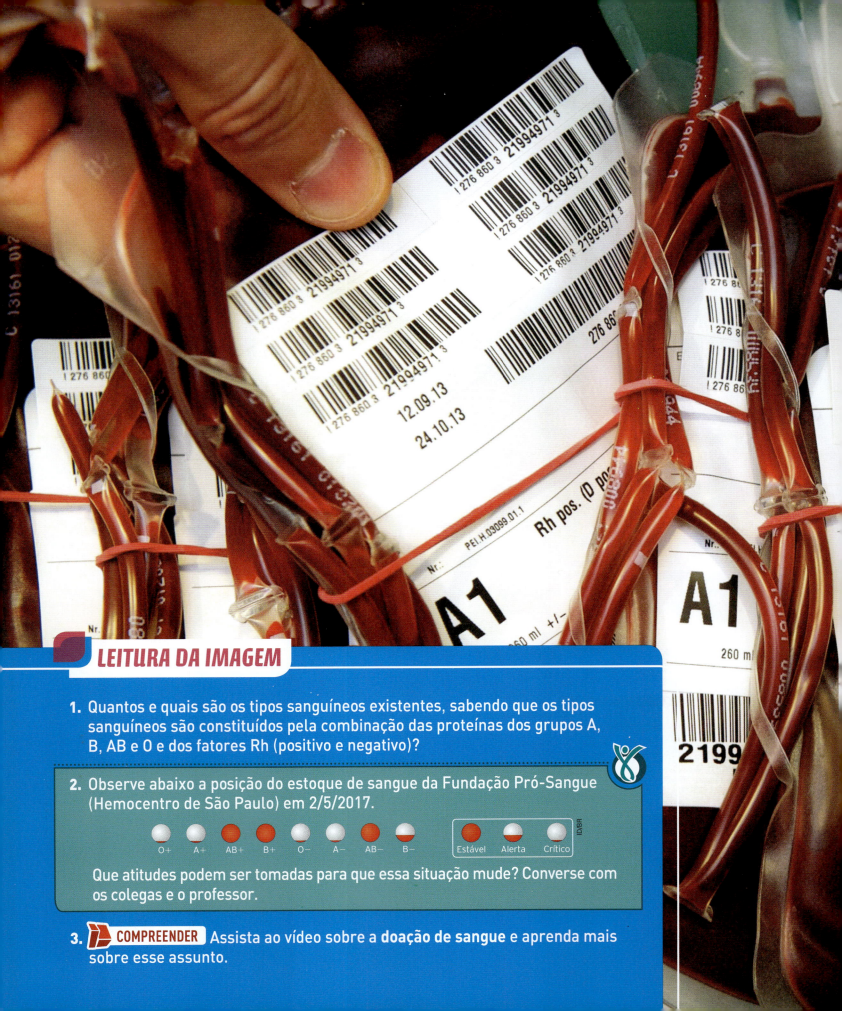

LEITURA DA IMAGEM

1. Quantos e quais são os tipos sanguíneos existentes, sabendo que os tipos sanguíneos são constituídos pela combinação das proteínas dos grupos A, B, AB e O e dos fatores Rh (positivo e negativo)?

2. Observe abaixo a posição do estoque de sangue da Fundação Pró-Sangue (Hemocentro de São Paulo) em 2/5/2017.

   O+ A+ AB+ B+ O− A− AB− B−   Estável Alerta Crítico

   Que atitudes podem ser tomadas para que essa situação mude? Converse com os colegas e o professor.

3. **COMPREENDER** Assista ao vídeo sobre a **doação de sangue** e aprenda mais sobre esse assunto.

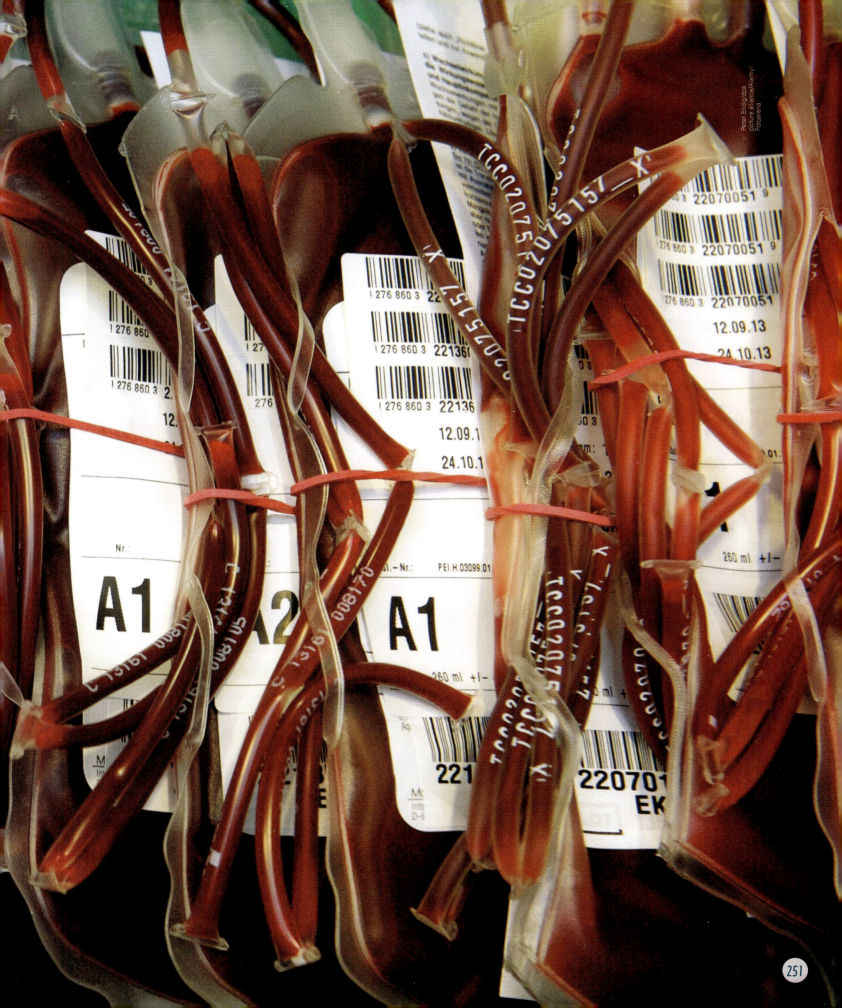

Capítulo 1

MÉDIAS

Como você faria para calcular a média de pontos convertidos por um jogador ao longo de um campeonato? Para resolver esse problema, é preciso compreender os conceitos e os tipos de média, que são medidas estatísticas utilizadas para representar um conjunto de valores.

Arremesso do jogador Marcelinho Huertas no jogo entre Brasil e Espanha, nas Olimpíadas 2016.

Pascal Le Segretain/Getty Images

MÉDIA ARITMÉTICA

O desempenho dos jogadores de basquete geralmente é avaliado pelas médias de pontos, de rebotes e de assistências.

Na maior parte das vezes, quando utilizamos a palavra **média**, estamos nos referindo à **média aritmética**.

A seguir, vamos ver alguns dados do jogador Marcelinho Huertas, da seleção brasileira de basquete nos Jogos Olímpicos do Rio de Janeiro, em 2016, nas três partidas da fase de grupos.

Desempenho do jogador Marcelinho Huertas			
Partida	1	2	3
Pontos	5	11	10

Fonte de pesquisa: Marcelinho Huertas. Disponível em: <http://linkte.me/c5ga5>. Acesso em: 22 fev. 2017.

A **média aritmética** de um grupo de números é o quociente da soma de todos os números do grupo pela quantidade de números do grupo.

Para calcular a média de pontos de Marcelinho Huertas nas três primeiras partidas, devemos somar todos os pontos convertidos nessas partidas e dividir pelo número de partidas, que, nesse caso, são 3.

Vamos representar a média aritmética por M_A. Então, temos:

$$M_A = \frac{5 + 11 + 10}{3}$$

pontos convertidos em cada jogo

número total de jogos

$$M_A = \frac{26}{3}$$

$$M_A \simeq 8{,}7$$

aproximadamente

Portanto, a média de pontos do jogador Marcelinho Huertas nas três partidas da fase de grupos nos Jogos Olímpicos do Rio de Janeiro, em 2016, foi de aproximadamente 8,7 pontos.

Exemplo A

Calcule a média aritmética dos números 14, 14, 16 e 15.

$$M_A = \frac{14 + 14 + 16 + 15}{4}$$

$$M_A = \frac{59}{4}$$

$$M_A = 14{,}75$$

COMPREENDER

Acompanhe o passo a passo de como calcular uma **média aritmética**.

Exemplo B

O professor André quer calcular a média das notas que seus alunos obtiveram em uma prova.

Aluno	Nota
1. Adriana	6,0
2. Ana	5,0
3. Bianca	5,5
4. Carlos	5,0
5. Cristiano	6,0
6. Daniela	7,0
7. Francisco	7,5
8. Gabriel	4,0
9. Isabela	6,0

Aluno	Nota
10. João	4,5
11. Osmar	7,5
12. Pedro	8,0
13. Roberta	8,5
14. Roberto	6,0
15. Rosana	7,0
16. Thiago	2,5
17. William	6,5
18. Wesley	2,5

Veja os cálculos que o professor André fez:

$$M_A = \frac{6{,}0 + 5{,}0 + 5{,}5 + 5{,}0 + 6{,}0 + 7{,}0 + 7{,}5 + 4{,}0 + 6{,}0 + 4{,}5 + 7{,}5 + 8{,}0 + 8{,}5 + 6{,}0 + 7{,}0 + 2{,}5 + 6{,}5 + 2{,}5}{18}$$

$$M_A = \frac{105}{18}$$

$$M_A \simeq 5{,}83$$

Ou seja, a média das notas da prova foi de aproximadamente 5,83.

Exemplo C

Ana, Adriana, Isabela, Marcelo e Tomás foram a um restaurante. Ana pediu um cachorro-quente, que custa R$ 12,00. Adriana pediu salada com abacate, que custa R$ 19,00. Isabela pediu uma salada de alface com tomate, que custa R$ 15,00. Marcelo pediu uma feijoada, que custa R$ 18,00. E Tomás pediu um beirute, que custa R$ 16,00. Ao pedir a conta, resolveram dividir o valor igualmente entre eles. Calcule o valor que cada um vai pagar.

Para descobrir o valor que cada um vai pagar, é preciso calcular a média aritmética. Ou seja, o valor que cada um vai pagar é o quociente entre o valor total da conta e o número de pessoas. Então:

$$M_A = \frac{12 + 19 + 15 + 18 + 16}{5}$$

$$M_A = \frac{80}{5}$$

$$M_A = 16$$

O valor que cada um vai pagar é R$ 16,00.

ATIVIDADES

RETOMAR E COMPREENDER

1. Calcule a média dos números a seguir.
   a) 6, 4, 4, 7, 3, 9, 5
   b) 15, 20, 22, 28, 19, 21
   c) 44, 40, 30, 46, 48
   d) 101, 121, 110, 140, 105

2. Faça o que se pede.
   Em um time de basquete, a altura dos jogadores é: 1,65 m; 1,78 m; 1,60 m; 1,75 m e 1,72 m. Calcule a média aritmética dessas alturas.

APLICAR

3. Observe na tabela a seguir a quantidade de pontos feitos por Lucas nos seis primeiros jogos de um campeonato.

Quantidade de pontos feitos por Lucas	
Jogo	Quantidade de pontos
1	14
2	22
3	18
4	13
5	17
6	24

Dados fornecidos pelo treinador.

a) Em qual jogo Lucas fez mais pontos?
b) Em qual jogo Lucas fez menos pontos?
c) Quantos pontos Lucas fez a mais no 2º jogo em relação ao 1º jogo?
d) Ao todo, quantos pontos ele marcou nos seis jogos?
e) Qual foi a média de pontos marcados por Lucas?

4. O gráfico abaixo mostra as vendas de uma fábrica de geladeiras durante o segundo trimestre de 2017.

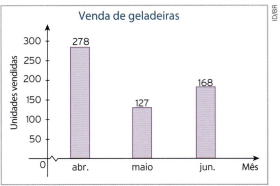

Dados fornecidos pelo fabricante.

Determine a média da quantidade de geladeiras vendidas mensalmente no período apresentado.

MÉDIA ARITMÉTICA PONDERADA

A **média aritmética ponderada** é um tipo de média aritmética em que são atribuídos pesos aos valores.

Exemplo A

Calcule a média dos números: 9, 3, 5, 6, 2, 2, 4, 8, 5, 5, 9, 7, 8, 3, 5

Antes de calcular a média desses números, vamos organizá-los de duas maneiras:

1ª) em ordem crescente: 2, 2, 3, 3, 4, 5, 5, 5, 5, 6, 7, 8, 8, 9 e 9

2ª) em uma tabela:

Números e repetições								
Número	2	3	4	5	6	7	8	9
Quantidade de repetições de cada número	2	2	1	4	1	1	2	2

Para calcular a média, fazemos:

- adicionamos os números multiplicados por suas respectivas repetições (ou peso);

- dividimos o resultado pela soma das repetições consideradas.

A média calculada dessa maneira é chamada de média ponderada (M_P).

$$M_P = \frac{2 \cdot 2 + 3 \cdot 2 + 4 \cdot 1 + 5 \cdot 4 + 6 \cdot 1 + 7 \cdot 1 + 8 \cdot 2 + 9 \cdot 2}{15}$$

$$M_P = \frac{4 + 6 + 4 + 20 + 6 + 7 + 16 + 18}{15} = \frac{81}{15} = 5,4$$

Exemplo B

No colégio em que Daniela estuda, é atribuído um peso diferente à nota de cada atividade. Veja ao lado as notas de Daniela em Matemática e o peso de cada uma.

Os pesos indicam a quantidade de vezes que devemos considerar cada nota para o cálculo da média aritmética ponderada.

Então:

Aluno: Daniela		
Atividades	**Nota**	**Peso**
Lista de Exercícios	6,0	1
Trabalho em Grupo	6,0	2
Simulado	6,5	3
Avaliação	8,5	4

$$M_P = \frac{\overset{\text{lista de exercícios}}{\overbrace{6,0}} + \overset{\text{trabalho em grupo}}{\overbrace{6,0 + 6,0}} + \overset{\text{simulado}}{\overbrace{6,5 + 6,5 + 6,5}} + \overset{\text{avaliação}}{\overbrace{8,5 + 8,5 + 8,5 + 8,5}}}{10} = \frac{71,5}{10} = 7,15$$

A média ponderada das notas de Daniela em Matemática é 7,15.

Outra maneira de calcular a média ponderada das notas de Daniela é adicionar as notas multiplicadas por seus pesos e dividir o resultado pela soma dos pesos considerados.

$$M_P = \frac{1 \cdot 6,0 + 2 \cdot 6,0 + 3 \cdot 6,5 + 4 \cdot 8,5}{1 + 2 + 3 + 4} = \frac{71,5}{10} = 7,15$$

Exemplo C

Uma empresa tem 11 funcionários com a seguinte distribuição de salários:

Distribuição de salários em uma empresa	
Número de funcionários	Salário (R$)
5	1 000,00
3	1 800,00
2	3 000,00
1	5 000,00

Dados fornecidos pela empresa.

Qual é o salário médio dos funcionários dessa empresa?

Para calcular o salário médio dos funcionários dessa empresa, podemos usar o conceito de média ponderada.

$$M_P = \frac{5 \cdot 1000 + 3 \cdot 1800 + 2 \cdot 3000 + 1 \cdot 5000}{11}$$

$$M_P = \frac{5000 + 5400 + 6000 + 5000}{11}$$

$$M_P = \frac{21400}{11} \simeq 1945,45$$

Portanto, o salário médio dos funcionários dessa empresa é de, aproximadamente, R$ 1 945,45.

Exemplo D

Em uma viagem, Vítor percorreu cinco trechos com as seguintes velocidades e os respectivos tempos:

Informações sobre a viagem de Vítor		
Trecho	Velocidade (km/h)	Tempo (h)
1	80	2
2	70	1
3	80	1
4	90	2
5	80	2

Dados fornecidos por Vítor.

Qual foi a velocidade média de Vítor durante a viagem?

Para calcular a velocidade média, podemos usar o conceito de média ponderada.

$$M_P = \frac{80 \cdot 2 + 70 \cdot 1 + 80 \cdot 1 + 90 \cdot 2 + 80 \cdot 2}{8}$$

$$M_P = \frac{160 + 70 + 80 + 180 + 160}{8} = \frac{650}{8} = 81,25$$

Portanto, a velocidade média de Vítor durante a viagem foi 81,25 km/h.

COMPREENDER

Acompanhe o passo a passo de como calcular uma **média aritmética ponderada**.

PESOS DECIMAIS

Os pesos podem ser representados tanto por números naturais como por números decimais. No exemplo **D**, poderíamos ter os seguintes valores para tempos: 2,5; 1,5; 1,5; 2,1; 2,3.

ATIVIDADES

RETOMAR E COMPREENDER

5. Calcule a média ponderada dos números a seguir.

a)
Valor	Peso
5	1
4	3
5	2
7	1

b)
Valor	Peso
9	1
8	2
8	2
7	3

c)
Valor	Peso
5	2
10	2
10	3
7	4

d)
Valor	Peso
12	2
3	3
2	3
5	2

6. A tabela a seguir mostra as notas de um aluno nas avaliações de Inglês durante o último bimestre de determinado ano.

Notas do último bimestre		
Avaliação	Nota	Peso
Avaliação 1	7,0	2
Avaliação 2	3,5	2
Simulado 3	6,5	3
Trabalho em grupo	7,5	3

Dados fornecidos pelo professor.

Calcule a média ponderada desse aluno.

APLICAR

7. Observe abaixo o quadro de funcionários de uma loja de brinquedos.

Quadro de funcionários		
Cargo	Salário	Quantidade de funcionários
Manutenção	R$ 1 000,00	4
Empacotador	R$ 1 500,00	2
Vendedor	R$ 4 000,00	8
Operador de caixa	R$ 3 700,00	2
Gerente	R$ 5 000,00	1

Dados fornecidos pela loja de brinquedos.

a) Quantos funcionários trabalham nessa loja?
b) Calcule a média dos salários dos funcionários dessa loja.

8. Leia a situação e faça o que se pede em cada item.

Um grupo de pescadores organizou uma cooperativa para vender peixes. A tabela a seguir mostra as vendas no primeiro dia de funcionamento da cooperativa.

Vendas de peixe no primeiro dia		
Produto	Quantidade (kg)	Preço por kg
Peixe A	30	R$ 4,00
Peixe B	12	R$ 6,00
Peixe C	8	R$ 10,00

Dados fornecidos pela cooperativa.

a) Quanto a cooperativa arrecadou com a venda de peixes no primeiro dia?
b) Qual foi a arrecadação, em média, por quilograma de peixe vendido?

9. Faça o que se pede.

O Campeonato Brasileiro de Futebol de 2016, série A, teve 38 jogos e o time da Sociedade Esportiva Palmeiras foi campeão. Veja os pontos que esse time ganhou em cada jogo desse campeonato:

```
3 0 3 0 3 3 3 1 3 3 0 3 3 1 3 0 0 1 3
3 1 3 3 1 1 3 3 3 3 1 3 3 0 0 1 3 3 3
```

a) Sabendo que, no Campeonato Brasileiro de Futebol, para cada vitória o time ganha 3 pontos, para cada empate o time ganha 1 ponto e para cada derrota o time não ganha pontos, monte uma tabela que relacione os pontos ganhos em cada rodada com a quantidade de vitória, empate e derrota.

b) Calcule a média dos pontos ganhos.

Lance da partida entre Palmeiras e Vitória, na 38ª rodada do campeonato.

UNIDADE 8 - MÉDIAS E PROBABILIDADES

257

MAIS ATIVIDADES

RETOMAR E COMPREENDER

10. A média aritmética de quatro números é 4. Sabendo que três desses números são 2, 6 e 3, qual é o quarto número?

11. Determine a média ponderada dos números 1, 2, 3, 4, 5, 6, 7, 8 e 9, sabendo que seus respectivos pesos são 8, 5, 5, 5, 2, 2, 4, 9, 3.

APLICAR

12. Responda.

A loja de calçados femininos Compre Barato representou em um gráfico suas vendas do mês de abril.

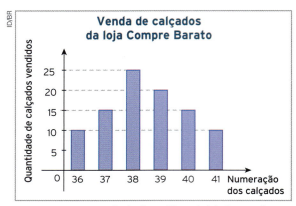

Dados fornecidos pela loja Compre Barato.

a) Qual é a numeração mais vendida nessa loja?
b) Qual é a média de vendas por dia do mês de abril?

13. Observe o quadro com as notas de Língua Portuguesa do 4º bimestre do 1º ano do Ensino Médio do Colégio Novo Rumo de Santos e faça o que se pede.

10	8	5	5	9	7
10	9	9	5	6	10
6	9	9	5	8	9
7	5	6	7	4	6
10	8	5	7	6	5
10	7	10	10	8	6

a) Construa uma tabela que relacione as notas obtidas com a quantidade de cada nota.
b) Calcule a média das notas.

14. Em um campeonato de ginástica rítmica, Selma obteve as notas registradas no painel.

Calcule a média das notas obtidas por Selma no campeonato.

15. A mãe de André fez os seguintes docinhos para a festa de aniversário dele: 45 brigadeiros, 33 beijinhos e 21 casadinhos. Foram convidados os 32 amigos da classe e mais a professora. Considerando todos os convidados, quantos docinhos cada um comeu, em média?

16. Tatiana pesquisou o preço de um sabão em pó em sete mercados e encontrou preços diferentes para o mesmo produto. Veja:

Mercado	Preço (R$)
Mercado Ideal	7,00
Bom Preço	10,00
Bom Barato	7,50
Carreira	7,00
Preço Certo	7,50
Idalina	6,50
Mercado do Vovô	10,00

Considerando esses sete mercados, qual é a média de preço desse sabão em pó?

17. Em uma sala de 7º ano do Colégio Amanhecer, há 10 meninas, cujas alturas são: 165 cm, 168 cm, 171 cm, 157 cm, 152 cm, 152 cm, 157 cm, 165 cm, 168 cm e 171 cm.

Faça o que se pede.

a) Calcule a média das alturas.
b) No meio do ano, uma nova aluna, com 163 cm, passou a fazer parte da turma. Verifique se a média será alterada? Se sim, qual é a nova média?

18. Durante uma semana, de domingo a sábado, uma loja vendeu 140, 130, 115, 100, 80, 120 e 65 camisetas. Em média, quantas camisetas foram vendidas por dia nessa semana?

19. A média aritmética das notas de uma turma de alunos do 8º ano, formada por 5 meninos e 25 meninas, é igual a 8,0. Se a média aritmética dos meninos é 6,5, qual é a média aritmética das meninas?

20. Observe a tabela abaixo, faça o que se pede.

Patrícia estuda no Colégio Santo Amaro e deseja calcular a média de suas notas de Biologia. O professor Gustavo explicou que o cálculo é feito por meio da média ponderada das notas. Ele mostrou a ela a tabela abaixo.

Notas de Patrícia	
Tipo de prova	Peso
Avaliativa	1
Mensal	2
Simulado	2
Trimestral	4

Dados fornecidos pelo professor de Biologia.

Patrícia tirou 4,0 na prova avaliativa, 6,5 na prova mensal, 8,3 no simulado e 4,3 na prova trimestral.

a) Qual foi a média obtida por Patrícia em Biologia?

b) Considerando que a média para não ficar de recuperação no colégio de Patrícia é 7,0, verifique se ela teve de fazer a recuperação.

21. No quadro abaixo, estão representados o tempo, em segundos, dos atletas que participaram de uma corrida de 400 metros.

48,6	49,2	50,1	50,1	50,1	50,4	51
51,8	51,8	51,9	52	52,2	52,6	53,3
49,2	50,1	50,3	50,6	49,8	49,7	48,7
49	50,2	50,5	50,7	51,1	49,2	49,6

a) Construa uma tabela relacionando os tempos e a quantidade de vezes que cada tempo aparece.

b) Calcule a média dos tempos.

22. Leia o problema e responda.

Josué, dono de um restaurante, fez uma viagem e, na estrada, havia um comércio que vendia alho, nas seguintes condições:

- R$ 5,50 o quilograma, se comprar 6 kg;
- R$ 3,50 o quilograma, se comprar 8 kg;
- R$ 1,75 o quilograma, se comprar 10 kg.

Qual é o preço médio do alho nesse comércio?

23. Resolva o problema.

A empresa de ônibus Fortaleza S. A. fez um levantamento do número de passageiros durante uma semana, em um determinado mês. Veja o que eles obtiveram:

- domingo: 15 passageiros;
- segunda-feira: triplo de passageiros do domingo;
- terça-feira: 10 passageiros a mais que no domingo;
- quarta-feira: dobro de passageiros de segunda-feira;
- quinta-feira: mesmo número de passageiros que na terça-feira;
- sexta-feira: 5 passageiros a mais que na segunda-feira;
- sábado: 10 passageiros.

Calcule a média do número de passageiros por dia que utilizaram o ônibus naquela semana.

24. Responda:

Em um processo de seleção para uma vaga de emprego, os candidatos vão receber uma nota em cada uma das três etapas: entrevista, prova e currículo. O candidato selecionado será aquele que obtiver a maior média aritmética ponderada, considerando que a entrevista tem peso 2, a prova escrita, peso 2 e o currículo, peso 1. Maria, José e Sandra se candidataram a essa vaga. Veja as notas que receberam em cada etapa.

Maria	José	Sandra
Entrevista: 6	Entrevista: 8	Entrevista: 7
Prova: 8	Prova: 7	Prova: 6
Currículo: 7	Currículo: 6	Currículo: 8

Qual foi o candidato selecionado?

25. **APLICAR** Use os conceitos apresentados até aqui para resolver as **atividades interativas**.

UNIDADE 8 - MÉDIAS E PROBABILIDADES

Capítulo 2
NOÇÕES DE PROBABILIDADE

Temos muitas possibilidades de escolhas ao planejar uma viagem de férias. Como podemos fazer para verificar todas essas possibilidades? Para fazer isso, devemos listar e analisar todas as variáveis, montando um diagrama para facilitar nossa visualização e não perder nenhuma das possibilidades.

ÁRVORE DE POSSIBILIDADES

Ao planejar uma viagem de férias, alguns detalhes precisam ser decididos previamente. Vamos ver as possibilidades de uma viagem de férias, analisando os seguintes aspectos:
- viagem nacional ou viagem internacional;
- ficar em um hotel ou alugar uma casa;
- usar carro alugado ou táxi.

Para saber as possibilidades de pacotes de viagem de férias, vamos elaborar um esquema chamado **árvore de possibilidades** ou **diagrama de árvore**. Veja.

Portanto, podemos compor oito tipos de pacotes diferentes para essa viagem de férias.

260

A árvore de possibilidades ou o diagrama de árvores é usado para representar todas as possibilidades de algo acontecer.

Acompanhe a seguir dois exemplos de situações que envolvem possibilidades.

Exemplo A

Camila quer comprar um vaso e algumas flores para presentear sua mãe. Ao chegar à floricultura, ela gostou de duas cores de vasos e de três tipos de flores diferentes. Para saber as possibilidades que tinha para compor o presente, Camila elaborou uma árvore de possibilidades e uma tabela de dupla entrada. Veja.

- Árvore de possibilidades:

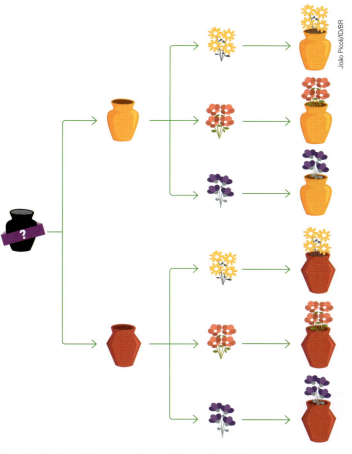

> **COMPREENDER**
> Acompanhe o passo a passo de como montar uma **árvore de possibilidades**.

Portanto, ela tem seis maneiras diferentes de compor o presente.

- Tabela de dupla entrada:

Possibilidades de compor o presente			
Flores / Vasos	Amarelas (A)	Vermelhas (V)	Roxas (R)
Amarelo (A)	A e A	A e V	A e R
Vermelho (V)	V e A	V e V	V e R

Dados fornecidos por Camila.

Camila contou as possibilidades de compor o presente: 6.

Situações como essa são conhecidas como **contagem dos casos possíveis**.

Caractere: algarismo, letra do alfabeto, sinal de pontuação ou símbolo de qualquer natureza.

Exemplo B

Paulo precisa abrir um cofre e não consegue se lembrar da senha, mas se recorda que ela é formada por quatro caracteres e que usou apenas as letras L e A. Para testar todos os casos possíveis e abrir o cofre, ele montou uma árvore de possibilidades. Veja:

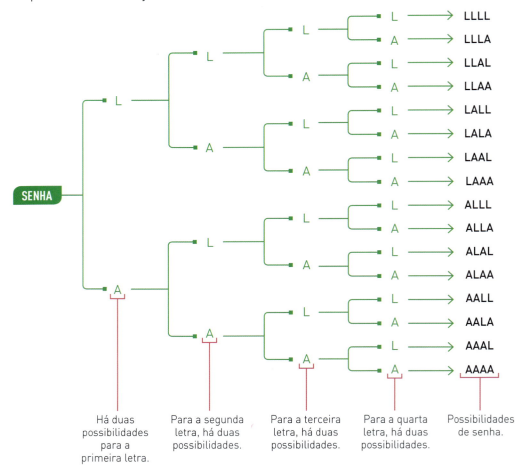

Há duas possibilidades para a primeira letra.
Para a segunda letra, há duas possibilidades.
Para a terceira letra, há duas possibilidades.
Para a quarta letra, há duas possibilidades.
Possibilidades de senha.

Paulo tem 16 possibilidades de senha para tentar abrir seu cofre.

+ INTERESSANTE

Senhas seguras

Geralmente, ao preencher algum cadastro em um *site*, temos de cadastrar um usuário e uma senha.

Por ser um processo comum nos *sites*, as pessoas não costumam dar muita atenção para isso e acabam criando senhas "fáceis", contrariando a função da senha, que é proteger os dados pessoais.

Uma pesquisa feita por empresas de segurança digital apontou as senhas mais usadas mundialmente. Veja algumas delas:

- 1234567
- 12345
- 000000
- asdfgh
- abc123
- 123456
- 123123
- qwerty
- zxcvbnm

Depois dessa pesquisa, para que as senhas sejam "fortes", as empresas de segurança passaram a exigir que as senhas criadas pelos usuários sejam formadas por letras maiúsculas e letras minúsculas, além de símbolos e números.

COMPREENDER
Veja o vídeo sobre a importância de usar **senhas seguras**.

ATIVIDADES

RETOMAR E COMPREENDER

1. Escreva todos os números de três algarismos que podem ser formados com os algarismos 2, 6 e 9.

APLICAR

2. Escreva os códigos que podem ser compostos conforme as condições a seguir. Depois, determine quantos são esses códigos.

    a) Códigos compostos de uma letra (M ou N) e um número (1, 3, 7 ou 9), nessa ordem.

    b) Códigos compostos de uma vogal (A, E ou I) e uma consoante (Q, X, W ou Z), nessa ordem.

    c) Códigos compostos de uma vogal (A, E ou I) e uma consoante (Q, X, W ou Z), nessa ordem.

3. Bruna está se preparando para ir a uma festa de aniversário e possui em seu armário 4 blusas e 3 saias para escolher. Observe as opções que ela tem.

    a) De quantas maneiras diferentes ela pode se vestir para ir à festa?

    b) Liste no caderno quais são as composições que Bruna pode fazer.

4. Leia a situação a seguir e faça o que se pede.
Pedro, Bianca, Teodoro e Ana decidiram fazer um torneio de tênis de mesa. Nesse torneio, todos os participantes jogam entre si apenas uma vez. O campeão será aquele que obtiver mais vitórias ao final de todas as partidas. No caderno, construa um esquema com todas as partidas disputadas nesse torneio.

5. Responda.
Arlete, Cristina, Tânia e Clara vão disputar uma corrida. As três primeiras colocadas vão receber medalhas. De quantas maneiras diferentes as medalhas podem ser distribuídas entre elas, sabendo que não houve empate?

6. Leia e responda.
Uma agência de turismo oferece pacotes de viagem com passagens aéreas de duas companhias: Cegonha e Voe Bem. Também é possível escolher entre a classe econômica, a classe executiva e a primeira classe. De quantas maneiras distintas um turista pode fazer sua viagem, sem levar em conta os preços e os horários dos voos?

7. Existem três rodovias que ligam as cidades A e B, e outras três rodovias entre as cidades B e C, como ilustrado a seguir.

Quantos caminhos diferentes um motorista pode escolher para ir da cidade A à cidade C, passando por B?

8. Leia e responda aos itens a seguir.
Paula participou de um sorteio e ganhou dois ingressos para um *show* de *rock*. Ela tem quatro filhos adolescentes, duas meninas e dois meninos, e todos gostariam de ir a esse *show*. Para evitar briga, escreveu o nome de cada filho em um pedaço de papel e fez um novo sorteio.

    a) Quais as possibilidades de Paula tirar um nome de menina e um nome de menino? Para responder a essa pergunta, construa uma árvore de possibilidades.

    b) Se o primeiro nome retirado for de menina, o que tem mais chance de ocorrer em um segundo sorteio? Explique seu raciocínio.

COMPREENDER

Assista ao vídeo para compreender os conceitos de **chance e probabilidade**.

CÁLCULO DE PROBABILIDADES

Marta e Fernanda estão jogando "cara ou coroa". Quando o resultado é cara, Marta é a vencedora e, quando o resultado é coroa, Fernanda é a vencedora.

↑ Representação de "coroa" na moeda brasileira de 1 real.

↑ Representação de "cara" na moeda brasileira de 1 real.

Fotos: Banco Central/Reprodução. Dotta/The Next/ID/BR

Qual é a chance de cada uma delas ganhar em cada lançamento da moeda? Em cada lançamento, temos apenas dois resultados possíveis: cara ou coroa. Assim, a chance de Marta ganhar é 1 em 2. Em relação a Fernanda, podemos pensar da mesma maneira.

Em situações como essa, não podemos afirmar com certeza qual será o resultado, mas podemos listar os possíveis resultados e medir a chance de ocorrerem. Essas situações são chamadas de **experimentos aleatórios**, pois dependem do acaso, ou seja, são imprevisíveis.

> O número que expressa a chance de algo acontecer é denominado **probabilidade**.

A probabilidade é um número que varia de 0 a 1 e pode ser expresso na forma de fração, na forma decimal ou na forma de porcentagem. Esse número é a razão entre a quantidade de resultados favoráveis de um evento ocorrer e o número total de resultados possíveis.

HONESTIDADE NO CARA OU COROA

Quando queremos decidir algo na sorte, podemos lançar uma moeda para o alto e escolher cara ou coroa.

Ao usar uma moeda comum, as probabilidades de sair cara ou coroa são iguais.

Porém, há um tipo de moeda, chamada moeda viciada, em que isso não acontece, ou seja, a probabilidade de sair um lado é maior do que a de sair o outro.

Geralmente, esse tipo de moeda é usado por pessoas desonestas que querem levar vantagem em jogos.

- Se você soubesse que, em um jogo, um dos participantes está tentando levar vantagem, que atitude você tomaria?

$$\text{probabilidade} = \frac{\text{quantidade de resultados favoráveis de um evento}}{\text{total de resultados possíveis}}$$

Considere as seguintes cartas numeradas:

Imagine que essas cartas foram embaralhadas e uma delas foi sorteada ao acaso.

- A probabilidade de a carta retirada ter um número ímpar (9, 31, 11, 5, 5 ou 19) é de 6 em 10, ou seja: $\frac{6}{10} = \frac{3}{5} = 0{,}6 = 60\%$.

- A probabilidade de a carta retirada ter um número maior que 50 é de 0 em 10, ou seja: $\frac{0}{10} = 0 = 0\%$.

CAPÍTULO 2 - NOÇÕES DE PROBABILIDADE

ATIVIDADES

RETOMAR E COMPREENDER

9. Considere o lançamento de um dado honesto com faces numeradas de 1 a 6.

a) Qual é a probabilidade de o resultado ser 6?

b) Qual é a probabilidade de o resultado ser par?

c) Qual é a probabilidade de o resultado ser divisível por 3?

d) Qual é a probabilidade de o resultado ser um número primo?

10. Construa uma tabela com todos os resultados que podem ser obtidos quando lançamos, simultaneamente, duas moedas distintas.

Depois, responda: Qual é a probabilidade de obter coroa nas duas moedas?

11. Dado um baralho comum, de 52 cartas, calcule a probabilidade de, na escolha aleatória de uma carta, ocorrerem os seguintes eventos:

a) ser vermelha;

b) o naipe ser espadas;

c) ser 2 de copas;

d) ser 9 vermelho;

e) o naipe não ser espadas;

f) não ser 5 vermelho;

g) ser 2 ou 4.

12. Determine todos os números de dois algarismos que podem ser formados com os algarismos 2, 3, 5 e 6.

Em seguida, responda aos itens abaixo.

a) Qual é a probabilidade de, escolhido um desses números ao acaso, ele ser par?

b) Qual é a probabilidade de ele ser ímpar?

c) Qual é a probabilidade de ele ser menor que 40 e não ter algarismos iguais?

APLICAR

13. Leia a situação a seguir e responda ao que se pede.

Luís tem um aquário com 10 peixes coloridos: 4 azuis, 4 amarelos e 2 vermelhos.

Ele retirou ao acaso um dos peixes para dar de presente a seu primo Roberto. Qual é a probabilidade de Roberto ganhar um peixe vermelho?

14. Um casal tem uma filha. Quando a esposa engravidar novamente, qual é a probabilidade de o segundo filho ser menino?

15. Leia a situação a seguir e faça o que se pede.

Em uma urna há 10 bolas azuis, 8 bolas amarelas e 2 bolas verdes.

Reescreva as frases a seguir no caderno, corrigindo-as.

a) Retirando uma bola da urna ao acaso, a probabilidade de a bola ser verde é alta.

b) A probabilidade de retirar uma bola amarela é maior que a probabilidade de retirar uma bola azul.

c) A probabilidade de retirar uma bola azul é $\frac{1}{10}$.

16. Veja a situação a seguir e responda.

Um garoto escolheu dois nomes da cartela representada abaixo para participar da rifa de uma bola de vôlei.

Qual é a probabilidade de ele ganhar a bola, considerando que o sorteio do nome é aleatório?

17. Responda.

Em uma festa, há 10 meninos e 25 meninas.

a) Sorteando um convidado ao acaso, qual é a probabilidade de ser um menino?

b) E de ser uma menina?

c) Qual é a relação entre esses dois resultados?

18. Observe abaixo a roleta utilizada em um jogo e faça o que se pede.

Calcule a probabilidade de a roleta parar:

a) no número 2;

b) em um número negativo;

c) em uma casa verde.

MATEMÁTICA TEM HISTÓRIA

Um pouco da história da probabilidade

Não se sabe ao certo onde ou quando a ideia de chance passou a ser relacionada a apostas, mas seguramente este já era um conceito conhecido por diversos povos antigos, entre eles egípcios e indianos.

A evidência mais remota que se tem desse fato deve-se a inúmeras descobertas de um instrumento conhecido por *astragali*, geralmente feito de ossos de ovelhas, contendo seis faces não simétricas gravadas ou numeradas. Acredita-se que os *astragalis* eram mecanismos primitivos através dos quais oráculos consultavam a opinião de seus deuses. Ao longo do tempo, entretanto, eles acabaram sendo substituídos por dados, perdendo aquele aspecto de instrumento religioso e se tornando principalmente uma ferramenta de divertimento.

↑ Modelos de *astragalis*.

↑ Pieter Bruegel, *Jogos infantis* (1560).

Mesmo muito tempo depois, o jogo de dados ainda era um dos maiores passatempos da sociedade francesa do século XVII. Tanto o era que um de seus nobres, o Chevallier de Méré, acreditava ter descoberto uma maneira de ganhar dinheiro apostando em jogos de dados e, por isso, fazia-o com frequência. Ele apostava que, em quatro lançamentos sucessivos de dados, ao menos um deles acabaria com a face 6 voltada para cima. Mas talvez por ter se cansado de sempre jogar o mesmo jogo, Chevallier de Maré decidiu mudar as regras [...] e passou a apostar que ao menos um duplo-seis sairia em 24 lançamentos sucessivos de dois dados. Surpreendentemente, entretanto, ele logo percebeu que ganhava menos dinheiro com a nova aposta. Intrigado com a questão, procurou seu amigo matemático Pascal, que, ao estudar o problema, acabou por descobrir que as chances de se vencer no primeiro jogo eram superiores àquelas do segundo.

[...]

Problemas como esse e alguns outros levaram Blaise Pascal e Pierre de Fermat a se corresponderem, e do trabalho conjunto destes dois grandes matemáticos surgiram os princípios fundamentais da teoria da probabilidade.

Por causa do interesse por jogos de azar predominante na época, a teoria da probabilidade se tornou rapidamente bastante popular, tendo sido posteriormente aplicada por Laplace em diversas outras áreas, como a mecânica estatística e a própria estatística. No entanto, apesar de seu desenvolvimento, uma questão ainda restava: o que era probabilidade, precisamente? Essa questão somente veio a ser respondida no século XX, pelo matemático russo Kolmogorov, que forneceu uma base axiomática à teoria em questão. [...]

Matemática Multimídia. Disponível em: <http://linkte.me/p03h4>. Acesso em: 24 abr. 2017.

FAZENDO MATEMÁTICA

Calcular a probabilidade de sair um número primo na soma de dois dados

Você já sabe medir a chance de um evento ocorrer. Vamos fazer um experimento para medir a chance de sair um número primo no lançamento de dois dados.

Material

- papel
- lápis
- 2 dados de cores diferentes

COMPREENDER

Veja o vídeo deste experimento: **calcular a probabilidade de sair um número primo na soma de dois dados**.

Como fazer

1. Seguindo as orientações do professor, organizem-se em duplas ou trios.
2. Façam uma lista com todos os eventos possíveis em um lançamento de dois dados.
   Exemplo

Dado 1	Dado 2
3	1

3. Dos eventos possíveis, destaquem todos os eventos possíveis cuja soma dos valores dos dois dados seja um número primo.
   Exemplo

Dado 1	Dado 2
3	1
1	2

(1, 2), pois 1 + 2 = 3, e 3 é um número primo.

4. Lancem os dados 100 vezes e anotem a quantidade de vezes que cada evento ocorreu.

Para concluir

1. Calculem a probabilidade dos eventos cuja soma dos valores dos dois dados seja um número primo.
2. Somem a quantidade de vezes que cada evento destacado ocorreu e calculem qual é o percentual a que esse valor corresponde do total de lançamentos.
3. Comparem os valores obtidos nos itens **1** e **2**. Os valores são próximos?
4. Anotem os valores obtidos por todos os grupos e comparem. Os valores obtidos foram iguais?
5. Conversem com os demais grupos e descubram se os valores obtidos por todos no experimento eram os esperados.

MAIS ATIVIDADES

RETOMAR E COMPREENDER

19. Utilizando os algarismos 1, 4, 5, 8 e 9, determine:
   a) todos os números formados por três algarismos distintos que sejam pares;
   b) três números formados por dois algarismos;
   c) todos os números formados por dois algarismos que sejam ímpares.

20. Responda às questões.
   a) Quantos números naturais de quatro algarismos existem em nosso sistema de numeração?
   b) Quantos números naturais de quatro algarismos distintos existem em nosso sistema de numeração?

21. Responda às questões.
   a) Quando lançamos uma moeda, qual é a probabilidade de sair cara? Escreva o resultado na forma de porcentagem.
   b) Qual é a maior probabilidade: sair cara ou sair coroa?

APLICAR

22. Considere a roleta abaixo e faça o que se pede.

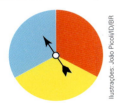

Calcule a probabilidade de cair na cor azul.

23. O professor Paulo levou para a classe do 7º ano A um saquinho com 10 bolinhas de cores diferentes.

Considerando que o saquinho esteja sempre com todas as bolinhas, calcule a probabilidade de o professor retirar:
   a) uma bolinha verde;
   b) uma bolinha verde ou azul;
   c) duas bolinhas vermelhas.

24. Faça o que se pede.
   a) No nascimento de uma criança, qual é a fração que representa a chance de ela ser do sexo feminino? E qual é a porcentagem?
   b) Escreva três frações equivalentes à chance de se obter o nascimento uma menina.

25. Veja a situação a seguir e responda.

Uma sala do 6º ano tem 20 meninas e 24 meninos. A professora de teatro vai fazer um sorteio entre os alunos para escolher a personagem principal da peça de final de ano.
   a) Qual é a probabilidade de uma aluna ser a vencedora?
   b) Qual é a probabilidade de um aluno ser vencedor?

26. Paulo está jogando com um baralho comum, formado por 52 cartas de quatro naipes, com 13 cartas de cada naipe. Veja abaixo a distribuição das cartas em cada naipe e faça o que se pede.

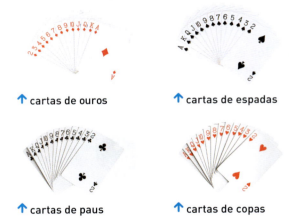

↑ cartas de ouros   ↑ cartas de espadas

↑ cartas de paus   ↑ cartas de copas

Dê as representações fracionárias, decimais e porcentuais no caso de Paulo retirar:
   a) um rei;
   b) uma carta de copas;
   c) uma carta de naipe vermelho.

27. Mari, Joana, Rafaela e Pati estão participando de uma prova de natação.
   a) Construa, no caderno, a árvore de possibilidades para as três primeiras colocadas.
   b) Quantos são os resultados possíveis? Justifique sua resposta.
   c) Em quantos desses resultados, Joana aparece em segundo lugar?

28. Resolva mentalmente.

Em uma caixa há 5 fichas vermelhas e 4 fichas azuis.

a) Na primeira retirada, o que é mais provável sair: ficha vermelha ou azul? Justifique sua resposta.

b) Se, na primeira retirada, saiu ficha vermelha, o que é mais provável sair na segunda retirada, se não houver reposição da ficha? Justifique sua resposta.

29. Resolva a situação a seguir.

Uma caixa contém 5 bolas azuis, 3 bolas vermelhas e 4 bolas amarelas. Ao retirar uma bola, qual é a probabilidade de:

a) sair uma bola azul?

b) não sair uma bola azul?

c) não sair uma bola amarela?

30. Leia a situação a seguir e responda.

Para arrecadar fundos para a viagem de formatura dos alunos do 9º ano, a Escola Nascer do Sol rifou uma bicicleta. A rifa tinha 120 números e André comprou 9 números.

Que chance André tem de ganhar a bicicleta?

31. Considere a situação e responda.

Lúcia escreveu o nome de sete amigas em pedacinhos de papel de mesmo tamanho.

Todos foram dobrados da mesma maneira e colocados dentro de um saquinho. Antes de fazer o sorteio, ela queria saber qual é a probabilidade de sair um nome iniciado por P. Descubra qual é essa probabilidade.

32. Veja a situação a seguir e responda às questões.

Cristina pode ir à escola e voltar para casa de três maneiras diferentes: de ônibus, de carro com os pais ou de carona com os pais de uma amiga. Construa uma árvore de possibilidades, considerando a ida de Cristina para a escola e a volta para casa.

a) Quantas possibilidades diferentes ela tem para ir e voltar da escola?

b) Considerando que os pais de Cristina abriram uma lanchonete e que agora não conseguirão mais buscá-la na escola, quantas possibilidades ela terá para ir e voltar?

33. Responda.

Lúcia Maria precisa cadastrar uma senha para o cartão do banco. A senha deve ter duas letras e quatro algarismos. Para facilitar a memorização, ela decidiu usar as letras L e M no início da senha e os quatro primeiros algarismos em seguida (0, 1, 2, 3), sem repetição. Dessa forma, quantas possibilidades ela terá na escolha de sua senha?

a) 12 possibilidades   c) 256 possibilidades

b) 24 possibilidades   d) 48 possibilidades

34. Patrícia levou para a aula de Matemática um dado não convencional, com os seguintes números em suas faces: 1, 2, 3, 3, 5, 5. Veja abaixo:

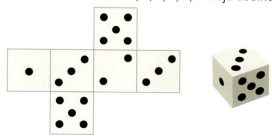

Durante a aula de Matemática, ela fez duas perguntas à amiga Camila:

a) Jogando o dado ao acaso, qual é a probabilidade de se obter um número ímpar?

b) Há números com a mesma chance de serem obtidos? Se houver, quais e por quê?

Ajude Camila a responder a essas questões.

35. **APLICAR** Use os conceitos apresentados até aqui para resolver as **atividades interativas**.

ATIVIDADES INTEGRADAS

APLICAR

1. As pessoas de um grupo têm as idades de 12, 13, 15 e 18 anos. Se uma pessoa de 16 anos se juntar ao grupo, o que acontecerá com a média de idade do grupo?

2. Uma avaliação com 5 testes foi realizada com os alunos de uma escola. Os resultados foram apresentados em uma tabela. Observe:

Número de acertos	Quantidade de ocorrências
0	1
1	4
2	7
3	18
4	11
5	15

Determine a média dos acertos.

3. Responda.
(Enem) Um posto de saúde registrou a quantidade de vacinas aplicadas contra febre amarela nos últimos cinco meses:
- 1º mês: 21;
- 2º mês: 22;
- 3º mês: 25;
- 4º mês: 31;
- 5º mês: 21.

No início do primeiro mês, esse posto de saúde tinha 228 vacinas contra febre amarela em estoque. A política de reposição do estoque prevê a aquisição de novas vacinas no início do sexto mês, de tal forma que a quantidade inicial em estoque para os próximos meses seja igual a 12 vezes a média das quantidades mensais dessas vacinas aplicadas nos últimos cinco meses.

Para atender essas condições, a quantidade de vacinas contra febre amarela que o posto de saúde deve adquirir no início do sexto mês é:

a) 156   b) 180   c) 192   d) 264   e) 288

4. Ao lançar um dado e uma moeda simultaneamente, observamos as faces que ficam voltadas para cima em cada um. Quantos resultados possíveis podem ser observados após o lançamento?

5. Um bufê tem quatro tipos de salgado e dois tipos de doce para servir em festas de aniversário. Se em certa festa um cliente quer servir três tipos de salgado e um tipo de doce, quantas opções de cardápio o bufê pode oferecer ao cliente?

6. Um jogo tem 50 cartas coloridas, sendo 25 cartas azuis, 15 cartas amarelas, 5 cartas rosa e 5 cartas verdes. Considerando que uma carta é retirada ao acaso, responda às questões.
    a) Qual é a probabilidade de sair uma carta rosa?
    b) Qual é a probabilidade de sair uma carta azul?
    c) Qual é a probabilidade de sair uma carta branca?

7. Considere os números naturais que são divisores de 30. Escolhendo um desses números, qual é a probabilidade de ele ser um número primo?

ANALISAR E VERIFICAR

8. Resolva.
(FGV-RJ) O gráfico seguinte apresenta os lucros (em milhares de reais) de uma empresa ao longo de 10 anos (ano 1, ano 2, até ano 10).

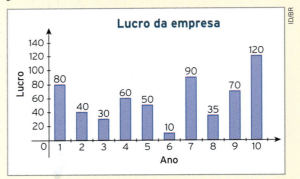

O ano em que o lucro ficou mais próximo da média aritmética dos 10 lucros anuais foi:

a) Ano 2   d) Ano 5
b) Ano 3   e) Ano 9
c) Ano 4

9. (Mauá-SP) Lançam-se dois dados com faces numeradas de 1 a 6. Calcule a probabilidade de a soma ser 10.

10. Determine quantos números de três algarismos podem ser escritos utilizando os algarismos 5, 7 e 9, nos seguintes casos:
    a) sem repetição de algarismos;
    b) com repetição de algarismos.

11. Responda.

(Enem) Em uma cidade, o número de casos de dengue confirmados aumentou consideravelmente nos últimos dias. A prefeitura resolveu desenvolver uma ação contratando funcionários para ajudar no combate à doença, os quais orientarão os moradores a eliminarem criadouros do mosquito *Aedes aegypti*, transmissor da dengue. A tabela apresenta o número atual de casos confirmados, por região da cidade.

Região	Casos confirmados
Oeste	237
Centro	262
Norte	158
Sul	159
Noroeste	160
Leste	278
Centro-Oeste	300
Centro-Sul	278

A prefeitura optou pela seguinte distribuição dos funcionários a serem contratados:

I. 10 funcionários para cada região da cidade cujo número de casos seja maior que a média dos casos confirmados.

II. 7 funcionários para cada região da cidade cujo número de casos seja menor ou igual à média dos casos confirmados.

Quantos funcionários a prefeitura deverá contratar para efetivar a ação?

a) 59   b) 65   c) 68   d) 71   e) 80

12. Responda.

(Obmep) Seis bolas idênticas foram numeradas de 1 a 6 e colocadas em uma caixa. Joaquim retira, uma a uma, quatro bolas da caixa e observa seus números, sem recolocá-las na caixa.

a) Qual é a probabilidade de que o menor número observado seja 1?

b) Qual é a probabilidade de que o maior número observado seja 5?

c) Qual é a probabilidade de que o menor número observado seja 1 e o maior seja 5?

d) Qual é a probabilidade de que o menor número observado saia na primeira bola retirada e o maior, na última bola?

CRIAR

13. Responda.

(OBM) O desenho abaixo mostra o mapa de um país (imaginário) constituído por cinco estados.

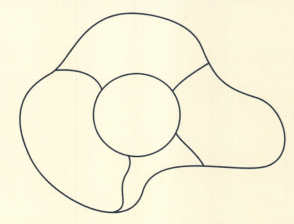

Deseja-se colorir esse mapa com as cores verde, azul e amarela, de modo que dois estados vizinhos não possuam a mesma cor. De quantas maneiras diferentes o mapa pode ser pintado?

a) 12   d) 24
b) 6   e) 120
c) 10

14. Você já viu um tornado no Brasil? A ocorrência desse tipo de fenômeno no Brasil é rara, mas não impossível de ocorrer, como foi o caso de Xanxerê, em Santa Catarina, em 2015. Quais são as atitudes que podemos tomar para ajudar as vítimas desses desastres naturais?

EM RESUMO – UNIDADE 8

Médias
- A média aritmética de um grupo de números é o quociente da soma de todos os números do grupo pela quantidade de números do grupo.
- A média aritmética ponderada é um tipo de média aritmética em que são atribuídos pesos aos valores.

Noções de probabilidade
- Árvore de possibilidades ou diagrama de árvore é um esquema que permite visualizar todas as possibilidades de algo acontecer.
- O número que expressa a chance de algo acontecer é denominado probabilidade.

 VERIFICAR
Confira o **mapa de conteúdos** da unidade 8.

UNIDADE 9

GEOMETRIA

Diana pediu a Lucas que descobrisse em qual figura geométrica ela estava pensando. E deu a seguinte dica: "Tem quatro lados congruentes". Lucas rapidamente responde: "Claro que é um quadrado!". Diana disse: "Errado!". É possível que Lucas esteja errado? Em qual figura geométrica Diana estava pensando? Nesta unidade, você vai aprender sobre triângulos, quadriláteros e também sobre simetria.

CAPÍTULO 1
Triângulos

CAPÍTULO 2
Quadriláteros

CAPÍTULO 3
Simetria

PRIMEIRAS IDEIAS

1. Dê exemplos de objetos do dia a dia em que encontramos formas que lembram triângulos e quadriláteros.

2. Qual a diferença entre um triângulo isósceles e um triângulo equilátero?

3. Quais são as características de um quadrado?

4. Você sabe o que é simetria? Explique com suas palavras.

LEITURA DA IMAGEM

1. Observe a imagem. O que mais chama sua atenção? Por quê?
2. Quais figuras geométricas estão presentes na imagem?
3. Alguns atletas utilizam medicamentos para aumentar o desempenho durante uma competição, que muitas vezes trazem riscos à saúde. Você considera honesta a atitude dos atletas que utilizam esse tipo de medicamento? Converse com os colegas e o professor sobre esse assunto.
4. **ANALISAR** Agora, veja o vídeo sobre algumas **atitudes de um atleta**. O que você acha dessas atitudes?

Capítulo 1
TRIÂNGULOS

Os triângulos são polígonos amplamente utilizados em construções devido à sua rigidez. Para utilizá-los em situações como essas, é preciso conhecer, por exemplo, a medida de seus lados e de seus ângulos. Estudaremos a seguir algumas características dos triângulos.

ELEMENTOS DOS TRIÂNGULOS

Alguns artistas utilizam formas geométricas, como triângulos, em suas obras. Engenheiros e projetistas também se valem das propriedades estruturais dos triângulos, como a rigidez, para construir as estruturas de torres de energia, telhados e pontes.

Nas imagens a seguir, vemos o trabalho dos artistas Ail Hwang, Jeong Hae-Ryan e Chung-Ki Park, que, em 2010, realizaram uma intervenção artística cobrindo com acrílico alguns dos triângulos da estrutura de uma torre de energia.

> Triângulo é um polígono de três lados. Os triângulos têm três vértices e, também, três ângulos internos.

Nomeando os vértices de um triângulo por A, B e C, podemos indicar esse triângulo por △ABC (lê-se: triângulo ABC).

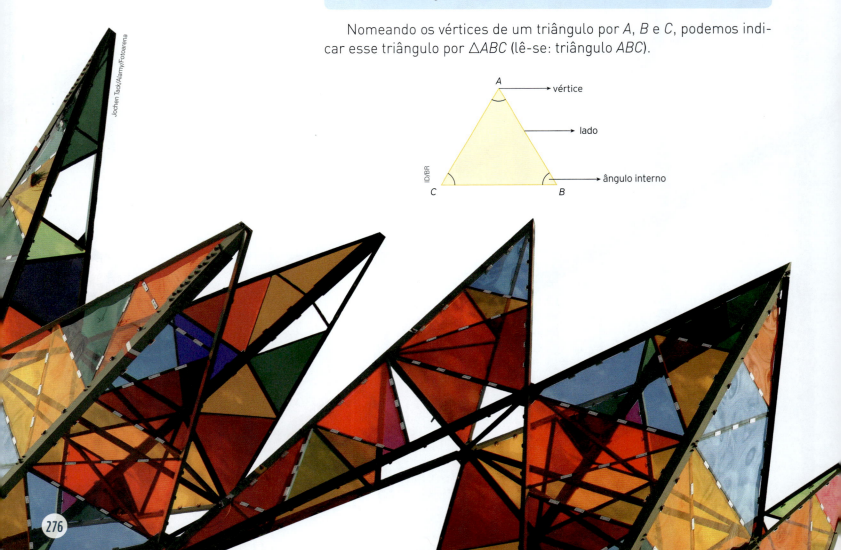

CLASSIFICAÇÃO DOS TRIÂNGULOS

Vamos ver duas maneiras de classificar os triângulos.

QUANTO AOS LADOS

- **Equilátero**: Os três lados são congruentes. Os ângulos internos do triângulo equilátero também são congruentes.

triângulo equilátero
$\overline{AB} \cong \overline{BC} \cong \overline{CA}$
O símbolo $\cong$ indica congruência.

- **Isósceles**: Dois lados são congruentes. Os dois ângulos internos formados pelos lados congruentes e o terceiro lado também são congruentes.

triângulo isósceles
$\overline{DE} \cong \overline{FE}$

- **Escaleno**: Os três lados possuem medidas diferentes. Nesse caso, os ângulos internos também têm medidas diferentes.

triângulo escaleno
med ($\overline{GH}$) ≠ med ($\overline{HI}$) ≠ med ($\overline{IG}$)

QUANTO AOS ÂNGULOS

- **Acutângulo**: Os três ângulos internos são agudos, ou seja, suas medidas são menores que 90°.

triângulo acutângulo
med ($P\hat{R}Q$) < 90°
med ($R\hat{Q}P$) < 90°
med ($Q\hat{P}R$) < 90°

- **Retângulo**: Um dos ângulos internos é reto, isto é, sua medida é 90°.

triângulo retângulo em S
med ($T\hat{S}U$) = 90°

- **Obtusângulo**: Um dos ângulos internos é obtuso, ou seja, sua medida é maior que 90° e menor que 180°.

triângulo obtusângulo em X
med ($Z\hat{X}Y$) > 90°

COMPREENDER

Quer saber mais sobre os triângulos? Assista ao vídeo para **uma forma geométrica essencial: o triângulo**.

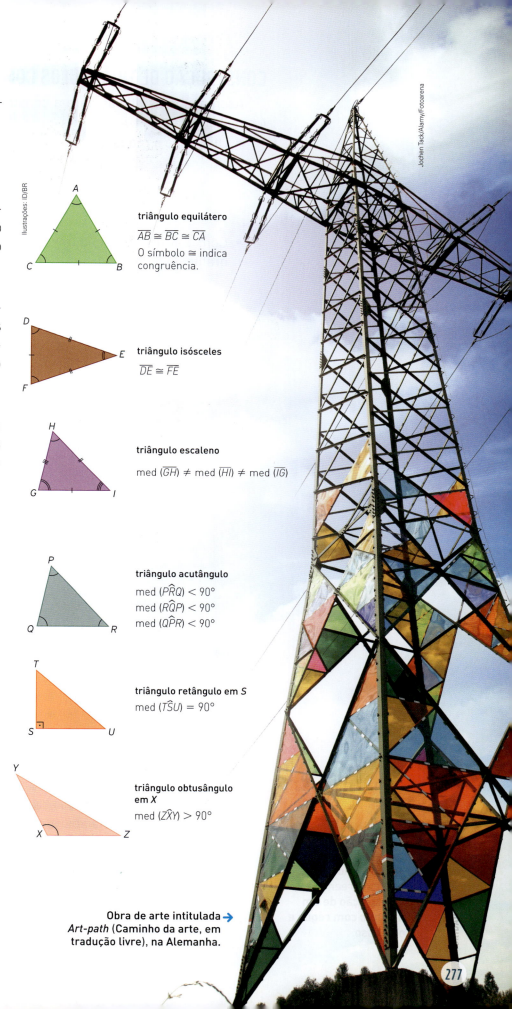

Obra de arte intitulada → *Art-path* (Caminho da arte, em tradução livre), na Alemanha.

CONSTRUÇÃO DE TRIÂNGULOS COM RÉGUA E COMPASSO

Acompanhe as etapas para a construção de um triângulo com lados iguais a 4 cm, 3 cm e 3 cm.

- Utilizando a régua, trace o segmento de reta $\overline{AB}$ de medida 4 cm.

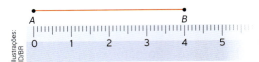

- Com o auxílio da régua, meça uma abertura de 3 cm entre a ponta-seca e a grafite do compasso.

- Posicionando a ponta-seca sobre o ponto A, faça um arco.

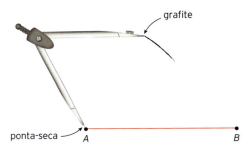

- Agora, com a ponta-seca sobre o ponto B, faça outro arco passando pelo arco já existente. O ponto de encontro dos dois arcos é o ponto C.

- Para finalizar a construção do triângulo, utilize a régua e trace os segmentos de reta $\overline{AC}$ e $\overline{CB}$. Veja abaixo a construção desse triângulo finalizada.

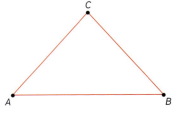

COMPREENDER

Assista ao vídeo para compreender a **construção de um triângulo com régua e compasso**.

CONDIÇÃO DE EXISTÊNCIA OU DESIGUALDADE TRIANGULAR

Não é sempre que, com três segmentos de reta, é possível construir um triângulo. Para saber se conseguimos construir um triângulo com três segmentos de reta podemos utilizar o teorema da **desigualdade triangular** ou a **condição de existência de um triângulo**.

> A medida de um lado de um triângulo deve ser menor que a soma das medidas dos outros dois lados.

Vamos tentar construir, por exemplo, um triângulo com segmentos de reta cujas medidas sejam 5 cm, 1 cm e 3 cm. Veja a figura que obtemos ao tentar construir um triângulo com as medidas indicadas utilizando régua e compasso.

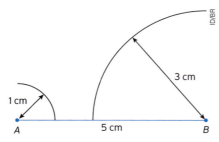

Observe que os arcos não se cruzam. De acordo com a condição de existência, temos:

- 3 cm < 5 cm + 1 cm → 3 cm < 6 cm (verdadeiro)
- 1 cm < 5 cm + 3 cm → 1 cm < 8 cm (verdadeiro)
- 5 cm < 3 cm + 1 cm → 5 cm < 4 cm (falso)

Portanto, não é possível formar um triângulo cujos lados medem 5 cm, 1 cm e 3 cm.

SOMA DAS MEDIDAS DOS ÂNGULOS INTERNOS DE UM TRIÂNGULO

> A soma das medidas dos ângulos internos de um triângulo é igual a 180°.

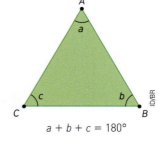

$a + b + c = 180°$

Acompanhe como podemos verificar que a soma das medidas dos ângulos internos de um triângulo é 180°.

Começamos desenhando um triângulo em uma folha de papel. Em seguida, pintamos os ângulos internos com cores diferentes e recortamos o triângulo da folha de papel. Depois, separamos os três ângulos e os juntamos de modo que os lados desses ângulos fiquem coincidentes.

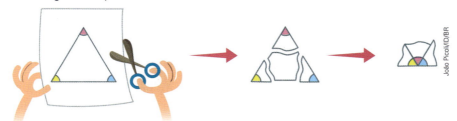

Observe que os ângulos internos do triângulo formaram um ângulo raso, ou seja, um ângulo de 180°.

ATIVIDADES

RETOMAR E COMPREENDER

1. Classifique os triângulos quanto aos lados. Lembre-se: indicamos a congruência usando símbolos iguais para representar os elementos congruentes.

   a)

   b)

   c)

   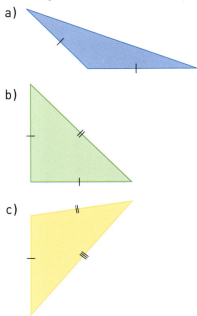

2. Classifique os triângulos abaixo em relação aos ângulos internos.

   a)

   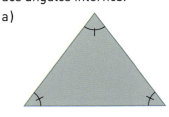

   b)

   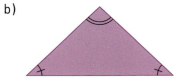

   c)

   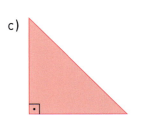

3. Resolva mentalmente: Se dois lados de um triângulo medem 4 cm e 6 cm, qual é a maior medida inteira que pode ter o outro lado?

4. Utilizando régua e compasso construa:

   a) um triângulo equilátero com 3,5 cm de lado;

   b) dois triângulos isósceles diferentes cujos lados meçam 4 cm e 3 cm.

5. Calcule o valor de x e apresente a medida dos três ângulos internos de cada um dos triângulos abaixo.

   a)

   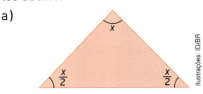

   b)

   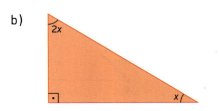

   c)

   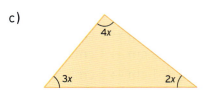

6. Um triângulo tem dois ângulos internos congruentes. O terceiro ângulo mede 46°. Com base nessas informações, responda às questões:

   a) Qual é a medida dos ângulos congruentes?

   b) Como esse triângulo poderá ser classificado quanto aos seus ângulos e lados?

APLICAR

7. Dois lados de um triângulo medem 6 cm e 8 cm. Quais são as medidas inteiras, em centímetros, que o terceiro lado desse triângulo pode ter?

8. Se dois lados de um triângulo isósceles medem 3 cm e 5 cm, quanto mede o outro lado? E se os lados medissem 2 cm e 5 cm?

9. Dois lados de um triângulo medem 10 cm e 28 cm. Determine as possíveis medidas, em centímetros, do terceiro lado, sabendo que é um número múltiplo de 7.

MAIS ATIVIDADES

RETOMAR E COMPREENDER

10. Classifique os triângulos abaixo de acordo com a medida de seus lados.

a)    b)

11. Classifique os triângulos abaixo de acordo com a medida dos seus ângulos.

a) 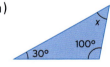   b)

12. Verifique se é possível existirem triângulos cujos lados têm as seguintes medidas, em centímetros. Justifique.

a) 13, 10, 4
b) 8, 9, 1
c) 3, 4, 5
d) 13, 18, 20

13. Calcule mentalmente e registre no caderno o valor, em graus, de cada incógnita.

a)   c)

b) 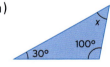   d)

APLICAR

14. Desenhe no caderno triângulos com as características abaixo:

- △ABC isósceles e obtusângulo;
- △DEF retângulo e isósceles;
- △GHI escaleno e acutângulo.

Responda às perguntas a seguir.

a) É possível desenhar um triângulo com dois ângulos retos? Justifique.

b) É possível desenhar um triângulo equilátero com um ângulo obtuso? Justifique.

15. Classifique os triângulos dos itens abaixo com base nas informações.

a) Possui um ângulo maior que 90° e seus lados têm diferentes tamanhos.

b) Possui lados e ângulos congruentes.

c) Possui dois lados congruentes e o ângulo entre eles mede 90°.

16. Quando um veículo está com algum tipo de defeito e precisa parar, é importante usar o triângulo de sinalização para evitar um possível acidente. Ele serve para alertar outros condutores de que há um veículo parado à frente. A mesma forma geométrica é muito utilizada também em estruturas de torres de energia, telhados e pontes. Qual é a característica do triângulo que auxilia as aplicações mencionadas acima?

APLICAR

17. Na figura abaixo, o ponto *P* representa uma cidade, e a reta *r*, uma estrada.

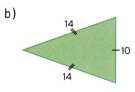

Deseja-se construir um balneário (ponto *B*) e um posto de combustível (ponto *C*) nessa estrada. Sabendo que *B* e *C* devem ficar a 7 cm de *P*, reproduza a figura no caderno e determine os locais onde deverão ser construídos o balneário e o posto.

18. Calcule as medidas dos ângulos internos do triângulo *ABC*, em graus.

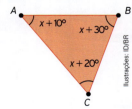

19. **APLICAR** Use os conceitos apresentados até aqui para resolver as **atividades interativas**.

Capítulo 2
QUADRILÁTEROS

Estamos rodeados por objetos que nos lembram as formas de quadriláteros — a tela de um celular, por exemplo, ou a folha deste livro. Vamos aprofundar nosso estudo sobre os quadriláteros, bem como conhecer suas semelhanças e diferenças.

ELEMENTOS DOS QUADRILÁTEROS

Estamos acostumados a ver imagens projetadas em formatos retangulares, em cinemas, fotografias e televisores, por mais que seus lados tenham diferentes proporções, ou seja, uns se aproximam mais de quadrados do que outros. Hoje, o padrão mais utilizado em telas é o *widescreen*, cuja proporção de seus lados é 16:9.

> Quadrilátero é um polígono de quatro lados. Os quadriláteros têm quatro vértices e, também, quatro ângulos internos.

Nomeando os vértices de um quadrilátero por *A*, *B*, *C*, e *D*, podemos indicá-lo por quadrilátero *ABCD*. Veja alguns dos elementos de um quadrilátero na figura abaixo:

↓ Cinema ao ar livre, com tela gigante em alta definição, na cidade de Londres, na Inglaterra.

CLASSIFICAÇÃO DOS QUADRILÁTEROS

Entre os quadriláteros convexos, existem dois tipos que se destacam: os trapézios e os paralelogramos.

Trapézios

Trapézio é um quadrilátero convexo que tem dois lados paralelos e dois lados não paralelos. Veja alguns exemplos de trapézios.

Paralelogramos

Paralelogramo é um quadrilátero convexo que tem os pares de lados opostos paralelos. Veja alguns exemplos de paralelogramos.

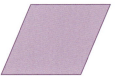  

> **POLÍGONOS CONVEXOS**
>
> Quando, para quaisquer dois pontos A e B pertencentes ao interior de um polígono, o segmento $\overline{AB}$ estiver totalmente contido no interior desse polígono, este é convexo.

VERIFICAR

Os quadriláteros estão por toda parte! Veja algumas **obras de arte com quadriláteros**.

TRAPÉZIOS

Os trapézios possuem apenas um par de lados paralelos. Os lados paralelos do trapézio são chamados de **bases** do trapézio. Todo trapézio possui uma **base menor** e uma **base maior**.

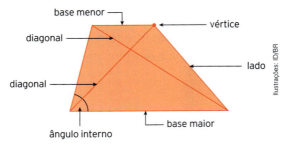

Os trapézios podem ser classificados em isósceles, retângulo e escaleno.

ISÓSCELES

Um trapézio é classificado como **isósceles** quando seus lados opostos não paralelos são congruentes, ou seja, têm a mesma medida.

trapézio isósceles

RETÂNGULO

Um trapézio é classificado como **retângulo** quando dois de seus ângulos internos são retos, ou seja, têm medida igual a 90°.

trapézio retângulo

ESCALENO

Um trapézio é classificado como **escaleno** quando seus lados não paralelos não são congruentes.

trapézio escaleno

> **ATIVIDADE**
>
> **RETOMAR E COMPREENDER**
>
> 1. Classifique os trapézios abaixo.
>
>   a) 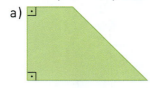   b) 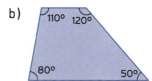   c)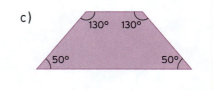

PARALELOGRAMOS

As figuras a seguir mostram alguns elementos de um paralelogramo.

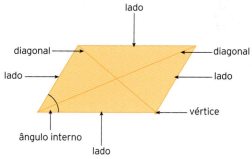

Entre os paralelogramos destacam-se os losangos, retângulos e quadrados.

LOSANGO

Um paralelogramo é classificado como **losango** quando possui os quatro lados congruentes, ou seja, têm a mesma medida.

RETÂNGULO

Um paralelogramo é classificado como **retângulo** quando possui os quatro ângulos internos retos.

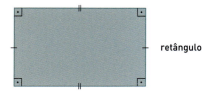

QUADRADO

Um paralelogramo é classificado como **quadrado** quando possui os quatro ângulos internos retos e os quatro lados congruentes. Observe que o quadrado é um retângulo e um losango ao mesmo tempo.

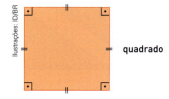

Veja ao lado um organizador gráfico com a classificação dos paralelogramos.

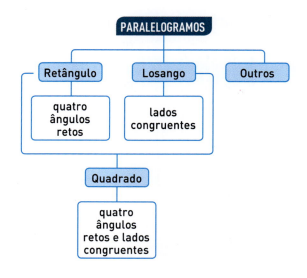

SOMA DAS MEDIDAS DOS ÂNGULOS INTERNOS DE UM QUADRILÁTERO CONVEXO

A soma das medidas dos ângulos internos de um quadrilátero convexo é igual a 360°.

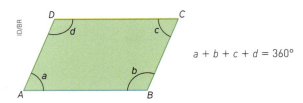

$a + b + c + d = 360°$

Assim como fizemos com os triângulos, acompanhe como podemos verificar que a soma dos ângulos internos de um quadrilátero convexo é 360°.

Desenhamos um quadrilátero convexo em uma folha de papel e pintamos os seus ângulos internos de diferentes cores.

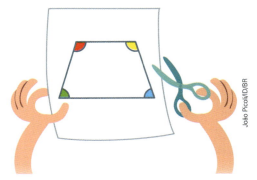

A seguir, recortamos o quadrilátero da folha de papel e separamos seus ângulos.

Depois, juntamos os lados desses ângulos de modo que fiquem coincidentes. Veja a imagem abaixo.

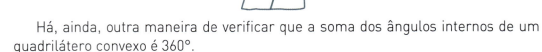

Há, ainda, outra maneira de verificar que a soma dos ângulos internos de um quadrilátero convexo é 360°.

Ao traçarmos a diagonal, que é um segmento de reta entre dois vértices não consecutivos de um quadrilátero convexo qualquer, formamos dois triângulos.

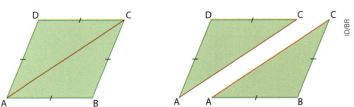

Como visto anteriormente, a soma dos ângulos internos de um triângulo é 180°. Portanto, a soma dos ângulos internos de um quadrilátero é igual à soma dos ângulos internos de dois triângulos, ou seja, $2 \cdot 180° = 360°$.

ATIVIDADES

RETOMAR E COMPREENDER

2. Classifique em trapézios ou paralelogramos as formas geométricas abaixo.

a)

d)

b)

e)

c)

f)

3. Calcule o valor de x nos itens a seguir.

a)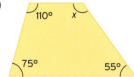

b)

c)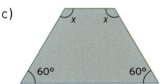

4. Faça o que se pede em cada item.

a) Determine o valor dos ângulos de um trapézio, sendo que as medidas de seus ângulos são:
- $4x$
- $4x + 20°$
- $5x - 30°$
- $2x + 40°$

b) Faça um esboço desse trapézio com suas respectivas medidas.

5. Calcule o valor de x e dê os valores de cada ângulo do trapézio.

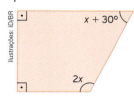

6. Considere que as medidas dos ângulos internos de um quadrilátero convexo sejam x, $x + 50°$, $2x - 30°$ e $x - 20°$. Calcule os valores de todos os ângulos internos desse quadrilátero.

7. Para cada quadrilátero convexo, determine o valor de x e quanto mede cada um dos ângulos internos.

a)

b)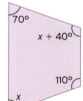

c)

d)

APLICAR

8. Calcule o valor de x e y, sabendo que $2x + 60° = 160°$.

- Agora, indique a medida de cada ângulo interno do quadrilátero.

CONSTRUÇÃO DE UM QUADRADO USANDO RÉGUA E COMPASSO

Assim como construímos um triângulo usando régua e compasso, vamos construir um quadrado utilizando, também, régua e compasso.

- Utilizando a régua, trace uma reta r em uma folha de papel. Depois, sobre essa reta, trace o segmento de reta $\overline{AB}$.

- Utilizando o compasso com uma abertura qualquer, posicione a ponta-seca sobre o ponto A e faça dois pequenos arcos sobre a reta suporte: um à direita do ponto A e outro à esquerda.

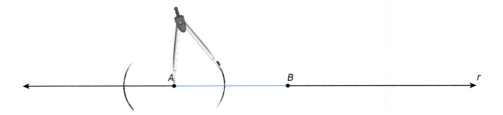

- Determine os pontos G e H na intersecção entre os arcos e a reta suporte.

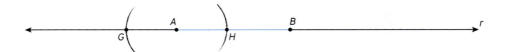

- Agora, abra o compasso com uma abertura maior que a anterior, posicione a ponta-seca sobre o ponto G e faça um arco acima do ponto A.

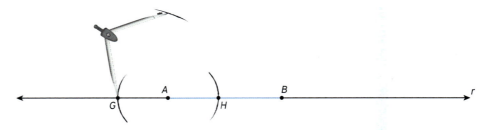

- Repita esse procedimento, mas agora com a ponta-seca sobre o ponto H. O ponto de encontro dos dois arcos é o ponto I.

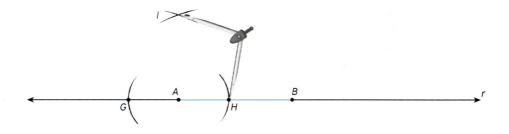

- Com o auxílio da régua, trace uma reta *t* que passe por *A* e por *I*.

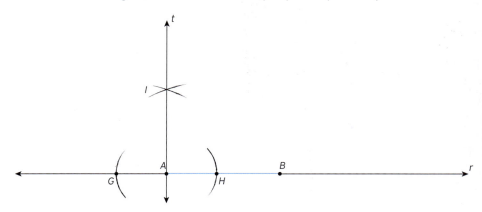

- Abra o compasso de modo que a distância entre a ponta-seca e a grafite seja igual à medida do segmento $\overline{AB}$. Com a ponta-seca sobre o ponto *A*, faça um arco sobre a reta *t* e marque o ponto *C*. Em seguida, trace o segmento de reta $\overline{AC}$, que possui a mesma medida do segmento $\overline{AB}$. O ponto *C* que acabamos de obter será um vértice do quadrado.

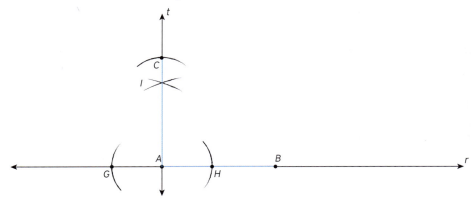

- Para determinar o ponto *D*, abra o compasso de modo que a distância entre a ponta-seca e a grafite seja igual à medida do segmento $\overline{AB}$. Agora, faça dois arcos, um deles com a ponta-seca do compasso sobre o ponto *B* e o outro com a ponta-seca do compasso sobre o ponto *C*. Na intersecção desses arcos, marque o ponto *D*. Por fim, com o auxílio da régua trace os segmentos $\overline{CD}$ e $\overline{DB}$.

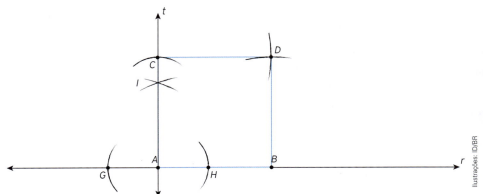

COMPREENDER

Acompanhe no vídeo a **construção de um quadrado usando régua e compasso**.

Assim, construímos o quadrado *ABDC*.

ATIVIDADES

RETOMAR E COMPREENDER

9. Classifique os paralelogramos abaixo.

a)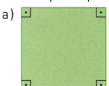

b)

c)

d)

10. Existe um tipo de paralelogramo que respeita todas as condições para ser considerado retângulo e losango simultaneamente.

   a) Que paralelogramo é esse?
   b) Quais características garantem que ele seja retângulo?
   c) Quais características garantem que ele seja um losango?

11. Determine o valor de x indicado no retângulo abaixo.

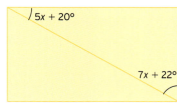

12. Determine os valores de x e y, no retângulo abaixo.

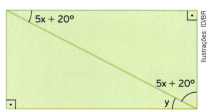

13. Faça o que se pede em cada item.

   a) Um losango tem perímetro de 50 cm. Quanto mede cada lado desse losango?
   b) Um quadrado tem perímetro de 60 km. Quanto mede cada lado desse quadrado?
   c) Um retângulo tem perímetro de 120 m. Sabendo que o comprimento mede o dobro de sua largura, quanto mede cada lado desse retângulo?

14. Usando régua e compasso, construa quadrados com as medidas indicadas em cada item.

   a) 2 cm   c) 3 cm
   b) 2,5 cm d) 5 cm

15. Monte um organizador gráfico apenas com as palavras quadrado, retângulo e losango.

APLICAR

16. No paralelogramo ABCD, determine as medidas x e y. Depois, explique a um colega como você pensou.

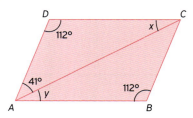

17. O retângulo e o quadrado representados abaixo têm o mesmo perímetro.

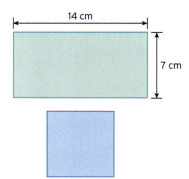

Agora, responda:

a) Quanto mede cada lado do retângulo?
b) Quanto mede cada lado do quadrado?
c) Qual das figuras tem a maior área? O retângulo ou o quadrado?

MAIS ATIVIDADES

RETOMAR E COMPREENDER

18. Classifique cada afirmação como verdadeira ou falsa e corrija as falsas.
    a) Todo trapézio é um paralelogramo.
    b) Todo quadrado é um losango.
    c) Todo losango é um quadrado.
    d) Nem todo retângulo é um quadrado.
    e) Há losangos que são retângulos.

19. Determine os pares de lados paralelos dos quadriláteros abaixo e depois classifique cada um em trapézio ou paralelogramo.

    a)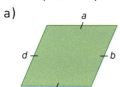

    c)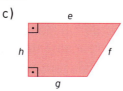

    b)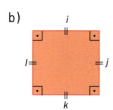

    d)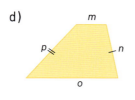

20. Observe as figuras representadas abaixo e responda às questões.

    A 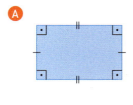 D

    B  E

    C  F

    a) Quais dessas figuras são trapézios? Classifique-os de acordo com as indicações nas figuras.
    b) Quais dessas figuras são paralelogramos? Classifique-os de acordo com as indicações nas figuras.

21. Considere um quadrilátero *ABCD*. Copie e preencha a tabela abaixo com as medidas dos ângulos internos desse quadrilátero.

Ângulo $\hat{A}$	Ângulo $\hat{B}$	Ângulo $\hat{C}$	Ângulo $\hat{D}$
60°	45°		34°
90°		40°	140°
36°	168°		100°
165°	67°	50°	
	50°	60°	150°
	70°	40°	35°
90°		70°	135°
120°	70°	80°	

22. Classifique os quadriláteros com base nas informações dos itens abaixo.
    a) Possui dois lados paralelos, os lados não paralelos não são congruentes e não tem nenhum ângulo reto.
    b) Possui dois pares de lados paralelos, seus lados são congruentes.
    c) Possui dois pares de lados paralelos.

23. Complete as sentenças no caderno tornando-as verdadeiras.
    a) O ■ é um quadrilátero que tem quatro ângulos retos e quatro lados congruentes.
    b) O quadrilátero que tem dois ângulos retos e dois lados opostos não paralelos é o ■.
    c) O ■ é um quadrilátero que tem dois lados opostos paralelos e dois lados opostos não paralelos.
    d) O retângulo é um paralelogramo que tem quatro ■ congruentes.
    e) O losango é um paralelogramo que tem quatro ■ congruentes.

24. **APLICAR** Use os conceitos apresentados até aqui para resolver as **atividades interativas**.

UNIDADE 9 - GEOMETRIA

291

Capítulo 3
SIMETRIA

Ao olhar algumas imagens de paisagens, de rostos de pessoas ou algumas formas geométricas, podemos ter a impressão de que essas imagens têm metades repetidas ou até mesmo acreditar que a imagem inteira está duplicada. Para entender melhor essas ocorrências, vamos estudar a simetria.

RECONHECENDO A SIMETRIA

A imagem abaixo mostra o Taj Mahal, localizado em uma das margens do rio Yamuna, na Índia. Ele ocupa cerca de 170 000 m² e foi construído pelo imperador Shah Jahan de Mughal em memória a sua esposa Mumtaz, nos anos 1600. A grandiosidade e a perfeição da construção são de impressionar!

Observe a imagem abaixo e imagine uma linha vertical que passe pelo centro da construção do Taj Mahal. Você consegue perceber que obtemos duas "metades" praticamente iguais?

Quando dobramos uma imagem ao meio e as duas partes coincidem, dizemos que a figura apresenta **simetria** em relação a uma reta, que chamamos de **eixo de simetria**.

As imagens a seguir apresentam simetria, pois é possível dobrá-las de modo que as duas partes que se sobreponham e coincidam.

borboleta   prato

A linha vermelha, desenhada em cada uma das imagens acima, indica o **eixo de simetria** que divide a imagem em duas partes simétricas.

Algumas figuras geométricas também são simétricas em relação a um eixo. Veja alguns exemplos.

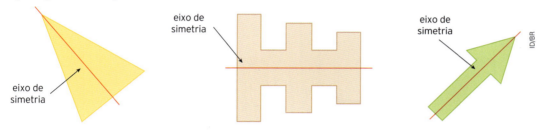

Dizemos que as figuras que não apresentam simetria são **assimétricas**, pois não é possível desenhar uma linha que as dividam em duas partes simétricas.

Veja no exemplo abaixo que não é possível traçar um eixo de simetria de modo que ao dobrar a figura as duas partes coincidam.

SIMETRIA NA NATUREZA

Na natureza, existem muitas formas que se assemelham a formas simétricas. Algumas folhas de árvores, por exemplo, assemelham-se a formas simétricas.

COMPREENDER
Assista ao vídeo com outros exemplos de **simetria na natureza**.

293

FIGURAS COM MAIS DE UM EIXO DE SIMETRIA

Alguns mosaicos islâmicos feitos de azulejo possuem vários eixos de simetria.

Na fotografia ao lado, temos um mosaico de azulejo no qual foram destacadas quatro retas que representam os eixos de simetria desse mosaico. Dessa forma, dizemos que a imagem apresenta quatro eixos de simetria.

EIXOS DE SIMETRIA DE FIGURAS GEOMÉTRICAS

Algumas figuras geométricas apresentam mais de um eixo de simetria. Um quadrado, por exemplo, tem quatro eixos de simetria. Veja, na imagem abaixo, as dobras em uma folha de papel quadrada mostrando esses eixos de simetria.

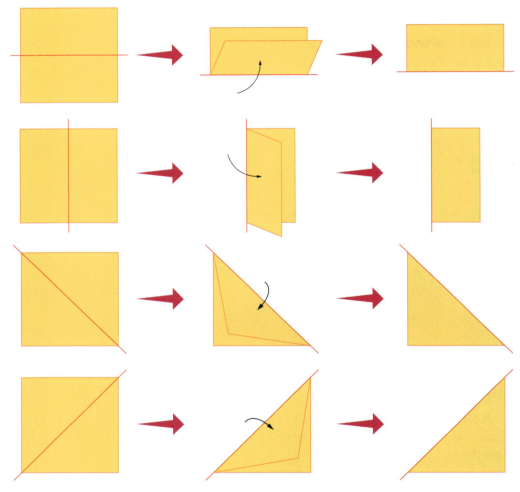

Veja em outros polígonos a representação dos eixos de simetria existentes.

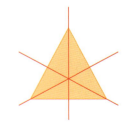

O triângulo equilátero apresenta três eixos de simetria.

O pentágono regular (todos os lados com a mesma medida) apresenta cinco eixos de simetria.

ATIVIDADES

RETOMAR E COMPREENDER

1. Reproduza as figuras a seguir em papel quadriculado. Tente traçar eixos de simetria nessas figuras. Depois, indique qual delas é simétrica e qual é assimétrica.

   a)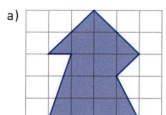

   b)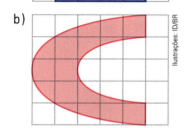

2. Verifique, em cada caso, se a linha vermelha representa um eixo de simetria da figura.

   a)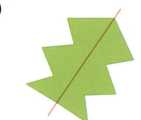

   b)

   c)

   d)

3. Reproduza as figuras a seguir em um papel quadriculado. Em seguida, tente traçar eixos de simetria e indique a quantidade de eixos de simetria de cada figura.

   a)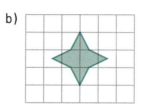

   b)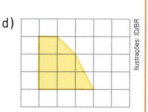

   c)

   d)

APLICAR

4. Encontre eixos de simetria, caso existam, nas fotografias abaixo:

   a)

   b)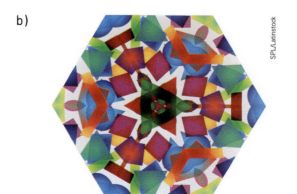

SIMÉTRICA DE UMA FIGURA

A fotografia de um objeto junto ao seu reflexo em um espelho plano forma um par de figuras simétricas, ou seja, ambos têm mesmo tamanho e forma e estão à mesma distância do eixo de simetria, porém em lados opostos desse eixo.

↑ O reflexo da paisagem na água é simétrico em relação à própria paisagem.

Analisando a imagem abaixo, é possível perceber que cada ponto que a compõe tem um ponto oposto, do outro lado do eixo de simetria.

← As imagens do mosquito também são simétricas em relação a um eixo de simetria.

+INTERESSANTE

Simetria na Matemática

Você sabia que, realizando multiplicações com números formados apenas pelo algarismo 1, é possível obter resultados com números formados pelos outros algarismos do sistema decimal?

Começando pela multiplicação $1 \times 1 = 1$, temos como resultado o algarismo 1. Na multiplicação $11 \times 11 = 121$, obtemos um número com o algarismo 2. Na multiplicação $111 \times 111 = 12321$, temos o algarismo 3 no resultado. No caso de $1111 \times 1111 = 1234321$, obtemos um número com o algarismo 4. Se continuarmos com as multiplicações de números iguais formados apenas por algarismos 1, chegaremos ao resultado ao lado.

```
                1
              1 2 1
            1 2 3 2 1
          1 2 3 4 3 2 1
        1 2 3 4 5 4 3 2 1
      1 2 3 4 5 6 5 4 3 2 1
    1 2 3 4 5 6 7 6 5 4 3 2 1
  1 2 3 4 5 6 7 8 7 6 5 4 3 2 1
1 2 3 4 5 6 7 8 9 8 7 6 5 4 3 2 1
```

Note que os resultados formam um triângulo de números que são simétricos aos algarismos centrais, ou seja, podem ser lidos tanto da esquerda para a direita quanto da direita para a esquerda.

SIMETRIA COMO PADRÃO DE BELEZA

A simetria costuma ser associada a formas consideradas belas, seja na arquitetura ou no rosto das pessoas.

Muitas pessoas defendem que pessoas que apresentam um rosto simétrico são mais bonitas. Para quem é defensor desse conceito, um rosto perfeitamente equilibrado deve ter o comprimento aproximadamente uma vez e meia superior à medida da largura da face, e a distância de uma orelha à outra deve ser o dobro da distância entre as duas pupilas. Além disso, a distância entre os olhos até a linha do lábio superior deve ser um terço da medida do queixo à linha do cabelo.

No entanto, muitas pessoas não têm rostos simétricos e nem por isso deixam de ser belas. Pensando nisso, foram feitos testes com o rosto de pessoas reconhecidas publicamente como belas. Veja abaixo como seria o rosto da atriz Emma Watson se ele fosse perfeitamente simétrico.

RESPEITO AOS OUTROS

A beleza é um conceito subjetivo, ou seja, varia de pessoa para pessoa. Embora possa haver uma busca por um padrão de beleza estabelecido socialmente, as peculiaridades de cada corpo e a personalidade de cada um podem fazer com que uma pessoa seja considerada bela por alguém.

- **Com os colegas, discuta sobre a subjetividade da beleza e sobre os padrões estéticos estabelecidos socialmente. Até que ponto esses padrões influenciam na maneira como olhamos para as pessoas?**

↑ Rosto natural.

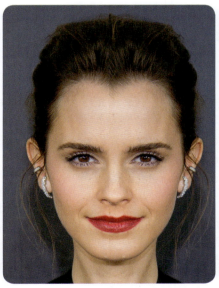
↑ Metade direita refletida.

↑ Metade esquerda refletida.

ATIVIDADE

5. Reproduza as figuras a seguir em um papel quadriculado. Em seguida, desenhe a parte simétrica em relação ao eixo de simetria, representado em vermelho.

a)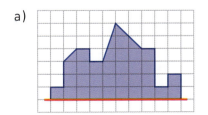

b)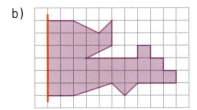

c)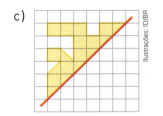

MAIS ATIVIDADES

RETOMAR E COMPREENDER

6. Observe os algarismos representados abaixo.

No caderno, desenhe apenas os que têm simetria em relação a uma reta. Depois, trace os eixos possíveis de simetria em cada algarismo desenhado.

7. Na figura a seguir, a reta s representa um espelho que reflete os pontos indicados.

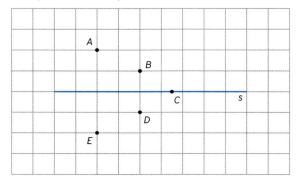

a) Qual é o ponto simétrico a A em relação a s?
b) Qual é o ponto simétrico a D em relação a s?
c) Qual é o ponto simétrico a C em relação a s?

8. Faça o que se pede.

Escreva em uma folha o número 909 e sublinhe-o. Desenhe a imagem desse número quando refletido em relação à reta do sublinhado. Depois, utilize uma reta perpendicular à reta do sublinhado para escrever um número simétrico à última figura. Que número você obteve?

9. Em uma malha quadriculada reproduza os pontos Q e P e a reta s como indicados na figura abaixo.

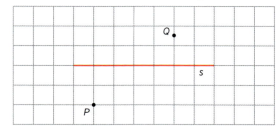

a) Dobre a folha para determinar os pontos simétricos P_1 e Q_1 aos pontos P e Q, respectivamente, em relação a s.
b) Trace $\overline{PQ}$ e $\overline{P_1Q_1}$.
c) O que você conclui sobre os comprimentos de $\overline{PQ}$ e $\overline{P_1Q_1}$?
d) O que você pode afirmar sobre a intersecção de $\overline{PQ}$ e $\overline{P_1Q_1}$?

10. Na figura a seguir, o ponto A é refletido em relação às retas r, s, t e u.

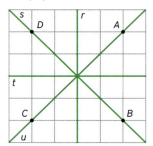

Em relação a qual reta o ponto A deve ser refletido para que sua imagem seja:

a) o ponto B?
b) o ponto C?
c) o ponto D?
d) o ponto A?

11. Veja abaixo as letras maiúsculas do alfabeto.

ABCDEFGHIJKLM
NOPQRSTUVWXYZ

Considerando cada uma das letras um desenho, responda ao que se pede.

a) Quantas e quais são as letras, além da letra A, que têm eixo de simetria vertical?
b) Quantas e quais são as letras, além da letra B, que têm eixo de simetria horizontal?
c) Usando essas letras, como ficaria a palavra BOCHECHO refletida em um espelho posicionado horizontalmente e abaixo dela?

12. Use uma malha quadriculada para desenhar as imagens refletidas pelas retas r e s deste polígono.

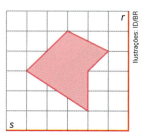

13. Quais figuras são simétricas em relação ao eixo de simetria representado?

a)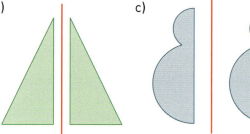
c)
b)
d)

APLICAR

14. Observe as figuras representadas na malha quadriculada abaixo e, em seguida, responda às questões.

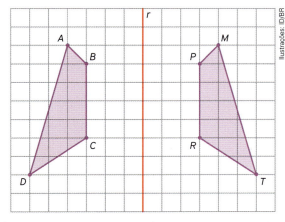

a) Escreva os pontos simétricos dos pontos P, M, T e R, em relação à reta r.
b) Escreva os lados simétricos relativos aos lados $\overline{AB}$, $\overline{BC}$, $\overline{CD}$ e $\overline{AD}$.
c) Se o segmento $\overline{AD}$ mede 5 cm, quanto mede o segmento $\overline{MT}$? Explique a um colega como você pensou.
d) Quanto mede o ângulo formado pelo eixo de simetria r e o segmento $\overline{CR}$?

15. Quantos eixos de simetria tem cada uma das figuras a seguir?

a)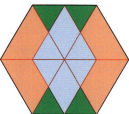

b)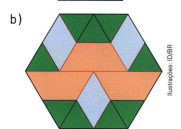

16. Desenhe no caderno uma figura que tenha três eixos de simetria.

17. Converse com um colega sobre esta questão: As diagonais de um paralelogramo são eixos de simetria dele?

18. Na figura a seguir, as retas vermelhas verticais representam espelhos que refletem uma joaninha.

Imagine que sejam colocados mais espelhos à direita. Se a quantidade total de espelhos for ímpar, a última joaninha estará olhando para a direita ou para a esquerda?

19. Qual é a próxima figura da sequência abaixo?

20. **APLICAR** Use os conceitos apresentados até aqui para resolver as **atividades interativas**.

AMPLIANDO HORIZONTES

Propagandas encan(ten)tadoras!

Você gosta de mágicas? É impressionante como elas chamam a atenção de várias pessoas, dos mais jovens aos mais experientes. Fazer as pessoas acreditarem que objetos desapareçam, somem ou, simplesmente, mudam de lugar é extraordinário. Mas talvez as mágicas mais fascinantes e encantadoras sejam aquelas que dão a ilusão de que uma coisa se transforma em outra – um lenço que vira pomba; uma mulher que vira um gorila. A expressão em um passe de mágica nos faz pensar em uma transformação que, em geral, seria impossível.

Mas o que a mágica tem a ver com educação financeira?

As propagandas não parecem ter um poder mágico? Algumas delas nos fazem imaginar como aquele produto "nos transformaria" em pessoas mais fortes, elegantes, poderosas, conquistadoras, livres, felizes, inteligentes, modernas, conectadas, etc. Elas informam, seduzem e envolvem, parecendo nos levar a um novo mundo ou a uma nova realidade. Por fim, muitas delas são tentadoras e encantadoras.

Propagandas sempre procuram falar aos nossos desejos. E muitas delas realmente nos fazem sentir uma forte vontade de adquirir determinado produto ou serviço. Além de serem fonte de informação, elas parecem ter uma capacidade especial de comunicar como satisfazer nossas necessidades e, por vezes, até de criar desejos que não tínhamos antes, ou que, se existiam, não tínhamos consciência. A publicidade infantil, em especial a veiculada na televisão, envolve fortemente as crianças, fazendo-as desejar brinquedos, roupas, viagens e até a ida a mundos mágicos de diversão ou a parques aquáticos super-radicais. Já reparou quantas vezes você assiste à mesma propaganda em uma hora vendo televisão? Você acha que essa repetição influencia sua vontade? Algumas propagandas passam tantas vezes, que até sonhamos com aqueles brinquedos, *games*, parques de diversões, *smartphones*, etc.

Você sabia que todas essas propagandas são pensadas com base em respostas a algumas perguntas, entre elas: Compramos por impulso ou planejamos antes? O que nos leva a comprar por impulso? O que nos faz decidir por um produto em vez de outro? Qual é o ingrediente mágico que faz um produto vender?

As pessoas famosas de que gostamos, quando aparecem nas propagandas, podem nos influenciar a comprar o produto anunciado. Atores, atrizes, cantores, apresentadores, esportistas e outros famosos têm grande influência em nossos desejos, gerando em nós diversos sentimentos, dentre eles o de desejarmos ser aquelas pessoas.

É claro que usar um *shampoo* ou uma roupa não vai nos transformar nessas celebridades nem mesmo nos fazer ficar parecidos com a pessoa que usa o produto na propaganda. Beber aquele refrigerante também não vai nos tornar mais livres, ainda que a propaganda tente passar a mensagem de que ele nos trará a felicidade. E o celular não vai nos permitir levar os melhores sentimentos conosco, nem com a melhor câmera do mundo nem com 256 GB de memória.

Não é que os produtos não sejam importantes e não devam ser usados. **O que importa é avaliar: Realmente precisamos do produto? Ele vai nos fazer bem? Temos dinheiro para comprá-lo? Precisamos comprá-lo hoje?** Questionamentos como esses podem nos ajudar na hora em que estamos prestes a comprar alguma coisa. Se respondermos sim a essas quatro perguntas é provável que a compra seja boa para nós.

Toda propaganda tem elementos que visam despertar o desejo de consumo. Podemos, contudo, usá-la a nosso favor, como uma fonte de informação sobre as possibilidades de satisfazer nossas necessidades. Às vezes, nos deixamos levar pelo desejo ardente de ter algo, sem prestar atenção às quatro perguntas acima, em especial, à segunda. Mas será que comprar tudo o que vemos pela frente nos trará mais felicidade? Essa felicidade é duradoura ou momentânea? Ou seja, fica restrita ao prazer da compra e nada mais? Esse "momento de felicidade" nos causa problemas financeiros e emocionais? O consumo nos consome?

COMPREENDER

Assista ao vídeo e veja os truques das **propagandas encan(ten)tadoras!**

Para refletir

1. Em sua opinião, quais são os "poderes mágicos" que as propagandas parecem ter sobre as pessoas? Cite cinco exemplos em que as propagandas influenciaram sua decisão de consumo e conte aos colegas como foi em cada um dos casos.

2. Imagine que você esteja em uma loja de calçados, experimentando três pares de tênis. Você percebe que todos os três têm características muito semelhantes de qualidade. Mas o tênis A é de marca famosa, mais caro e, por isso, poucas pessoas o têm; o tênis B é de uma marca desconhecida e é mais barato; o tênis C é parecido com os que seus amigos usam e tem preço médio. Qual deles você compraria?

ATIVIDADES INTEGRADAS

APLICAR

1. Responda.

    (Unibe-MG) KLAUSS, um lindo menininho de 7 anos, ficou desconcertado quando, ao chegar em frente ao espelho de seu armário, vestindo uma blusa onde havia seu nome escrito, viu a seguinte imagem do seu nome:
    a) KLAUSS
    b) KᒐAUSS
    c) ꓘⱯUSS
    d) SSUAᒐꓘ

2. Observe o triângulo PQR e responda aos itens a seguir.

    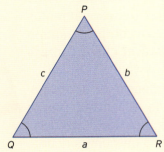

    a) Qual é o lado oposto ao ângulo $\hat{R}$?
    b) Qual é o ângulo oposto ao lado $\overline{RP}$?
    c) Quais são os lados que formam o ângulo $\hat{Q}$?

3. Em um trapézio isósceles, a medida de um ângulo interno excede a de outro em 30°. A medida da soma dos ângulos agudos é de:
    a) 75°.
    b) 25°.
    c) 105°.
    d) 210°.
    e) n.d.a.

4. Com base na figura abaixo, responda às questões.

    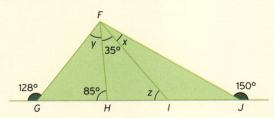

    a) Determine as variáveis x, y e z.
    b) Classifique o triângulo FHI, quanto aos ângulos.
    c) Classifique o triângulo FIJ, quanto aos ângulos.
    d) Classifique o triângulo FGJ, quanto aos ângulos.

5. Desenhe as figuras abaixo usando régua e compasso.
    a) O triângulo ABC, sendo: AB = 4 cm, BC = 3 cm e AC = 5 cm.
    b) O triângulo RST, sendo: RS = 10 cm, S = 11 cm e RT = 12 cm.

ANALISAR E VERIFICAR

6. Determine o valor das incógnitas x, y e z, na figura abaixo.

    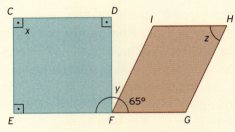

7. Sabendo que o trapézio ABCD é isósceles, responda às questões.

    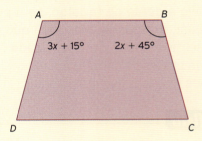

    a) Determine o valor de x.
    b) Determine a medida dos ângulos $\hat{A}$ e $\hat{B}$.
    c) Determine a soma dos ângulos $\hat{D}$ e $\hat{C}$.
    d) A medida dos ângulos $\hat{A}$ e $\hat{B}$ é igual. Por quê?

8. Responda.

    (OBM) Na figura, os dois triângulos são equiláteros. Qual é o valor do ângulo x?

    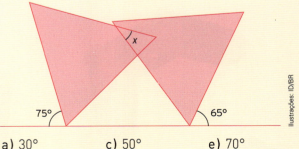

    a) 30°
    b) 40°
    c) 50°
    d) 60°
    e) 70°

9. Copie e complete no caderno o organizador gráfico a seguir.

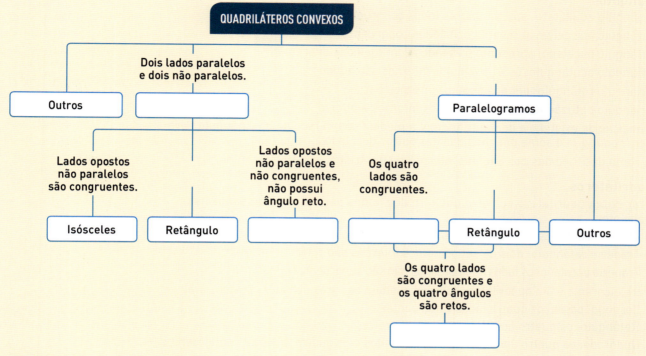

CRIAR

10. A simetria em relação a uma reta pode ser usada para fazer bonecos de papel como estes.

Para construí-los, pegue uma folha de papel retangular, divida-a, com a ajuda de uma régua, em retângulos menores, como mostrado ao lado, e dobre-a nos vincos, como se fosse uma sanfona.

Desenhe um boneco no primeiro retângulo, com os braços encostados nas laterais.

Com a folha dobrada, recorte o contorno em vermelho. Ao abrir a folha, você terá cinco bonecos de mãos dadas. Use a criatividade e faça outras figuras com papel colorido.

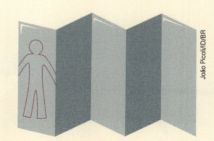

11. No Brasil já tivemos alguns casos de atletas que não passaram nos testes *antidoping*. Pesquise sobre esses casos e quais foram as punições que os atletas receberam. Reflita sobre o assunto e responda:

Como você analisa a atitude dos atletas que utilizam esse tipo de medicamento?

EM RESUMO – UNIDADE 9

Triângulos
- Triângulo equilátero: apresenta três lados congruentes.
- Triângulo isósceles: apresenta dois lados congruentes.
- Triângulo escaleno: apresenta três lados com medidas diferentes.
- Triângulo acutângulo: os três ângulos internos são agudos.
- Triângulo retângulo: um dos ângulos internos é reto.
- Triângulo obtusângulo: um dos ângulos internos é obtuso.
- Condição de existência de um triângulo: a medida de um lado de um triângulo deve ser menor que a soma das medidas dos outros dois lados.
- A soma das medidas dos ângulos internos de um triângulo é 180°.

Quadriláteros
- Trapézio: quadrilátero convexo que tem dois lados paralelos e dois lados não paralelos.
  - Trapézio isósceles: os lados opostos não paralelos são congruentes.
  - Trapézio retângulo: dois de seus ângulos internos são retos.
  - Trapézio escaleno: os lados não paralelos não são congruentes.
- Paralelogramo é um quadrilátero convexo que tem os pares de lados opostos paralelos.
  - Losango: possui os quatro lados congruentes.
  - Retângulo: os quatro ângulos internos são retos.
  - Quadrado: os quatro ângulos internos são retos e os quatro lados são congruentes.
- A soma das medidas dos ângulos internos de um quadrilátero convexo é 360°.

Simetria
- Eixo de simetria é a reta que divide a imagem em duas partes simétricas.

VERIFICAR
Confira o **mapa de conteúdos** da unidade 9.

Nelson Provazi/ID/BR

Segundo estimativas do Instituto Brasileiro de Geografia e Estatística (IBGE), em 2016 o Brasil atingiu uma população de mais de 206 milhões de habitantes. Dados da Associação Brasileira de Empresas de Limpeza Pública e Resíduos Especiais (Abrelpe) indicam que cada habitante gera, em média, 1,062 quilogramas de lixo por dia. Isso significa que produzimos mais de 218 milhões de quilogramas de lixo por dia!

O crescimento do consumo e o desperdício, entre outros fatores, causam o aumento da quantidade de lixo produzida anualmente, o que gera graves impactos ao meio ambiente. Diante disso, é fundamental pensar em estratégias para diminuir a geração de lixo e valorizar as iniciativas existentes.

Na sua casa, você e seus familiares separam o lixo reciclável do lixo não reciclável? Para onde vai esse material? Quem recolhe esse material? De que maneira o lixo é reciclado? As pessoas do bairro em que você vive sabem o que é coleta seletiva e como funciona o processo de reciclagem?

Objetivos

- Pesquisar, em grupo, informações sobre como é feita e qual é o impacto da reciclagem dos seguintes materiais: papel, vidro, metal e plástico.
- Entrevistar moradores do bairro em que a escola está localizada para conhecer suas percepções sobre esse tema.
- Selecionar e sintetizar as informações encontradas, em grupo, cultivando o respeito pelos colegas e a troca de ideias e opiniões.
- Organizar e divulgar uma exposição com o objetivo de conscientizar a comunidade sobre a importância da reciclagem e da coleta seletiva, apresentando também dados estatísticos sobre o uso de materiais recicláveis.

Planejamento

Organização da turma

- Com orientação do professor, formem quatro grupos com o mesmo número de integrantes (se necessário, um grupo poderá ter um integrante a mais ou a menos).
- Cada grupo será responsável por coletar as informações sobre um dos seguintes materiais: papel, metal, plástico e vidro.
- Este projeto terá três partes.

- **Parte I** – Pesquisa de informações e coleta de dados. Nessa etapa, vocês vão buscar informações relacionadas a reciclagem, coleta, separação, destino e reutilização do material escolhido por seu grupo.
- **Parte II** – Entrevista com os moradores do bairro da escola. Saber o que as pessoas do bairro pensam e o que conhecem sobre o assunto pode ajudar a selecionar as informações mais relevantes para a exposição.
- **Parte III** – Síntese das informações. Depois de coletar as informações e de entrevistar as pessoas do bairro, vocês deverão selecionar coletivamente as informações mais relevantes para a exposição. Além disso, vão pensar em como apresentar dados estatísticos do uso de materiais recicláveis.
- Por fim, vocês vão organizar uma exposição. Essa fase do projeto exige muita colaboração de todos, pois ela sintetiza o desenvolvimento das pesquisas e das entrevistas. Conversem e distribuam as tarefas para a etapa de montagem dos produtos a serem expostos e para a distribuição desses produtos no espaço.
- Depois, vocês vão divulgar para os familiares, amigos e para a comunidade do bairro da escola a data ou o período da exposição.

Procedimentos

Parte I – Pesquisa de informações e coleta de dados

1. Busquem em livros e mídias impressas e eletrônicas informações sobre o material escolhido pelo grupo, como: quais tipos desse material podem ser reciclados; como é feita a coleta seletiva; qual é a variação do percentual de reciclagem desse material; em que produtos ele pode se transformar; qual o preço de venda do quilograma; relação entre o lixo produzido e o percentual de reciclagem desse material.

2. Explorem as informações de reportagens, pois geralmente elas mostram estatísticas e usam gráficos, tabelas e infográficos para ilustrar o tema tratado. **Lembrem-se**: Nem toda informação disponível na internet é confiável. Quando acessarem um *site*, consultem a seção "Quem somos" para obter informações sobre a mantenedora do endereço; além disso, verifiquem se as informações estão atualizadas.

DICAS PARA A PESQUISA

Os exemplos a seguir podem servir de referência para a pesquisa em *sites*.

- Cempre. Disponível em: <http://linkte.me/v1j00>.
- Ministério do Meio Ambiente. Disponível em: <http://linkte.me/n0861>.
- Recicloteca. Disponível em: <http://linkte.me/c149w>.

Acessos em: 6 out. 2016.

Parte II – Entrevista com os moradores do bairro da escola

1. Com a orientação do professor, organizem-se para que cada grupo entreviste cerca de dez moradores do bairro em que a escola está localizada. Conversem entre si para que os grupos não entrevistem as mesmas pessoas.

2. Antes das entrevistas, elaborem um questionário que servirá de guia para vocês conduzirem a conversa. Façam perguntas como:

- Você já pensou na quantidade de lixo que produz em um dia?
- Você sabe o que é e como funciona o processo de coleta seletiva e reciclagem?
- Você sabe no que os materiais coletados podem se transformar depois de reciclados?
- Você utiliza algum material reciclado?
- O que você sabe sobre a reciclagem do metal, do vidro, do papel e dos plásticos?

Anotem as respostas no caderno.

3. Expliquem aos possíveis entrevistados qual é o objetivo da pesquisa. Caso algum morador não queira participar, respeite-o. Esse é um direito dele.

4. Aproveitem o momento da entrevista para dar aos moradores algumas informações que vocês encontraram durante a pesquisa.

Parte III – Síntese das informações

1. Antes de selecionarem as informações que cada grupo vai apresentar na exposição, comparem os dados obtidos pelos grupos e conversem sobre as impressões de cada grupo a respeito das entrevistas.

2. Com a orientação do professor, selecionem as informações que vocês consideram mais importantes e pensem em como organizá-las em cartazes. Usem fotos, ilustrações ou infográficos para deixá-los mais atrativos.

3. Escolham uma informação estatística que possa ser representada usando materiais recicláveis. Por exemplo: construir um gráfico de barras sobre a quantidade de material reciclado, em um período, usando materiais reciclados para fazer as barras do gráfico. É importante manter a proporção da altura das barras. Por isso, antes de executar a ideia, façam um teste verificando se é possível representar os dados escolhidos usando o material reciclável e qual a quantidade de material necessária. Lembrem-se de que nem todas as informações permitem esse recurso para serem apresentadas.

Compartilhamento

1. Cada grupo deve distribuir entre seus integrantes as tarefas relativas à produção dos materiais para a exposição (cartazes, gráficos, tabelas, fotos, etc.). Lembrando que cada grupo tratará de um tipo de material reciclável.

2. Façam em conjunto, toda a turma, um cartaz listando algumas atitudes que as pessoas podem ter para ajudar a solucionar o problema de descarte e reciclagem do lixo.

3. Conversem com o professor e vejam se é possível marcar a exposição para data e horário viáveis para a comunidade. Expliquem que assim mais pessoas poderão comparecer ao evento.

4. Para que mais pessoas se conscientizem sobre esse assunto, divulguem a exposição para os colegas, familiares, vizinhos e peça que contem para outras pessoas também.

5. Vocês também podem criar um evento nas redes sociais para divulgar a exposição e convidar a comunidade. Para isso, elaborem um texto claro, informando o tema, a data, o local e o horário da exposição. Não esqueçam de pedir autorização para os responsáveis da escola para divulgar o evento.

6. No dia da exposição, organizem-se para que sempre haja um ou mais integrantes do grupo ao lado do material exposto, para conversar com os visitantes e tirar dúvidas.

Avaliação

1. Quais foram as dificuldades que você encontrou durante o desenvolvimento da atividade? Como você fez para solucioná-las?

2. Como foi o processo de pesquisa adotado por seu grupo? Vocês encontraram todas as informações que procuravam? Como você avalia o resultado dessa pesquisa?

3. Em sua opinião, a exposição foi a melhor forma para divulgar o trabalho? Que outros meios você usaria para divulgar esses resultados?

4. Na apresentação de uma informação estatística usando os próprios materiais de reciclagem, como vocês fizeram para obter o material? O resultado foi o esperado? Durante a exposição vocês perceberam o impacto que esse material causou nas pessoas?

5. Depois de fazer esse trabalho, você mudou sua atitude em relação à separação de materiais recicláveis? Você passou a incentivar seus familiares e amigos a separar o lixo?

INTERAÇÃO

VAMOS RECICLAR

Você já parou para pensar na quantidade de lixo que cada pessoa produz em um dia?

A reciclagem é um processo de transformação do lixo, que contribui para a redução dos resíduos e para a preservação dos recursos naturais.

Nesta atividade, você vai montar e divulgar uma exposição sobre reciclagem, apresentando, entre outras informações, dados estatísticos sobre o uso de materiais recicláveis.

DE OLHO NO ENEM — PARTE 1

Questão 1

Ao planejar uma viagem pelos Estados Unidos em janeiro, uma família pesquisou a cotação do dólar e descobriu que US$ 1 estava cotado em R$ 3,20. Por motivos de força maior, a viagem teve de ser adiada, e uma nova data foi marcada. Nesse período de tempo, a moeda americana sofreu um aumento de 9,4% e, em algumas casas de câmbio, estava sendo vendida, em reais, com preços diferentes. Veja a tabela abaixo:

Cotação da moeda americana					
Casa	A	B	C	D	E
Valor	3,50	3,29	3,60	3,35	3,21

Dados fictícios.

Dentre as cinco casas de câmbio apresentadas acima, a que mais se aproxima do valor correto, considerando o aumento de 9,4%, é:

a) A.

b) B.

c) C.

d) D.

e) E.

Questão 2

Três empresários montaram uma empresa. O sócio majoritário entrou na sociedade com R$ 40 000,00, o minoritário entrou com a metade do que foi dado pelo majoritário, e o terceiro, com $\frac{3}{4}$ do que foi investido pelo majoritário. Após três anos de atividade, houve um lucro de R$ 270 000,00, que foi dividido proporcionalmente aos capitais investidos.

Ao sócio majoritário, coube em reais, o valor de:

a) R$ 180 000.

b) R$ 150 000.

c) R$ 60 000.

d) R$ 90 000.

e) R$ 120 000.

Questão 3

Taxa de desemprego na Grande São Paulo permanece estável em junho

Depois de subir por cinco meses consecutivos, a taxa de desemprego da região metropolitana de São Paulo ficou estável em 17,6% da população economicamente ativa (PEA) em junho, de acordo com a Pesquisa de Emprego e Desemprego (PED), realizada pela Fundação Seade e pelo Dieese.

Na mesma época do ano passado, o desemprego atingia 13,2% da PEA na região.

[...]

Valor Econômico. Disponível em: <http://linkte.me/ul9z7>. Acesso em: 20 maio 2017.

Um anúncio de classificados de emprego para farmacêutico apresenta a seguinte especificação para a vaga a ser preenchida: "O(a) interessado(a) deve ter idade superior a 18 anos e inferior a 25 anos".

Assim, sendo x a idade em anos, a representação matemática dessa especificação é:

a) $18 \leq x \leq 25$.

b) $18 \leq x < 25$.

c) $18 < x \leq 25$.

d) $18 > x > 25$.

e) $18 < x < 25$.

Questão 4

Captação da poupança bate recorde para agosto e no acumulado do ano

O ingresso de recursos na caderneta de poupança segue batendo recordes sucessivos. Em agosto, os depósitos superaram as retiradas em R$ 4,64 bilhões, novo recorde para este mês, segundo informações divulgadas nesta quinta-feira pelo Banco Central. [...]

G1 Economia. Disponível em: <http://linkte.me/no1e2>. Acesso em: 20 maio 2017.

Considerando que os bancos pagam um rendimento médio mensal de 0,5% para as aplicações na caderneta de poupança e que utilizam os valores dessas aplicações em empréstimos para bens de consumo a 2% ao mês, podemos afirmar que o ganho, em reais, dos bancos no mês de agosto foi:

a) R$ 92,8 milhões.

b) R$ 23,2 milhões.

c) R$ 69,6 milhões.

d) R$ 696 milhões.

e) R$ 928 milhões.

Questão 5

A unidade astronômica e sua definição

O Sol é o coração do Sistema Solar. Todos os corpos do Sistema Solar – planetas, asteroides, cometas, etc. – orbitam em torno da nossa estrela. A distância da Terra ao Sol é chamada de unidade astronômica, ou UA, e é usada para medir distâncias no Sistema Solar. [...]

> Astronomia On-line. Núcleo de Astronomia. Disponível em:
> <http://linkte.me/c9g7y>. Acesso em: 20 maio 2017.

O eclipse solar é o alinhamento entre a Terra, a Lua e o Sol, nessa ordem. Sabendo-se que a distância entre a Lua e o Sol é 0,9975 UA, podemos afirmar que a distância, em quilômetros, entre a Terra e a Lua é:

Adote UA como $1,5 \cdot 10^{11}$ metros.

a) 375.

b) $3,75 \cdot 10^8$.

c) $3,75 \cdot 10^{11}$.

d) $3,75 \cdot 10^5$.

e) $3,75 \cdot 10^3$.

Questão 6

Carro Flex aceita mudança de combustível em qualquer momento

Lançada em 2003, a tecnologia Flex caiu no gosto dos brasileiros. Hoje, mais de 90% dos veículos novos que saem de fábrica no país são bicombustíveis. O que pouco mudou nesses 11 anos foram as dúvidas e mitos sobre o sistema. [...]

> G1 Auto Esporte. Disponível em: <http://linkte.me/nz13e>.
> Acesso em: 20 maio 2017.

A tecnologia flex foi desenvolvida para que os automóveis possam ser abastecidos tanto com etanol (álcool) como com gasolina. O etanol tem custo, em reais, menor que o da gasolina, porém o rendimento médio, em uma estrada, de um carro abastecido com etanol é 27% menor.

Um motorista de um carro com a tecnologia flex fará uma viagem entre duas cidades e, para isso, vai precisar encher o tanque do carro. O preço do litro da gasolina é R$ 3,44, e o do etanol, R$ 2,99.

O proprietário desse carro deverá abastecer com:

a) etanol, pois ele é mais barato que a gasolina, compensando a perda de rendimento do veículo, mesmo em áreas urbanas.

b) gasolina, pois, para compensar a perda de rendimento, o etanol deveria ter um valor inferior a R$ 2,51.

c) gasolina ou etanol, pois o custo-benefício será igual.

d) etanol, pois o rendimento melhora em uma rodovia e a proporção dos valores o torna mais viável.

e) gasolina, pois o valor do etanol, ao ser multiplicado pelo rendimento da gasolina, 73%, é menor que R$ 3,90, tornando a gasolina mais econômica.

Questão 7

PIB da indústria apresenta queda de 0,3% no primeiro trimestre de 2013

O PIB da indústria apresentou queda de 0,3% no primeiro trimestre de 2013, se comparado com os três últimos meses do ano passado. Levando em conta o mesmo período de 2012, o recuo chegou a 1,4%. Em valores correntes, o setor movimentou R$ 230,2 bilhões.

> Diego Amorim. *Correio Braziliense*, 29 maio 2013. Disponível em:
> <linkte.me/lwg08>. Acesso em: 20 maio 2017.

Em comparação ao trimestre anterior, para o setor industrial, os R$ 230,2 bilhões correspondem a:

a) 98,3% do total, e o valor da queda deverá ser calculado em relação a 1,7%, referente ao recuo do PIB e à queda no trimestre.

b) 100% do total, e o valor da queda deverá ser calculado em relação a qualquer um dos períodos citados.

c) 98,6% do total, e o valor da queda deverá ser calculado em relação ao recuo de 1,4% do PIB brasileiro.

d) 100% do total, e o valor da queda deverá ser calculado em relação ao primeiro trimestre de 2013.

e) 99,7% do total, e o valor da queda deverá ser calculado em relação ao último trimestre de 2012.

Questão 8

Importância global da bacia Amazonas

A bacia do rio Amazonas (cerca de 6 milhões de km²) é a maior do mundo. [...] É o lar da maior floresta tropical do mundo. O rio Amazonas é responsável por quase um quinto das águas doces fornecidas aos oceanos, 7% das espécies químicas dissolvidas e 5% dos sedimentos fluviais. [...]

> Clim-Amazon. Disponível em: <linkte.me/kn5c8>.
> Acesso em: 20 maio 2017.

Suponha que o número de habitantes de uma região brasileira seja de 40 milhões. Segundo a Organização das Nações Unidas (ONU), uma pessoa consome diariamente cerca de 110 litros de água. A vazão diária do rio Amazonas é de, aproximadamente, $2 \cdot 10^{10}$ m³.

Para atender os 40 milhões de habitantes, segundo a ONU, seria necessário que fosse(m) desviado(s):

a) 22% da água do rio Amazonas.

b) 2,2% da água do rio Amazonas.

c) 0,22% da água do rio Amazonas.

d) 0,022% da água do rio Amazonas.

e) 0,0022% da água do rio Amazonas.

DE OLHO NO ENEM

Questão 9

Uma nutricionista sugere três planos de reeducação alimentar. Os seus pacientes podem escolher quaisquer combinações entre as sugestões a seguir. A tabela abaixo apresenta a quantidade calórica, em kcal, de cada refeição (café da manhã, almoço, jantar, lanches e ceia), em três opções:

Refeições	Dieta 1 (kcal)	Dieta 2 (kcal)	Dieta 3 (kcal)
Café da manhã	300	250	350
Lanche da manhã	50	60	55
Almoço	350	400	400
Lanche da tarde 1	70	80	90
Lanche da tarde 2	120	150	100
Jantar	200	220	200
Ceia	80	60	70

Combinando as três dietas e fazendo todas as sete refeições ao longo do dia, um de seus clientes pretende consumir o mínimo possível de calorias diárias. Nesse caso, ele consumirá diariamente, em kcal, a quantidade de:

a) 930.
b) 1080.
c) 1030.
d) 1180.
e) 1200.

Questão 10

EUA retomam relações diplomáticas com Cuba

Em anúncio realizado nesta tarde na Casa Branca, o presidente dos Estados Unidos [Barack Obama] anunciou a retomada das relações diplomáticas dos Estados Unidos com Cuba. "Nem o povo americano nem o povo cubano está sendo bem servido de uma política enraizada em eventos ocorridos muito antes de todos nós nascermos", afirmou. [...]

Época Negócios. Disponível em: <http://linkte.me/q6c87>.
Acesso em: 20 maio 2017.

Admita que, com o anúncio do presidente dos Estados Unidos da América sobre a retomada das relações com Cuba, um jornaleiro tenha vendido 200 unidades do *Granma* – o jornal do Partido Comunista de Cuba. Supondo que os preços de custo e de venda, de cada exemplar, sejam 1 peso cubano e 1 peso conversível, respectivamente, e que 1 peso conversível é equivalente a 24 pesos cubanos e a US$ 0,84, podemos afirmar que o lucro aproximado, em dólares americanos, obtido com a venda dos 200 exemplares foi:

a) 101.
b) 151.
c) 190.
d) 211.
e) 31.

Questão 11

Preço do feijão sobe 33% em 2016

Está ficando difícil fazer o velho e bom prato preferido dos brasileiros: o arroz e feijão. O preço do feijão disparou e aumentou, na média do Brasil todo, 33% desde o começo do ano. Em Campo Grande, em alguns supermercados, o preço de um quilo de feijão chega a ser igual ao do pacote de cinco quilos de arroz.

Ricardo Melo e Wilson Kirsche. *Jornal Hoje*, 15 jun. 2016. Disponível em:
<http://linkte.me/r1mkw>. Acesso em: 20 maio 2017.

Admita que, em uma refeição diária, um prato de comida seja composto apenas de arroz e feijão na seguinte proporção: $\frac{2}{3}$ de arroz e $\frac{1}{3}$ de feijão. Considere também que o aumento anual no preço do arroz seja de 35%, e no do feijão, 20%.

De acordo com as informações acima, o aumento aproximado do preço do prato de arroz com feijão, nos últimos 12 meses, foi:

a) 27,5%.
b) 55%.
c) 30%.
d) 33%.
e) 66%.

Questão 12

O Espírito Santo é um dos mais atraentes estados brasileiros. Suas belezas, aliadas às tradições de índios, negros, portugueses, italianos, alemães e outros povos que participaram da construção da história capixaba, compõem um rico mosaico. Nesse cenário, o estado se destaca por ser extremamente rico em opções turísticas, sejam de lazer, sejam de negócios.

[...]

Capixabão. Disponível em: <https://linkte.me/rx4q8>.
Acesso em: 20 maio 2017.

Suponha que, na malha quadriculada abaixo, os pontos A, B, C, D e E representem, respectivamente, o armazém, a biblioteca, o capitólio, o departamento de finanças e o estacionamento de uma cidade do interior do Espírito Santo. Considere também que o lado de cada quadrado mede 1 km.

Uma pessoa resolve passear pela cidade de bicicleta e faz o seguinte percurso: parte do capitólio, anda 3 km em direção ao norte, anda 1 km em direção ao oeste, 5 km em direção ao sul e, finalmente, 3 km em direção ao oeste.

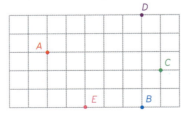

Terminado o trajeto acima, podemos afirmar que ela não visitou:

a) o armazém.
b) a biblioteca.
c) o capitólio.
d) o departamento de finanças.
e) o estacionamento.

Questão 13

Luiz está se programando para um exame vestibular e pretende refazer exatamente 1 000 questões de exames anteriores de uma determinada disciplina. Seu plano de estudo consiste em resolver um determinado número de questões de segunda a sábado: 5 questões na segunda-feira, 10 na terça-feira, 15 na quarta-feira, 20 na quinta-feira, 25 na sexta-feira e 5 no sábado. Aos domingos, ele descansa, e na segunda-feira seguinte inicia um novo ciclo de estudos, conforme o padrão acima.

Tendo como base o texto acima, Luiz resolverá a milésima questão em um(a):

a) terça-feira.
b) quarta-feira.
c) quinta-feira.
d) sexta-feira.
e) sábado.

Questão 14

O gráfico a seguir apresenta a variação em ponto percentual do Índice Nacional de Preços ao Consumidor Amplo (IPCA) por grupo de consumo.

Fonte de pesquisa: IBGE. Índice Nacional de Preços ao Consumidor Amplo. Disponível em: <https://linkte.me/rfh51>. Acesso em: 22 maio 2017.

Dentre os grupos apresentados, podemos afirmar que os grupos de consumo que apresentam variação em ponto percentual entre 0,5 e 0,6 são:

a) artigos de residência e educação.
b) saúde e cuidados pessoais e despesas pessoais.
c) comunicação e saúde e cuidados pessoais.
d) despesas pessoais e vestuário.
e) vestuário e habitação.

Questão 15

Cesta básica de alimentos. Metodologia – Dieese

A pesquisa da *Cesta Básica de Alimentos* (Ração Essencial Mínima) realizada [...] pelo *Dieese* em dezoito capitais do Brasil acompanha mensalmente a evolução de preços de treze produtos de alimentação, assim como o gasto mensal que um trabalhador teria para comprá-los. [...]

Metodologia da Cesta Básica de Alimentos. Disponível em: <https://linkte.me/bv064>. Acesso em: 22 maio 2017.

A tabela a seguir apresenta a lista de alimentos integrantes da cesta básica que uma empresa fornece a seus funcionários e a relação dos preços coletados em diferentes supermercados.

Lista de compras	Supermercado A	Supermercado B	Supermercado C
Feijão	R$ 3,40	R$ 4,20	R$ 4,50
Arroz	R$ 2,50	R$ 2,60	R$ 2,30
Farinha de trigo	R$ 3,10	R$ 3,70	R$ 3,25
Sal	R$ 3,25	R$ 2,80	R$ 3,00
Fubá	R$ 3,00	R$ 3,40	R$ 4,40
Ovos	R$ 5,45	R$ 4,50	R$ 4,90
Óleo	R$ 4,45	R$ 4,00	R$ 4,20
Açúcar	R$ 3,00	R$ 4,15	R$ 3,50

Deseja-se montar a cesta básica com uma amostra de cada um dos oito produtos acima listados, de maneira que o custo por cesta básica seja o menor possível. Assim, podemos afirmar que a empresa gastará, com cada cesta básica, o valor de:

a) R$ 24,00.
b) R$ 25,10.
c) R$ 26,10.
d) R$ 27,15.
e) R$ 28,15.

Questão 16

CR7 ganha quarta Bola de Ouro da carreira

Cristiano Ronaldo está novamente no topo do mundo. Nesta segunda-feira, 12 de dezembro de 2016, o português conquistou sua quarta Bola de Ouro – ele já havia vencido em 2008, 2013 e 2014 –, prêmio concedido pela revista francesa *France Football* ao melhor jogador do planeta na última temporada.

Gazeta Esportiva. Disponível em: <http://linkte.me/bvpl5>. Acesso em: 22 maio 2017.

Após ganhar o prêmio, suponha que Cristiano Ronaldo programou uma viagem com saída exatamente cem dias após a data em que ganhou sua quarta Bola de Ouro.

O dia da semana em que ele viajará será um(a):

a) domingo.
b) segunda-feira.
c) terça-feira.
d) quinta-feira.
e) sexta-feira.

DE OLHO NO ENEM

Questão 17

A tabela abaixo apresenta a avaliação de cinco instrumentos musicais (V1, V2, V3, V4 e V5) realizada com especialistas. Em cada coluna foram atribuídas notas de 0 a 10.

Avaliação de cinco instrumentos musicais					
	V1	V2	V3	V4	V5
Articulação	10	9	10	9	10
Timbre	9	10	10	9	10
Facilidade de manuseio	10	10	9	10	9
Projeção	10	9	10	10	10
Intensidade do som	9	9	9	9	10

Dados fornecidos pelos avaliadores.

A pontuação total de cada instrumento é a soma das notas obtidas em cada um dos quesitos analisados: articulação, timbre, facilidade de manuseio, projeção e intensidade do som. Assim, podemos afirmar que o instrumento que obteve a maior pontuação foi:

a) V1.

b) V2.

c) V3.

d) V4.

e) V5.

Questão 18

[...] o desvio-padrão [é] um valor que quantifica a dispersão dos eventos sob distribuição normal, ou seja, a média das diferenças entre o valor de cada evento e a média central. [...]

Quanto maior o desvio-padrão, maior a dispersão e mais afastados da média estarão os eventos extremos. [...]

Carlos Roberto de Lana. Desvio-padrão: entenda este conceito de estatística. Disponível em: <https://linkte.me/o9a7a>. Acesso em: 22 maio 2017.

Uma rede de supermercados possui cinco lojas distribuídas em cinco cidades. Com a intenção de expandir seus negócios, os donos decidiram abrir mais uma loja em uma dessas cidades. A tabela a seguir apresenta informações sobre o desempenho de cada uma das lojas.

Desempenho das filiais (milhões de reais)			
Filial	Média	Mediana	Desvio-padrão
Santos	8	10	1,15
Guarujá	13	17	1,25
Bertioga	11	13	1,10
São Vicente	14	16	1,21
Praia Grande	6	14	1,36

Dados obtidos pela administração do supermecado.

Sabendo-se que a nova filial será aberta na cidade que apresenta o menor desvio-padrão, podemos afirmar que a presidência optará pela cidade de:

a) Santos.

b) Guarujá.

c) Bertioga.

d) São Vicente.

e) Praia Grande.

Questão 19

Toyota anuncia lançamento de carro movido a hidrogênio para 2015

O vice-presidente de vendas da Toyota, Bob Carter, afirmou em entrevista coletiva antes da abertura da feira Consumer Electronics Show (CES) 2014, em Las Vegas, nos Estados Unidos, que o mercado inicial para o automóvel será a Califórnia, onde ocorrerão ações paralelas para estabelecer uma rede de postos de abastecimento de hidrogênio. [...]

G1. Tecnologia e games. Disponível em: <http://linkte.me/c125o>. Acesso em: 22 maio 2017.

Suponha que o projeto de desenvolvimento da rede de postos de abastecimento de hidrogênio siga o seguinte calendário: atingir a marca de 100 postos, instalando-se 20 postos por ano. Sabendo que já existem 10 postos de abastecimento de hidrogênio, podemos afirmar que a marca de 100 postos será atingida em:

a) 3 anos.
b) 4,5 anos.
c) 5 anos.
d) 9 anos.
e) 10 anos.

Questão 20

Preocupado com a memória de seu *smartphone*, Érick consulta a tela de armazenamento e observa as seguintes informações:

Supondo que cada foto que Érick tire consuma 0,7 MB de memória e que 1 GB equivale a 1 000 MB, podemos afirmar que ele ainda poderá tirar:

a) 8 000 fotos.
b) 6 000 fotos.
c) 4 000 fotos.
d) 2 000 fotos.
e) 1 000 fotos.

DE OLHO NO ENEM

Questão 21

Em um *site*, um cliente efetuou a compra dos seguintes produtos: um aparelho de jantar no valor de R$ 195,47, seis copos de vidro no valor de R$ 8,90 cada e duas travessas no valor de R$ 69,99 cada. A compra será paga com cartão de crédito e dividida em cinco parcelas iguais sem acréscimo.

Podemos afirmar que o valor, em reais, de cada parcela é:

a) 59,67.

b) 67,59.

c) 77,77.

d) 85,58.

e) 102,02.

Questão 22

O gráfico abaixo apresenta os percentuais de emissão de CO_2, atividade econômica (PIB), evolução tecnológica e mudanças estruturais na economia da União Europeia, entre os anos de 2005 e 2012.

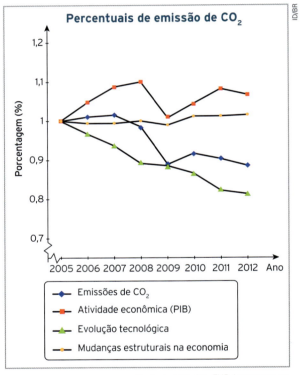

Fonte de pesquisa: EUR-Lex.europa.eu.
Disponível em: <http://linkte.me/t2f9w> Acesso em: 22 maio 2017.

Comparando-se os anos de 2005 e 2012, podemos afirmar que o percentual de emissão de CO_2, atividade econômica (PIB), evolução tecnológica e mudanças estruturais na economia, respectivamente:

a) diminuiu, aumentou, diminuiu e aumentou.

b) aumentou, aumentou, aumentou e diminuiu.

c) aumentou, diminuiu, diminuiu e diminuiu.

d) diminuiu, aumentou, diminuiu e diminuiu.

e) aumentou, aumentou, aumentou e aumentou.

DE OLHO NO ENEM — PARTE 2

Questão 23

Tempo de crianças e adolescentes assistindo TV aumenta em 10 anos

O tempo médio por dia que crianças e adolescentes passam em frente à televisão tem subido constantemente, em 10 anos (entre 2004 e 2014) foi registrado um aumento de 52 minutos. [...]

Em 2004 o tempo médio por dia de exposição à TV foi de 4h 43 [min], ao longo dos anos esse número aumentou e em 2014 chegou a 5h 35 [min], mais tempo que uma criança passa por dia na escola que é cerca de 3h 15 [min], segundo pesquisa da Fundação Getúlio Vargas de 2006. Os dados coletados em 2015 indicam que a tendência do tempo de exposição à TV é de subir ainda mais, até 27 de maio deste ano foram registrados 5h 35 [min], o mesmo tempo obtido no ano inteiro de 2014. [...]

Criança e consumo. Disponível em: <http://linkte.me/mfnmq>.
Acesso em: 22 maio 2017.

O gráfico a seguir apresenta o percentual de tempo gasto em atividades que um adolescente pratica durante um dia.

Dados fictícios.

Com base no gráfico acima, podemos afirmar que o total de horas diárias, aproximadamente, destinado para ver televisão é de:

a) 12 horas.
b) 1,2 hora.
c) 2 horas.
d) 2,1 horas.
e) 28,8 horas.

Questão 24

Antonov, o maior avião do mundo, decola do aeroporto de Guarulhos

[...]

Com 84 metros de comprimento, 88 metros de envergadura (distância entre as pontas das asas) e 175 toneladas sem carga e sem combustível, o avião tem capacidade para transportar 250 toneladas de carga em longas distâncias. São seis turbinas e 32 rodas do trem de pouso. [...]

G1. Disponível em: <http://linkte.me/b973b>. Acesso em: 22 maio 2017.

Para presentear seus clientes no voo inaugural, uma empresa de turismo contratou um arquiteto para montar uma maquete do Antonov, na escala 2:1000. Assim, a maquete apresentará, em centímetros, as medidas de comprimento e envergadura, respectivamente, iguais a:

a) 17,6 e 16,8.
b) 16,8 e 17,6.
c) 168 e 17,6.
d) 16,8 e 176.
e) 168 e 176.

Questão 25

Crise hídrica está prejudicando vendas na construção civil, afirma sindicato

Em entrevista na tarde desta segunda-feira [6/2/2017], o presidente do Sindicato da Construção Civil da Paraíba, empresário João Batista Sales [...], comemorou a conclusão das etapas finais da transposição das águas do Rio São Francisco, obra que vai beneficiar o Nordeste e abastecer o açude de Boqueirão, que atualmente está com menos de 5% de sua capacidade. [...]

Paraíba online.com.br. Disponível em: <http://linkte.me/vwq1h>.
Acesso em: 22 maio 2017.

Um sistema hídrico leva, em média, 1 h 30 min para abastecer completamente um tanque de capacidade de 10 000 litros. Com o intuito de aumentar a armazenagem de água e garantir o atendimento local, construiu-se um segundo tanque com a mesma capacidade. Considerando que cada um deles tem dois sistemas hídricos idênticos, podemos afirmar que o tempo, em horas, para abastecer completamente os dois tanques é:

a) 1,25.
b) 1.
c) 0,75.
d) 7,5.
e) 12,5.

DE OLHO NO ENEM

Questão 26

Maior navio de cruzeiro do mundo, "Harmony of the Seas" é entregue à empresa

O "Harmony of the Seas", considerado o maior navio de cruzeiro do mundo, partiu neste domingo [15/5/2016] da França rumo ao porto britânico de Southampton, três dias depois que o estaleiro francês STX o entregou à empresa Royal Caribbean.

Com 362 metros de comprimento e 66 metros de largura, o navio pesa 227 mil toneladas e comporta mais de 6 000 passageiros e 2 394 membros da tripulação. [...]

Uol Economia. Disponível em: <http://linkte.me/b3n8m>. Acesso em: 22 maio 2017.

A localização longitudinal de um navio de cruzeiro marítimo, tomando-se como referência seu dispositivo GPS, varia em 1,2° positivo a cada intervalo de uma hora de viagem. O capitão do cruzeiro consulta seu GPS e verifica que o navio está localizado na posição −20° 20'. Tomando-se como referência o meridiano de Greenwich, considerado, por definição, como 0°, após três horas de viagem, o cruzeiro vai se encontrar na longitude de:

a) −23° 56'.
b) −15° 44'.
c) −21° 58'.
d) −22° 36'.
e) −16° 44'.

Questão 27

Com a intenção de ilustrar a distância entre a Terra e Marte, um pesquisador utilizou *pixels* como unidade de medida. Na ocasião, ele considerou que a Terra tem 100 *pixels* de diâmetro.

Sabendo-se que o diâmetro da Terra é aproximadamente 12 750 km e que cada milímetro tem 3 *pixels*, podemos afirmar que a escala utilizada para a representação é:

a) 1 : 3 825.
b) 1 : 3 825 000.
c) 1 : 382 500 000.
d) 1 : 4 250 000 000.
e) 1 : 38 250 000 000.

Questão 28

Número de celulares se igualará a número de habitantes da Terra este ano

Até o final do ano, o número de celulares no mundo chegará perto do número de habitantes no planeta. Os dados estão sendo divulgados pela União Internacional de Telecomunicações e revelam a explosão no uso dessa tecnologia, inclusive nos países emergentes. [...]

Jamil Chade. *Estadão*, 5 maio 2014. Disponível em: <http://linkte.me/kt7ho>. Acesso em: 22 maio 2017.

Um revendedor de aparelhos celulares analisou a quantidade de aparelhos vendidos no primeiro semestre do ano. As informações constam na tabela a seguir.

Quantidade de aparelhos vendidos no primeiro semestre do ano	
Mês	Quantidade
Janeiro	450
Fevereiro	400
Março	300
Abril	200
Maio	300
Junho	400

Dados obtidos pelo revendedor.

A quantidade média mensal, aproximada, de aparelhos vendidos no primeiro semestre foi de:

a) 440.
b) 350.
c) 250.
d) 300.
e) 400.

Questão 29

Em cinco anos, o Brasil avançou apenas três posições no *ranking* do Índice de Desenvolvimento Humano (IDH). O país ocupa a 75ª colocação na lista de 188 países acompanhados pelo Programa das Nações Unidas para o Desenvolvimento (Pnud), segundo dados de 2014, os últimos disponíveis. [...]

Marcello Corrêa. Brasil sobe só três posições em cinco anos, o menor avanço entre Brics. *O Globo*, 14 dez. 2016. Disponível em: <http://linkte.me/c7w96>. Acesso em: 22 maic 2017.

Os gráficos a seguir apresentam a evolução do IDH e o crescimento médio anual em % do Brasil, dos países em desenvolvimento e do mundo nos últimos 24 anos.

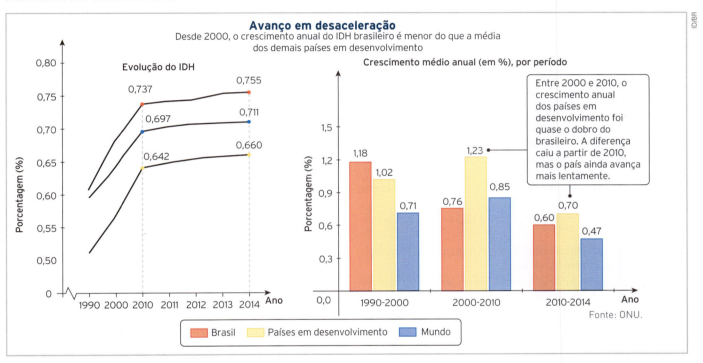

Fonte de pesquisa: *O Globo*. Disponível em: <http://linkte.me/c7w96>. Acesso em: 22 maio 2017.

Observando o gráfico acima, podemos afirmar que o crescimento médio anual (em %) do Brasil nos últimos 24 anos foi de aproximadamente:

a) 0,90. b) 0,85. c) 0,60. d) 1,18. e) 0,76.

Questão 30

O Palmeiras acertou um novo contrato de patrocínio, que será o maior da história do futebol brasileiro. O Palmeiras ganhará R$ 58 milhões, além de investimentos diretos para contratação de atletas. [...]

Gazeta Esportiva. Disponível em: <http://linkte.me/fy753>. Acesso em: 22 maio 2017.

Para auxiliá-la a ter mais visibilidade no mercado, uma empresa esportiva procura um patrocinador, que investirá um valor em dinheiro pelo prazo de 6 meses. Ela recebeu as seguintes propostas de investimento:
- Patrocinador 1: investe 200 mil reais iniciais mais 90 mil por mês.
- Patrocinador 2: investe 120 mil reais nos 3 meses iniciais e 132 mil reais a cada mês nos 3 meses finais.
- Patrocinador 3: investe 100 mil reais iniciais, mais 80 mil nos 2 primeiros meses e 40 mil nos meses restantes.

Podemos afirmar que os valores mensais em reais, aproximados, oferecidos pelos três patrocinadores são, respectivamente:

a) 123 mil, 126 mil e 70 mil.
b) 126 mil, 123 mil e 70 mil.
c) 70 mil, 123 mil e 126 mil.
d) 290 mil, 252 mil e 220 mil.
e) 90 mil, 120 mil e 100 mil.

DE OLHO NO ENEM

Questão 31

Físicos criam menor unidade de armazenamento de memória – um núcleo de átomo

Mais uma conquista da física: cientistas conseguiram armazenar informações por cerca de dois minutos dentro dos "giros magnéticos" dos núcleos atômicos, o que poderia ser a menor memória de computador do mundo.

Esse é considerado um grande avanço na spintrônica, ou magnetoeletrônica, que envolve o armazenamento de dados na bússola magnética das partículas atômicas. Normalmente, os dados são armazenados no *spin* dos elétrons, mas a vida da memória é na escala de microssegundos. [...]

HypeScience. Disponível em: <http://linkte.me/lbd66>. Acesso em: 22 maio 2017.

Um equipamento de armazenamento de elétrons é composto de duas paredes paralelas de bronze, e sua capacidade de armazenamento é mensurada de acordo com sua forma geométrica. As instruções de uso advertem que, quanto maior a área das suas paredes ou quanto menor a distância entre elas, maior será sua capacidade de armazenagem.

Assim, na relação de dependência entre as grandezas citadas, a capacidade de armazenamento é:

a) diretamente proporcional à área e à distância entre as paredes.
b) diretamente proporcional à área e inversamente proporcional à distância entre as paredes.
c) diretamente proporcional à área e inversamente proporcional ao quadrado da distância entre as paredes.
d) inversamente proporcional à área e à distância entre as paredes.
e) inversamente proporcional à área e diretamente proporcional à distância entre as paredes.

Questão 32

Embalagem econômica cresce na crise

A crise mudou a preferência do brasileiro na hora de comprar produtos do dia a dia, como alimentos industrializados e itens de higiene e limpeza. Embalagens menores e maiores, conhecidas como econômicas, caíram no gosto do consumidor, enquanto as intermediárias perderam participação nas vendas.

Márcia de Chiara. *O Estado de S. Paulo*, 8 fev. 2016. Disponível em: <http://linkte.me/vj68r>. Acesso em: 22 maio 2017.

A figura a seguir representa a planificação de uma embalagem de um produto de higiene.

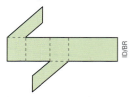

Nela, encontramos diversos quadriláteros notáveis. Assim, podemos afirmar que a planificação da embalagem apresenta:

a) dois trapézios e quatro quadrados.
b) dois trapézios e quatro paralelogramos.
c) quatro losangos e dois trapézios.
d) dois retângulos e quatro trapézios.
e) um trapézio, três retângulos e um quadrado.

Questão 33

Até onde vai LeBron? Veja quem está à frente na lista de maiores cestinhas

Com os 25 pontos anotados no jogo deste sábado contra o Philadelphia 76ers no dia 5 de novembro, LeBron James alcançou o *top* 10 de maiores pontuadores da história da NBA. Para entrar no seleto grupo, o astro do Cleveland Cavaliers ultrapassou Hakeen Olajuwon, bicampeão da liga americana de basquete em 1994 e 1995 e dono de 26 946 pontos. [...]

SporTV.com. Disponível em: <http://linkte.me/yo190>. Acesso em: 22 maio 2017.

Um técnico de basquete avalia os lançamentos de 3 pontos de dois dos seus jogadores, A e B. O quadro abaixo fornece o número de arremessos e o número de cestas de cada um.

	Arremessos	Cestas
Jogador A	12	10
Jogador B	8	7

Com base no quadro acima, podemos afirmar que a probabilidade de o jogador A acertar uma cesta de 3 pontos e a probabilidade de o jogador B errar uma cesta de 3 pontos são:

a) $\frac{5}{6}$ e $\frac{7}{8}$.
b) $\frac{5}{6}$ e $\frac{1}{6}$.
c) $\frac{1}{8}$ e $\frac{5}{6}$.
d) $\frac{5}{6}$ e $\frac{1}{8}$.
e) $\frac{1}{6}$ e $\frac{1}{8}$.

Questão 34

O que é RPG?

A sigla RPG, oriunda da expressão em inglês "Role Playing Game", define um estilo de jogo em que as pessoas interpretam seus personagens, criando narrativas, histórias e um enredo guiado por uma delas, que geralmente leva o nome de mestre do jogo. [...]

Willian Fonseca. Tecmundo, 18 set. 2008. Disponível em: <https://linkte.me/n62ky>. Acesso em: 22 maio 2017.

Um dado de quatro faces, em forma de uma pirâmide, tem suas faces enumeradas de 1 a 4.

No lançamento de dois dados desse tipo, a probabilidade de obtermos na soma das duas faces um número maior que 6 é:

a) $\frac{3}{16}$.

b) $\frac{1}{16}$.

c) $\frac{5}{16}$.

d) $\frac{7}{16}$.

e) $\frac{1}{2}$.

Questão 35

A Câmara Municipal de Belo Horizonte realizará, em 2017, um concurso público para preencher 98 vagas, entre cargos de nível médio e superior. A licitação de escolha da empresa que organizará o concurso foi aberta em fevereiro, dando início ao processo que ainda não tem data prevista das provas ou inscrições. [...]

O Tempo. Disponível em: <http://linkte.me/cp11m>. Acesso em: 22 maio 2017.

Um estudante foi classificado em um concurso, mas deverá aguardar alguns meses até que seja convocado para exercer suas funções. O gráfico abaixo apresenta o número de candidatos que serão convocados entre os meses de agosto e dezembro de determinado ano.

Dados fornecidos pela organização do concurso.

Sabendo-se que o estudante ocupa a 53ª posição, podemos afirmar que ele será chamado no mês de:

a) agosto.
b) setembro.
c) outubro.
d) novembro.
e) dezembro.

Questão 36

A fim de iniciar uma dieta, um paciente consultou sua nutricionista para saber as opções que teria para o café da manhã. A lista abaixo foi fornecida ao paciente:

Carboidrato (escolha apenas um item)

- Pão francês
- Pão integral
- Pão de centeio
- Pão árabe
- Tapioca
- *Cream-cracker*

Sabendo-se que o paciente optou necessariamente por um pão, a probabilidade de ele ter escolhido o pão de centeio é:

a) $\frac{1}{6}$.

b) $\frac{2}{3}$.

c) $\frac{1}{4}$.

d) $\frac{3}{4}$.

e) $\frac{1}{3}$.

Questão 37

Com o intuito de avaliar o trabalho de seus funcionários, uma empresa desenvolveu uma pesquisa de satisfação e coletou as notas atribuídas ao atendimento eletrônico. A tabela a seguir apresenta as notas que cada filial atribuiu aos funcionários A, B, C, D e E.

	Pesquisa de satisfação com o atendimento eletrônico				
	A	B	C	D	E
Manaus	7	6	8	5	9
Tocantins	3	6	4	7	6
Vitória	5	3	7	5	4
Santos	6	5	6	8	3
Campinas	6	8	4	3	6

Dados obtidos pela empresa.

O funcionário que apresentou a melhor média foi:

a) A.
b) B.
c) C.
d) D.
e) E.

Questão 38

Uma universidade oferece aos alunos a oportunidade de frequentar um semestre do curso de graduação em Engenharia em instituições internacionais parceiras. Para isso, ela apresenta as seguintes condições:

- Os interessados poderão participar do sorteio no 1º ano da graduação, em que será ofertada uma única vaga para os 400 ingressantes.
- Os interessados poderão participar do sorteio no 2º ano da graduação, em que serão ofertadas duas vagas para os 350 alunos.
- Os interessados poderão participar do sorteio no 3º ano da graduação, em que serão ofertadas três vagas para os 300 alunos.
- Os interessados poderão participar do sorteio no 4º ano da graduação, em que serão ofertadas cinco vagas para os 250 alunos.
- Os interessados poderão participar do sorteio no último ano da graduação, em que serão ofertadas dez vagas para os 200 alunos formandos.

Para ter mais chances de ganhar, um aluno deve se inscrever para o sorteio:

a) no 1º ano.
b) no 2º ano.
c) no 3º ano.
d) no 4º ano.
e) no último ano.

Questão 39

O ITA vai dobrar de tamanho e se modernizar com ajuda do MIT

O Instituto Tecnológico de Aeronáutica, uma das principais escolas de engenharia do país, vai entrar numa nova fase. Para isso, contará com a ajuda do Instituto de Tecnologia de Massachusetts (MIT), nada menos que o melhor do mundo na área.

Daniel Barros. Exame.com, 14 nov. 2013. Disponível em: <http://linkte.me/g979l>. Acesso em: 22 maio 2017.

Em 2013, o ITA tinha 600 alunos de graduação, 1 200 de pós-graduação e 150 professores. Hoje, em 2017, com o processo de expansão, pretende atender 1 200 alunos de graduação, 1 800 alunos de pós-graduação e ter 300 professores em seu corpo docente.

Tomando como base o processo de expansão do ITA, podemos afirmar que a razão entre o número total de alunos e o de professores terá variação de:

a) 8 alunos por professor em 2013 para 30 alunos por professor em 2017.
b) 12 alunos por professor em 2013 para 10 alunos por professor em 2017.
c) 10 alunos por professor em 2013 para 10 alunos por professor em 2017.
d) 10 alunos por professor em 2013 para 8 alunos por professor em 2017.
e) 10 alunos por professor em 2013 para 12 alunos por professor em 2017.

Questão 40

A tabela a seguir apresenta o tempo de cumprimento de uma prova feita em três etapas pelos cinco participantes.

	Tempo dos participantes em cada etapa		
	1ª etapa	2ª etapa	3ª etapa
Participante A	4 h 28 min	3 h 32 min	5 h 27 min
Participante B	4 h 32 min	3 h 28 min	5 h 25 min
Participante C	4 h 30 min	3 h 30 min	5 h 26 min
Participante D	4 h 40 min	3 h 40 min	5 h 30 min
Participante E	4 h 20 min	3 h 35 min	5 h 40 min

Dados obtidos pela organização do evento.

Levando em consideração a tabela acima, podemos afirmar que o participante que teve a menor média de tempo nas três etapas foi:

a) A.
b) B.
c) C.
d) D.
e) E.

Questão 41

Como divulgar o produto da sua empresa da melhor maneira

Quando tratamos da divulgação de um produto ou de uma marca, estamos falando de comunicação. A comunicação é a forma como o empreendedor irá informar ao mercado sobre seu produto, sua marca ou qualquer outro assunto relacionado ao seu negócio. [...]

Paula Calil. Exame.com, 30 maio 2014.
Disponível em: <http://linkte.me/w9i7m>. Acesso em: 22 maio 2017.

Um fôlder de divulgação de um apartamento em construção detalha a planta baixa do empreendimento. De posse de uma régua, um cliente verifica que a cama no fôlder tem 7,8 cm e que, no apartamento decorado correspondente, ela mede 1,95 m.

Assim, podemos afirmar que a escala adotada no fôlder é:

a) 1:25.
b) 1:2,5.
c) 1:250.
d) 25:1.
e) 2,5:1.

Questão 42

Meteorologia prevê queda na temperatura e chuva em Cuiabá

Cuiabá deve registrar uma queda na temperatura nos próximos dias. Segundo o Centro de Previsão de Tempo e Estudos Climáticos (Cptec), do Instituto Nacional de Pesquisas Espaciais (Inpe), existe ainda a possibilidade de pancadas de chuva neste fim de semana.

G1. Disponível em: <http://linkte.me/h0hc1>. Acesso em: 22 maio 2017.

A tabela abaixo apresenta um estudo desenvolvido por uma empresa meteorológica sobre as temperaturas nos períodos da manhã, da tarde e da noite em uma cidade do interior do estado de São Paulo. A temperatura média diária é calculada, primeiramente, fazendo-se a média aritmética de cada período e, em seguida, a média aritmética das médias dos períodos.

Manhã	10 °C	12 °C	
Tarde	14 °C	15 °C	19 °C
Noite	7 °C	14 °C	

Assim, podemos afirmar que a temperatura média dessa cidade é igual a:

a) 11 °C.
b) 12,5 °C.
c) 13 °C.
d) 15,2 °C.
e) 16 °C.

Questão 43

IBGE atualiza dados do Censo e diz que Brasil tem 190 755 799 habitantes

A população brasileira cresceu, em 138 anos, quase 20 vezes, segundo apontam os resultados do Censo Demográfico 2010, do Instituto Brasileiro de Geografia e Estatística (IBGE). Em 2010, atingimos a marca de 190 755 799 habitantes. Dados preliminares divulgados pelo IBGE em novembro do ano passado apontavam 190 732 694. Em 1872, quando foi realizado o primeiro recenseamento, éramos 9 930 478. [...]

Carolina Lauriano e Nathália Duarte. G1, 29 abr. 2011. Disponível em:
<http://linkte.me/uwe4x>. Acesso em: 22 maio 2017.

O gráfico abaixo apresenta a evolução da população residente no país, em milhões de pessoas.

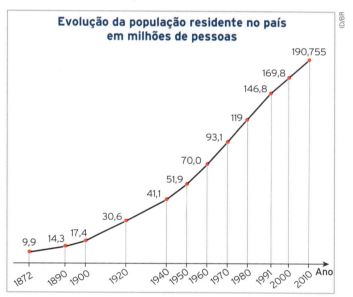

Fonte de pesquisa: G1. Disponível em: <http://linkte.me/uwe4x>.
Acesso em: 22 maio 2017.

Podemos afirmar que, nas últimas cinco décadas, o maior aumento em número absoluto de pessoas ocorreu no período de:

a) 2000 a 2010.
b) 1991 a 2000.
c) 1980 a 1991.
d) 1970 a 1980.
e) 1960 a 1970.

DE OLHO NO ENEM

Questão 44

Em um bingo, Carlos participa para ganhar o prêmio "cartela cheia". Como falta apenas uma pedra para Carlos conquistar o prêmio, ele resolve calcular sua chance de ganhar na próxima rodada e observa os seguintes fatos:

- O número que falta pertence à coluna da primeira dezena.
- Saíram nessa coluna as pedras de números 4, 7 e 9.
- O número que ele precisa para ganhar é um número par e primo.

Sabendo-se que o número obtido na roleta pertence à primeira dezena e é par, podemos afirmar que a probabilidade de Carlos ganhar é:

a) $\frac{1}{2}$.

b) $\frac{1}{3}$.

c) $\frac{1}{4}$.

d) $\frac{1}{5}$.

e) $\frac{1}{6}$.

Questão 45

PIB

O Bank of America Merrill Lynch reduziu nesta sexta-feira [18/7/2014] sua projeção de crescimento do Produto Interno Bruto (PIB) do Brasil neste ano a 0,7%, contra 1,6% anteriormente, citando inflação alta e perspectiva de contração da indústria. Em nota assinada pelos economistas David Beker e Ana Madeira, o banco projeta contração de 1,8% da indústria brasileira este ano, e que a inflação pode se aproximar de 7% nos 12 meses até setembro.

A perspectiva de crescimento econômico para 2015 também foi reduzida, a 1,5%, de 2%. [...]

e-Gonomics. Disponível em: <http://linkte.me/g4p26>. Acesso em: 22 maio 2017.

O gráfico abaixo apresenta, em milhares de reais, o PIB *per capita* e sua variação em % nos anos entre 2000 e 2013.

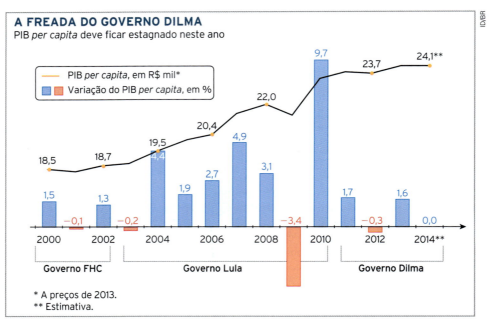

Fonte de pesquisa: e-Gonomics. Disponível em: <http://linkte.me/g4p26>. Acesso em: 22 maio 2017.

Podemos afirmar que a média da variação do PIB *per capita*, em %, no Governo Lula foi aproximadamente:

a) 4,4.
b) 4,9.
c) 2,9.
d) 3,9.
e) 1,9.

RESPOSTAS
DAS ATIVIDADES

RESPOSTAS DAS ATIVIDADES

Unidade 1

CAPÍTULO 1

Atividades

1. a) 27, 35, 51, 0, 26, 2 e 1
   b) Todos os números do quadro.
   c) -42, -28 e -27
   d) 27, 35, 51, 26, 2 e 1

2. a) Falsa.
   b) Verdadeira.
   c) Falsa.
   d) Verdadeira.
   e) Verdadeira.

4. a) O sucessor de 3 é 4, e o antecessor é 2.
   b) O sucessor de 0 é 1, e o antecessor é -1.
   c) O sucessor de 99 é 100, e o antecessor é 98.
   d) O sucessor de -100 é -99, e o antecessor é -101.
   e) O sucessor de 1 000 é 1 001, e o antecessor é 999.
   f) O sucessor de $-1 001$ é $-1 000$, e o antecessor é $-1 002$.

5. a) Porto Alegre: 17 °C
   b) Cuiabá: 33 °C

6. -55 tem o maior módulo.

7. a) $B: |-2| = 2$; $C: |-1| = 1$; $A: |2| = 2$; $D: |3| = 3$.
   b) A e B são simétricos, pois: $|-2| = |2| = 2$.

8. a) 6   c) 8   e) 3   g) 4
   b) 6   d) 8   f) 13   h) 3

9. a) O **prejuízo** na venda de uma calça foi de 12 reais. -12
   b) Cinco andares **abaixo** do térreo. -5
   c) Temperatura de 7 °C **acima** de zero. 7
   d) **Ganhei** 2 pontos em um jogo. 2
   e) O ponto de partida fica 13 metros à **direita** do zero. 13

10. a) $>$ b) $>$ c) $<$ d) $<$

11. a) 6   b) 5

12. a) **Pontos mais altos:**
    I. África $>$ Antártica
    II. América $<$ Ásia
    III. Antártica $<$ Europa
    IV. Ásia $>$ Oceania

    b) **Pontos mais baixos:**
    I. Oceania $>$ África
    II. América $<$ Antártica
    III. Ásia $<$ Europa
    IV. Europa $<$ Oceania

13. $A(2, 2)$, $B(5, 0)$, $C(0, 0)$, $D(-5, 0)$, $E(-5, 6)$, $F(-2, -2)$, $G(4, -3)$.

15. a) $A(3, 0)$, $B(-1, 3)$, $C(1, 3)$, $D(-2, -1)$, $E(0, -1)$, $F(-1, -2)$, $G(2, 1)$, $H(-2, 2)$, $I(2, -3)$, $J(3, 1)$, $K(0, 3)$.
    b) D e F.

21. a) Positivos: A e D. Negativos: B e E.
    b) Não existe.

23. Falsa.

24. a) $\star = 15$ ou $\star = -15$.
    b) Não existe $\star$ que satisfaça essa igualdade.

25. -8 °C

26. a) Amanda.

CAPÍTULO 2

Atividades

1. a) 12   e) 3
   b) 17   f) -20
   c) -20 g) 30
   d) -2 h) -11

4. a) -1 d) -9
   b) 8   e) 15
   c) -12 f) 0

5. a) 9   d) 34
   b) -16 e) -28
   c) 20   f) 8

6. a) Sim. A propriedade comutativa.

7. 6 ou -7

8. a) R$ 403,00
   b) 18 °C

11. a) A: -3 °C e B: 12 °C.
    b) A: -5 °C e B: 10 °C.
    c) A: -2 °C e B: 13 °C.

12. Aluno: -5, -5, -5, -3. Aluna: 4, 4, 4, 4, 4, 4, 4, -5 ou 4, 4, 4, 4, 4, 4, 2, -3.

13. a) 19   d) 67
    b) -1 e) -8
    c) 52

14. a) F   c) -3
    b) 19 e 17.   d) -17 e 48.

15. a) V   c) V
    b) F   d) V

16. $-$R$ 45,00

17. a) I: -6; II: 5; III: 11.
    b) III
    c) 12, 9, 6, 4, 1, -2, -4, -7 e -10.

18. R$ 17 922 680,00

21. -1

23. 0

24. 0

25. a) 15   c) -192
    b) -540 d) -90

26. a) 0   d) 0   g) 14
    b) -126 e) 8   h) -24
    c) -80 f) 8   i) -1

27. a) -344 c) -21
    b) 75   d) 30

28. a) Sim.   b) Sim.

29. a) -1, 0, 1 e 2.
    b) -7, -6, -5 e -4.
    0 e 840.

31. a) R$ 405,00
    b) R$ 200,00
    c) R$ 205,00

32. a) 32   c) -8
    b) 9   d) -20

33. a) -4 d) -84
    b) -12 e) -1
    c) 20   f) 13

36. a) -22 c) -13
    b) -20 d) -60

37. a) $3(-4) + 2(-6) = -24$
    b) $2 - \dfrac{(-8)}{4} + 5(-13) = -61$
    c) $(-10) - 2[(-4) + (-9)] = 16$
    d) $[4 \cdot (-56) + 4] = (-20)$

39. b) 1, 2 e 3.
    c) -2 e -1.
    d) 0

41. R$ 7 680,00

42. a) 6^4 e) $(-11)^2$
    b) $(-15)^3$ f) $(-14)^2$
    c) 1^5 g) $(-4)^3$
    d) $-(27)^2$

43.
a) 49
b) 225
c) 1
d) 16
e) 0
f) 1 000
g) 1
h) 1

44.
a) $(+14)^1$
b) $(-3)^6$
c) $(+8)^1$
d) $(-5)^4$

45. a) -7 e 7   b) -8 c) 54

46.
a) >
b) =
c) =
d) =
e) >
f) <
g) >
h) >

49.
a) 9
b) 5
c) 10
d) 8
e) 7
f) 4
g) 12
h) 9

51.
a) $\sqrt{16} \cdot (-3) = -12$
b) $\dfrac{\sqrt{49}}{(-1)} = -7$
c) $-(\sqrt{36}) + 2(-5) = -16$
d) $\sqrt{1} + \sqrt{100} - 3(-4) = 23$

52.
a) 3
b) -20
c) 17
d) $-\dfrac{19}{5}$
e) 11
f) 7

53.
a) 102
b) 41
c) -13
d) 20
e) 93
f) 6

54.
a) 6
b) 54
c) 54
d) 15
e) -15
f) -60

55. 50 metros

56. 7

58.
a) V
b) F
c) V
d) V
e) V

59.
a) $-7, -5, -3, 0, 2, 4$ e 8.
b) $8, 7, 1, 0, -2, -3, -7$ e -9.

60.
a) -5
b) -4
c) -13
d) -105
e) -8

61. Alternativa **d**.

62. Alternativa **e**.

63.
a) 8
b) 0
c) -9

64.
b) $-3\,000\,000 + 5\,000\,000 + 4\,000\,000 - 2\,000\,000 - 1\,000\,000 + 3\,000\,000$
c) Lucro de 6 milhões.

65. 180

66. -18 m

67. a) $+5$ b) $+3$ c) $+6$ d) $+4$

68. R\$ 3 700,80

69.
b) Luciano: -3; Patrícia: -5.
c) Luciano.

70.
a) $24; 9; -16; -11; 19$.
b) Mais baixa: quarta-feira. Mais alta: segunda-feira.

Atividades integradas

1.
a) 6, 7, 8, 9, 10 e 11
b) $-12, -11, -10, -9, -8$ e -7
c) $-3, -2, -1, 0, 1, 2$ e 3

3. -12 e -55 metros

4. -4 e 6

5. a) -8 b) 15   c) -2 d) -3

6. b) $-$R\$ 80,00

7. a) ● $= -$ e ★ $= +$

8. Alternativa **c**.

9. Alternativa **c**.

10. 3 horas e 45 minutos

11. Alternativa **b**.

12. Alternativa **a**.

Unidade 2

CAPÍTULO 1

1.
a) 900 mulheres idosas de certa comunidade.
b) Sim; 250 mulheres idosas da comunidade estudada.
c) Altura das mulheres idosas.
d) Variável quantitativa contínua.

2.
a) 350 alunos de certa escola; 95 alunos.
b) A variável é "tipos de filmes" e é qualitativa ordinal.

3.
a) Sim; 1 541 jovens em 168 cidades do Brasil.
b) Qualitativa nominal.
c) Seis respostas diferentes: TV aberta, internet, jornais, rádio, revistas e TV por assinatura.

Mais atividades

4.
a) Moradores de um condomínio de prédios.
b) Não, todos os moradores foram consultados.
c) A idade das crianças do condomínio.
d) É uma variável quantitativa contínua.

5.
a) Sim.
b) Jovens internados em cumprimento de medidas socioeducativas no Brasil.
c) 17 502 adolescentes que cumprem medidas socioeducativas de restrição de liberdade.
d) Sim.
e) A variável é "os jovens são usuários de drogas"; é uma variável qualitativa nominal, pois as respostas são sim ou não.

CAPÍTULO 2

Atividades

1.
a) Tabela de dupla entrada.
b) Duas informações; quantidade de homens (em porcentagem) e quantidade de mulheres (em porcentagem), por ano, na distribuição da população brasileira.
d) Em todos os anos apresentados no gráfico e na tabela.

2.
a) 430 pares de sapatos.
b) 90 calçados.

3.
a) Domingo.
b) Terça-feira e sexta-feira.
c) 7 °C
d) Domingo, quinta-feira e sábado.

4.
a) Sorvete; torta de morango.
b) 100 alunos.
d) Resposta pessoal.

5.
b) 1984; 1984.
c) 2,76%; 4,85%.

Mais atividades

6.
a) 2010
b) 2 257 alunos.
c) 2013

7.
a) Fevereiro.
b) De fevereiro a março de 2016.

9.
a) 180 alunos.
b) Lanche de casa (45%): 162°; lanche da cantina (20%): 72°; merenda escolar (35%): 126°.

323

RESPOSTAS DAS ATIVIDADES

10. a) A: 18 alunos; B: 15 alunos; C: 16 alunos; D: 19 alunos.

11. a) 60 anos ou mais.
b) 1,4%
c) De 30 a 39 anos.

Atividades integradas

1. a) População: 200 jovens; Não há amostra; variável: tipos de jogo preferidos.
b) III
c) Tabuleiro: 50% e 180°; eletrônico: 25% e 90°; RPG: 15% e 54°; Outros: 10% e 36°.

2. a) Jovens de 16 a 24 anos brasileiros.
b) Sim; a amostra foi de mil jovens de 70 cidades do Brasil.
c) A variável é conta bancária.
d) Qualitativa nominal.

3. a) Crianças e jovens brasileiros entre 9 e 17 anos; a amostra foi de 2015 crianças e adolescentes em todo território nacional.
b) Analisar o uso da internet por crianças e jovens brasileiros.
c) Que 82% dos jovens e crianças que acessam a internet navegam por celular todo dia.
d) A pesquisa também revelou o local onde as crianças e jovens acessam a internet a maiorida das vezes e quais são as principais atividades que realizam ao navegar.

Unidade 3

CAPÍTULO 1

Atividades

1. a) Poliedro; 8 faces; 18 arestas; 12 vértices.
b) Não poliedro.
c) Não poliedro.
d) Poliedro; 5 faces; 8 arestas; 5 vértices.
e) Não poliedro.
f) Poliedro; 6 faces; 12 arestas; 8 vértices.

4. a) Não poliedro.
b) Poliedro.
c) Poliedro.
d) Não poliedro.

e) Não poliedro.
f) Poliedro.

5. a) Prisma de base hexagonal.
b) 12 arestas.
c) 10 faces.
d) Prisma de base dodecagonal.

6. Prisma reto de base octogonal.

7. a) $V + F = A + 2$
$10 + 7 = 15 + 2$
$17 = 17$
b) $V + F = A + 2$
$12 + 8 = 18 + 2$
$20 = 20$

8. A afirmação não está correta, pois a relação de Euler se aplica a alguns poliedros não convexos. Observando o poliedro analisado por Pedro, percebemos que o poliedro não é convexo.

9. A: base; B: face lateral; C: vértice.

10. a) Pirâmide de base hexagonal.
b) Pirâmide de base triangular.
c) Pirâmide de base pentagonal.
d) Pirâmide de base triangular.

11. Círculo. Se julgar pertinente, aproveite para relembrar aos alunos a diferença entre círculo e circunferência.

12. a) Cone. **b)** Cilindro.

13. Respostas possíveis:
a) bola; laranja.
b) casquinha de sorvete, chapéu de festa.
c) lata de refrigerante, poste de rua.

Mais atividades

14. a) Poliedro.
b) Não poliedro.
c) Poliedro.
d) Não poliedro.
e) Não poliedro.
f) Poliedro.
g) Não poliedro.
h) Não poliedro.

15. a) Semelhanças: São sólidos geométricos não poliedros, possuem formas planas em suas bases, representadas pelo círculo. Diferenças: O cilindro possui duas bases e o cone apenas uma.

b) Semelhanças: São sólidos geométricos, possuem figuras planas em suas bases. Diferenças: Todas as faces do paralelepípedo são formadas por figuras planas não curvadas. Já o cilindro possui figuras planas apenas em suas bases. Além disso, o paralelepípedo é classificado como um poliedro, e o cilindro, como um não poliedro.

17. Azul.

CAPÍTULO 2

Atividades

2. a) Vista I: sólido B; Vista II: sólido C; Vista III: sólido A.

3. O sólido B (esfera).

Mais atividades

5. a) 7 **b)** 11 **c)** 11

6. a) Camila
b) Juliana
c) Júlio

7. A, B e D.

Atividades integradas

1. a) I
b) II, III, IV, V e VI
c) III, V e VI
d) II e IV

2. a) A e B
b) D
c) C

4. Alternativa **b**.

5. Alternativa **c**.

6. Alternativa **e**.

7. Alternativa **c**.

Unidade 4

CAPÍTULO 1

Atividades

1. a) 2
b) 2 e −3.
c) Todos os números que ele escreveu são racionais.

2. racional; fração; inteiros; denominador.

3. a) racionais
b) pertence
c) pertence
d) não pertence

4. 4,5 cm

5. a) $2\frac{1}{5}$

b) $1\frac{3}{4}$

c) $-2\frac{3}{8}$

d) $6\frac{1}{5}$

e) $-2\frac{3}{5}$

6. a) -4 e -3
b) -32 e -31
c) 4 e 5
d) 9 e 10

8. Para que o raciocínio de Joaquim esteja correto, é preciso considerar que, ao dividir o segmento em 7 partes iguais, ele deve pegar a primeira parte à esquerda do -5.

9. 0,5 litro.

10. a) 9
b) 0
c) 0,8888...
d) 9,7
e) $-3\frac{4}{9}$

11. a) Verdadeira.
b) Falsa.
c) Falsa.
d) Verdadeira.
e) Falsa.

12. Módulo: 0,8; simétrico: 0,8.

13. a) Os números são iguais.
b) Os números são iguais.

14. $-$R\$ 45,20

15. 5 °C; 2 °C; -9 °C; -11 °C.

16. Ambos estão à mesma distância da origem.

17. Sim. Exemplo: $-\frac{3}{2}$ e $\frac{3}{2}$.

18. 7,2

19. $\frac{3}{7}$ e $-\frac{3}{7}$

20. Não, pois o oposto de um número negativo é um número positivo.

21. a) $+\frac{7}{2}$ ou $-\frac{7}{2}$

b) $+26,2$ ou $-26,2$
c) 15,2
d) Não existe.

22. a) 1ª opção: maior; maior. 2ª opção: menor; menor.
b) maior
c) maior
d) menor
e) 1ª opção: menor; maior. 2ª opção: maior; menor.

23. a) Verdadeira.
b) Falsa.
c) Falsa.
d) Falsa.
e) Verdadeira.
f) Falsa.

24. a) $-\frac{12}{3}$

b) 3,14
c) $-6,2$
d) $\frac{7}{8}$

e) $-1\frac{3}{4}$

f) 0

25. a) 17; -2; 0.

b) $-3,2$; -2; $-\frac{17}{12}$; $-\frac{1}{8}$.

c) 17; $\frac{2}{5}$; 4,1; 0,16.

d) $-3,2 < -2 < -\frac{17}{12} < -\frac{1}{8} < 0 < 0,16 < $
$< \frac{2}{5} < 4,1 < 17$

26. 10

Mais atividades

27. Os números são racionais pois podem ser escritos na forma de uma fração, com numerador inteiro e denominador inteiro e diferente de zero.

28. a) 3, 20, 26, 70 e 30.

b) $20\% = \frac{20}{100} = \frac{1}{5}$; $26\% = \frac{26}{100} = \frac{13}{50}$.

c) Ao conjunto dos números racionais.

29. Os dois números são iguais.

30. a) 2,5; $\frac{5}{2}$.

31. $\frac{3}{5}$ L ou 0,75 L.

32. a) 5,7; 6; 2017; 5; 30; 76.
b) Todos são números racionais.

CAPÍTULO 2

Atividades

1. a) $\frac{2}{15}$

b) $-\frac{13}{6}$

c) $-\frac{57}{35}$

d) 3,29
e) 11,03
f) $-70,27$

3. a) 0,875   b) 1,25

4. Item **a**.

5. a) 0,4
b) 0,4
c) 0,8

6. a) $3 / 2 / . / 4 / - / 1 / 2 / . / 3 / 5 / =$
b) $3 / + / 8 / = / M^+ / 1 / \div / 10 / = / + / MR / =$

7. Falta ser pintado $\frac{1}{63}$ do cômodo.

8. Os dois amigos juntaram $\frac{11}{12}$ das figurinhas.

9. a) $-\frac{1}{5}$

b) $\frac{15}{56}$

c) $-20,865$
d) $-8,37$
e) 2,43
f) $-39,65$

11. $A \cdot B = 68,25$; $A \cdot C = 48,75$; $B \cdot C = 78,75$.

12. Custa R\$ 10,35.

13. a) O numerador de uma é o denominador da outra.

b) $1,6 = \frac{8}{5}$; $0,625 = \frac{5}{8}$; a relação do item anterior é válida.

14. O inverso de $\frac{4}{5}$.

15. a) O inverso é maior.
b) O inverso é menor.
c) O inverso é maior.
d) O inverso é menor.

17. a) $-\frac{9}{10}$ d) -15

b) 42   e) $-\frac{12}{5}$

c) $\frac{1}{3}$ f) $-\frac{27}{31}$

325

RESPOSTAS DAS ATIVIDADES

19. a) $0 / . / 2 / 4 / \times / 0 / . / 9 / 1 / =$

b) $2 / \div / 5 / = / M^+ / 0 / . / 6 / \cdot / MR / =$

c) $1 / 2 / . / 4 / \div / 2 / . / 2 / =$

21. Um filho receberá R\$ 48,60, e o outro, R\$ 24,30.

22. a) 16

b) -16

c) $-\dfrac{1}{27}$

d) $-\dfrac{32}{243}$

e) 0,00032

f) 0,343

23. a) 4,4725

b) $-9,245375$

24. a) $\dfrac{25}{36}$

b) $\dfrac{2\,187}{32\,000}$

25. a) $\dfrac{1}{2}$

b) 1

c) $-\dfrac{1}{2}$

d) 1024

e) $\dfrac{25}{4}$

f) $\dfrac{4}{121}$

26. a) $\dfrac{13}{8}$

b) $\dfrac{27}{2}$

c) $\dfrac{257}{25}$

d) 84

e) $\dfrac{1}{9}$

f) 4

g) -40

h) -40

27. 3 números: 1, 2 e 3.

28. a) 10^{-6}

b) 10^7

c) 10^{-5}

d) 10^{-2}

29. $\dfrac{3}{4}$

30. a) $a = \dfrac{3}{10}$; $b = \dfrac{7}{10}$.

b) $a^2 = \dfrac{9}{100}$; $b^2 = \dfrac{49}{100}$.

c) $a^2 + b^2 = 0,58$; $a^2 : b^2 = \dfrac{9}{49}$.

31. a) 20,25 cm²

b) 2,25 cm²

c) 9,43 cm²

32. $\sqrt{0,25} = \sqrt{\dfrac{25}{100}} = \dfrac{\sqrt{25}}{\sqrt{100}} = \dfrac{5}{10} = 0,5$

33. 26

34. a) radicando

b) raiz

35. a) 0,4

b) 0,2

c) $\dfrac{8}{7}$

d) 1,7

e) 4

f) 1,3

g) 3

h) 4,2

37. 1

38. $-\dfrac{67}{12}$

39. 2,5 cm

40. $\dfrac{1}{2} + \dfrac{1}{3} = \dfrac{3}{6} + \dfrac{2}{6} = \dfrac{5}{6}$

41. a) $-\dfrac{9}{2}$

b) 8,8

c) 4,23125

d) 10486,7

e) $\dfrac{12}{7}$

42. $\dfrac{33}{80}$

43. a) $\dfrac{1}{2} + \left(-\dfrac{1}{3}\right)$; $\dfrac{1}{6}$

b) $4 \cdot \left[\dfrac{1}{6} + \left(-\dfrac{5}{12}\right)\right]$; -1

c) $\dfrac{5}{2} + \left(-\dfrac{1}{4}\right)$; $\dfrac{9}{4}$

d) $2 \cdot \dfrac{4}{3} + \dfrac{6}{10} \cdot \dfrac{49}{15}$

44. $2 \cdot (12 + 15)$; 54 enfeites.

Mais atividades

45. a) $\dfrac{13}{9}$

b) 3,6

c) $\dfrac{41}{10}$

d) 3,7

e) 4,6

f) $\dfrac{9}{14}$

46. Respostas possíveis:

a) 1,42

b) $-1,42$

47. a) Sim.

b) Sim.

c) Resposta possível: $x = 2$.

50. $-5\dfrac{9}{13} = -\dfrac{74}{13}$; $33 = -\dfrac{33}{1}$; $-18,6 = -\dfrac{93}{5}$;

$7,124 = \dfrac{1781}{250}$; $-93,39 = -\dfrac{9339}{100}$; $2\dfrac{15}{28} =$

$= -\dfrac{17}{28}$.

Ordem crescente: $-\dfrac{9339}{100}$, $-\dfrac{93}{5}$, $-\dfrac{74}{13}$,

$\dfrac{71}{28}$, $\dfrac{1781}{250}$, $\dfrac{33}{1}$.

53. 241,94

54. Não.

55. **a** e **d**.

56. b) Quarta-feira.

c) Terça-feira.

57. a) Romeu conseguiu juntar R\$ 187,75.

b) Resposta pessoal.

58. a) $\dfrac{5}{12}$

b) $\dfrac{7}{12}$

59. 37,7 °C

Atividades integradas

1. Alternativa **c**.

3. Alternativa **e**.

4. a) $a : 7 = 71\,200$

b) 498400

c) $498\,400 : 31\,150 = b$

d) 16

5. a) Classe 3.

b) A massa de dois abacaxis dessa classe varia de 4,202 kg até 4,800 kg.

c) Resposta pessoal.

6. a) Verdadeira.

b) Verdadeira.

c) Verdadeira.

7. A afirmação de Aline está correta.

Unidade 5

CAPÍTULO 1

Atividades

1. a) x

b) $x - y$

c) $\dfrac{x - y}{2}$

d) $2x + 7$

e) $x + \dfrac{x}{3}$

f) $x + (x + 1)^2$

g) $(x \cdot y)^2$

2. a) Termos: x e y.

x: coeficiente 1 e parte literal x

y: coeficiente 1 e parte literal y

b) Termos: $2k$; 3; $\dfrac{1}{3}k$.

$2k$: coeficiente 2 e literal k

$\dfrac{1}{3}k$: coeficiente $\dfrac{1}{3}$ e literal k

326

c) Termos: mn^2 e $7n$.
mn^2: coeficiente 1 e literal mn

d) Termos: 10 e $-20t$
$-20t$: coeficiente -20 e literal t

e) Termos: b^2 e $2ax$
b^2: coeficiente 1 e literal b
$2ax$: coeficiente 2 e literal ax

f) Termos: x, y e $\frac{1}{2}z^2$
x: coeficiente 1 e literal x
y: coeficiente 1 e literal y
$\frac{1}{2}z^2$: coeficiente $\frac{1}{2}$ e literal z^2

3. a) 138   **c)** 227   **e)** $\frac{29}{3}$
b) 29   **d)** -1

5. a) V
b) V
c) F

6. a) $p = 6$ h
b) $\frac{p}{3} = \frac{5d}{3}$
c) $V = a \cdot b \cdot c$
d) $V = c^3$

7. a) 2 maçãs: 3,80 reais
3 maçãs: 5,70 reais
4 maçãs: 7,60 reais
5 maçãs: 9,50 reais
b) $1,90x$

10. a) $5ab$
b) $9,5x$
c) $-\frac{5r}{3}$
d) $y = \frac{83}{30}y$
e) $2,1a + 0,9b$
f) $\frac{t^2}{6} + 2$
g) $-\frac{3w}{4} + \frac{3z}{2}$

11. Respostas possíveis:
a) $2x - x + y + y + 3z - 4z$
b) $ab + ab - 2b + 5b - a + 3a$
c) $6mx + 2m$
d) $\frac{y + 4y - 2a}{2}$

12. I e IV; II e III.

13. $8y + (x - 2)$; $9 + y$.

14. c, **d** e **e**.

15. São raízes: -1 e 2.

16. Apenas $\frac{2}{3}$ é raiz.

17. a e **c**.

18. a) $x = 5$
b) $y = 8$
c) $z = 32$
d) $a = \frac{1}{2}$
e) $b = 3$
f) $a = 1$

19. $x + 7 - 2 = 13$; 8.

20. $x + 2x + \frac{2x}{5} = 87$

21. a) $\frac{x + 2}{4} = \frac{x}{3}$
b) O número 8 não é raiz.

22. a) Não é solução.
b) É solução.
c) É solução.
d) É solução.
e) Não é solução.
f) $y = 3$ é raiz.
g) É solução.
h) Não é solução.

23. $x = \frac{63}{9}$
b) $x = 7$

25. a) $3x + 7 = 13$; $x = 2$.
b) $x + 3x = 32$; $x = 8$.
c) $\frac{x}{2} + 5 = 14$; $x = 18$.

26. Respostas possíveis:
a) $18x = 4x + 18$
b) $12y - 6 - 3k = -9$
c) $\frac{5w}{7} = \frac{3w + 4}{7} - 3$
d) $\frac{3}{4} + 6q - 1 = 0$

27. $15x + 9y = 12$ e $-5x - 3y = -4$
(princípio multiplicativo)
$2x - y = 15$ e $2x - 5 = 10 + y$
(princípio aditivo)

28. $8x - 7 = x + 1$ e $7x - 8 = 0$;
$3x + 12 + 5 = x + 12$ e $2x + 5 = 0$;
$4x + 9y = 15 - 3x - 7y$ e $7x + 16y = 15$;
$5xy - 15x + 2y = 5x + 2xy + 2y$ e $3xy - 20x = 0$.

29. Respostas possíveis:
a) $-2x + 3y = 2$
b) $3y - 37x = 38$
c) $5a + 3ab = 15$
d) $\frac{5x}{2} + \frac{y}{3} = 20$

30. a) $2x + 1 = 8$
b) Sim, a incógnita é x.
c) 3.5 kg

31. a) $x = 14$ **e)** $n = 105$
b) $a = 4$ **f)** $x = \frac{5}{3}$
c) $z = -25$ **g)** $x = -\frac{35}{4}$
d) $k = \frac{9}{4}$ **h)** $x = 1$

32. 48 km

33. a) Aline tem 34 anos e Renata 32.
b) R$ 50,00
c) 27 meninas.
d) R$ 18,50
e) 40 ovos.

34. a) $2x + \frac{x}{3} - \frac{x}{2} = 22$
b) Não é raiz.
c) 12

35. a) $4n + 10n = 28$
b) $n = 2$
d) 24 ovos brancos e 48 ovos vermelhos.

36. b) $\frac{1}{3}S + \frac{1}{6}S + 1\,500 = S$
c) Poupança: R$ 1 000,00; Contas: R$ 500,00.

37. $2x + 10 + 2x - 10 + 2x = 180$; 1ª fase: 70 pontos; 2ª fase: 50 pontos; 3ª fase: 60 pontos.

38. b) $\frac{3}{6}x + \frac{2}{6}x + \frac{1}{6}x = x$
c) Números naturais, pois representa a quantidade de alunos.
d) Futebol: 54; handebol: 36; vôlei: 18.

39. 6 reais.

40. A camisa custou R$ 60,00 e a calça, R$ 120,00.

41. a) $N = 2x - 1(50 - x) = 2x - 50 + x = 3x - 50$
b) 40 pontos.
c) 40 testes.

42. Antes do desconto: R$ 50,00; depois do desconto: R$ 30,00.

43. 7 cm e 14 cm.

44. $6\ell = 14,4$; $\ell = 2,4$ m.

45. $x = 3,8$ cm

46. b, **c** e **f**.

RESPOSTAS DAS ATIVIDADES

47. a) É solução.
b) Não é solução.
c) É solução.
d) Não é solução.

49. Respostas possíveis:
a) $(1, 0)$; $\left(\frac{5}{3}, 0\right)$; $(4, 5)$
b) $(0; 3,5)$; $\left(0, \frac{7}{4}\right)$; $\left(1, \frac{3}{2}\right)$
c) $(10, 0)$; $(5, 10)$; $(0, 20)$
d) $(0, -3)$; $(6, 0)$; $(2, -2)$

50. **b**, **d** e **e**.

51. Não, a afirmação II é falsa. Trata-se de uma equação do 1° grau com uma incógnita.

52. a) $2x + 3y = 200$
b) Não.
c) Respostas possíveis: calça R$ 55,00 e camisa R$ 30,00; calça R$ 62,50 e camisa R$ 25,00; calça R$ 25,00 e camisa R$ 50,00.

54. a) $A(-4, 0)$, $B(-2, 5)$, $C(0, 4)$, $D(2, 3)$, $E(3, 2)$, $F(-1, -4)$, $G(3, -5)$.
b) $y = 0$.
c) $x = 0$.

55. Reta azul.

56. a) verdes   b) vermelhos

57. Respostas possíveis: $(0,6)$, $(1, 4)$, $(1,4)$, $(3,0)$.

58. **a**, **e**, **f** e **j**.

59. a) $\begin{cases} x + y = 120 \\ x - y = 60 \end{cases}$
b) $\begin{cases} 3x + 5y = 28 \\ 4x + 3y = 30 \end{cases}$
c) $\begin{cases} x + y = 42 \\ 32x + 34y = 1360 \end{cases}$

61. a) Não são solução.
b) Não são solução.

62. a) $(4, 3)$
b) $(2, -5)$
c) $(44, 13)$
d) $\left(1, \frac{33}{22}\right)$
e) $\left(\frac{204}{37}, \frac{52}{67}\right)$
f) $(0, 1)$
g) $(1, 1)$
h) $\left(\frac{23}{66}, \frac{193}{330}\right)$

63. $\begin{cases} b + v = 27 \\ v = 2b \end{cases}$; 18 bolas de vôlei e 9 bolas de basquete.

64. a) $\begin{cases} 3x + y = 4 \\ 2x + 2y = 3 \end{cases}$
b) Lata verde (x): 1,25 kg; lata vermelha (y): 0,25 kg.

65. a) $(5, 4)$
b) $(-1, 0)$
c) $\left(-\frac{1}{2}, \frac{1}{2}\right)$
d) $(-8, -16)$
e) $\left(\frac{1}{3}, \frac{2}{3}\right)$
f) $(1, -1)$
g) $(10, -6)$
h) $(74, -45)$

66. a) 2
b) 244
c) -880
d) $-\frac{1}{5}$

67. a) -120
b) 400
c) $-\frac{20}{7}$
d) $-\frac{1}{19}$

68. Joana tem 13 anos, e Adriana, 53.

69. a) $S = \left\{\left(\frac{1}{2}, \frac{1}{2}\right)\right\}$
b) $S = \left\{\left(\frac{1}{2}, \frac{1}{2}\right)\right\}$
c) $S = \left\{\left(-\frac{1}{2}, -\frac{1}{2}\right)\right\}$
d) $S = \{(1, 1)\}$
e) $S = \{(1, 1)\}$
f) $S = \{(1, 1)\}$

70. $k = \frac{29}{5}$

Mais atividades

71. a) Não. A correta é $4 + 2,50 \cdot q$.
b) 4: valor fixo; 2,50: valor do quilômetro rodado.
c) q: quantidade de quilômetros percorridos.
d) R$ 66,50

72. a) Calça: $3x$; luva: $\frac{x}{2}$; casaco: $x + 10$.
b) Calça: 78 reais; luva: 13 reais; casaco: 36 reais.

73. -3

74. a) III
b) É solução.

75. Respostas possíveis:
a) $2x - 8 = -2$ e $x + 1 = 4$
b) $x - 5 = 0$ e $x + 5 = 10$
c) $3x = 0$ e $2x + 2 = 2$
d) $x + 3 = 1$ e $5 + 3x = -1$

76. Alternativa **c**.

77. a) $\left(-1, \frac{13}{2}\right)$; $(0, 6)$; $(2, 5)$.
b) Eles formam uma reta.
c) É uma solução.

78. a) $(2, 0)$
b) $\left(\frac{12}{5}, \frac{9}{5}\right)$

79. a) $(3, 5)$ ou $(5, 3)$
b) $(5, 2)$

80. a) $0,1x$
b) $\frac{a + b + c}{3}$

81. 140 convites.

82. 60 livros de capa dura e 65 livros de capa mole.

83. 160 horas extras.

84. Bia deve receber R$ 158,00 ($79 \cdot 2 = 158$), e Lia, R$ 82,00 ($41 \cdot 2 = 82$).

85. A reta azul.

86. 16 notas de 50 reais e 40 notas de 10 reais.

87. O valor do ingresso inteiro é R$ 32,00; o valor do ingresso de estudante é R$ 20,00.

88. André tem 13 anos de idade e Daniela, 4.

CAPÍTULO 2

Atividades

1. a) $\frac{185}{2} + x < 102$
b) $y - z > 2$
c) $a + 20 \leq 2,5$
d) $n > 2(n + 1)$
e) $\frac{x}{3} - 10 > x$

328

2. a) $2x < 10$
b) $3x + 10 > y + 10$

3. $3 \cdot 8 + 2 > 25$ é uma sentença verdadeira $(26 > 25)$; $2 \cdot 10 < 15$ é uma sentença falsa $(20 < 15)$.

4. 3,5; 7 e 2.

5. -5, $\frac{1}{2}$ e 4.

6. Alternativa **d**.

7. a) $4 + 7 < 5 + 7$
b) $6 + (-3) > 2 + (-3)$
c) $-3 + 3 < 1 + 3$

8. a) $12 \cdot 4 > 9 \cdot 4$
b) $0 \cdot 5 < 3 \cdot 5$
c) $-\frac{1}{4} \cdot (-2) > \frac{1}{2} \cdot (-2)$

9. a) Verdadeira.
b) Falsa.
c) Verdadeira.
d) Verdadeira.

10. a) $6x > 5$
b) $6x + 2 > 7$

11. a) $x \leq \frac{5}{13}$, $x \in \mathbb{Q}$.
b) $x > -4$, $x \in \mathbb{Q}$.
c) $x \leq \frac{2}{13}$, $x \in \mathbb{Q}$.

12. a) Verdadeira.
b) Falsa.
c) Verdadeira.
d) Verdadeira.

13. a) 0, 1, 2, 3, 4, 5, 6, 7, 8, 9, 10, 11, 12 e 13.
b) $y > 6$, $y \in \mathbb{N}$.
c) 0, 1, 2, 3, 4, 5, 6, 7, 8, 9, 10, 11, 12, 13, 14, 15, 16, 17, 18, 19 e 20.
d) $x > 5$, $x \in \mathbb{N}$.

14. a) 0, 1, 2, 3, 4 e 5.
b) $x < 8$, $x \in \mathbb{Q}$.

15. a) 1
b) 1
c) Não, pois existem infinitas frações próximas de $\frac{3}{4}$.

16. a) $7,2 + 2,5x \leq 20$
b) Sim, ela pagará R$ 14,70.

17. b) 22 m

18. R$ 1840,00.

19. No mínimo, 7 vitórias.

20. No mínimo, 376 unidades.

Mais atividades

21. **b** e **d**.

23. a) $x + 35 < 200$
b) Sim, pois representa uma quantidade.
c) $x < 165$; Cláudio pode ter juntado, no máximo, 164 latinhas nos dias anteriores.

24. a) $10p \leq 700$
b) 70 kg

25. a) $y + 5 < 9$
b) $y < 4$
c) -3, -2, -1, 0, 1, 2 e 3.

26. a) $100 + 1,25x$
b) Quando a pessoa for rodar mais de 80 quilômetros.

Atividades integradas

1. a) $\frac{1}{3}x + \frac{1}{5}x + 3 + 4 = x$
b) 15 km
c) João correrá 5 km e Pedro 3 km.

3. 8 netas; 11 netos; número de moedas que cada um recebeu: 15.

4. $x = 3$

5. a) Parecido: as operações são as mesmas e na mesma ordem. Primeiro subtrai-se o número 21 do 56, em seguida, divide-se o resultado por 7 obtendo 5. Diferença: a apresentação da resolução. Um por meio da aritmética, outro por meio da álgebra.

6. b) Ambos estão localizados à direita da origem.
c) $3 < 8$
e) Ambos estão localizados à esquerda da origem.
f) $-8 < -3$

7. Marcos não considerou que o numerador pode ser igual a 0, o que implicaria nos denominadores admitirem quaisquer valores diferentes entre si, ou seja, se $5x - 4 = 0 \Rightarrow 5x = 4 \Rightarrow x = \frac{4}{5}$.

8. a) $x = -4$

9. $xy = 16$

Unidade 6

CAPÍTULO 1

Atividades

2. a) razão de 2 para 3, ou 2 para 3.
b) razão de 3 para 5, ou 3 para 5.
c) razão de 1 para 10, ou 1 para 10.
d) razão de 8 para 85, ou 8 para 85.

3. a) antecedente: 6; consequente: 8; forma irredutível: $\frac{3}{4}$; forma decimal: 0,75.
b) antecedente: 21; consequente: 14; forma irredutível: $\frac{3}{2}$; forma decimal: 1,5.
c) antecedente: 16; consequente: 40; forma irredutível: $\frac{2}{5}$; forma decimal: 0,4.
d) antecedente: 36; consequente: 72; forma irredutível: $\frac{1}{2}$; forma decimal: 0,5.

4. $\frac{15}{25}$ ou $15 : 25$

5. 40% dos convidados são homens e 60% são mulheres.

6. A densidade da escultura é 8,74 g/cm³.

7. O comprimento real do barco é de 13,60 metros.

8. A distância real aproximada entre as duas cidades é de 1 117,5 km.

9. A velocidade média desse nadador é de aproximadamente 1,7 m/s.

10. As densidades demográficas nas duas cidades são iguais.

11. a) Ele percorreu 60 km.
b) Em 2 horas.
c) A velocidade média do ciclista nesse percurso foi 30 km/h.

12. a) 1 000 metros.
b) 40 minutos.

14. a) 2 está para 5 assim como 4 está para
$$\overset{\text{extremo}}{10}; \overset{\text{meio}}{\frac{2}{5}} = \underset{\text{extremo}}{\overset{\text{meio}}{\frac{4}{10}}}$$
$$\underset{\text{meio}}{}$$

329

RESPOSTAS DAS ATIVIDADES

b) 1 está para 7 assim como 3 está para

$$21; \underset{\text{meio}}{\underset{\text{extremo}}{\frac{1}{7}}} = \underset{\text{extremo}}{\underset{\text{meio}}{\frac{3}{21}}}$$

c) 4 está para 3 assim como 20 está

para 15; $\underset{\text{meio}}{\underset{\text{extremo}}{\frac{4}{3}}} = \underset{\text{extremo}}{\underset{\text{meio}}{\frac{20}{15}}}$

d) 10 está para 25 assim como 6 está

para 15; $\underset{\text{meio}}{\underset{\text{extremo}}{\frac{10}{25}}} = \underset{\text{extremo}}{\underset{\text{meio}}{\frac{6}{15}}}$

e) 6 está para 9 assim como 4 está para

6; $\underset{\text{meio}}{\underset{\text{extremo}}{\frac{6}{9}}} = \underset{\text{extremo}}{\underset{\text{meio}}{\frac{4}{6}}}$

f) 50 está para 30 assim como 20 está

para 12; $\underset{\text{meio}}{\underset{\text{extremo}}{\frac{50}{30}}} = \underset{\text{extremo}}{\underset{\text{meio}}{\frac{20}{12}}}$

15. a) Formam uma proporção.
b) Não formam uma proporção.
c) Formam uma proporção.
d) Não formam uma proporção.
e) Formam uma proporção.
f) Não formam uma proporção.

16. a) $x = 80$
b) $n = 40$
c) $m = 490$
d) $y = 0,3$
e) $x = 8$
f) $a = 2,825$
g) $b = -20$
h) $x = 3$
i) $y = 20$
j) $x = -\frac{3}{4}$

17. A idade da Marcela é 28 anos.

18. a) $\frac{10}{5}$

b) São necessários 40 kg de trigo.

19. 56 pessoas participaram da eleição para síndico.

20. Joaquim receberia R$ 2 160,00.

21. a) $\frac{5}{2}$ **c)** $-\frac{1}{2}$

b) $\frac{5}{3}$ **d)** $-\frac{1}{3}$

22. Há 1 750 g de farinha.

23. a) $a = 17,5$ e $b = 10,5$.
b) $a = 260$ e $b = 78$.

24. Os prejuízos atribuídos a Ana, a Lucas e a Liz são R$ 1 200,00; R$ 2 000,00 e R$ 800,00, respectivamente. Ana saiu com R$ 4 800,00, Lucas saiu com R$ 8 000,00 e Liz saiu com R$ 3 200,00.

Mais atividades

25. a) As razões são iguais.

26. a) 4
b) 300 000
c) 15%

27. a) $\frac{4}{5}$ ou $4 : 5$.

b) Carlos acertou 16 arremessos.

28. Caio acertou 35 questões e errou 15.

29. a) Marília gasta 35% de seu salário com aluguel. Ou seja, R$ 560,00.
b) Ela gasta R$ 156,00 com lazer.

30. b) Medicina; música.

31. 240 pessoas.

CAPÍTULO 2

Atividades

1. a) Não.   **c)** Não.
b) Sim.   **d)** Sim.

2. 1,5 h

3. a) 37,5 km

4. a) $x = 15$.
b) $x = 31,5$.

5. a) $k = 126$.
b) $k = 440$.
c) Não são inversamente proporcionais.
d) Não são inversamente proporcionais.

6. a) São inversamente proporcionais.
b) Não são inversamente proporcionais.
c) São inversamente proporcionais.

7. São inversamente proporcionais.

8. a) São diretamente proporcionais.
b) 7,5 horas.

9. a) A ração vai durar 18 dias, ou seja, menos que 45 dias.
b) São grandezas inversamente proporcionais.

10. a) A velocidade do trem e o tempo de viagem são grandezas inversamente proporcionais.
b) 5 horas.

11. a) 4 000 bactérias.
b) A população de bactérias não triplicará, pois não são grandezas proporcionais.

12. 12 integrantes.

13. 4 dias.

14. 3 litros de creme de leite e 1 500 gramas de chocolate em barra.

15. b) 20 semanas.
c) 180 peças.

16. a) 800 metros.
b) 2 minutos.

17. 300 km²

18. 9 horas.

19. 17 minutos.

20. a) 10 metros de tecido
b) 6 calças

21. 5 horas.

22. 22 dias.

23. a) Elas são inversamente proporcionais.
b) $x = 15$ e $y = 5$.
c) 60 mil reais.
d) 500 reais.

24. R$ 3 600,00

25. 18 dias.

26. 18 kWh

27. 9 barras

28. a) 10 horas por dia.
b) Essa produção é impossível.

29. Vítor receberia R$ 1 350,00.

30. 13 quilogramas.

31. 24 operários.

32. 8 horas por dia.

33. 20 dias.

34. 5 horas.

35. 300 kg

36. a) $k = \frac{1}{20}$.

b) $k = 24$.

330

37. a) São inversamente proporcionais.
b) 60 bermudas.
c) 6 lojas.

38. 12,5 horas.

39. a) 2,5 kg de farinha.
b) 12000 pães.

40. a) 15 cm
b) $\frac{4}{5}$
c) $\frac{16}{25}$
d) As razões não formam proporção.

41. a) 7,3 copos com polpa.
b) 43 copos completamente cheios.

42. 4 porcos.

43. 28800 caixas.

44. 64 kWh

45. A = 480, B = 600 e C = 1200 (valores em reais).

46. 54 kg

47. 10 pacotes.

CAPÍTULO 3

Atividades

1. R$ 176,00

2. 7% ao mês.

3. 60%

4. R$ 1040,40

5. R$ 2030,15

6. R$ 828,00

7. 35%

8. R$ 227,50

9. a) R$ 254400,00
b) R$ 285843,84

10. R$ 31836,24

11. R$ 272,00

12. R$ 721,41

13. a) R$ 1908,00
b) R$ 1909,62

14. 68%

15. a) R$ 1530,00
b) R$ 2010,00

16. a) 6,14%
b) R$ 1509,05

17. 7,2%

18. 25%

19. R$ 9600

20. a) 30%
b) 40%
c) 65%
d) Esse símbolo é usado para indicar uma "quebra" na escala do gráfico.

21. R$ 383,37; R$ 1583,37

22. R$ 3294,00

23. R$ 562,75

24. R$ 5000,00

Atividades integradas

1. Alternativa **d**.

2. Alternativa **c**.

3. Alternativa **a**.

4. Alternativa **e**.

5. R$ 10500,00 e R$ 9500,00

6. Alternativa **e**.

7. Alternativa **d**.

8. Laura: R$ 240,00;
Mônica: R$ 120,00;
Patrícia: R$ 80,00;
Aline: R$ 60,00.

9. a) 1; 7
b) 8 g
c) 9 g
d) Sim.

10. a) Aílton: 180 m/min e Patrícia: 150 m/min.
b) Usain Bolt: 10,43 m/s, Aílton: 3 m/s e Patrícia: 2,5 m/s.

11. Alternativa **d**.

12. Não.

13. a) R$ 5440,00
b) R$ 4896,00
c) R$ 4800,00
d) Porque os descontos são aplicados sobre valores diferentes de um mesmo produto.

14. 70 leões

Unidade 7

CAPÍTULO 1

Atividades

1. a) 45°
b) 80°
c) 120°
d) 180°

2. a) 51°
b) 161°
c) 90°
d) 80°
e) 110°

4. a) $\beta > \theta$
b) $\gamma < \theta$
c) $\theta > \alpha$

5. a) III
b) IV
c) II
d) I

7. a) 10800'
b) 2700"
c) 1°

8. a) 1200"
b) 480"
c) 3600"
d) 33125"

9. a) 5400'
b) 648000"
c) 7200'

10. a) 30°
b) 55°
c) 27° 30'
d) 110°

11. a) 98° 32' 53"
b) 108° 26'
c) 20° 10' 05"
d) 14° 01' 40"
e) 91° 53' 10"
f) 14° 56' 05"
g) 47° 49' 51"

12. a) 29° 6' 04"
b) 126° 11' 40"
c) 26° 6' 7"
d) 10° 34' 33"
e) 10° 31' 52,5"
f) 46° 1' 12"

RESPOSTAS DAS ATIVIDADES

13. 108° 50′ 48″

14. 20′

15. 11 520″

16. a) 18°
b) 46° 24′ 30″
c) 24° 25′ 13″
d) 14° 11′ 7″
e) 9° 2′ 4″

17. 3 horas

18. 63° 28′ 48″

20. 1 800′

23. a) III
b) I
c) IV
d) V
e) II

24. a) 131° 50′ 25″
b) 90° 20′ 25″
c) 145° 30′ 15″
d) 101° 20′ 35″
e) 137° 49′ 10″
f) 111° 30′ 30″

25. a) 90° 12′ 14″
b) 90° 16′ 14″
c) 90° 23′ 44″
d) 541° 34′
e) 97° 2′ 40″
f) 182° 17′

CAPÍTULO 2

Atividades

2. a) V
b) V
c) F
d) V
e) F
f) V

3. a) F c) V e) F
b) F d) V f) V

4. 40°

6. a) $x = 30°$
b) $x = 40°$

7. 65°

9. a) $x = 52°$ b) $x = 68°$

11. $x = 54°$; med($A\hat{O}B$) = 126°

---

12. 45°

13. 136°

14. a) V c) F
b) F d) F

17. 80°

18. 72°

19. 110° e 70°

20. 36°

21. a) 25° c) 130°
b) 50° d) 155°

22. a) 36°
b) $A\hat{O}B$ é obtuso e $C\hat{O}B$ é agudo.

23. a) $x = 96°$; $y = 25°$; $z = 83°$
b) $x = 107°$; $y = 55°$; $z = 28°$

24. $x = 18°$ e $y = 72°$

26. a) suplemento
b) 50°
c) 141°
d) o.p.v.

27. 40°

28. I – b; II – d; III – a; IV – c.

29. b) F

30. a) o.p.v.
b) suplementares

32. a) $Q\hat{O}R$ ou $P\hat{O}N$
b) $R\hat{O}S$
c) bissetriz
d) $M\hat{O}N$
e) $R\hat{O}S$
f) $N\hat{O}P$
g) $M\hat{O}P$ $P\hat{O}S$

33. 45°

34. 22° e 88°

35. $x = 9°$, $y = 74°$, 28° e 26°.

Atividades integradas

1. a) 43 500″
b) 12′
c) 1° 35′ 10″

2. 4° 31′

3. A – II; B – III; C – I.

4. 198° 22′ 39″.

5. Alternativa **d**.

---

6. 45°

7. 16°, 164°, 16° e 164°.

8. $x = 64°$

9. $x = 60°$; $y = 30°$

10. 102°

11. a) V
b) F
c) V

12. 70° e 110°

13. a) $x = 106°$
b) $x = 95°$
c) $x = 60°$

15. 106° e 74°

16. Alternativa **a**.

17. Alternativa **c**.

19. $S_n = 180° (n - 2)$, sendo n o número de lados do polígono e S_n a soma dos ângulos internos desse polígono.

Unidade 8

CAPÍTULO 1

Atividades

1. a) $M_A = 5,43$ c) $M_A = 41,6$
b) $M_A = 20,84$ d) $M_A = 115,4$

2. 1,70 m

3. a) Lucas marcou mais pontos no 6º e último jogo, em que fez 24 pontos.
b) Lucas marcou menos pontos no 4º jogo, em que fez 13 pontos.
c) Lucas fez 8 pontos a mais.
d) Ao todo Lucas marcou 108 pontos.
e) Lucas marcou 18 pontos em média nesses jogos.

4. 191 geladeiras.

5. a) $M_P = 4,86$ c) $M_P = 8$
b) $M_P = 7,75$ d) $M_P = 4,4$

6. 6,3

7. a) 17 funcionários.
b) R$ 3 023,53

8. a) 272 reais.
b) 5,44 reais em média por quilograma de peixe.

9. b) 2,03 pontos.

10. 5

332

11. 4,7

12. a) 38

b) Aproximadamente 3,2.

13. b) 7,25

14. 9,3

15. 3

16. 7,93

17. a) 162,6 cm b) Não.

18. 107,1

19. 8,3

20. a) 5,6 b) Sim.

21. b) 48,7 segundos

22. 4,62 reais por quilograma.

23. 37,14 passageiros por dia.

24. José.

CAPÍTULO 2

Atividades

1. 222, 226, 229, 262, 266, 269, 292, 296, 299, 622, 626, 629, 662, 666, 669, 692, 696, 699, 922, 926, 929, 962, 966, 969, 992, 996 e 999.

2. a) M1, M3, M7, M9, N1, N3, N7 e N9.

b) AQ, AX, AW, AZ, EQ, EX, EW, EZ, IQ, IX, EW e IR.

c) QA, QE, QU, XA, XE, XI, WA, WE, WI, ZA, ZE e ZI.

3. a) 12

b) Saia rosa e blusa roxa, saia rosa e blusa amarela, saia rosa e blusa azul, saia rosa e blusa verde, saia vermelha e blusa roxa, saia vermelha e blusa amarela, saia vermelha e blusa azul, saia vermelha e blusa verde, saia laranja e blusa roxa, saia laranja e blusa amarela, saia laranja e blusa azul, saia laranja e blusa verde.

5. De 24 maneiras diferentes.

6. De 6 maneiras diferentes.

7. 9 caminhos.

8. a) 2 em 4

b) Maior para os meninos.

9. a) $\frac{1}{6}$ c) $\frac{1}{3}$

b) $\frac{1}{2}$ d) $\frac{1}{2}$

10. $\frac{1}{4}$

11. a) $\frac{1}{2}$ e) $\frac{3}{4}$

b) $\frac{1}{4}$ f) $\frac{50}{52}$

c) $\frac{1}{52}$ g) $\frac{2}{13}$

d) $\frac{1}{26}$

12. a) $\frac{1}{2}$ b) $\frac{1}{2}$ c) $\frac{3}{8}$

13. 20%

14. 50%

15. a) Retirando uma bola da urna ao acaso, a probabilidade de a bola ser verde é **baixa**.

b) A probabilidade de retirar uma bola amarela é **menor** que a probabilidade de retirar uma bola azul.

c) A probabilidade de retirar uma bola azul é $\frac{1}{2}$.

16. 8%

17. a) 28,6%

b) 71,4%

18. a) $\frac{1}{6}$ b) $\frac{5}{12}$ c) $\frac{1}{3}$

19. a) 148, 154, 158, 184, 194, 198, 418, 458, 498, 514, 518, 548, 584, 594, 598, 814, 854, 894, 914, 918, 948, 954, 958 e 984.

c) 11, 15, 19, 41, 45, 49, 51, 55, 59, 81, 85, 89, 91, 95 e 99.

20. a) 9 000

b) 4 536

21. a) 50%

b) As possibilidades são iguais.

22. $\frac{1}{3}$

23. a) 20%

b) 50%

c) 0,22%

24. a) $\frac{1}{2}$; 50%.

25. a) 45,5%

b) 54,5%

26. a) $\frac{1}{13}$; 0,077; 7,7%.

b) $\frac{1}{4}$; 0,25; 25%.

c) $\frac{1}{2}$; 0,5.

27. b) 24 c) 6

28. a) vermelha.

b) Ambas as cores têm a mesma chance.

29. a) $\frac{5}{12}$ b) $\frac{7}{12}$ c) $\frac{2}{3}$

30. 3 em 40.

31. $\frac{3}{7}$

32. a) 9 b) 6

33. Alternativa **d**.

34. a) $\frac{5}{6}$

b) Sim. 1 e 2, 3 e 5.

Unidade 9

CAPÍTULO 1

Atividades

1. a) Isósceles.

b) Isósceles.

c) Escaleno.

2. a) Acutângulo.

b) Obtusângulo.

c) Retângulo.

3. 9 cm

5. a) $x = 90°$; as medidas dos ângulos são 45° e 90°.

b) $x = 30°$; as medidas dos ângulos são 30°, 60° e 90°.

c) $x = 20°$; as medidas dos ângulos são 40°, 60° e 80°.

6. a) 67°

b) Acutângulo; isósceles.

7. 3 cm, 4 cm, 5 cm, 6 cm, 7 cm, 8 cm, 9 cm, 10 cm, 11 cm, 12 cm e 13 cm.

8. 3 cm ou 5 cm; 5 cm.

9. 21 cm, 28 cm e 35 cm.

Mais atividades

10. a) Equilátero.

b) Isósceles.

11. a) Obtusângulo.

b) Acutângulo.

12. a) É possível.

b) Não é possível.

c) É possível.

d) Não é possível.

333

RESPOSTAS DAS ATIVIDADES

13. a) 50°
b) 50°
c) 70°
d) 60°

14. a) Não.   b) Não.

15. a) Escaleno e obtusângulo.
b) Equilátero e acutângulo.
c) Retângulo e isósceles.

16. A rigidez do triângulo.

18. $\widehat{A} = 50°$; $\widehat{B} = 70°$; $\widehat{C} = 60°$.

CAPÍTULO 2

Atividades

1. a) Retângulo.
b) Escaleno.
c) Isósceles.

2. a) Trapézio.
b) Paralelogramo.
c) Paralelogramo.
d) Trapézio.
e) Paralelogramo.
f) Trapézio.

3. a) $x = 120°$.
b) $x = 30°$.
c) $x = 120°$.

4. a) 88°, 80°, 108° e 84°.

5. 90°, 90°, 100° e 80°.

6. 72°; 122°; 114° e 52°.

7. a) $x = 50°$; as medidas dos ângulos são 130°, 130°, 50° e 50°.
b) $x = 70°$; as medidas dos ângulos são 70°, 70°, 110° e 110°.
c) $x = 50°$; as medidas dos ângulos são 90°, 90°, 50° e 130°.
d) $x = 51°$; as medidas dos ângulos são 51°, 125°, 110° e 74°.

8. $x = 50°$ e $y = 20°$. As medidas dos ângulos são 40°, 20°, 160° e 140°.

9. a) Quadrado.
b) Losango.
c) Retângulo.
d) Paralelogramo qualquer.

10. a) Quadrado.
b) Os quatro ângulos internos serem retos.
c) Os quatro lados serem congruentes.

11. $x = 4°$.

12. $x = 5°$ e $y = 45°$.

13. a) 15,2 cm
b) 15 km
c) 20 m e 40 m.

16. $x = 27°$ e $y = 27°$.

17. a) 14 cm e 7 cm, 14 cm e 7 cm.
b) 10,5 cm
c) O quadrado.

Mais atividades

18. a) Falsa.
b) Verdadeira.
c) Falsa.
d) Verdadeira.
e) Verdadeira.

19. a) $a \mathbin{//} c$; $b \mathbin{//} d$; paralelogramo.
b) $l \mathbin{//} j$; $i \mathbin{//} k$; paralelogramo.
c) $e \mathbin{//} g$; trapézio.
d) $m \mathbin{//} o$; trapézio.

20. a) B (trapézio isósceles) e F (trapézio retângulo).
b) A (paralelogramo retângulo), D (paralelogramo quadrado), C (paralelogramo qualquer) e E (paralelogramo losango).

22. a) Trapézio escaleno.
b) Losango.
c) Retângulo ou quadrado.

23. a) quadrado
b) trapézio retângulo
c) trapézio
d) ângulos
e) lados

CAPÍTULO 3

Atividades

1. a) Assimétrica.
b) Simétrica.

2. a) Sim.   c) Sim.
b) Sim.   d) Não.

3. a) 2 eixos de simetria.
b) 4 eixos de simetria.
c) 2 eixos de simetria.
d) Nenhum eixo de simetria, ou seja, a figura é assimétrica.

Mais atividades

6. Os algarismos que apresentam simetria são 1, 3, 8 e 0.

7. a) E b) B c) C

8. O número 606.

9. c) Os comprimentos são iguais.
d) O ponto de intersecção pertence à reta s e é equidistante de P, Q, P_1 e Q_1.

10. a) reta t.
b) reta s.
c) reta r.
d) reta u.

11. a) 10 letras: H, I, M, O, T, U, V, W, X e Y.
b) 8 letras: C, D, E, H, I, K, O e X.
c) $\dfrac{\text{BOCHECHO}}{\text{BOCHECHO}}$

13. Itens **a** e **b**.

14. a) B, A, D e C.
b) $\overline{PM}$, $\overline{PR}$, $\overline{RT}$ e $\overline{MT}$.
c) 5 cm
d) 90°

15. a) Dois eixos de simetria.
b) Um eixo de simetria.

17. Em geral, a diagonal do paralelogramo não é um eixo de simetria, pois não divide o ângulo interno em dois outros ângulos congruentes, exceto se o paralelogramo for um losango ou um quadrado.

18. Esquerda.

Atividades integradas

1. Alternativa **d**.

2. a) c   b) $\widehat{Q}$ c) **c** e **a**.

3. Alternativa **e**.

4. a) $y = 43°$; $z = 50°$ e $x = 20°$.
b) Obtusângulo.
c) Obtusângulo.
d) Acutângulo.

6. $x = 90°$; $y = 25°$; $z = 65°$.

7. a) 30°
b) $\widehat{A} = 105°$ e $\widehat{B} = 105°$.
c) 150°
d) Isso acontece pois os trapézios são isósceles.

8. Alternativa **b**.

334

De olho no Enem

1. Alternativa **a**.
2. Alternativa **e**.
3. Alternativa **e**.
4. Alternativa **c**.
5. Alternativa **d**.
6. Alternativa **b**.
7. Alternativa **e**.
8. Alternativa **d**.
9. Alternativa **b**.
10. Alternativa **c**.
11. Alternativa **c**.
12. Alternativa **a**.
13. Alternativa **c**.
14. Alternativa **b**.
15. Alternativa **c**.
16. Alternativa **d**.
17. Alternativa **e**.
18. Alternativa **c**.
19. Alternativa **b**.
20. Alternativa **d**.
21. Alternativa **c**.
22. Alternativa **a**.
23. Alternativa **b**.
24. Alternativa **b**.
25. Alternativa **c**.
26. Alternativa **e**.
27. Alternativa **c**.
28. Alternativa **b**.
29. Alternativa **a**.
30. Alternativa **a**.
31. Alternativa **b**.
32. Alternativa **b**.
33. Alternativa **d**.
34. Alternativa **a**.
35. Alternativa **d**.
36. Alternativa **c**.
37. Alternativa **c**.
38. Alternativa **e**.
39. Alternativa **b**.
40. Alternativa **b**.
41. Alternativa **a**.
42. Alternativa **b**.
43. Alternativa **c**.
44. Alternativa **b**.
45. Alternativa **c**.

Lista de siglas

CMS-BA	Colégio Militar de Salvador
Enem	Exame Nacional do Ensino Médio
ESPM–SP	Escola Superior de Propaganda e Marketing
FGV–RJ	Fundação Getúlio Vargas
FGV–SP	Fundação Getúlio Vargas
Mauá–SP	Instituto Mauá de Tecnologia
OBM	Olimpíada Brasileira de Matemática
Obmep	Olimpíada Brasileira de Matemática das Escolas Públicas
Saresp	Sistema de Avaliação de Rendimento Escolar do Estado de São Paulo
Unibe–MG	Universidade de Uberaba

Bibliografia

BOYER, C. B. MERZBACH, U. C. *História da matemática.* Trad. Helena Castro. São Paulo: Blucher, 2013.

Coleção Fundamentos de Matemática Elementar. São Paulo: Atual, 2013. v. 1 a 11.

EVES, H. *Introdução à história da matemática.* Trad. Hygino H. Domingues. São Paulo: Ed. da Unicamp, 2004.

JULIANELLI, J. R. *Cálculo vetorial e geometria analítica.* Rio de Janeiro: Ciência Moderna, 2008.

KALEFF, A. M. M. R. *Vendo e entendendo poliedros.* Niterói: Eduff, 1998.

KARLSON, P. *A magia dos números.* Porto Alegre: Globo, 1961.

LAURICELLA, C. M. *A matemática do Enem*: mais de 110 exercícios resolvidos. Rio de Janeiro: Ciência Moderna, 2011.

LINDQUIST, M. M.; SHULTE, A. P. (Org.). *Aprendendo e ensinando geometria.* São Paulo: Atual, 1994.

LINS, R. C.; GIMENEZ, J. *Perspectiva em aritmética e álgebra para o século XXI.* Campinas: Papirus, 1997.

MARQUES, M. *Teoria da medida.* Campinas: Ed. da Unicamp, 2009.

MLODINOW, L. *A janela de Euclides*: a história da geometria, das linhas paralelas ao hiperespaço. Belo Horizonte: Geração, 2010.

NETO, J. B. *Cálculo*: para entender e usar. São Paulo: Livraria da Física, 2009.

NOVAZZI, A.; LORETO JÚNIOR, A. P. *Cálculo básico*: teoria e exercícios. São Paulo: LCTE, 2011.

NUNES, T.; BRYANT, P. Compreendendo números racionais. In: *Crianças fazendo matemática.* Porto Alegre: Artmed, 1997.

PAIVA, M. *Matemática*: conceitos, linguagens e aplicações. São Paulo: Moderna, 2005. v. 1.

POLYA, G. *A arte de resolver problemas.* Rio de Janeiro: Interciência, 2006.

REZENDE, E. Q. F.; QUEIROZ, M. L. B. *Geometria euclidiana plana e construções geométricas.* Campinas: Ed. da Unicamp, 2008.

RONAN, C. A. *História ilustrada da ciência*: das origens à Grécia. Rio de Janeiro: Jorge Zahar. 2001. v. 1.

SAMPAIO, F. A. *Matemágica*: história, aplicações e jogos matemáticos. Campinas: Papirus, 2009 (Série Atividades).

SAUTOY, M. du. *A música dos números primos*: a história de um problema não resolvido na matemática. Rio de Janeiro: Zahar, 2017.

SOARES, L. J. *Construção dos conjuntos numéricos.* Pelotas: Educart, 2008.

SOUZA, J. C. de M. e. *Matemática divertida e curiosa.* 27. ed. Rio de Janeiro: Record, 2009.

SPERANDIO, D.; MENDES, J. T.; SILVA, L. H. M. *Cálculo numérico*: características matemáticas e computacionais dos métodos numéricos. São Paulo: Pearson, 2006.

STEIN, J. D. A. *A matemática pode mudar sua vida.* Rio de Janeiro: Elsevier, 2011.

STEWART, I. *Almanaque das curiosidades matemáticas.* Rio de Janeiro: Zahar, 2009.

SURENDRA, V. *Ideias geniais*: os principais teoremas, teorias, leis e princípios científicos de todos os tempos. Belo Horizonte: Gutenberg, 2011.

TATTERSALL, J. *Elementary number theory in nine chapters.* London: Cambridge University Press, 1999.

VORDERMAN, C. et al. *Matemática para pais e filhos.* São Paulo: Publifolha, 2011.

WAAL, F. de. *A era da empatia*: lições da natureza para uma sociedade mais gentil. São Paulo: Companhia das Letras, 2009.

WILSON, R. J.; WATKINS, J. *Graphics*: an introductory approach. New York: John Wiley & Sons, 1990.

ZEGARELLI, M. *Matemática básica e pré-álgebra para leigos.* Rio de Janeiro: Alta Books, 2009.